POLARIS

Gerhard Haase-Hindenberg

SEX IM KOPF

Die erotischen Phantasien der Deutschen

Rowohlt Polaris

Sexualwissenschaftliche Fachberatung:

Dr. rer. med. Dipl.-Psych. Christoph J. Ahlers

Wissenschaftlicher und Klinischer Leiter der Praxis für Paarberatung
und Sexualtherapie am Institut für Sexualpsychologie, Berlin.
www.sexualpsychologie-berlin.de

Originalausgabe
Veröffentlicht im Rowohlt Taschenbuch Verlag,
Reinbek bei Hamburg, November 2014
Copyright © 2014 by Rowohlt Verlag GmbH,
Reinbek bei Hamburg
Umschlaggestaltung und Umschlagmotiv
Hauptmann & Kompanie Werbeagentur, Zürich
Satz aus Arno Pro und Auto
bei Dörlemann Satz, Lemförde
Druck und Bindung CPI books GmbH, Leck
Printed in Germany
ISBN 978 3 499 62903 7

Das für dieses Buch verwendete FSC®-zertifizierte Papier
Lux Cream liefert Stora Enso, Finnland.

Inhalt

SEX IM KOPF
Die erotischen Phantasien der Deutschen

Prolog

SCHWARZ-ROT-GEIL

Das letzte Tabu einer sexualisierten Gesellschaft

Es gab eine Zeit, da haben die Richter des Bundesgerichtshofes in sperrigem Amtsdeutsch festgelegt, wie in diesem Lande die «moralische Ordnung» in Bezug auf die «körperlichen Beziehungen zwischen den Geschlechtern» zu verstehen ist. Die «monogame Ehe» wurde als Ideal proklamiert, homosexuelle Paarungen wurden kriminalisiert und mit Gefängnisstrafen bedroht, wie überhaupt jegliche sexuellen Praktiken, die nicht dem Zwecke der Vermehrung dienten, als «pervers» stigmatisiert wurden. Der Kuppeleiparagraph schickte all jene in die Haftanstalten, die einem unverheirateten Liebespaar eine nächtliche Bleibe boten – egal, ob es sich dabei um ein Hotel oder eine Privatunterkunft handelte. Schülerinnen, die schwanger wurden, mussten vielerorts die Schule verlassen, wie deren ledige Lehrerinnen, denen dasselbe «Malheur» passiert war. (Es versteht sich von selbst, dass minderjährige Väter die Schulausbildung fortsetzen durften.) Die Prostitution war mit dem Makel der «Sittenwidrigkeit» behaftet, was bürgerliche Herren nicht davon abhielt, sich ihrer zu bedienen, und weniger bürgerliche, sich als Beschützer der Huren aufzuspielen. Das ist gerade mal zwei Generationen her. Und dass heute fast alles anders ist, wird von den einen als Sieg der Freiheit gelobt und von den anderen als Verfall der Sitten beklagt.

Der Sieg der Freiheit beziehungsweise der Sittenverfall nahm seinen Anfang ziemlich genau im «summer of love» von 1967. Die Generationen jener, die ein Jahrzehnt zuvor mit dem Rock 'n' Roll eine Kulturrevolution gegen das Elternhaus versuchten, mögen es verzeihen, aber bei allem hüftschwingenden «Rock Around the Clock» führten sich die meisten von ihnen in sexuellen Dingen noch sittsam im Geiste der Bundesrichter auf. Ende der 1960er Jahre aber rieb sich das gesellschaftliche Establishment zwischen Hamburg-Harvestehude und Starnberger See dann erschrocken und verwundert die Augen, was da aus dem Reich «unserer amerikanischen Freunde» über den Ozean schwappte. Gerade hatte man nicht nur den Rock 'n' Roll, sondern auch den Minirock der Britin Mary Quant verdaut (der damals noch kurz über dem Knie aufhörte), da fingen junge Leute an, in Woodstock-Manier knutschend in Parks herumzuliegen. Und weil es dabei nicht blieb (und die Pille nur für verheiratete Frauen zu haben war), gab es 1967/68 einen Anstieg an Teenager-Schwangerschaften. Das in San Francisco entstandene schwule Selbstbewusstsein nahm vorsichtig auch hierzulande Fahrt auf, heterosexuelle Männer tauschten verschämt Pornoheftchen, und so manche sich emanzipierende Frau war entsetzt, wie dort die weibliche Rolle bildhaft definiert wurde. Diese Heftchen kamen übrigens meist nicht von den «amerikanischen Freunden», sondern aus dem sinnenfreudigen Schweden.

Als der neue Bundeskanzler Willy Brandt am 28. Oktober 1969 versprach, «mehr Demokratie» zu wagen, ging bei vielen in diesem prüden Lande die Hoffnung um, dass damit auch eine sexuell freizügigere Gesetzgebung verbunden sein würde. Eine Hoffnung, die – wenngleich schleichend – auch in Erfüllung ging. Erstaunlicherweise war im ostdeutschen Staat, der sich ansonsten nicht gerade des Liberalismus verdächtig machte, bereits Ende der 1950er Jahre der § 175 gestrichen worden (zumindest für homosexuelle Beziehungen unter Erwachsenen), und das

Verbot der «Kuppelei» fiel im Jahr 1968 einer Strafrechtsreform zum Opfer. Zumindest auf dem Papier hatte die DDR die Nase vorn. Die Realität sah freilich anders aus. Unverheiratete Paare bekamen fast nie eine Wohnung und wurden meist auch an Hotelrezeptionen abgewiesen. Als der bekennende Homosexuelle Andreas Huwe im Jahr 1982 die Familienzusammenführung mit seinem Westberliner Freund beantragte, wurde die Stasi aktiv, und Huwe verschwand erst in diversen Haftanstalten und dann im Arbeitslager Rüdersdorf. In einem Dresdner Betrieb wurde einer lesbischen Frau wegen ihrer «krankhaften Abartigkeit» die Beförderung verweigert, und der Kollektivleiter empfahl, sich «wenigstens einer Behandlung zu unterziehen». Als am 3. Oktober 1990 schließlich «zusammenwächst, was zusammengehört» (Willy Brandt), ahnte kaum jemand, wie das vereinte Deutschland ein Vierteljahrhundert später in sittlicher Hinsicht aussehen würde. Doch dann fielen nach und nach die Tabus, und die schwarz-rot-geile Republik entstand.

Deutschland im Jahre 25 nach der Wiedervereinigung: Von vielen Heterosexuellen werden Standesämter gemieden, wie es der Satan mit dem Weihwasser tut, homosexuelle Paare geben an selbigen Orten so was Ähnliches ab wie ein Ehegelübde, alleinerziehende Mütter sind schon lange keine singuläre Erscheinung mehr und außereheliche Kinder werden nicht mal mehr von der katholischen Kirche gemobbt. Und wie steht es um die sexuelle Moral? Die Schmuddelheftchen leiden längst unter Bedeutungslosigkeit, man holt sich die Hardcore-Pornographie direkt auf den heimischen Rechner oder das Smartphone. Schon Zehnjährige betrachten auf den Schulhöfen die kopulierenden Paarungen, und in Hunderttausenden Haushalten und Büros dienen sie Männern (und zunehmend auch Frauen) der physischen und seelischen Entspannung. Natürlich bleibt es meist nicht bei den kopulierenden Paarungen, denn inzwischen gibt es keine Sexualpraktiken, die nicht online in Bild und Ton zu empfangen wären. Wer da länger als 3 Minuten bei einem Clip hängenbleibt, hat in der Regel mehr als nur ein feuilletonistisches Interesse. Der Porno wird zum Stimulus, und nicht selten werden sexuelle Neigungen, die früher unentdeckt blieben, vom Mantel der Latenz befreit. Wer sich traut, für die neu entdeckten Vorlieben Partner zu suchen, wird in Internetforen fündig. Da kann man anonym bleiben und sich doch begegnen – virtuell über Skype oder live auf Autobahnrastplätzen oder Hotels, die auf Anmeldescheine verzichten. Es gibt bundesweit Stammtische für nahezu alles und jeden. Da treffen sich die Fans sadomasochistischer Freuden auf einem thüringischen Bauernhof, die Petplayer (was das ist, wird im Kapitel «Fetisch-Reize» beschrieben) in einem Berliner Kaffeehaus, und auf den diversen Gay Prides[1] und schwul-lesbischen Straßenfesten bekennt man sich zur gleichgeschlechtlichen sexuellen Orientierung. Längst hat auch die Werbung das Thema «Sex» entdeckt und promotet Eiscreme und Automobile mit lasziven Girls und maskulinen Beautys. Auf dem Laufsteg der TV-Sendung «Germany's Next Topmodel» präsentieren sich 16-jährige Teenies im Bikini und werden zu Vorbildern für Zehntausende anderer Teenies, die eine Mode spazieren tragen, die zu deren Großelterns Jugendzeiten zum Ornat von Prostituierten gehörte. Leben also die Deutschen des Jahres 2014 in einer sexuell tabulosen Gesellschaft? Ja und nein.

Täglich besuchen 1,2 Millionen Männer die Puffs zwischen Flensburg und Konstanz. Hier suchen sie das, was ihnen von professionellen Porno-Darstellern im Internet vorgeturnt wird und was sie der eigenen Partnerin (so sie denn eine haben) nicht abverlangen wollen. Der Gesetzgeber hat die Prostitution vom Makel der Sittenwidrigkeit befreit, aber wird der Bordellbesuch

---

1   gay pride = (in Deutschland und der Schweiz auch als ‹Christopher Street Day› und in Österreich als ‹Regenbogenparade› bekannte) Demonstration für Toleranz gegenüber Homosexuellen, Bi-Sexuellen und Transgendern.

seither ebenso selbstverständlich mit Freunden, Arbeitskollegen oder gar den eigenen Ehepartnern kommuniziert wie etwa der Gang zum Friseur? Natürlich nicht! Und warum nicht? Weil der Gang zur Hure, auch ohne vom Gesetz als sittenwidrig stigmatisiert zu sein, von der Gesellschaft als unmoralisch gewertet wird. Den Freiern ist das auch ganz lieb so. Gerade das Verruchte der Unternehmung wird als erregend empfunden. Und bei den meist heimlichen, oft durch Pornographiekonsum freigesetzten Phantasien ist es ebenso. Man spricht nicht darüber. Nicht über den Inhalt der Phantasien, was ja noch zu verstehen wäre – deren bloße Existenz ist vielfach ein Tabu. Dabei wird in deutschen Haushalten masturbiert, was das Zeug hält. Schon 12-Jährige sind damit beschäftigt, und das hört im Alter von 70 Jahren keineswegs auf. Und das, was man sich dabei so vor sich hin phantasiert, ist bei den 1445 anonym vorgetragenen Bekenntnissen, die diesem Buch zugrunde liegen, nur in Ausnahmefällen mit softer Kuschelei oder romantischem Girlfriend-Sex verbunden. Peitschenhiebe, Fesselungen und Nippelklammern liegen ebenso im Trend wie verbale Erniedrigungen, und nicht weniger als 127 der männlichen Befragten gaben an, Sex mit mindestens zwei Frauen gleichzeitig geil zu finden. Eine Phantasie übrigens, die nur vier Frauen zum Besten gaben. Das weibliche Geschlecht lässt sich in der Traumwelt (und gelegentlich auch real) entweder mit *einem* Mann ein oder mit fünfen aufwärts beim fröhlichen Gangbang. So mancher mag sich bei der Lektüre der folgenden Seiten die Frage stellen, ob dies alles noch normal ist. Normal? Das ist eine Vokabel, von der man sich schnell verabschieden sollte, wie der renommierte Berliner Sexualpsychologe Dr. Christoph J. Ahlers rät, der sein Wissen und seine Erfahrung dem Autor dieses Buchs zur Verfügung stellte: «Den Begriff der Normalität gibt es in der Sexualwissenschaft deswegen nicht, weil Sexualität einem stetigen zeitlichen und kulturellen Wandel unterworfen ist. Er ist damit für die Sexualforschung unbrauchbar. Es ist ein Begriff aus der Soziologie, der Mehrheitsverhalten zu beschreiben versucht.» Und damit ist er für den Bereich der Sexualität schon deshalb nicht zu gebrauchen, da es sich um stereotype Vorstellungen handelt, was die Mehrheit tut oder die Minderheit. Das sähe bei Lichte betrachtet alles ein bisschen anders aus. Aber es wird eben mehrheitlich nicht bei Lichte betrachtet. Im Internet tauchen Schätzungen auf, dass nur etwa 20 Prozent aller erwachsenen Deutschen den Versuch unternehmen, ihre erotischen Phantasien in Swingerclubs, Bordellen, mittels Internetforen oder auch mit dem eigenen Partner in die Realität umzusetzen. Nun ja, vielleicht sind es auch mehr, auf jeden Fall müsse man unbedingt zwischen dem «inneren Erleben» und dem «äußeren Verhalten» unterscheiden, sagt Dr. Ahlers. Und wenn wir von Sexualpräferenzen sprechen, ist immer nur vom inneren Erleben die Rede. Erotische Phantasien – und die sind damit gemeint – sind kaum einem erwachsenen Menschen fremd, aber es wird nicht darüber gesprochen. Prominente Politiker, Künstler und vereinzelt mittlerweile auch Fußballspieler können sich inzwischen zu ihrer homosexuellen Orientierung bekennen, ohne nennenswerten Schaden zu nehmen. Das wäre völlig anders, wenn sie oder deren heterosexuelle Kollegen und Kolleginnen in aller Öffentlichkeit ausbreiten würden, was in ihrem erotischen Kopfkino auf dem Spielplan steht. Die erotischen Phantasien sind das vielleicht letzte Tabu in einer ansonsten durch und durch sexualisierten Gesellschaft. Insofern seien jene 1445 Frauen und Männer bedankt, die im Schutze der Anonymität freimütig darüber Auskunft gaben.

DIE WELT DER STINOS

Der belächelte Sex der «Stinknormalen»

Der verständliche Wunsch, den Sexualpartner während des
Geschlechtsaktes nicht nur zu spüren, sondern auch zu sehen, war im antiken Rom verpönt. *Es* hatte im Dunkeln zu geschehen. Ein Römer, der den Ort des Geschehens illuminierte,
galt als Wüstling, und die Römerin musste immer – ob im Dunklen oder im Hellen – unbedingt ihre Brüste bedecken. Es ist
nicht überliefert, in wieweit sich die doch keineswegs lustfeind-
liche Oberschicht der Patrizier an solche Dogmen hielt. Für den
Populus Romanus aber, die heterogene Masse der Plebejer, war
das ein unumstößliches moralisches Gebot. Ein paar Jahrhunderte später konnten vielerorts in Europa Frauen ihre geilen Gatten wegen deren Lust an Oral- oder Analverkehr verklagen und
Amsterdamer Huren ihre Freier, wenn diese um den Handjob[2]
baten. Und im 18./19. Jahrhundert galt die Masturbation nicht
nur als Sünde, sondern auch als Ursache von Geisteskrankheiten.
Vieles von dem, was damals verwerflich war, fällt heute eher in
den Bereich des «Vanillasex», womit in angelsächsischen Ländern «gewöhnliche, konventionelle Sexualpraktiken» gemeint
sind. Das kann alles Mögliche bedeuten, auf jeden Fall aber die
Abwesenheit von sadomasochistischen Elementen oder irgend-

---

2   Befriedigung mit der Hand.

einer Art von Fetisch. Aus dieser Ecke aber, also vonseiten der SM- und Fetisch-Communities, werden diejenigen, die den Vanillasex praktizieren, abwertend Stinos genannt, was für «stinknormal» steht. Nur nennt man das, wie's die Stinos treiben, hierzulande nicht Vanillasex, sondern man bedient sich solch niedlicher Bezeichnungen wie Blümchen-, Kuschel- oder Girlfriend-Sex. Doch vor allem in BDSM-Kreisen[3] steht dies nicht für «gewöhnlich und konventionell», sondern für «langweilig und eintönig» und für in höchstem Maße phantasielos. Die Gleichsetzung von Stino-Sex mit einem Mangel an Phantasie hat für den Sexualwissenschaftler Dr. Ahlers jedoch vor allem «mit dem Emanzipationsbedürfniss von BDSM-Aktivisten zu tun», und er stellt zudem fest: «Die sexuelle Ansprechbarkeit durch BDSM ist nicht gleichbedeutend mit überdurchschnittlicher Phantasie und Kreativität im Sexuellen!»

Wahrscheinlich befinden sich bei vielen Menschen die sexuellen Neigungen noch in einem Dämmerzustand, und bei einigen blieben sie da wohl auch. Andererseits aber würden sie durch die im Internet jederzeit verfügbare Pornographie überhaupt erst an sich verspürt haben, dass sie auf Sachen stehen, die sie vorher nicht mal erahnt haben. Die Generation(en) Porno waren geboren.

Wäre es nach Brasiliens Fußball-Nationaltrainer Luiz Felipe Scolari gegangen, so sollten Vorstellungen von «artistischem Sex» bei seinen hochbezahlten Spielern auch in deren Köpfen verbleiben. Zumindest für die Zeit der WM 2014 hatte dies gelten sollen – aus Angst vor Verletzungen. Auf einer Pressekonferenz vor dem Turnier hatte er gesagt, es gebe «bestimmte Formen, bestimmte Arten und andere Menschen, die beim Sex Akrobatik vollführen». Na, und wem es nicht erlaubt ist, seine Körperteile

---

3 Der Begriff SM findet sich inzwischen auch im Akronym BDSM wieder, welcher sich aus Bondage und Disziplin, Sadismus und Masochismus zusammensetzt.

zu verrenken oder irgendwie geartete Experimente im Schlafzimmer zu wagen, der ist mit «Blümchen-Sex» natürlich bestens
bedient. Das Hohelied auf eine solche Art des Kopulierens hat
es hierzulande längst in die Popmusik geschafft. Im Jahr 2001
träumt die Band ‹Sofaplanet› vom «Liebficken», und fünf Jahre
später singt das deutsche Rocktrio ‹Killerpilze›: «Doch ich glaub
du stehst auf Blümchensex. / Ganz, ganz zärtlich und nicht ge-
hetzt. / Es ist nicht so, als wär's für mich 'n Problem. / Fangen wir
endlich an oder muss ich gehen?»

Solch eine Hommage aufs «Liebficken» bedeutet aber keineswegs, dass das, was der gemeine Stino im Bett so treibt, auch
seinem Kopfkino entspricht. Das ist sogar in den seltensten Fäl-
len so, wie viele anonyme Bekenntnisse beweisen. Demnach sind
nicht wenige «Stinos», die nach dem zärtlichen Kuscheln direkt
zur Missionarsstellung übergehen, im Kopf wahrlich sexwütige
Monster. Dafür sind in diesem Buch zahlreiche Beispiele zu finden. In diesem Kapitel aber geht es um Zeitgenossen, die auch im
Kopf Stinos sind.

Skizzen aus den Fragebogen

Busfahrer in Berlin, verheiratet

Ich fahr 'ne Buslinie, an der drei Schulen liegen. Und wenn ich dann
vor allem im Sommer die jungen Dinger sehe, dann fällt mir da schon
was ein, was ich gern mit denen machen würde. Keine großen Experi
mente, nur ein bisschen kuscheln, knuddeln und dann natürlich zärtlichen, romantischen Sex.

Hausfrau in einer Vogtlandgemeinde, verheiratet

Es ist ja nicht viel, was ich mir ersehne. Nur ein bisschen menschliche
Wärme und ab und zu einen zärtlichen Fick …

«Stinknormale» Phantasien

Judith (45)

Performance-Künstlerin und Sängerin, lebt zeitweise in Berlin, zeitweise auf dem Land und hat seit einigen Monaten eine neue Beziehung

Wer die exzentrische Frau als Künstlerin kennt, mag ihr wilde sexuelle Phantasien unterstellen, vielleicht sogar Orgien vermuten, an denen sie teilnimmt oder die gar von ihr veranstaltet werden. Die Wahrheit liegt im Gegenteil. Sie trinkt keinen Alkohohl, konsumiert auch sonst keine Drogen, und beim Sex verkörpert sie die monogame Romantikerin ...

Du kannst sagen, mein Beziehungskonzept sei gescheitert, denn zwei langjährige und etliche kurzfristige Beziehungen sind dahingegangen, weil die Kerle die Finger nicht von anderen Frauen lassen konnten. Und wenn ich das erfahre, bin ich gnadenlos. Ich will meinen Mann ganz für mich allein haben ... Sexuell, meine ich. Umgekehrt kann er sich felsenfest darauf verlassen, dass ich ihm treu bin. Ja, ich scheue mich nicht, diesen vielleicht altbackenen Ausdruck der Treue zu verwenden. Worauf ich überhaupt keinen Bock habe, sind diese verlogenen «freien Beziehungen», wo ich allein auf der Couch sitze und darauf warte, dass mein Typ dem Bett irgendeiner Geliebten entsteigt und nach Hause kommt. Mit meinem jetzigen Freund läuft es derzeit ziemlich gut, und ich bin echt weit davon entfernt, von einem «Lebensabschnittsgefährten» zu sprechen, nur weil die anderen sich als solche entpuppt haben. «Schau nach vorn, nicht zurück, denn da vorn ist das Glück ...!» – Das ist mein Motto, auch wenn diese Liedzeile leider nicht von mir stammt. *(lacht)*

Tja, also phantasiemäßig bin ich wahrscheinlich nicht besonders extraordinär. Aber das heißt nicht, dass der Sex mit mir langweilig wäre. Ich bin ein sehr körperlicher Mensch, was ich schon mal für 'ne ziemlich coole Voraussetzung halte. Also streicheln, sich berühren ist zunächst mal angesagt. Auch Küssen, und das weiß Gott nicht nur auf den Mund. Ich will den Körper meines Partners schmecken. Und auch ich möchte von ihm an vielen Stellen geküsst werden, wenn du weißt, was ich meine … Es gibt ja das Zauberwort «Tantra». So in diese Richtung geht das bei mir. Okay, für dein Buch vielleicht ja eher langweilig, aber ich finde das aufregend. Immer wieder neu und immer mit demselben Kerl.

(im persönlichen Gespräch)

Julian (39)

lehrt am Fachbereich Elektrotechnik an einer Universität in NRW, seit 15 Jahren verheiratet

Vor einiger Zeit ist eine neue Mieterin schräg gegenüber seiner Wohnung eingezogen, die seine Phantasie anstachelt …

Eigentlich ist mein bevorzugter Frauentyp dunkelhaarig. Die Nachbarin, die ich oft von meinem Balkon aus beobachte, ist blond. Dennoch finde ich sie ausgesprochen attraktiv, und sie hat eine Menge erotischer Phantasien bei mir ausgelöst. Angefangen hatte es mit Fragen: Wie sieht sie nackt aus? Trägt sie einen dieser frechen BHs, der die Brust von unten her umschließt, aber von oben ein Dekolleté sehen lässt? Stehen ihre Brüste spitz hervor, oder sind sie eher etwas ausladender und tendieren zum Hängen? Sind sie echt oder gemacht (was ein Killer für mich wäre)? Wie duftet sie? Dann begann ich mir auszumalen, dass ich sie nackt auf dem Balkon sehen würde. Die Phantasien wurden intensiver. Eines Tages stellte ich mir vor, sie würde bei mir klingeln oder wir treffen uns zufällig und es kommt zum Sex. Ich bevorzuge dabei sowohl den aktiven als auch den passiven Part – je nachdem. Bei dieser Phantasie aber dreht es sich überwiegend um den passiven Part. Ich stehe sehr auf Handbefriedigung und orales Vergnügen. Und wieder Fragen: Fährt sie mir mit der Hand in die Hose? Packt sie mein Glied aus und beginnt es langsam und gefühlvoll in voller Länge zu lecken und zu blasen? Macht sie es mir mit der Hand – gerne zum Schluss auch etwas derber und heftiger? Hat sie einen schönen Busen, bei dem ich Busensex mit ihr machen könnte? Kennt sie den Orgasmus des Mannes und bläst nach dem Erguss weiter?

Es gab auch eine andere Phantasie, die aber in dieselbe Richtung ging. Da war es eine attraktive fremde Frau, die mich in einem Hotel ansprach und mich direkt gefragt hat, ob ich mit ihr schlafen will, und danach ging's zur Sache. Nun aber, mit dem Einzug dieser Nachbarin hat die Phantasie ein Gesicht bekommen.

(per Mail-Kommunikation)

Gabi (53)

Raum- und Farbgestalterin, zog vor 22 Jahren aus einem Dorf im Allgäu in die Großstadt Düsseldorf

Als Kind erlebte sie einen seelischen Missbrauch durch die Mutter, die sie und ihren Bruder (2 von 6 Kindern) emotional ablehnte. Auf dieses kindliche Trauma führt Gabi ein außergewöhnliches Bedürfnis nach Zärtlichkeit zurück, das sich im Laufe der Jahre – nicht nur in der Phantasie – von Männern auf Frauen verlagerte. Dennoch hat sie mit partnerschaftlichen Vorstellungen an der Seite eines Mannes noch nicht endgültig abgeschlossen …

Ich bin nicht so der Typ für was Festes, wenngleich ich fünf Jahre mit dem Vater meines mittlerweile 26-jährigen Sohnes zusammengelebt habe. Ich habe verschiedene Lebensformen ausprobiert – von absoluter Nähe 24 Stunden am Tag bis zur Wochenendbeziehung. Ich habe in WGs gelebt und lebe nun allein. Also ich kenne im Grunde alle Lebensformen, die es gibt, und davon waren mir die Wochenendbeziehungen am sympathischsten.

In einer Beziehung, in die ich von allen am meisten emotional involviert war, stand der Mann total auf SM. Das war sehr krass, denn ich stand auf Tantra. Also gegensätzlicher ging's fast nicht. Daran ist die Beziehung letztlich auch gescheitert, obwohl wir es immer wieder versucht haben. Ich hatte von mir aus angefangen, mich mit der Problematik SM zu beschäftigen. Das war mir bis dahin völlig fremd und sehr weit weg. Zunächst konnte ich das meinem damaligen Partner überhaupt nicht zuordnen, diese devote Rolle passte irgendwie gar nicht zu ihm. Als ich das gehört habe, war ich erst mal geschockt. Ich bin dann wirklich mal mit ihm zu einer SM-Party gegangen und fand das ganz, ganz furchtbar. Ich musste wieder gehen, weil ich es nicht ausgehalten habe. Ich hatte es nur ihm zuliebe gemacht und mich sogar an diversen Domina-Praktiken versucht, so mit Kerzenwachs auf seinen Körper tropfen lassen und Ähnliches. Er fand das klasse, aber mir gab das nichts, denn wie gesagt, ich hatte einige Zeit zuvor im Internet Tantra entdeckt. Ich habe dann Literatur über Tantra gekauft, auch eine DVD, die ich zusammen mit einem früheren Partner gesehen hatte. Also dafür war ich gleich offen. Für mich bedeutet Sexualität sehr viel Nähe, was seinen Hintergrund sicher in dem kindlichen Trauma hat, von der Mutter abgelehnt worden zu sein. Was mich am Tantra fasziniert, ist, wie man dort miteinander umgeht, und das ist bei SM ja eher das Gegenteil.

Ich masturbiere gelegentlich, und dabei kommen in meiner Phantasie immer viele Frauen vor. Ich war vor etlichen Jahren auch mal real in eine Frau verliebt und war mit ihr eine Weile zusammen. Also diese Phantasie gab's immer, auch schon sehr früh. Ich wohnte mit einer guten Freundin in einer WG, und sie war die Erste, die in meinen sexuellen Phantasien auftauchte. Die Wohnsituation war ja eher eine familiäre. Natürlich habe ich es ihr nicht erzählt, und sie weiß es bis heute nicht. Während meiner Schwangerschaft tauchten solche lesbischen Phantasien dann sehr verstärkt auf. Als ich jünger war, dominierten die großen prallen Männerschwänze, doch je älter ich werde, überwiegen bei der Masturbation die Frauenphantasien.

Die Frauen in meinen Phantasien sind eher vollbusig mit vollen Lippen und langen Haaren – der androgyne Typ ist also nicht so meins. Sie haben meine Größe – also ich bin 1,80 groß. Die Männer sind auch groß, denn als große Frau habe ich schon gern einen Mann, zu dem ich aufschauen kann. Der darf ruhig auch ein bisschen kräftiger sein. Ich mochte nie dünne oder zarte Männer.

Ein ganz wichtiges Element bei meinen Masturbationsphantasien, und nicht nur da, ist ausgiebiges und leidenschaftliches Küssen, das ist mir sehr wichtig. Daran sind, wenn ich das mal so pauschal sagen darf, viele Männer ja nicht unbedingt interessiert. Aber da gibt es ja noch die Frauen. Der Reiz dieser Phantasie liegt vor allem in sehr viel vorsichtiger und behutsamer Zartheit, und dann – ganz langsam – nähert man sich dem klitoralen Bereich. Langsamkeit spielt überhaupt eine sehr große Rolle und nicht dieses Triebgesteuerte, Animalische – das mag ich gar nicht. Es gibt sicher auch mal in meiner Vorstellung ein wildes Übereinanderherfallen, aber das ist nicht der Hauptbestandteil, der diese Phantasie für mich besonders geil machen würde. Es sind die zarten Berührungen, die mich erregen, und da muss es gar nicht unbedingt um die sekundären Geschlechtsmerkmale gehen. Denn das ist das, was mich mittlerweile am Sex sehr nervt, und das ist bei Frauen manchmal nicht anders. Bei Männern geht mir dieses stupide Rein-Raus beim Sex total auf den Senkel, aber auch bei Frauen – so viele reale Erfahrungen habe ich ja nicht – habe ich es erlebt, dass sie sich gleich draufstürzen. Also diesen Druck, möglichst schnell zum Orgasmus zu kommen oder mich zum Orgasmus zu bringen, habe ich sowohl bei Männern wie auch bei Frauen erlebt. Das wird dann so dominant, dass mir das Ganze schon keinen Spaß mehr macht. Deshalb erlebe ich in meiner Masturbationsphantasie eben diese langsame und behutsame Zärtlichkeit.

(am Telefon)

❧

André (28)

lebt in Schleswig-Holstein auf dem Land, derzeit Hartz-IV-Empfänger, getrennt lebend

In den beiden letzten Jahren hat's das Schicksal nicht allzu gut mit Andreas gemeint. Keinen Job, die Frau weg ... Aber sein erotisches Kopfkino funktioniert noch, und das rund um die Uhr ...

Ich stelle mir manchmal vor, dass ich auf einer Party bin. Im Laufe des Abends und nach Genuss von Alkohol lockert sich die Stimmung und wir fangen an, Pfänderspiele zu spielen. Die meisten der Anwesenden sind Frauen, und immer wenn jemand verliert, kommt eine der Mädels und entfernt ein Kleidungsstück ... was die Stimmung sehr anheizt. Es ist sehr seltsam ... aber ich bin der Erste, der völlig nackt ist und durch diese Tatsache eine heftige Erektion bekommt. Mein Körper ist stark behaart und eine der Frauen verbindet mir die Augen, plätschert mit Wasser und fängt an meine Genitalien einzuseifen, worauf ich anfange zu stöhnen ... weil ich mittlerweile so extrem aufgegeilt bin, dass ich mich kaum zurückhalten kann und mein Körper sich vor Verlangen windet. Dann spüre ich, wie angefangen wird, meinen Schwanz und den Sack zu rasieren. Ich höre auch das Geräusch mehrerer Kameras, die mich so ausgeliefert fotografieren, was meinen Trieb noch mehr anstachelt. Dann ... plötzlich spüre ich zarte Lippen, die meinen extrem harten Schwanz umschließen und ich weiß, mir wird einer geblasen ... Es dauert dann nur noch ein paar Sekunden ... und ich habe den heftigsten Orgasmus meines Lebens und alle sehen, wie ich abspritze.

(per Fragebogen)

Sascha (36)

Mittlere Reife, Bestattungsunternehmer, in einer norddeutschen Kleinstadt

Eine noch immer vorherrschende sexuelle Phantasie hatte er bereits in der Pubertät. Inzwischen stehen Ehe und Familie einer Realisierung im Weg, aber die Phantasie ist nahezu immer in seinem Kopf ...

Gelegentlich habe ich mit meiner Frau Analsex, was eine der beiden Phantasien ist, die ich seit Jugendtagen mit mir herumtrage. Glücklicherweise mag sie das ganz gern. Sie ist dabei sogar viel erregter als beim vaginalen Verkehr.

Die andere Phantasie wird wohl keine Erfüllung in der Realität geben und für immer meine Masturbationsfantasie unter der Dusche bleiben. Da stelle ich mir dann vor, wie sich zwei Frauen zärtlich berühren und sich leidenschaftlich küssen, während ich die eine von beiden ficke. Langsamer Analsex von hinten. Während meiner Schulzeit hätte ich das sicher haben können. Ich war mir der Gelegenheiten zwar bewusst, traute mich aber nicht, sie zu nutzen. Oder ich habe es erst später verstanden. Meine Antenne für Frauen war in meiner Jugendzeit nicht sehr empfindlich, obwohl ich Sex immer im Kopf hatte und den Kontakt nicht scheute und auch gar nicht schüchtern war.

(per Fragebogen)

Sandy (57)

Kaufmännische Sachbearbeiterin in einer Kleinstadt in Nordrhein-Westfalen, Single

Es ist etwa 12 bis 15 Jahre her, als bei Sandy diese Phantasie zum ersten Mal auftauchte. Vor diesem Zeitpunkt hätte sie eine solche Phantasie eklig gefunden. Inzwischen aber stellt sie sich das jedes Mal vor, wenn ihr ein Mann sehr gut gefällt – eine nachvollziehbare, aber keineswegs besonders außergewöhnliche Phantasie ...

Wir küssen uns innig und dann wandert mein Mund am Hals entlang zur Brust, wo ich von rechts nach links und zurück lecke. Ich liege dabei zwischen seinen Knien. Dann wandert mein Mund immer weiter nach unten, verweilt etwas länger am Bauchnabel, dann weiter abwärts, meine Zunge berührt die Innenseiten der Schenkel, immer wieder um die Hoden und den Penis herum. Das mache ich eine ganze Weile, ab und zu mit der Zunge oder den Zähnen den Penis hoch und wieder runter, zwischendurch die Eichel lecken und kurz saugen. Diese Prozedur treibe ich so lange, bis mein Partner in meinem Mund abspritzt. Ich sauge alles in mich auf und auch wenn er fertig ist, sauge ich weiter bis er meinen Kopf wegnimmt. Danach wird erst einmal nur gekuschelt.

Ich liebe es aber auch, wenn mein Partner mich ebenfalls leckt, mich dabei zur Vorbereitung fingert und wenn ich soweit bin, mich voll und hart nimmt. Hierbei komme ich erst so richtig zum Höhepunkt, wenn nicht nur gestoßen, sondern auch stark gerieben wird, sodass mich der Penis ganz tief im Innern zum Höhepunkt bringt.

(per Mail-Kommunikation)

Kurt (64)

Küchenmeister kurz vor der Rente, lebt und arbeitet in Hamburg

Kurt hat sich nach 40 Ehejahren vor einiger Zeit von seiner Frau getrennt. Er bezeichnet sich selbst als «Normalo», und wie recht er damit hat, beweist das Statement zu seinen sexuellen Vorlieben …

Onanieren tue ich nicht, das Kopfkino funktioniert nicht mehr, und da mache ich das nicht. Durch meine Annonce suche ich Frauen für realen Sex. Meine Vorlieben sind ganz normal streicheln, küssen, lecken, blasen, ficken – alles so querbeet. Aber ich bin nicht für Analverkehr, das ist nicht mein Ding, auch nicht SM und so … Also lieber ganz normalen Sex. Geschlechtsverkehr in allen Variationen mehr oder weniger, aber nicht Fesselsex oder so was. Vielleicht mal einen Klaps auf den Po, ja! Aber einige Frauen stehen ja drauf, geprügelt oder angekettet zu werden. Da steh ich gar nicht drauf. Ich bin auch nicht so dominant, dass ich beim Sex die Führung übernehmen muss. Das ergibt sich schon irgendwie. Wichtig ist, dass man das richtig genießt – nicht reinstecken, zwei Mal rubbeln, abspritzen. Das sollte schon ein Stündchen dauern, in dem man verschiedene Stellungen macht – dass man das genießt, sodass beide was davon haben. Das ist wichtig, denn sonst kommt die Frau ja nicht wieder. Durch meine Annoncen habe ich bis jetzt eine Frau kennengelernt, die mich in unregelmäßigen Abständen besucht, und dann ist es immer sehr schön.

(am Telefon)

Martin (52)
Lehrer an einer berufsbildenden Einrichtung in Baden-Württemberg, seit zehn Jahren ist er in zweiter Ehe verheiratet.

Als er einmal von seiner Frau für einige Zeit getrennt war, teilte er ihr in einer Mail eine erotische Phantasie mit, die er nach der Rückkehr mit ihr zu realisieren gedenke …

Wir beschließen mal wieder ein Thermalbad mit Sauna aufzusuchen, um nackt in warmem Wasser zu baden. Dort angekommen, gehen wir gemeinsam in eine Doppelumkleidekabine zum Ausziehen. Es ist herrlich, so ungeniert und nackt mit der Liebsten sich zu bewegen. Schon beim Ausziehen genieße ich den Anblick Deines frechen und verstrubbelten Schamdreiecks und die schlaff hängenden Brüste mit den großen durchbluteten Nippeln darauf. Schlaffe ältere Brüste sprechen mich stärker an, als pralle feste oder womöglich gar künstlich geliftete Brüste.

Wir gehen duschen und treffen uns anschließend im warmen Suppentopf, wo durch das sprudelnde Wasser nicht viel zu sehen ist. Du setzt Dich mit dem Po auf eine Sprudeldüse und signalisierst mir durch Augenzeichen, dass die Düse Dir Wonnen bereitet. Aufgrund der frühen Tageszeit ist das Becken menschenleer und nur wenige andere Besucher drum herum. Du forderst mich auf, Dir zu zeigen, wie ich mir den Schwanz massiere, um ihn für Dich groß zu machen. Gebannt beobachtest Du meine regelmäßigen Bewegungen. Nach einiger Zeit bemerke ich bei Dir eine Beschleunigung des Atems und Wonnigkeit im Gesicht – ein erster Orgasmus hat Dich ergriffen. Die Stimulierung durch die Düse und das von Dir Beobachtete haben Dich so erregt, dass es Dir gekommen ist.

Wir wechseln dann vom Bad in die Sauna und stellen fest, dass da ebenfalls fast keine anderen Besucher sind. Wir suchen uns eine etwas abgelegene Sauna mit einem verwinkelten Raum aus. Schon auf dem Weg dahin kündigst Du mir an, dass Du auf mir reiten willst, wenn die Situation es zulässt.

Wir legen uns auf die Handtücher, so dass wir uns gegenseitig anschauen und beobachten können. Du öffnest dabei Deine Schenkel, so dass mein Blick auf Deine bereits durch das Vorherige gut durchblutete Vulva fallen muss. Die Wirkung lässt bei mir nicht lange auf sich warten. In meinen Lenden staut sich das Blut und immer praller werdend hebt sich mein Schwengel empor und die Eichel tritt unter der Vorhaut heraus. Du beobachtest diese Verwandlung mit Genuss. Währenddessen sehe ich, wie sich Schweiß zwischen den leicht zur Seite fallenden Brüsten bildet und sich ein Rinnsal zum Bauchnabel erstreckt. Auch zwischen Deinen Schenkel staut sich die Nässe. Deine Schamlippen glänzen rosafarben und üben eine magische Anziehung auf mich aus. Ich strecke meinen Fuß aus und massiere Dein Lustdelta mit meinen Zehen. Wohlig schließt Du die Augen und genießt die Stimulation. Nach einiger Zeit richtest Du Dich auf, drehst Dich um und kommst mit Deinem breiten verlockenden Becken und Rücken auf mich zu. Du platzierst Dich mit gespreizten Schenkeln über mir. Aufgegeilt von dem Anblick streiche ich von vorne nach hinten durch Deine Mitte über Deine schweißnasse Scham und spüre dabei, die erwartungsvoll gedehnte Mösenöffnung. Dann senkst Du Deinen Po ab und mit einem Flutsch dringt mein fickbereiter Schwanz in Deine Lustöffnung. Während des Ritts beugst Du Deinen Oberkörper nach vorne, damit ich möglichst tief in Dich eindringen kann. Beim Ficken gibt es aufgrund der unglaublichen Nässe zwischen uns Schmatzgeräusche, welche uns zusätzlich anturnen. Ich umfasse von hinten mit den Händen Deine baumelnden Brüste und ertaste die berstend harten Brustwarzen. Du steigerst das Tempo des Rittes und nach kurzer Zeit kündigt sich durch keuchenden Atem der nahende Orgasmus bei Dir an. Auch bei mir zieht sich das Blut zusammen, um anschließend das heiße Sperma in Deinen pochenden Unterleib zu spritzen. Zufrieden gleiten wir auseinander, gerade noch rechtzeitig, bevor sich die Türe öffnet und eine ältere Frau den Schwitzraum betritt. Die erotischen Begegnungen mit Dir, meine Liebste, sind einfach wunderbar!

(per Mail)

Saddy (45)

Angestellte in einem Job-Center, wohnt auf dem Land in der Nähe von Köln, verheiratet

Sie ist eine Träumerin, die sich daran erinnern kann, als sie die ersten poetischen Phantasien erotischen Inhalts hatte. Da war Saddy noch keine zehn Jahre alt. Die im Fragebogen geschilderten Träumereien seien allerdings jüngeren Datums. «Erst so seit fünf oder sechs Jahren» traue sie sich, solche Phantasien uneingeschränkt zuzulassen. Früher hielt sie sich wegen eines solch poetischen Kopfkinos immer für ein wenig seltsam, was angesichts der rätselhaften Bilder nachvollziehbar ist ...

Ich ergehe mich gerne und oft vor dem Einschlafen in erotischen Phantasien, aber auch wenn ich tagsüber zuhause bin und es mich überkommt, gebe ich mich den Träumen schon manchmal hin. Meine am häufigsten vorkommende Phantasie ist auch gleichzeitig meine «niedlichste»; ich liebe Dirty-Talk-Vorstellungen, aber in dieser meiner Lieblingsfantasie streichelt mir mein Partner mit wunderschön perlenden Poesiegebilden meine Seele, er zitiert und dichtet, während wir zwischen Kerzenschein und Wein unsere nackten Körper aneinander schmiegen. Manchmal stelle ich mir auch vor, wie er seltsam lustige

Wörterspiele mit mir spielt, z. B. eine lange Buchstabenkette in meine schönste Höhle einführt und mir beim langsamen Herausziehen flüsternd verrät, was für Gedichte in mir stecken und was er da aus mir hervor holt.

Ansonsten habe ich Phantasien, die wahrscheinlich viele haben, Liebe machen im Stehen, von hinten an eine Wand gedrückt, schon ein bisschen «gegen meinen Willen», oder auf dem Küchentisch auf dem Rücken liegend und mein Partner nimmt mich anal, während ich selber noch ein Spielzeug dazu verwende. Und es sind immer Männer mit guter Bestückung und viel Ausdauer, von denen ich träume.

Andrea (42)

Vermittlerin bei der Bundesagentur für Arbeit in einer niedersächsischen Großstadt, Single

Es mag Andrea irgendwann überrascht haben, als sie schon als erwachsene Frau erkennen musste, dass ihre erotischen Phantasien dem eigenen Geschlecht galten. Die Vorstellungen aber, die sie immer dann überkommen, wenn sie «scharf, müde oder entspannt» ist, sind lesbische Standardphantasien …

Es sind richtige Frauengestalten, an die ich denke, an wunderschöne weibliche Figuren. Phantasiegestalten, keine realen Frauen aus meiner Umgebung. Ich stelle mir vor, dass ich eine Frau ausgiebig küsse und ihr dann das Mieder öffne. Große schwere Brüste kommen hervor, die ich umfasse, streichle, aber nicht knete … Ich lasse meine Zunge um ihre Brustwarzen spielen bis sie ganz hart sind und dann sauge ich leicht daran. Nach einer Weile lege ich mich hin und lasse mich von der Geliebten oral befriedigen. Ich genieße es, sehr lange ausdauernd und nicht grob geleckt zu werden, bis ich zum Orgasmus komme. Leider habe ich diese Phantasien noch nicht ausgelebt, aber sehnen tue ich mich danach schon.

(Fragebogen-Antwort)

Bernd *(34)*

Kulturwissenschaftler, lebt als Single in Berlin

Die Selbstbefriedigung hat in seiner Phantasie einen hohen Stellenwert, seit seine Exfreundin ihn beim Onanieren erwischt hatte und ein Spiel mit ihm trieb. Dieses Spiel taucht immer dann in seinem Kopf auf, wenn er Frauen wahrnimmt, «die auf die eine oder andere Art eine aufreizende Ausstrahlung besitzen»…

In dieser Phantasie werde ich von einer Frau durch Worte, Gesten, sexy Kleidung oder einer Kombination all dessen sexuell solange gereizt, bis ich meine Selbstkontrolle verliere und versteckt zu onanieren beginne. Das ist auch das Ziel ihres Reizens, ohne dass ich es weiß. Kurz vor meinem Orgasmus erwischt sie mich dabei (was ja ihr Plan war). Nun muss ich vor ihr onanieren oder sie «greift zu». Das zieht sich lange hin, weil ich jedes Mal kurz bevor es mir kommt, immer aufhören muss oder sie damit aufhört mich zu wichsen. Dann muss ich sie lecken, fingern wie und so lange sie möchte … Schließlich lässt sie meine aufgestaute Geilheit wie eine Bombe platzen.

(per Fragebogen)

Verbotene Gedanken

Die sündigen Geheimnisse der Moralisten

Man mag es als Ausdruck von Freiheit verstehen oder als beklagenswerten Verfall der Sitten, aber unstrittig ist, dass der heutige Individualismus in unserer Gesellschaft ein egozentrischer ist. Nach der Phase von Kollektivideologien im 20. Jahrhundert ist das auch verständlich. Wenn man dem Soziologen Ulrich Beck glauben darf, vollzog sich in der Bundesrepublik «ein gesellschaftlicher Individualisierungsschub von bislang unerkannter Reichweite und Dynamik» ziemlich genau zur Zeit des Wirtschaftswunders Ende der 1950er Jahre. In jener apolitischen Phase also, als man hierzulande den Stechschritt und das Gebrülle vergessen wollte, was noch 15 Jahre zuvor in Deutschland den Ton angegeben hatte. Und da die Grautöne im kollektiven Einerlei im ostdeutschen Staat für das Bürgertum zwischen Nordsee und Alpen keine Alternative waren, entdeckten die Überlebenden des Krieges den Individualismus. Zunächst wurde dieser in Kaufentscheidungen für Automobile, Mode und (überwiegend südeuropäische) Reiseziele ausgelebt. Moralisch verblieb man zunächst noch in klerikal gefärbten Denkschemen. So war Sex höchstens mal Thema, wenn in Frankfurt eine Promi-Hure tot aufgefunden wurde oder in der Nachbarschaft ein schwules Paar hochging. Und natürlich wenn in der Verwandtschaft jemand «heiraten musste». Sexuelle Neigungen waren noch kein Thema, jedenfalls kein öffentliches. Ein paar Jahre später aber trieben es die Kinder der Wirtschaftswunder-Generation ziemlich bunt. Die steckten in den Sechzigern heftig in der Pubertät und waren bald reif für die sexuelle Revolution. «Make Love not War!» – das klingt auch heute noch gut. Damals war das die Parole der Hippie-Bewegung, die von der bis dahin unbedeutenden Straßenecke Haight-Ashbury in San Francisco bis in die westdeutschen Schulhöfe schwappte. Nicht jeder lief mit einer Sonnenblume im Knopfloch herum oder hatte das Peace-Zeichen auf die Jeans genäht, aber der libertäre Geist hatte eine ganze Generation erfasst. Fortan gingen auch diejenigen mit einem aufregenden erotischen Kopfkino spazieren, die es nicht zugaben. Es war die Zeit, als Oswald Kolle mit seinen Aufklärungsfilmen und Dr. Sommer mit munteren Ratschlägen populär wurden, Beate Uhse mit Versandhandel und ersten Sex-Shops zweistellige Zuwachsraten verzeichnete und man den Kopf über einen weltfremden Papst schüttelte, der sich merkwürdige Gedanken um Kondome und Anti-Baby-Pillen machte. Selbstbewusst sprachen Individualisten in aller Öffentlichkeit über Sex und erklärten ihn zugleich zur Privatsache, aus der sich Staat und religiöse Obrigkeiten herauszuhalten hätten. Man verstand sich eben als libertär ... Und dann dauerte es nicht mehr allzu lange, ehe der Kuppeleiparagraph abgeschafft, und etwas länger, ehe homosexuelle Betätigungen straffrei wurden. Der legalen Prostitution wurde erst in diesem Jahrtausend das Stigma der Sittenwidrigkeit entzogen.

Als zwanzig Jahre nach dem Beginn der sexuellen Revolution in Berlin die Mauer fällt, läuft exakt an jenem 9. November 1989 in einem Ostberliner Kino die Premiere von «Coming Out», dem ersten DEFA-Film über eine homosexuelle Liebe. In den Wochen und Monaten danach werden die Westdeutschen ungeachtet ihrer sexuellen Orientierung feststellen, dass ihre Landsleute im Osten keineswegs prüder sind als sie selbst. Unter gänzlich anderen gesellschaftlichen Bedingungen hatte auch zwischen Ostsee und Vogtland ein stiller sexueller Aufbruch stattgefunden. Nun begegneten sich Ost und West, und gemeinsam startete man schließlich ins Zeitalter des egozentrischen Individualismus. Bleibt die Frage: Gibt es da eigentlich noch «Verbotene Gedanken», wie es die Überschrift dieses Kapitels suggeriert?

Im letzten Jahrhundert vor unserer Zeitrechnung verkündete Marcus Tullius Cicero: «Liberae sunt nostrae cogitationes!» – «Frei sind unsere Gedanken!» Natürlich hatte der berühmteste Redner Roms dabei nicht den Plebs in den staubigen Gassen von Trastevere im Sinn. Schon deshalb nicht, weil er dieser sozialen Schicht gar keine eigenständigen Gedanken zutraute. Möglicherweise proklamierte der Schriftsteller und Philosoph die Gedankenfreiheit noch nicht mal für die römische Upperclass in seinem Auditorium, sondern in erster Linie für sich selbst. Wie dem auch sei, es sollte noch mehr als tausend Jahre dauern, ehe Walther von der Vogelweide auch in deutschen Landen in Liedform verkündete: «… sint iedoch gedanke frî»! Etwa zur selben Zeit, also im 13. Jahrhundert, hatte die römisch-katholische Kirche die Gedankenwelt ihrer Schäfchen im Visier und führte die Ohrenbeichte ein. Fortan hatte man sich nicht nur zu seinen Sünden in Worten und Werken zu bekennen, sondern auch zu den sündigen Gedanken. Und der Sünder, der das gewissenhaft betrieb, brachte verbale Pornographie in den Beichtstuhl – zur Erbauung der sexuell frustrierten Priesterschaft, denn zeitgleich mit der Ohrenbeichte war auch der Zölibat verfügt worden.

Wer hingegen die Freiheit des Denkens in Anspruch nehmen wollte, hatte im Mittelalter schlechte Karten. Der einzelne Mensch wurde damals noch nicht als Individuum, sondern als kleinste Einheit der Masse angesehen, und von der wurden ständig öffentliche Bekenntnisse zu Herrscher, Gott, Vaterland oder sonst was abverlangt. Eigenständiges Denken konnte da ohnehin nur schwer entstehen. Jedenfalls wäre es gesundheitsgefährdend gewesen, öffentlich abweichende Meinungen zu äußern oder gar erotische Phantasien zu offenbaren.

Im 21. Jahrhundert ist das zwischen Nordkorea und Saudi-Arabien vielerorts noch immer so. Selbst der Mainstream demokratischer Massenmedien wird häufig als Angriff auf das freie Denken, zumindest aber auf die öffentliche Meinungsfreiheit interpretiert. Und wer hierzulande ein öffentliches Amt bekleidet, hat bezüglich seiner sexuellen Neigungen clean zu sein. Zumindest wäre es schlecht für die Karriere, sich zu irgendetwas zu bekennen, was außerhalb der gesellschaftlich definierten Norm liegt.

Um 1780 ging in den deutschen Ländern ein Flugblatt von Hand zu Hand, auf dem ein gereimter Text stand, der 40 Jahre später vertont wurde. Und so wurde fast 2000 Jahre nach Cicero ausgerechnet während der Restaurationsperiode erstmals gesungen: «Die Gedanken sind frei!» Auch wenn das Lied demokratische Freiheiten meinte und nicht erotische Phantasien, so könnte die zweite Strophe durchaus auch anders interpretiert werden: «Ich denke, was ich will / und was mich beglücket, / doch alles in der Still' / und wie es sich schicket. / Mein Wunsch und Begehren / kann niemand verwehren, / es bleibet dabei: / Die Gedanken sind frei!» Und *wenn* man diese Strophe im erotischen Sinne interpretieren würde, so wäre es auch im Zeitalter eines lautstarken egozentrischen Individualismus durchaus ratsam, Phantasien wie die in diesem Kapitel anonym geschilderten unbedingt «in der Still'» zu belassen. «Verboten» sind diese Gedanken natürlich nur in einer moralischen Wertung, und insofern ist die Kapitelüberschrift als provokant zu verstehen.

Skizzen aus den Fragebogen

Ingenieur für Telekommunikation in einer nordrhein-westfälischen Großstadt, verheiratet

Ich möchte mich außerhalb meiner Ehe gerne sexuell ausleben und sexuelle Praktiken ausprobieren, die ich in meiner Beziehung nicht bekomme oder auch aus Respekt vor meiner Frau sie nicht fragen möchte. Dazu gehören, eine Frau zu etwas härterem Sex zu benutzen, sie zum Beispiel beim Sex von hinten an den Haaren fest zu halten. Oder Sex mit einer Unbekannten: Sie fragt mich, ob ich will, zeigt sich nackt und wir machen Sex, wie in ihrem Mund kommen oder auch anal. Zu diesen Phantasien gehört aber auch, mal einen anderen Penis anzufassen.

Katholische Katechetin in einer mittelgroßen niedersächsischen Stadt, früh verwitwet

Ich finde den Priester unserer Gemeinde schnuckelig. Nein, ich finde ihn richtig geil. Da habe ich sündige Gedanken und die habe ich regelmäßig, wenn ich abends allein zu Hause bin. Dann kommt er mich in meinen Vorstellungen besuchen und es geht richtig zur Sache. Also, ich werde ihn real nie anrühren, aber in der Phantasie gibt's nichts, an was ich nicht schon gedacht hätte.

Hausmann, z. Zt. in Elternfreizeit, lebt in einer kleineren Stadt in Hessen, verheiratet

Ich habe eine etwas heikle Phantasie, nämlich mit der Schwester meiner Frau intim zu werden. Was aber nie passieren wird …

Verwaltungsangestellter in einer norddeutschen Großstadt, Beziehung

Ejakulation auf Lebensmittel und gemeinsames Verspeisen.

«Sündige» Phantasien

André (40)
Sachbearbeiter bei einer Krankenkasse im Bergischen Land, Single

*Er sei nicht immer Single gewesen, schreibt André, aber «die meiste
Zeit». Früher habe er nichts «anbrennen» lassen, aber für seine bevorzugte Altersgruppe von jungen Frauen zwischen 19 und 25 sei er mittlerweile zu alt. Das erklärt sicher, weshalb er Single ist, wenngleich er
seit fast einem Jahr eine Art virtuelle Beziehung zu einer Arbeitskollegin
unterhält, ohne dass sie davon etwas ahnt ...*

Also, die Geschichte geht so. Ich habe eine Kollegin, die gerade 21 Jahre
alt wurde und die ich einfach geil finde. Alles an ihr, ihre Figur, ihr charmantes Lächeln, ihre Stimme, ihre Art ... Sie war kaum eine Woche bei
uns, da hat sie sich schon in meine erotischen Träume geschlichen. Mit
anderen Worten, ich habe bei der Selbstbefriedigung an sie gedacht.
Das ist sicher nichts Außergewöhnliches, oder? Ich denke, das passiert
ja überall, dass ein Mann jemanden kennt, an die er beim Onanieren
denkt. Wahrscheinlich auch umgekehrt. Damit aber ist ja meine Geschichte nicht zu Ende. Im Gegenteil. Damit fängt sie überhaupt erst
an. Ich muss erwähnen, dass ich schon vorher manchmal Sex-Hotlines
anrief und mit jungen Frauen Telefonsex hatte. Mir ist schon klar, dass
die das professionell machen, denn immerhin zahle ich als Kunde pro
Minute 1,99 € und oft vergehen erstmal 6 bis 8 Minuten, bis sich das
erste Mädchen meldet. Und dann stimmt oft der Draht nicht zueinan-
der und man wartet auf die Nächste. Irgendwann habe ich mich auf
die Suche nach einer Stimme begeben, die mich an meine Arbeitskollegin erinnert. Die war gar nicht leicht zu finden, aber dann war es
soweit. Eine junge Frau sprach sogar ziemlich ähnlich (und tut das immer noch). Dann habe ich ihr die ganze Geschichte erzählt, wie meine
Kollegin aussieht und wie sie mich manchmal von ihrem Schreibtisch
aus anlächelt usw. Und dann hatte ich mit meiner Kollegin – zumin-

dest mit ihrem Stimm-Double – zum ersten Mal Telefonsex. Das war schon ziemlich gut, ging aber noch besser. Ich habe mich mit der Frau am Telefon regelmäßig verabredet und den Telefonsex dann jedes Mal richtig zelebriert. Dazu habe ich klassische Musik gespielt und mein Zimmer nur mit Kerzen beleuchtet, und meine «Kleine», wie ich sie nenne, hat mir am Telefon beschrieben, wie wir es miteinander treiben. Dabei stöhnte sie und ahmte täuschend echt das Geräusch nach, wenn sie mir einen geblasen hat und wenn wir «zusammen gevögelt» haben, hat sie mich aufgefordert tief zuzustoßen. Der Dirty Talk wurde von Mal zu Mal besser. Natürlich sah ich meine Arbeitskollegin fortan mit anderen Augen. Ihr charmantes Lächeln deutete ich inzwischen als geheime Übereinkunft unserer nächtlichen Sexorgien am Telefon.

Seit einiger Zeit läuft es jetzt so, dass ich jener unbekannten Telefonfrau monatlich 150 Euro überweise. Das geschieht per Dauerauftrag. Das hört sich vielleicht viel an, aber dafür ruft sie mich mit unterdrückter Nummer zwei Mal in der Woche an. Über die 0900-Nummer wäre es viel teurer und wenn ich mit meiner Arbeitskollegin jedes Mal essen gehen würde, natürlich auch. Für diese 150 Euro unterhalte ich eine virtuelle Telefonbeziehung mit meiner süßen kleinen Arbeitskollegin. Ich habe sogar eine Mailadresse der Telefondame, der ich von Vorkommnissen im Büro berichte, die sie dann ins Telefonat einbezieht, um es realistischer zu machen. Sie sagt etwa: «Ich glaube, dass Herr Sowieso uns beobachtet. Vielleicht hat er schon gemerkt, dass ich auf dich dauergeil bin …» Und dann geht es wieder zur Sache. Zwischendurch habe ich im Büro manchmal fast vergessen, dass diese Beziehung gar nicht real ist und gehe zum Beispiel in den Kaffeepausen mit meiner Kollegin sehr «vertraut» um. Ich habe keine Ahnung, wie lange ich das noch reizvoll finde, aber im Moment genieße ich noch jede Minute des Telefonsex.

(per Mail-Kommunikation)

Antje (52)

Kioskbetreiberin in einer mittelgroßen Stadt in Rheinland-Pfalz, geschieden, zwei erwachsene Kinder

Die «kleine, eher rundliche Frau» gibt sich keinen Illusionen hin. Sie weiß, dass die jungen Männer, die eine berufsbildende Schule in der Nähe ihres Kiosks besuchen und bei ihr Bier und Zigaretten kaufen, fast schon ihre Enkel sein könnten. Dennoch spielen «die jungen Kerle» in ihrem Kopfkino eine ganz besondere Rolle ...

Es hat was mit Geld zu tun, und wenn ich für Sex bezahle, kann ich auch was verlangen. Also ich stelle mir vor, der eine oder andere dieser Jungens aus der BBS *(Berufsbildende Schule)* arbeitet nebenbei als Callboy. Ich habe davon erfahren und rufe ihn an. Und wenn er dann kommt und ich ihn bezahlt habe, verlange ich, dass er sich bis zur Unterhose auszieht.

Ich habe ganz viel unterschiedliches Sexspielzeug. So viel, dass ich einen Handel aufmachen könnte – von Dildos jeder Art bis zu Sexkugeln und anderen Kram. Wenn ich mir also einen der Schüler als Callboy vorstelle, dann zelebriere ich das richtig. Ich liege auf dem Sofa, und das einzige, was ich jetzt nicht brauche, ist Gleitcreme. Meine Spalte ist so nass, dass alles was da rein soll automatisch reinflutscht.

Er steht also in einem knappen Slip vor mir und ich beginne seinen muskulösen Körper abzulecken. Jede Faser wird von meiner Zunge untersucht und meine Hand tastet nach der Beule in seiner Hose. Ich mag ihm lauter schmutziges Zeug sagen: «Ich werde dir deinen Schwanz so geil blasen, dass du denkst, dir fliegt die Hirnschale weg!» oder «Ich brauche deine harten Stöße und gleichzeitig einen Finger im Arsch. Das macht mich geil!» Das habe ich schon immer gemocht und meinen Mann hat das wahnsinnig geil gemacht. Da war ich auch noch jung. Jetzt aber, in meiner Phantasie, zahle ich den jungen Männern Geld und dafür will ich bedient werden. Ich befreie sein hartes Rohr aus dem engen Slip und bin erstaunt, dass er so eine Latte hat. Ganz übel scheine ich ja nicht auszusehen. Oder hat das schmutzige

Zeug das bewirkt, was ich ihm gesagt habe? Jetzt sage ich: «Ich will harten schmutzigen Sex, hörst du. Rammele mich durch, so hart wie du kannst!»

Längst hatte ich mir schon einen meiner großen Dildos bereit gelegt. Jetzt nehme ich ihn und beginne ihn erstmal in meinen Mund einzuführen. Ich stelle mir vor, wie ich von dem jungen Mann richtig in den Mund gefickt werde. Dann aber sucht er meine Muschi. Während er meine Brüste knetet, setzt er harte Stöße. Schließlich nimmt er mich eine Weile von hinten. Dann setze ich mich auf ihn und reite ihn und mich dem Orgasmus entgegen. Das ist immer wieder «megageil», wie die jungen Leute sagen würden.

Ich hätte ja Lust, einem von den Jungens mal ein entsprechendes Angebot zu machen, aber ich habe auch Angst davor. Zum einen kommen sie fast nie allein zu mir an den Kiosk. Und was, wenn er nein sagt und es an der Schule herumerzählt? Dann wäre ich das Gespött der ganzen Schule und könnte einpacken. So wird es wohl eine Phantasie bleiben, aber eine ziemlich geile Phantasie.

(per Mail-Kommunikation)

Hellena (30)

ist im «Sozialen Bereich» tätig und lebt in einer gleichgeschlechtlichen Beziehung in Berlin

Schon im 3. Jahrhundert v. d. Z. hat Aristoteles ein Phänomen beschrieben, welches in Hellenas Sexualphantasien eine wesentliche Rolle spielt – die weibliche Ejakulation …

Meine Partnerin kommt so gut wie nie in meinen Phantasien vor. Vielmehr sind es entweder Phantasiegestalten oder Frauen aus meinem Umfeld, die für mich unerreichbar oder heterosexuell sind (oder bei denen ich zumindest davon ausgehe). In diesen Phantasien übernehme ich immer den aktiven Part beim Oralverkehr – es kommt nie zur gegenseitigen Befriedigung. Ich bringe eine Frau zum Squirting, also zum höchst lustvollen Ejakulieren. Während mir ihr Ejakulat ins Gesicht spritzt, beginne ich, es ab- und aufzulecken. Oder sie sitzt auf meinem Gesicht und ejakuliert mir in den Mund. Oft sind es in meinen Vorstellungen auch mehrere Frauen nacheinander, die sich auf mein Gesicht setzen und ejakulieren. Ich stelle mir keine bestimmten Orte vor, aber es ist nie im Freien, sondern findet in einem Bett oder auf einer Couch statt.

Tja, was fühle ich dabei? Es sind sehr lustvolle Gefühle, die mich fast zum Platzen bringen. Ja genau, es fühlt sich an als würde mein Inneres platzen, vor Erregung, aber auch vor Freude darüber was in meinem Kopf geschieht. Ich fühle währenddessen nur positive Gefühle: aufsteigende Erregung, ein unbändiges Verlangen danach es zu spüren, Hingabe, Leichtigkeit, wahre Glücksgefühle, aber auch innere Spannung. Ich empfinde Freude darüber, wie schön die Frau während des Orgasmus ausschaut, was mich noch mehr erregt. Oft bin ich mit all diesen Gedanken und Gefühlen bis ins kleinste Detail intensiv in diese Phantasie versunken.

Nach dem ganzen Spektakel bekomme ich einen leichten Anflug von Unzufriedenheit, weil das Ganze nun mal nur in meiner Phantasie existiert. Deshalb möchte ich das unbedingt einmal ausleben.

Meine Partnerin weiß nichts von diesen Phantasien. Als wir uns unlängst über unsere Sexualität unterhielten, kam ich «zufällig» auf das Thema Squirting. Sie kannte weder den Ausdruck, noch was dabei passieren kann. Nach meinen Erklärungen fragte sie weiter interessiert nach und wollte sich sogar darüber informieren. Aber danach sprachen wir nicht mehr über das Thema. Ich habe auch nicht nachgefragt.

(per Mail-Kommunikation)

෮

Roland (36)

Mitarbeiter einer katholischen Diözese, sowohl für die Jugend- und Studentenarbeit zuständig als auch «für die Organisation der Wallfahrten»

Eigentlich hatte er Priester werden wollen, brach aber das Priesterseminar ohne Abschluss ab. Dennoch lebt er zölibatär. Nach dem Besuch einer Fotoausstellung hat er eine eigenwillige Neigung an sich festgestellt ...

Streng genommen handelt es sich nicht um eine sexuelle Phantasie. Aber es geht einher mit einer sexuellen Handlung, nämlich der Onanie. Auf diese Weise kommt das Sexuelle ins Spiel.

Ich muss zwei Dinge vorausschicken. 1) Entgegen der allgemeinen Ansicht über katholische Priester (oder solche, die diesen Weg einmal eingeschlagen haben, wie ich) bin ich weder schwul noch pädophil. Ich hatte nie sexuelle Phantasien mit Männern oder Kindern und folglich auch keine solchen sexuellen Beziehungen. Ich habe überhaupt keine sexuellen Beziehungen. 2) Ich verehre jedes schöne weibliche Antlitz als eine Krone der Schöpfung, und unter bestimmten Umständen geht davon ein erotischer Reiz aus. Der Blick in ein schönes Gesicht kann bei mir eine Erektion auslösen, und beim Betrachten einer Fotografie mit einem solchen wird diese – wie man landläufig sagt – zur «Wichsvorlage».

Ich kann die Situation genau benennen, die dazu führte. Als Priesterseminarist war ich in den Ferien mit dem Fahrrad in Frankreich unterwegs. Das war vor nicht ganz 15 Jahren. Unterwegs besuchte ich eine Fotoausstellung mit Porträts sowohl bekannter Persönlichkeiten als auch unbekannter Leute – Bauern, Handwerker, Café-Besucher usw. Darunter war auch das Porträt der jungen Schauspielerin Juliette Binoche, die ich zu diesem Zeitpunkt noch gar nicht kannte, obgleich sie wohl schon sehr bekannt war. Das Foto sah auch nicht wie ein Starfoto aus. Es schien eher ein privater Schnappschuss zu sein. Eine Schwarz-Weiß-Fotografie. Juliette Binoche steckt sich darauf die Haare hoch, hat sogar noch eine Haarnadel zwischen den fest gepressten Lippen und schaut eher gelangweilt und doch selbstbewusst in die Kamera. Es war ein wunderschönes Gesicht, und aus dem Blick sprach so viel oder ich konnte viel hineininterpretieren. Ich kaufte den Katalog zu der Ausstellung, und am Abend lag ich auf meinem Bett und betrachtete dieses Gesicht sehr lang. Ich vertiefte mich in das wunderschöne Antlitz und in diese tiefgründigen Augen und plötzlich stellte ich fest, dass ich eine Erektion hatte. Obgleich ich seit Jahren nicht onaniert hatte (sieht man von nächtlichen Samenergüssen während des Schlafes ab), begann ich mein Glied zu berühren. Dabei blieb ich mit meinem Blick bei diesem Foto. Ich stellte mir keine erotische Situation vor. Ich betrachtete nur dieses Foto und onanierte. Plötzlich kam aus den Tiefen meines Selbst ein überwältigendes Gefühl, das sich im ganzen Körper ausbreitete und dem ein gewaltiger Samenerguss folgte. Das war der Anfang meiner Faszination angesichts weiblicher Schönheit, womit ich ausschließlich die Gesichter meine. Doch Schönheit allein genügt nicht, um mich zu erregen – ich muss erkennen, dass sich die Frauen ihrer Schönheit bewusst sind und sie auch ganz bewusst zur Schau stellen. Früher waren es Prominente wie eben Juliette Binoche oder die Schauspielerin Winona Ryder, das Fotomodell Linda Evangelista und andere, die ich als Vorlage benutzte. Aber irgendwann las ich irgendwo, dass die Fotos vieler Prominenter aufwendig mit Photoshop bearbeitet werden. Der Schöpfung wird also künstlich nachgeholfen. Das gefiel mir nicht, und ich habe bald ein anderes Feld entdeckt. Die privat aufgenommenen Porträts völlig unbekannter Mädchen und Frauen. Seit einiger Zeit habe ich ein facebook-Profil. Ich zappe mich also durch facebook auf der Suche nach schönen Porträts. Ich lade mir die Bilder fremder Frauen herunter, und ich suche unter deren Freundinnen und unter den Freundinnen der Freundinnen. Man kommt vom Hundertsten ins Tausendste, und ehe man sich versieht, hat man 150 bis 200 Porträts auf dem Rechner – ein Antlitz schöner als das andere. Ausdrucksstark und erregend. Und beim Betrachten dieser Bilder onaniere ich, und es erregt mich sogar der Gedanke, dass diese unbekannten Frauen zur selben Zeit irgendwo leben und keine

Ahnung haben, dass ihr Profilfoto auf facebook gerade einem einsam onanierenden Mann als Vorlage dient. Ich habe keinerlei körperliche Begierde nach diesen Frauen, es ist ausschließlich die Huldigung ihrer Schönheit und der Ausstrahlung von Selbstbewusstsein, das mir Orgasmen beschert.

(am Telefon)

Einige Wochen nach unserem Telefonat kam von Robert die folgende Mail:

Ich habe eine hoch beglückende Entdeckung gemacht. Eine Entdeckung mit Folgen. In einem TV-Magazin fiel mein Blick auf das Bild der französischen Schauspielerin Léa Seydoux. Ihr Gesicht ist die perfekte Schönheit. Sollte dies das Abbild Gottes sein, so ist der Allmächtige schöner als ich es mir in meinen kühnsten Träumen je hätte vorstellen können. Beeindruckend ist auch der schüchterne skeptische Blick, mit dem sie in die Kamera blickt und der nicht das Produkt von Photoshop sein kann. Über eine Suchmaschine habe ich im Internet viele weitere Fotos von Léa Seydoux gefunden; wobei mir die zufälligen Schnappschüsse besser gefallen, als die Titelfotos für die ELLE, die L'Officiel oder die Werbefotos für ein Parfüm. Selbst wenn sie lächelt, tut sie es immer mit diesem melancholischen Blick. Die schönsten Porträts (und die Auswahl fiel wirklich schwer) habe ich vergrößert, auf gutem Fotopapier ausgedruckt und in mein Zimmer gehängt.

In dem TV-Magazin war ein Film mit Léa Seydoux angekündigt. Ich wollte sie in Bewegung sehen, ihrer Menschwerdung beiwohnen. Und was war das für ein Film! «Lourdes» – ein Film über eine Wallfahrt. Das katholische Milieu steigerte meine Erregung noch. Ich habe den französischen Sprachkanal ausgewählt. Selbst wenn ich die französische Sprache nicht beherrschen würde, hätte ich unbedingt die Originalstimme dieser wunderschönen Frau hören wollen. Sie spielt darin eine Schwesternhelferin und sie sah auch in jedem dieser bewegten Bilder wunderschön aus. Ich bin überzeugt, Léa Seydoux ist in dieser Perfektion erschaffen worden, nur um diese Schwesternhelferin zu spielen, die zudem auch noch Maria heißt. Vielleicht habe ich es deshalb noch immer nicht fertig gebracht, mich zu berühren. Aber ich werde es tun!!! Ich habe mir einige der verfügbaren DVDs mit Léa Seydoux bestellt: «Belle Épine» ist schon eingetroffen und auch «Midnight in Paris», obwohl sie darin wohl eine eher kleine Rolle spielt. «Les adieux à la reine» und «La belle personne» werden in den nächsten Tagen kommen. Dann werde ich ganz allein eine lange Nacht mit Léa Seydoux zelebrieren, ganz allein mit diesem wunderschönen Wesen und ich weiß, es wird eine lustvolle Nacht werden.

Ciliane (41)

brach einst das Studium der Kunstgeschichte ab, lebt als Ehefrau und Mutter im Saarland

Für ihren zehn Jahre älteren Gatten – einen Rechtsanwalt – hatte sie das Studium aufgegeben, um «ganz für die Familie da zu sein». Nach wie vor ist er in jeder Hinsicht ihr «Traummann». Und doch gibt es da eine geheime Phantasie, und seit ihre mittlerweile 17-jährige Tochter eine neue Klassenlehrerin bekommen hat, wurde diese Phantasie zur Obsession ...

Ich habe mich schon in Mädchen verliebt, als ich jünger war als meine Tochter heute. Aber es waren platonische Lieben, sie blieben darauf beschränkt, dass ich meine Freundinnen gerne umarmte, mit ihnen Händchen haltend durch die Stadt lief, vielleicht auch mal in einer Disco mit ihnen tanzte. Sex aber wollte ich mit Jungen haben. Ich wollte das, aber es kam nicht oft dazu. Nicht aus Mangel an Gelegenheiten, sondern weil ich wählerisch war. Mein Mann war mein dritter und letzter Liebhaber in meinem Leben und das wird er auch bleiben. Zumindest im maskulinen Gebrauch des Wortes Liebhaber. Wahrscheinlich auch sonst, aber in meiner Phantasie – und die habe ich mittlerweile rund um die Uhr – habe ich eine Geliebte.

Die sexuelle Variante meiner Neigung zum weiblichen Geschlecht ist noch nicht allzu alt. Knapp zwei Jahre ist es her, dass meine Tochter eine neue Klassenlehrerin bekam. Ich kannte die Frau von Schulfesten, hatte aber nie mit ihr gesprochen. Kaum einer der äußerlichen Vorzüge, die ich heute an ihr schätze (was noch eine harmlose Formulierung ist), war mir aufgefallen, bevor sie die Klassenlehrerin meiner Tochter wurde.

Seinerzeit hatte mir die Elternvertreterin gesagt, dass diese Lehrerin lesbisch sei und in einer eheähnlichen Gemeinschaft mit einer Frau leben würde. Nicht, dass mich das gestört hätte, aber überrascht hat es mich schon. Das lag schlichtweg an meinen klischeehaften Vorstellungen von lesbischen Frauen. In diesen Vorstellungen sahen alle aus wie jene, die man gemeinhin als «Kampflesben» bezeichnet, also sehr maskulin. Das ist bei dieser Lehrerin nun überhaupt nicht der Fall. Im Gegenteil, sie ist ausgesprochen feminin. Angesichts des Widerspruchs zwischen meinem Klischee und der Realität war meine Neugier geweckt und ich machte das, was ich bis dahin noch nicht mal in Erwägung gezogen hatte: Ich suchte im Internet nach entsprechenden Pornoportalen. Unter dem Stichwort «lesbisch» wurde ich schnell fündig, und dort sah keine einzige Darstellerin wie eine Kampflesbe aus. Natürlich weiß ich, dass sich diese Filme an ein überwiegend männliches Publikum wenden, und die Kerle wollen natürlich feminine Gestalten sehen. Das kam nun auch mir zugute. Gleich beim ersten Film, in dem eine großbusige Blondine und eine eher androgyne Rothaarige sich küssten, liebkosten, sich gegenseitig oral verwöhnten und schließlich mit einem gewaltigen Dildo befriedigten, war ich hochgradig erregt. Masturbiert aber habe ich erst hinterher. Ich legte mich auf die Couch und begann, meine Klitoris zu reiben. Und plötzlich tauchte vor meinem geistigen Auge die Klassenlehrerin meiner Tochter auf. Sie war nackt. Sie begann mich zärtlich zu küssen. Meine Hände, die meinen Körper streichelten, waren in meiner Vision ihre Hände und der Finger, der meine Klitoris rieb, war ihre Zunge. Inzwischen bin ich fast täglich mit ihr zusammen – in meiner Phantasie, versteht sich. Aber auch in Realität suche ich regelmäßig ihre Nähe, ohne sie meine Erregung spüren zu lassen. Letzten Sommer haben wir die Klasse meiner Tochter zu einem Sommerfest in unseren Garten eingeladen und auch deren Klassenlehrerin. Ich habe viele Fotos (nicht nur) von ihr gemacht und fast täglich betrachte ich auf meinem Rechner lange ihr schönes Gesicht. Manchmal auch den an sich makellosen Körper, aber oft nur ihr Gesicht. Ich projiziere sicher Dinge in ihren Blick, die real nicht existieren. Aber ist das nicht egal? Die Liebe zu dieser Frau, der Sex mit ihr, die Küsse – das alles ist schließlich virtuell. Aber ich genieße es, beim Masturbieren an sie zu denken. Nein, ich MUSS es tun und das mittlerweile bis zu drei Mal am Tag. Real aber bin ich eine treue Ehefrau, die ihren Gatten nach wie vor gelegentlich auf Touren bringt (wenngleich nicht annähernd mehr so häufig und ausgiebig wie früher).

(per Mail-Kommunikation)

Tamara (38)
alleinerziehende Mutter, arbeitet als freie Verlagslektorin

Nach einem kurzen Mailkontakt bot Tamara an, ihre Phantasien selbst zu Papier zu bringen. Schließlich schickte sie einen druckreifen Text, in dem sie ihre ungewöhnlichen Gedanken und Phantasien niedergeschrieben hatte. Dies sei «zum ersten Mal», dass sie sich jemandem anvertraut hätte, und es würde «ganz sicher auch das letzte Mal» sein. Doch da sie überzeugt sei, mit ihrer Phantasie «keine singuläre Erscheinung» zu sein, dürfe ihr Fall im Buch nicht fehlen …

Um es gleich von Anfang an festzustellen: Ich liebe meinen Sohn, mehr wahrscheinlich als eine Mutter es üblicherweise tut, vor allem auch auf eine andere Weise, aber ich fantasiere nicht vom Inzest.

Nennen wir ihn Alexander. Als ich Alexander zur Welt brachte, war ich 21 Jahre alt. Kein Kind mehr, aber für heutige Verhältnisse eine junge Mutter. Ich war Studentin und es kamen drei Männer als Vater in Frage. Heute weiß ich, wer der Vater ist, denn Alexander sieht ihm sehr ähnlich. Aber sein Vater weiß nichts von diesem Sohn … Warum das so ist, tut hier nichts zur Sache.

Seit 17 Jahren bin ich nun alleinerziehende Mutter. Jede Phase unseres gemeinsamen Lebens hatte ihren eigenen Reiz, aber besonders spannend fand ich es, als Alexander in die Pubertät kam, als er ein Mann wurde. Das ging mit einem Geräusch einher, das er offenbar nicht bemerkt hat. Gottlob hat er es nicht bemerkt. Zunächst wunderte ich mich über ein rhythmisches quietschendes Geräusch. Es war sehr früh am Morgen und ich hatte an meinem Schreibtisch schon mit der Arbeit begonnen. Alexanders Zimmer liegt neben meinem Arbeitszimmer und ich lauschte an der Tür. Da hörte ich nicht nur das quietschende Geräusch, sondern auch ihn. Erst zunehmend lauteres Stöhnen, dann ein leichter Schrei. Heute weiß ich, dass er sich selbst nicht hören kann, da er während des Onanierens Kopfhörer trägt.

Alexander durfte sich ungestört fühlen, da er wusste: Ich würde nie ungefragt in sein Zimmer gehen. Schon gar nicht am frühen Morgen. An diesem Tag war ich sehr aufgewühlt. Immerhin hatte ich meinen damals 15-jährigen Sohn beim Onanieren belauscht. Nachdem er gefrühstückt, geduscht und zur Schule gefahren war, betrat ich sein Zimmer. Ich war aufgeregt wie ein verliebter Teenager. Im Papierkorb neben seinem Schreibtisch fand ich, was ich suchte. Die feuchten Taschentücher rochen nach seinem Sperma. Ich sog diesen wunderbaren Duft ein und es wirkte als Aphrodisiakum. Nachdem ich eine Weile so im Bademantel da gesessen hatte, drückte ich das Taschentuch gegen meine Lustgrotte. Die Feuchtigkeit spürend, rieb ich mit dem Tuch, mit dem mein Sohn kurz zuvor seinen Penis gereinigt hatte, über meine Klitoris. Es dauerte nicht lange und ich kam zum Höhepunkt.

(per Mail)

❧

47

Marina (46)

**Rechtsanwältin «irgendwo in diesem Lande», seit 15 Jahren in einer les-
bischen Beziehung**

*Diese «eigenartige» Phantasie widerspricht sowohl ihrer sexuellen Ori-
entierung als auch ihrem Stil. Dennoch tauchen diese Bilder regelmäßig
auf, und manchmal machen sie gleich zwei Frauen glücklich ...*

Ich habe mir lange überlegt, ob ich Ihnen von dieser eigenartigen
Phantasie erzählen soll. Meine Partnerin hat mir sehr zugeraten, vielleicht weil sie hofft, ich würde diese Bilder dadurch los. *(lacht)* Ich bin
noch nicht mal sicher, ob ich sie loswerden will, diese Phantasie, die
mir immerhin einige wirklich geile Orgasmen beschert hat. Na schön,
fangen wir an. Ich muss vorausschicken, dass ich bisexuell bin, wenngleich ich seit 15 Jahren eine monogame gleichgeschlechtliche Beziehung pflege, die mittlerweile eine sogenannte «eingetragene Lebens-
partnerschaft» ist. Also nach meinem Verständnis bin ich verheiratet
mit einer Frau, aber meine Phantasie ist so was von hetero ...

Stellen Sie sich vor, Sie telefonieren gerade mit einer erfolgreichen
Anwältin, irgendwo in diesem Lande. Denken Sie an eine selbstbewusste, stilsichere Frau. Als solche achte ich auch auf meine Fitness,
und da fängt meine Phantasie an. In dem Studio, in dem ich vor allem
Ausdauer trainiere, gibt es auch jene Männer, die alles dafür tun, dass sie
irgendwann muskulöse Bodys haben mit gewaltigen Oberarmen, richtige Muckis eben. Lange Zeit habe ich diese Kerle an ihren Geräten kaum
wahrgenommen. Schnaufend heben sie Gewichte, machen Klimmzüge
oder stellen sonst was an, damit sie irgendwann so aussehen, wie sie
schließlich aussehen. Ihre verschwitzten T-Shirts finde ich nicht gerade
sexy, die verschwitzten Körper der Muskelmänner hingegen schon. Es
hat damit begonnen, dass eines Tages zwei dieser Typen in die Sauna kamen, in der ich schon saß. Mein erster Impuls war, die Sauna umgehend
zu verlassen. Irgendwas hat mich veranlasst, sitzen zu bleiben. Männer
mit Tattoos auf den Armen und muskulösen Körpern habe ich bis dato
nicht gerade sexy gefunden. Ganz im Gegenteil. Ich fand solche Typen

irgendwie bescheuert, und das sind sie ja wahrscheinlich auch. Was mich aber nicht daran hindert, sie in erotischer Hinsicht seitdem wahnsinnig geil zu finden. Das begann tatsächlich in *dem* Augenblick in der Sauna, und die Faszination dauert an. Was heißt Faszination? In meinen «daydreams» stelle ich mir geradezu wilden schmutzigen Sex mit diesen Männern vor. Jedes Mal ist es ein anderer, der mir in die Haare greift und mich an sich heranzieht. Ich beginne, gierig den Schweiß von seinen kräftigen, tätowierten Oberarmen zu lecken, während er mir in den Schritt greift und mit seinem Finger meinen Kitzler reibt. Ein warmes Gefühl durchströmt meinen Körper. Dann setzt er mich auf einer der Saunabänke zurecht und dringt mit seinem großen Schwanz tief in mich ein. Ich simuliere das mittlerweile mit einem Hartgummischwanz, den ich mir besorgt habe. Einige von den Männern, deretwegen ich regelmäßig die Sauna aufsuche, haben selbst im nicht erigierten Zustand schon gewaltige Schwänze. Man braucht nicht allzu viel Phantasie, um sich auszumalen, wie groß die sind, wenn sie steif werden. Von einem solchen Schwanz also werde ich in meiner «daydream-fantasy» mit harten Stößen gefickt. Der Mann packt mich mit riesigen Händen an den Schultern, und mein Gesicht ist nun ganz nah vor seinem Oberkörper, und wieder beginne ich den Schweiß abzulecken – diesmal von seiner Brust. Schließlich stößt der Muskelmann einen orgiastischen, lang anhaltenden Schrei aus, während er sein heißes Sperma in mich entlädt. Das ist dann immer der Moment, in dem auch ich komme.

Meistens masturbiere ich allein, und das bis zu fünf oder sechs Mal in der Woche – immer mit derselben Phantasie, wenngleich wechselnde Männer darin vorkommen. Manchmal aber tue ich es auch in Gegenwart meiner Liebsten. Im Gegensatz zu mir hatte sie nicht mal in ihrer Jugend Sex mit einem Mann, weil sie angeblich schon als Zwölfjährige auf das eigene Geschlecht fixiert war. Trotzdem will sie, dass ich ihr während des Masturbierens die Bilder genau schildere, die mir durch den Kopf gehen. Sie sagt, sie findet nicht die Vorstellung jener Männer sexy, sondern meine Geilheit, während ich mental von ihnen gefickt werde. Fast immer macht sie es sich dann auch, und meist kommen wir gemeinsam. Dann wieder stört es sie, dass ich diese Phantasien habe. Vielleicht aus Angst, ich könnte das irgendwann mal in die Realität umsetzen. Aber diese Angst ist ziemlich unbegründet, denn selbst wenn ich Single wäre und mit Männern schlafen würde, wären das nicht diese Muskelmänner aus dem Sportstudio. Der Sex mit denen findet in meinem Kopf statt und nur dort. Warum das so ist? Keine Ahnung – aber es ist halt so, und als Phantasie ist das ziemlich geil.

(am Telefon)

☙

Gerd (52)

Tiefbauingenieur in NRW, verheiratet, eine erwachsene Tochter

Nein, eine «Fassadenehe» führe er nicht, beantwortet Gerd eine entsprechende Frage. Auch wenn er seine homoerotischen Phantasien für sich behalte, so liebe er dennoch auch seine Frau. Weniger körperlich, da der eheliche Sex ohnehin weitgehend «erkaltet» sei, aber zur Fassade wolle er seine Ehe nicht reduziert wissen. Immerhin sei zwischen ihnen eine «tiefe Vertrautheit» vorhanden, wenngleich diese eben auch nicht so weit geht, dass er der Ehepartnerin seine geheimen erotischen Phantasien anvertraut ...

Meine Leidenschaft gilt jungen feminin wirkenden Männern. Meine bevorzugte Altersgruppe liegt zwischen 18 und 25 Jahren. Sie sind schlank, haben einen knackigen Po, aber eben ein sehr weibliches Gesicht. Auf gar keinen Fall einen Bart oder Schnauzer oder ähnliche Ekelhaftigkeiten. Natürlich sind sie sehr gepflegt ...

Ich lebe in einer Uni-Stadt und da gibt es Lokale, in denen ich junge Studenten sehe, die meinem Beuteschema entsprechen. Leider entspreche ich nicht unbedingt dem ihrigen und so bleibt mir meist nur die Phantasie. Wenn ich «meist» sage, so meine ich damit, dass es in der Vergangenheit durchaus gelegentlich zu Sexualkontakten gekommen ist. Aber die Phantasie hat sich fast immer als schöner erwiesen. Also, wie sieht diese aus?

Alles läuft darauf hinaus, dass ich die jungen Männer anal penetriere. Natürlich küsse ich sie, ich knabbere an ihren Brustwarzen und wir verwöhnen uns eine Weile gegenseitig auch oral. Aber eigentlich will ich nur in diese geilen jungen Kerle eindringen, ich will sie laut stöhnen hören unter oder vor mir. Und während ich sie penetriere mit harten Stößen, greife ich mir ihre geilen harten Schwänze und hoffe, dass wir einen ‹common peak›⁴ hinkriegen. Manchmal, wenn mir einer von den Jungens, die ich nicht kriegen kann (weil er praktizierender Hetero ist oder sonst was) besonders gefällt, gebe ich mich gleich auf der Toilette des Lokals meiner Phantasie hin. Das Bildnis von anderen Kerlen hingegen trage ich eine Weile mit mir herum, ehe die Phantasie sie zu meinen Geliebten macht. Meine Frau bekommt schon mal mit, wenn ich onaniere, aber sie würde Bauklötze staunen, wenn sie wüsste, woran ich dabei denke. Na, und meine Tochter erst. Deren Freund ging mir auch schon durch Kopf und Hand. Aber dabei bleibt es natürlich. Wie gesagt, die Phantasie ist fast immer geiler!

(per Mail-Kommunikation)

Luise (63)

Raumpflegerin, lebt in Nordrhein-Westfalen, seit 41 Jahren verheiratet

Man merkt Luise an, dass sie es genießt, im Schutze der Anonymität über ihre geheimen Phantasien zu sprechen. Seit einem Vierteljahrhundert arbeitet sie im Bürotrakt eines Großunternehmens, in dem ihr Mann bis zu seinem Ruhestand im Lager arbeitete. Ihr Job begann am Abend, wenn seiner endete. Es ist schwer zu sagen, ob ihre «Phantasien mit diesem Auseinanderleben zu tun haben». Wahrscheinlich nicht, glaubt sie, denn die schönen Männer in den Büros wären ihr auch sonst nicht entgangen. Man merkt ihr die Aufgeregtheit an, wenn sie von den aufregenden Sexszenen erzählt, die sie oft in deren unmittelbarer Nähe «auslebt»…

---

4 gemeinsamer Höhepunkt

Wenn ich meinen Dienst beginne, sind die meisten Büros leer. Das ist ja der Sinn der Sache, denn wie soll ich da sauber machen, bei vollem Betrieb. Aber einige der Chefs, für deren Büros ich ja auch zuständig bin, bleiben oft viel länger. Da kann ich natürlich nicht saugen, aber ich hole schon mal die Papierkörbe raus und so weiter. Die meisten nehmen mich gar nicht wahr oder sagen gerade mal «Guten Abend» oder so und glotzen weiter auf ihre Bildschirme … Aber ich nehme sie wahr. Also nicht alle, aber einige sind schicke, gepflegte Kerle. Die könnten meine Söhne sein, also vom Alter her. Die meisten jedenfalls sind nicht älter als meine beiden Jungens.

Angehimmelt hab ich die Herren in Anzug und Schlips ja schon immer, und vorstellen konnte ich mir auch das eine oder andere. Seit ein paar Jahren werde ich schon feucht, wenn ich sie da ohne Jackett an ihren Schreibtischen sitzen sehe. Einer hat es mir besonders angetan – ein Doktor Sowieso … Ein ziemlich hohes Tier jedenfalls. Das spielt sicher auch eine Rolle, also bei einem Lagerarbeiter seines Alters würde mir das nicht passieren. So einen hab ich ja zu Hause sitzen, und der war auch mal jung. Aber wirklich geil hab ich den vielleicht gefunden, als wir in den Zwanzigern waren …

Gut, ich komme zur Sache. Nehmen wir mal meinen derzeit bevorzugten Kandidaten. Wie gesagt, es gab auch andere, aber dieser Doktor hat den Vorteil, dass sein Büro nicht weit von dem Raum entfernt ist, wo ich meine Putzutensilien habe. Vielleicht dreißig Meter Luftlinie. Das ist nämlich entscheidend, dass ich eigentlich ziemlich nah bei ihm bin und er natürlich keine Ahnung hat, was sich in dem kleinen Kabuff dort abspielt. Na ja, was soll ich sagen: Da besorge ich es mir eben selber, und der, an den ich dabei denke, sitzt ahnungslos nebenan … *(lacht)* So, das musste mal raus!

(am Telefon)

ANONYMER SEX

Der Reiz des Unbekannten

«Ich weiß gar nicht, wie ich dich anreden soll.»

«Ich habe keinen Namen!»

«Willst du meinen wissen?»

«Nein! Nein, das will ich nicht. Das will ich nicht! Ich will deinen Namen nicht wissen. Du hast keinen Namen, und ich habe auch keinen und damit Schluss! Namen werden nicht genannt. Es gibt keine Namen hier!»

«Du bist ja verrückt.»

«Vielleicht bin ich das, aber ich will nichts wissen über dich. Ich will nicht wissen, wo du wohnst, und nicht, woher du kommst. Ich will nichts wissen. Nichts, nichts, gar nichts. Hast du mich verstanden?»

«Du machst mir Angst.»

«Wir werden uns hier treffen, und nichts wissen wir von den Dingen, die sich da draußen abspielen. Okay?»

«Aber warum?»

«Weil wir hier drinnen keine Namen mehr brauchen ... Wir vergessen sie. Wie vergessen alles, was wir wissen, alle Leute, alles, was wir tun und wo jeder von uns lebt. Wir werden das alles vergessen.»

«Das kann ich nicht! ... Kannst du es?»

«Ich weiß es nicht. ... Hast du Angst?»

«Nein. ... Komm!»

Dieser schräge Dialog stammt nicht aus der virtuellen Realität eines Internet-Portals für anonymes «Casual Dating» – es ist der Beginn einer der exzessivsten Liebesaffären der Filmgeschichte. Bernardo Bertoluccis Lichtspiel «Der letzte Tango von Paris» beginnt da, wo andere Filme enden. Zufällig lernen sich der 45-jährige Amerikaner Paul und die 20-jährige Französin Jeanne während einer Wohnungsbesichtigung kennen. Das heißt, sie begegnen sich, schlittern umgehend in jene Liebesaffäre und bleiben einander bis zum tragischen Ende doch fremd. Die Zuschauer erfahren eine Menge von den beiden. Zum Beispiel, dass Paul irgendwo in Paris eine tote Gattin hat, die in einem Zimmer ihrer kleinen Hotelpension aufgebahrt herumliegt. Tags zuvor hatte sie ihn durch Selbstmord zum Witwer gemacht. Und Jeanne wird von ihrem Freund vor vollendete Tatsachen gestellt, als er sie mit einem Kamerateam empfängt, um ihre bevorstehende «Pop-Hochzeit» zum medialen Ereignis werden zu lassen. Doch nichts von alldem wissen die beiden Filmfiguren vom jeweils anderen, wenn sie sich in jener leeren Wohnung treffen. Und sie tun dies fortan regelmäßig, um dort Sex zu haben, auf eine befremdlich anmutende bis bizarre, gleichzeitig aufregende und erregende Art.

Ein junges italienisches Regie-Talent hatte dem schon nicht mehr ganz jungen Marlon Brando in der Rolle des Paul zu einem Comeback verholfen, der blutjungen Maria Schneider als Jeanne zu einer (leider nur kurzen) Film-Karriere und einer ganzen Generation zu wilden Phantasien über anonymen Sex. Der Film fiel auf fruchtbaren Boden, ja man kann sagen, er traf den Nerv der Zeit. Als Bertoluccis Meisterwerk nämlich 1972 in die Kinos kam, befand sich nicht nur die westliche Welt in der Hochzeit der One-Night-Stands. Fünf Jahre nach dem «summer of love» lernte man die primären Geschlechtsmerkmale seines Gegenübers oft eher kennen als dessen Namen. Ein gutes Jahrzehnt später ließ Aids die Menschen erst hysterischer und dann zumindest vorsichtiger werden, und die ersten Patienten mit One-Night-Stand-Burn-out (ja, das gibt es wirklich, und Christoph J. Ahlers war der Erste, der es so nannte) tauchten in den Wartezimmern der Sexualberatungen auf. Die Faszination an anonymem Sex gab es freilich schon in den Jahrhunderten zuvor, und sie dauert an. Was steckt hinter diesem vermeintlichen Zauber, was macht dessen Reiz aus? Es sei «die Entkoppelung von Beziehung und Erregung», sagt Dr. Ahlers.

Lange Zeit ging man davon aus, dass die Neigung zu anonymen Gelegenheits-Sexualkontakten dem männlichen Sexualitätskonzept mehr entspricht als dem weiblichen. Aus evolutionsbiologischer Sicht ist das auch plausibel. Frauen haben schließlich ein größeres Risiko. Das Risiko etwa, Opfer körperlicher Gewalt zu werden, oder auch das Risiko einer ungewollten Schwangerschaft. Das gibt es bei Männern weniger oder fast gar nicht (sieht man von finanziellen Verbindlichkeiten in Form von Alimenten einmal ab). Dies mag erklären, warum anonyme Gelegenheits-Sexualkontakte unter homosexuellen Männern schon gang und gäbe waren, als die Mehrheit der Heteros davon nur zu träumen wagte. Klappen-Cruising und Darkrooms[5] aber entwickelten sich in der heutigen Dimension erst, nachdem der diskriminierende § 175 weggefallen war. 1969 war es endlich so weit. Interessanterweise ist er aber erst 1994 aus dem Strafgesetzbuch gestrichen worden – hundert Jahre nachdem der Sexualforscher Magnus Hirschfeld eine entsprechende Petition in den Deutschen Reichstag eingebracht hatte. Inzwischen sind Klappen-Cruising und Darkrooms integraler Bestandteil der homosexuellen Subkultur. Homosexueller männlicher Subkultur muss man sagen, denn die Lesbenszene kennt das in dieser Form interessanterweise nicht.

---

5 Unter einer «Klappe» versteht man einen allgemein bekannten Treffpunkt, an dem anonym gleichgeschlechtlicher Sex betrieben wird (meist öffentliche Toiletten). Darkrooms sind «dunkle Räume» in Schwulen-Clubs, in denen man Sex mit anonymen Partnern hat, die man wegen der Dunkelheit nicht sehen kann und folglich erspüren muss.

Die Vorstellung der braven phantasiearmen Ehefrau am Herd, die unbedarft darauf wartet, dass der Gatte nach Hause kommt, war irgendwann nicht mehr aufrechtzuerhalten. Da hätte man auch früher drauf kommen können, denn der heterosexuelle Mann, für den anonyme Sexualkontakte lediglich Kavaliersdelikte sind, brauchte dafür schließlich auch weibliche Partner, und das waren auch vor zwei Generationen nicht immer nur Prostituierte. Doch spätestens seit das Internet mannigfaltige Möglichkeiten zur anonymen Kontaktaufnahme bietet, suchen auch viele Frauen, die sich das früher nicht hätten vorstellen können, unverbindliche erotische Gelegenheitskontakte.

Das Bild der Frau als sexuelles Lebewesen aber begann sich schon zu wandeln, als Bernardo Bertolucci die Dreharbeiten zum «Letzten Tango» vorbereitete. Dr. Ahlers: «Die empirische Sexualforschung fand seinerzeit mittels einer Methode, die als ‹teilnehmende Beobachtung› in die wissenschaftliche Literatur einging, zweierlei heraus. Erstens: Die Sehnsucht nach anonymen Sexualkontakten ist keineswegs – wie lange angenommen – ein schwulentypisches Verhalten. Vielmehr handle es sich zunächst mal um typisch männliches Sexualverhalten.» Man kann also vermuten: Würden an jenen Orten, wo schwule Männer nächtens auf willige Gleichgesinnte treffen, junge ebenso willige Frauen anzutreffen sein, gäbe es dort allabendlich eine Art Hetero-Love-Parade. Die zweite Erkenntnis aber war seinerzeit wahrlich revolutionär. «Auch Frauen können die Phantasie (und natürlich auch die Praxis) von anonymem Sex durchaus erregend finden, wenngleich mit einer femininen Triebkraft.» Dr. Ahlers beschreibt den motivationalen Hintergund bei Frauen aus sexualpsychologischer Perspektive so: «In den Sexualphantasien von Frauen, die sich anonyme Gelegenheits-Sexualkontakte vorstellen, geht es oft um Ausgeliefertheit. Es geht darum, dass ihr schicksalhaft etwas widerfährt, ein Mann sich nicht beherrschen kann und sich archaisch nimmt, was er will. Sie wird so, als Objekt seiner Begierde, einfach genommen, ohne dass sie sich wirkungsvoll wehren kann und sie ihren Widerstand irgendwann aufgeben und sich den Geschehnissen ergeben und hingeben kann. Genau diese ungezügelte und unbezähmbare Begierde des Mannes ist häufiger Bestandteil von sexuellen Phantasien bei Frauen. Sie ist in dieser Situation und Konstellation nicht aus sich heraus sexuell begehrlich und erregt, so wie Männer das kennen, sondern sie ist reaktiv, passiv und genau dadurch und deshalb auch nicht ‹schuld› an dem, was ihr dann widerfährt. Das zündet in ihr den Funken der Lust. Wenn sie sieht, dass der Mann durch ihren bloßen Anblick quasi wahnsinnig wird, bewirkt das auch bei ihr Erregung. Und in einem anonymen Gelegenheits-Sexualkontakt muss sie keinen Gedanken daran verschwenden, was der andere von ihr denkt, denn man bleibt ja anonym. In diesem beziehungslosen Rahmen hat sie das Gefühl, sich im wörtlichen Sinne ‹unverschämt› verhalten und dem anderen in ihrer ungezügelten Lust zumuten zu können. Und das ist womöglich genau das, was sie im Rahmen ihrer partnerschaftlichen Beziehung mit ihrem Ehemann eben gerade nicht kann und wagt und will.»

Das deckt sich alles durchaus mit den Aussagen der Frauen, die sich an der Umfrage für dieses Buch beteiligt haben, wobei in deren Phantasie anonyme Sexualkontakte noch den Nimbus des Romantischen haben. Sie mögen die Vorstellung von der zufälligen Begegnung in einer eleganten Hotellobby oder die des Schmutzigen, wie etwa der Willkür begieriger Bundeswehrsoldaten im ICE ausgesetzt zu sein. Die Realität ist heute meist sehr viel nüchterner. Mittlerweile nutzen Frauen wie Männer – unabhängig von ihrer sexuellen Orientierung – eben vermehrt die Möglichkeiten des Internets zum «Casual Dating»[6] oder melden sich auf Seitensprungportalen (manche mit angeblich 70 000

6   Casual Dating kann als «Beziehung ohne Verpflichtung» beschrieben werden.

Kontakten) an, klicken auf Singlebörsen oder Ähnliches. Da geht es weitgehend anonym zu, und das Ganze ist zudem oft sogar kostenlos. Des Weiteren gibt es heute das mobile Telefon. Nachdem man online den Kontakt hergestellt hat, läuft der Rest dann über SMS oder Chat-Apps. Man möchte zwar einerseits anonym bleiben, andererseits aber keine Katze im Sack kaufen. Name und Beruf des Chat-Partners sind dabei weniger wichtig als Aussehen oder Sprachkompetenz. Die erregende Sehnsucht nach dem anonymen Sex ist geblieben, aber die Suche danach ist vielfach auf eine Weise technisiert und perfektioniert, wie sie vor den Zeiten des Internets und der modernen Kommunikationstechnologie gar nicht vorstellbar war.

Die radikalste Reduktion von anonymem Sex ist das «Glory Hole», das schlichte Gemüter auch gern «Schwanzloch» nennen. Darunter versteht man ein Loch in der Wand, durch das ein Mann sein erigiertes Glied einem unbekannten Nachbarn präsentiert. Das geschieht oft an Wänden zwischen zwei Kabinen einer öffentlichen Bedürfnisanstalt, und da Toiletten bekanntlich nach Geschlechtern getrennt sind, spielt sich Glory-Hole-Sex im nicht kommerziellen Bereich überwiegend zwischen Männern ab. Verständlicherweise sind es fast nur schwule Männer, die den fremden Gliedvorzeiger oral oder mit der Hand befriedigen. Vorstellen aber tun sich das gelegentlich auch Männer, die ansonsten heterosexuell agieren. Wer all das verstehen will, darf sich dem Phänomen des Glory Hole weder vernunftmäßig noch moralisch nähern. Experten tun dies klugerweise nicht, und Christoph J. Ahlers macht sich so seine seine eigenen Gedanken: «Beim ‹Glory Hole› findet keine menschliche Begegnung im eigentlichen Sinne statt. Die einzige Kontaktstelle ist auf der einen Seite das Genital und auf der anderen die Hand oder der Mund – also die totale Reduktion eines Kontakts auf genitale Stimulation. Das ist der Kulminationspunkt der Anonymität und der Unmittelbarkeit, also das, worum es demjenigen, der das mag, im Kern geht.»

In der Tragikomödie «Irina Palm», die 2007 in die Kinos kam, spielt das Glory Hole eine ebenso zentrale dramaturgische Rolle wie die weibliche Protagonistin. Wie am Fließband fertigt die von Marianne Faithfull dargestellte Titelheldin anonyme Freier ab, die sie gegen Geld mit der Hand (nomen est omen[7]) stimuliert. Bei Irina Palm handelt es sich hier um eine Frau, die weniger an den anonymen Sexualkontakten Spaß hat als an dem offenbar nie versiegenden Geldstrom. Auch der Sexualwissenschaftler hält «eine sexuelle Eigenmotivation der Frau zu dieser Form der restlos beziehungslosen und ausgesprochen einseitigen Stimulation» für ziemlich unwahrscheinlich: «Mir hat noch keine Frau berichtet, es sexuell erregend zu finden, durch ein Loch in einer Wand ausschließlich den Penis eines fremden Mannes präsentiert zu bekommen und stimulieren zu sollen. Was es gibt, ist die Vorstellung, als Frau die eigene Scheide vor ein Loch zu halten, durch welches dann ein anonymer Mann mit Penis oder Zunge stimuliert. Also auch hier wieder die passive Variante.»

Was aber – da es ja bekanntlich nichts gibt, was es nicht gibt –, wenn sich nun doch eine solche Frau fände, die es sexuell erregend findet, durch ein Loch gestreckte Penisse zu stimulieren? «Dann würde ich annehmen», lässt sich der Sexualpsychologe auf den Gedanken ein, «dass es eine Frau erregend finden könnte, so von einer möglicherweise empfundenen Bedrohung durch eine unmittelbare Begegnung mit einem männlichen Sexualpartner abgeschirmt zu sein. Schließlich hatte sie das und den anhängenden Mann durch die Reduzierung auf den Penis und die Ausgeliefertheit des Mannes im Rahmen dieser Praktik ja im warsten Sinne des Wortes *voll im Griff*. Aber das ist eine reine Hypothese!» Weniger hypothetisch, da von Teilnehmerinnen als Erregungser-

---

7 Das englische Wort *palm* bedeutet auf Deutsch *Handfläche*.

lebnis beschrieben, wäre ein masochistisches Verlangen, nämlich als Frau gar nicht wahrgenommen und ausschließlich als Sexmaschine benutzt zu werden. Davon aber wird in anderen Kapiteln noch die Rede sein.

Skizzen aus den Fragebogen

Mitarbeiterin in der Automobilbranche, lebt in einem Dorf in Baden-Württemberg

Seit ich zwei, drei Mal einen One-Night-Stand hatte, geht mir eine Phantasie nie aus dem Kopf. Obwohl ich einen festen Freund habe, träume ich von einer Beziehung zu einem Mann, den ich eigentlich gar nicht kenne. Mit ihm habe ich regelmäßig Sex, ansonsten aber keinen Kontakt.

Altenpflegerin in einer niedersächsischen Kleinstadt

Ich möchte gerne mal mit einer völlig fremden Person Sex haben, irgendwo im Auto oder im Wald. Diesen Wunsch habe ich seit der Pubertät immer und überall – wenn ich durch die Stadt gehe oder Ähnliches unternehme ...

Polizist in einer hessischen Großstadt

Mit meiner Frau habe ich befriedigenden Sex. Das aber hat mit meiner Phantasie nichts zu tun, wie ich sie beim Onanieren habe. Ich stehe in einem Pissoir und habe Gürtel und Hose geöffnet. Von hinten tritt ein kräftiger fremder Mann an mich heran, zieht mir mit einem Ruck Hose und Unterhose herunter und vergewaltigt mich. Ich kann mich nicht dagegen wehren.

Angestellte in einem Call-Center in Köln, verlobt

Eine immer wieder kehrende Phantasie findet in einer seltsam dunklen und fast beängstigend fremden Umgebung statt. Immer wieder stelle ich mir vor, wie ich von einem fremden Mann in ein warmes Wasserbecken gelockt/geführt/verführt werde, in dem sich viele kleine Schlangen tummeln. Ich habe riesige Angst, und gleichzeitig erregt mich zuhöchst, dass ich beim Aneinanderpressen unserer Körper nie weiß, ob gerade eine Schlange oder eben jener Schöner an mir spielt.

Diplom-Ingenieur bei einem Telekommunikationsanbieter in Nordrhein-Westfalen

Ich stelle mir vor, mein Glied durch ein Glory Hole zu stecken. Idealerweise kenne ich die Partnerin auf der anderen Seite vom Sehen, sie aber weiß nicht, dass ich es bin. Da ich anonym bin, kann ich mich bei der Befriedigung durch Hand und Mund vollkommen fallen lassen. Manchmal ist es ist auch eine Liege mit Glory Hole, durch die ich so richtig «abgemolken» werden kann. Soweit der passive Part dieser Phantasie. Beim aktiven Part stelle ich mir vor, dass jemand anderes sein Glied durch das Loch steckt. Weiß er, dass auf der anderen Seite ein Mann ist? Wie fühlt sich das Glied an? Es macht mich geil, es anzufassen. Ich will es mit dem Mund berühren, es lecken – ich will es ihm so machen, wie ich es selbst gerne mag …

Versicherungsmaklerin in Thüringen

Es gibt eine Phantasie, die ich mal in einem Porno gesehen habe. Da läuft eine Frau am Abend über einen Rastplatz. Die Brummi-Fahrer haben ihre Lastwagen schon abgestellt, da wird sie von einem zu sich gerufen. Sie geht mit ihm in die Koje, mit diesem wildfremden Mann. Es geht richtig zur Sache und danach gehen die beiden auseinander und werden sich nie wieder sehen. Ich habe verschiedene Phantasien wenn ich masturbiere und das ist eine davon. Das würde ich zwar nie machen, aber geil träumen wird man ja wohl noch dürfen.

Wenn meine Frau nicht zu Hause ist, suche ich mir manchmal im Internet ein Cam-Girl aus. Es ist immer dasselbe Portal. Ich sitze dann immer nackig vor meinem Laptop, der eine Kamera hat. Sie kann mich also auch sehen. Ich gebe ihr Anweisungen, und wenn sie dann macht, was ich haben will, hole ich mir einen runter. Was ich geil finde: ich weiß nicht, wer sie ist und sie kennt mich auch nicht. Und doch haben wir gemeinsam Cybersex.

Hauptschüler in Berlin

Ich gehe durch die Hasenheide[8]. Plötzlich stürzen zwei Bräute aus dem Busch, schleppen mich dorthin. Die nehmen mich richtig ran und ich muss es ihnen machen. Keine Ahnung, wer die sind ...

Phantasien von anonymem Sex

Daniel (46)
Busfahrer im öffentlichen Nahverkehr, lebt in Thüringen, seit 24 Jahren verheiratet, drei Kinder

Genau weiß es Daniel nicht mehr, wann er diese «merkwürdige, aber geile Phantasie» zum ersten Mal hatte. Sicher ist, dass das schon ganz lange her ist. Sexualität findet bei ihm nur noch mit sich selber statt. In den Szenen aber, die sich dabei vor seinem geistigen Auge abspielen, ist er ganz und gar nicht allein ...

Es findet jedes Mal woanders statt, mal in einem unserer Linienbusse oder in einer Blockhütte im Wald. Die Blockhütte ist es ganz oft, weil ich da eine besondere im Auge habe und na ja, im Bus ist ja eigentlich eher unrealistisch. Also meine Phantasie läuft so, egal wo es ist, dass

8 Volkspark im Bezirk Neukölln

ich von einer oder zwei Frauen überwältigt werde. Also starke Frauen, denn die schaffen es mich in Ketten zu legen und mir dann die Augen zu verbinden. Und so gefesselt und blind werde ich an einen Ort gebracht, wo ganz viele Frauen sind. Nur Frauen! Man hört sie gackern und ich rieche ihr Parfüm. Und dann geht es los. Sie sind alle schon nackt und sie bedienen sich bei mir. Ich muss zum Beispiel auf allen Vieren kriechen bis zu einer Möse und mir wird befohlen, dass ich sie lecken muss. Und wenn ich das dann mache, werde ich von einer anderen Frau, die sich ein Strap-On umgebunden hat, in den Arsch gefickt. Um uns herum Gekreische und Gejohle. Dann muss ich mich auf den Rücken legen und ich werde von einer der Frauen bestiegen. Ich merke, dass es eine sehr korpulente Dame ist und während sie mich reitet, klatschen ihre großen Brüste gegen mein Gesicht. «Spritze bloß nicht ab! Meine Freundinnen wollen auch was von dir haben ...», schreit sie mich an. Und so kommt eine nach der andern und ich muss machen, was sie von mir verlangen. Na ja, und irgendwann kommt es mir dann aber doch, denn das ist ja der Zweck der Übung.

(per Fragebogen)

Claudia (52)

Freiberufliche Verbraucherjournalistin, wohnt auf dem norddeutschen Land, geschieden und kinderlos

Schon sehr früh tauchten bei Claudia Phantasien auf, in denen sie von wildfremden Männern betatscht wird. Von Anfang an sei das «keine Angst-, sondern eine Erregungsphantasie» gewesen. Während der Masturbation habe sie noch nie in ihrem Leben an jemanden gedacht, den sie namentlich kennt ...

Manchmal ist es ein harmloser Spaziergänger, der seinen Hund Gassi führt, und ein andermal ein Jogger, der mir entgegenkommt, oder ein Taxifahrer, der mich irgendwo hinbringt. Vor allem immer wieder Taxifahrer. All diese Männer, die diese Phantasie bei mir auslösen, haben augenscheinlich nichts miteinander zu tun. Augenscheinlich jedenfalls nicht. Sie gehören nicht derselben sozialen Gruppe an, sind groß oder nicht so groß, unterschiedlichen Alters, auch die Figuren sind different. Aber irgendwas müssen sie andererseits gemeinsam haben, also über das Faktum hinaus, dass sie mir fremd sind. Die Phantasien, die dann einsetzen, hatte ich so oder ähnlich schon sehr früh. Ich war ziemlich genau 12 Jahre alt, als ich erstmalig allein mit dem Zug fuhr, um meine Patentante in Süddeutschland zu besuchen. Mein Vater hatte mir Geld für den Speisewagen mitgegeben. Und da passierte es wissentlich zum ersten Mal. Am Nebentisch saß ein Herr und aß, und ich stellte mir vor, dass er mich bitten würde, zu ihm zu kommen. In meiner Vorstellung stand ich vor ihm, und er fasste mit seiner Hand unter meinen Rock, um meine Beine zu streicheln. Mit Streicheln gebe ich mich heute nicht mehr zufrieden, weder bei meinen realen Liebhabern noch bei den virtuellen im Reich der Phantasie. Als Personen sind ja auch die Letzteren real.

Nehmen wir zum Beispiel die Fahrt in einem Taxi. Ich sehe den Fahrer von hinten, seinen Hals, ein angeschnittenes Profil und im Rückspiegel seine Augen. In meiner Vorstellung aber hat er längst an einem Waldstück geparkt und ist zu mir auf den Rücksitz gekommen. Er muss mich gar nicht zwingen, mich zu entkleiden – ich reiße mir schon freiwillig alles vom Leib. Nun also begibt sich dieser fremde Mann zwischen meine Schenkel und beginnt mich zu lecken. Ich präsentiere dem fremden Mann meine Muschi, und er kann damit machen, was er will. Und er bedient sich meiner, indem er meine Brüste knetet und küsst, während er in mich eindringt. Der Sex mit den fremden Herren ist nie sonderlich spektakulär – aufregend ist allein diese ungewöhnliche Situation, in der sich ein wildfremder Kerl meiner bedient, als wäre ich eine Straßenhure.

Wenn meine Phantasie anspringt, im Taxi oder sonst wo, ist das jedes Mal mit einer wahnsinnigen Erregung verbunden, und ich kann es kaum erwarten, irgendwohin zu kommen, wo ich sie während der Masturbation ausleben kann. Ich nenne sie die «anonyme Nummer».

Es gab Zeiten, da hat mich das gestört, ich kam mir bei diesem Gedanken schmutzig vor. Dieses Gefühl habe ich zwar immer noch, aber mittlerweile finde ich genau das erregend. Heute liebe ich es geradezu, in Gedanken mit all den fremden Herren Sex zu haben. Ob ich mir das real vorstellen könnte? Ja, das könnte ich, aber die Initiative müsste von den Herren ausgehen, und die Chance, dass das passiert, tendiert ja wohl gegen null.

(im persönlichen Gespräch)

Silke (29)

Verkäuferin, hat eine langjährige Beziehung hinter sich, derzeit lebt sie als Single in einer «westdeutschen Großstadt»

Sie arbeitet in einem Dessous-Laden in einem Einkaufszentrum und identifiziert sich mit dem Warenangebot, das für sie für «Erotik pur» steht. Nicht selten hat sie männliche Kundschaft, die für ihre Partnerinnen (oft auch mit diesen gemeinsam) einkaufen. Sicher ahnt keiner dieser Kunden von den geheimen Phantasien der Fachverkäuferin …

Es war Zufall, dass ich damals nach der Realschule eine Lehre in der Damenoberbekleidung machte. Ich wusste nicht, was ich machen sollte und in der Berufsberatung hat man mir nahegelegt, mich zur Einzelhandelskauffrau ausbilden zu lassen. Da gäbe es Aufstiegschancen … Jetzt bin ich jedenfalls Filialleiterin in einem Dessous-Geschäft in einer Shopping Mall. Zwischen einem Asia-Imbiss und einem Schuhladen werden also von mir und meiner Kollegin reizvolle Dessous verkauft. Entweder kommen Frauen allein oder sie bringen ihre Männer oder wen auch immer mit, und sie wissen meist schon ziemlich genau, was sie wollen. Sie haben Lieblingsfarben wie schwarz, weiß oder rot. Zu anderen Farben muss man sie meist überreden, aber das mache ich fast nie. Wenn sie ihre Kerle dabei haben, haben die meist nichts zu melden. Wenn die Männer aber allein kommen, wird's für mich spannend. Es hängt natürlich davon ab, wie sie aussehen und wie sie drauf sind. Der notgeile Glatzenträger mit Bierbauch macht mich jetzt nicht gerade an und deshalb überlasse ich die meist meiner Kollegin. Oder ich verkaufe ihm schnell, was er haben will ...

Meine Phantasie wird angeregt, wenn gut aussehende Typen kommen, um für ihre Frauen oder Freundinnen Dessous zu kaufen. Ich frage sie dann erstmal, wie ihre Partnerin aussieht und dann frage ich, ob sie schon nähere Vorstellungen haben, was sie reizvoll finden. Wenn sie dabei erregt sind, bin ich es auch. Und wenn sie dann gesprächig werden und ich kriege jeden dazu, dann zeige ich ihnen die entsprechenden Stücke. Ich beschreibe ihnen die Wirkung der BHs, der Slips, der halterlosen Strümpfe usw. Ich habe keine Hemmungen, sie dabei anzuflirten mit Blicken und zweideutigen Bemerkungen. Meine Kollegin muss schon immer grinsen. Sie sagt, man kann an meinem Verkaufsgespräch genau mitkriegen, auf wen ich stehe und auf wen nicht. Was sie aber nicht weiß, sind meine Phantasien, und die kommen vor allem nach Feierabend zum Tragen. Wenn ich dann zu Hause auf der Couch liege, stelle ich mir vor, dass ich im Laden bin und der Kunde mich auffordert, ihm die Dessous vorzuführen, damit er deren Wirkung besser beurteilen kann. Tja, und das ist dann der Moment, wo der Kopf mit den Gefühlen Trampolin springt.

Ich stelle mir vor, ich gehe in die Umkleidekabine und ziehe die Dessous an, die er sich vorher ausgesucht hat; z. B. einen sehr knappen schwarzen Slip, einen transparenten BH durch den meine harten Nippel zu sehen sind. Dazu Strapse oder halterlose Strümpfe und für diesen Fall habe ich immer passende Highheels. Dann öffne ich den Vorhang und präsentiere mich meinem Kunden. Dem fallen fast die Augen aus dem Kopf und in seiner Hose zeichnet sich eine Beule ab. Ich greife ihn mir und ziehe ihn in die Kabine und schließe hinter ihm den Vorhang wieder. Und es geht sofort zur Sache. Wir fangen an zu knutschen und während er sich dann zu meinen Brüsten hinunterarbeitet, sie aus dem BH holt und beginnt, an meinen Nippeln zu saugen, fährt seine Hand in meinem Slip. Meine Möse ist jetzt schon ganz nass und er beginnt meinen Kitzler zu massieren. Nach einer Weile stelle ich ihn an die Wand und gehe vor ihm in die Knie und befreie seinen steifen Schwanz aus der Hose. Langsam fährt meine Zunge am Schaft entlang und schließlich umschließen meine knallrot geschminkten Lippen seine Eichel. Langsam und intensiv bewege ich meinen Mund hin und her und ich fühle den Schwanz des fremden Mannes in meiner Mundhöhle. Schließlich richtet er mich auf. Ich weiß genau, was er will. Ich stelle einen Fuß auf den Hocker und beuge den Oberkörper leicht zurück, damit er besser in mich eindringen kann. Natürlich habe ich da zu Hause auf meiner Couch längst zum Dildo gegriffen, den ich jetzt in mich einführe, während ich mit der anderen Hand meinen Kitzler massiere. Dabei bin ich bis jetzt schon jedes Mal gekommen.

Ich habe mich mal gefragt, wie ich reagieren würde, wenn mich ein Kunde wirklich bitten würde, ihm die Dessous live vorzuführen. Ich weiß es nicht wirklich, aber ich könnte mir vorstellen, ihn zu bitten, kurz vor Ladenschluss wiederzukommen für eine Privatvorstellung, nachdem meine Kollegin gegangen ist und ich das Geschäft abgeschlossen habe. Tja, und danach ist eben alles denkbar. Leider hat mich noch nie jemand darum gebeten.

(per Mail-Kommunikation)

Anita (39)

gibt kein privates Detail von sich preis: weder das berufliche Umfeld noch den Wohnsitz

*Sie und ihr Mann **Klaus** (43) haben den Fragebogen nicht ausgefüllt, sondern lediglich eine Alias-Mailadresse hinterlassen, über die ich mit ihnen einen Termin für eine Kontaktaufnahme per Skype vereinbaren konnte. Die Verbindung steht irgendwann. Klaus winkt zur Begrüßung kurz von der Seite in die Kamera, und Anita erzählt. Die vollbusige Frau mit den langen blondierten Haaren ist für viele Männer sicher ein «Hingucker», was deren Geschichte plausibel macht.*

Mit 18 Jahren wurde ich schwanger. Vielleicht denken Sie, was hat denn das jetzt mit den sexuellen Phantasien zu tun? Ich will Ihnen sagen: eine ganze Menge! Bevor ich schwanger wurde, hatte ich eigentlich gar keine sexuellen Phantasien. Ich hatte nur den Wunsch, dass mir irgendein Kerl, der nicht gerade aussieht wie Graf Dracula, seinen Schwanz in die Möse schiebt. Und der, der das dann gemacht hat, war der Typ hier hinter der Kamera, der mich gerade aufnimmt. Tja und dann wurde ich mit 18 schwanger und wir haben heute eine 20-jährige Tochter, die vor kurzem zu ihrem Kerl gezogen ist, der mit ihr vermutlich dasselbe anstellt wie Klaus damals mit mir. *(lacht)* Nur dass man heute nicht gleich schwanger werden muss oder es bleiben muss ... Na ja, das hätte zu unserer Zeit auch nicht mehr sein müssen, war aber eben bei uns so.

Okay, zurück zu unserer Geschichte: Sie können sich vorstellen, wenn man 20 Jahre mit demselben Typen in die Kiste steigt, dann muss man sich schon was einfallen lassen, um es noch spannend zu finden. Und ich hab's weiß Gott nicht immer spannend gefunden. Ich machte mit nach dem Motto: Augen zu und durch! Irgendwann hat Klaus mir dann seine Phantasie erzählt. Es macht ihn scharf, wenn sich andere Männer an mir aufgeilen. Er stellte sich vor, irgendwelche anonymen Typen betrachten mich, während ich nackt vor ihnen liege, und die Typen holen sich dabei einen runter. Das hat ihn geil gemacht, und ich muss sagen, ich fand die Vorstellung ja auch nicht übel. Tja, und so kam uns dann die Idee, wie wir ein wenig Abwechslung in unser Leben bringen ... *(lacht wieder)* Das Zauberwort heißt Skype! Keine Sorge, ich werde jetzt nicht versuchen, Sie zum Wichsen zu verführen. Heute erzähl ich nur unsere Geschichte, und Sie schauen, ob Sie was damit anfangen können.

Also, es ist so, dass wir über Annoncen Männer suchen, die Spaß an Telefonsex haben. Nun ist Skype ja viel mehr als Telefonsex, denn die Kamera ist unbestechlich. Da kannst du nicht sagen «Ich reibe meinen Kitzler!» und nebenbei Hemden bügeln. Du musst es schon richtig machen. Also erst schauen wir uns den jeweiligen Mann eine Weile an.

Ich hier auf dem Computer, und Klaus hat dahinten einen Monitor, auf dem er gleichzeitig mich und mein Gegenüber sehen kann. Bevor der Typ, mit dem ich über Skype verbunden bin, mir keinen harten Ständer präsentieren kann ... schön geil aufgerichtet ... fange ich gar nicht erst an. Schon mancher ist da rausgeflogen und wurde von mir blockiert. Wenn aber einer akzeptiert ist, übernimmt er dann das Kommando, und ich zeige ihm, was er sehen will. Wenn er sagt: «Zeig mir deine Titten!», dann fange ich ganz langsam an, mein Oberteil auszuziehen, und Klaus nimmt die Möpse ganz nah auf. Mein Blick ist dabei immer auf den Typen gerichtet, der seinen Schwanz massiert, und der Blick von Klaus sowieso ... *(lacht wieder)* Na ja, und dann sagen sie: «Zeig mir deinen geilen Arsch!», und manche wollen unbedingt die Füße von allen Seiten sehen. Und alle, wirklich alle, wollen, dass ich ihnen die Möse zeige. Und wenn ich dann die Beine breit mache und die Schamlippen auseinanderziehe, verdreht fast jeder von denen die Augen, und der Saft schießt im hohen Bogen durch die Luft. Dann denke ich: Wieder einen glücklich gemacht und tschüs! Und nun kommt mein Klaus zum Einsatz. Der ist durch das Ganze so aufgegeilt und ich auch, dass wir nach 20 Jahren wieder richtig Spaß beim Vögeln haben. Aber das Vorspiel gehört den wildfremden Herrn auf der anderen Seite des Bildschirms. So, und nun schauen Sie mal, was Sie mit der Geschichte anfangen können ...

(per Skype)

Natascha (23)

Buchhändlerin in einer mittelgroßen Stadt in Bayern, (gerade mal wieder) Single

Es sind verschiedene erotische Phantasien, von denen Natascha kurz vor dem Einschlafen oder während des Tagträumens regelrecht überfallen wird. Seit einiger Zeit ist eine dieser Phantasien so präsent, dass sie sich vorgenommen hat, diese auszuleben, «sobald sich die Möglichkeit bietet, dies in einem sicheren Rahmen zu tun»...

Ich gehe in eine Bar was trinken, dort lerne ich einen Typen kennen. Typ: Sarrazins Albtraum. Mit dem trinke ich was & irgendwann bin ich betrunken. Er lädt mich zu sich nach Hause ein. Betrunken wie ich bin, folge ich ihm in seine Wohnung, sie ist dunkel & unaufgeräumt. In der Wohnung lege ich mich sofort aufs Sofa & schlafe ein. Mitten in der Nacht erwache ich, weil ich merke, dass mir jemand den Slip auszieht & mein Minikleidchen wegschiebt. Mein ganzer Unterkörper ist nun nackt, wie beim Gynäkologen, nur dass ich noch angetrunken in einer dunklen Wohnung auf einem Sofa liege & mir so ein Typ den Slip weggerissen hat. So liege ich nun da & weiß im ersten Augenblick nicht was ich tun soll. Bis der Typ mir die Entscheidung abnimmt & mit seiner Hand zwischen meine Beine fasst, mit seinen Fingern meine Schamlippen teilt, so wie Moses einst das Rote Meer & dann spielt der Typ an meiner Klit rum, bis ich feucht werde. Dann schiebt er mein Becken über die Sofalehne & dringt in mich ein, fickt mich durch, spritzt in mich ab, so dass ich das warme Sperma in meiner Muschi spüre. Nun wendet er sich von mir ab & ich torkle ins Bad, dort versuche ich mit Flüssigseife & Wasser mein Gesicht & meine Muschi zu waschen. Der Typ folgt mir ins Bad & stellt sich dann direkt hinter mich, umfasst mich mit den Armen, beißt mich in die Schultern, den Nacken & den Hals, flüstert mir allerhand perverse Sachen ins Ohr, während dessen zieht er mir das Kleid von den Schultern & versucht hinten den Reißverschluss zu öffnen ... Mit gespielter Entrüstung, versuche ich mich zu wehren, doch nix da & er macht weiter, zieht mir das Kleid ganz aus. So verfährt er auch mit dem BH & drückt & knetet dann spielerisch meine Brüste. Mit der einen Hand wandert er dann in Richtung meiner Scham, seine Finger spielen an meiner Muschi rum & dringen sogar in sie ein, während er mit einer Stimme, so rau wie eine Katzenzunge, mir verdorbene Sachen zuflüstert. Meine Knie werden weich davon & ich schmiege mich an ihn, während ich zwischen meinen Schenkeln nass werde ...

(per Fragebogen)

Sophia (58)

war lange Hausfrau und Mutter zweier Söhne, inzwischen geschieden,
jobbt in der Warenannahme eines Kaufhauses in Nordrhein-Westfalen

Die beiden Söhne seien der Beweis, dass «so was wie Sex» in ihrer Ehe
«ja wohl stattgefunden» haben muss. Erfüllung habe sie dabei nie emp-
funden. Auch nicht bei den Liebhabern, die sie vor ihrem Mann hatte.
Da sei es «immer nur um schnelles Rein-Raus» gegangen. Seit sie auf
ihrer Arbeitsstelle von wesentlich jüngeren Kolleginnen erfährt, was bei
denen an den Wochenenden sexuell so abgeht, hat sie ihre ganz eigene
Phantasie entwickelt …

Ich hab 'ne Menge versäumt in meinem Leben. Also in sexueller Hinsicht, meine ich. Auch sonst, aber das ist ja hier nicht das Thema. Vielleicht kann ich ja noch das eine oder andere nachholen. Deswegen
schaue ich mir die Anzeigen in dem Stadtmagazin genauer an, in dem
ich deine Anzeige gefunden habe. Da hab ich mir gedacht, das hört
sich ja echt gut an, da machst du mal mit. Auf andere Anzeigen hab
ich bis jetzt noch nicht geantwortet, weil sie mich nicht richtig angesprochen haben. Vielleicht gebe ich mal selbst eine auf. Aber was soll
ich denn schreiben? «Muschilecker gesucht»? Darum geht's nämlich.
Ich möchte es einfach mal erleben, wie es ist, wenn mir jemand den
Kitzler leckt und mir dabei mehrere Finger in die Muschi steckt und
auch noch einen in den Arsch. Bei meinem Mann hätte ich das nicht
gewollt, und Gott sei Dank kam er selbst nicht auf die Idee. Am geils-
ten wäre das, wenn ich den Typen gar nicht kennen würde, nicht mal
seinen Namen. Eine meiner Kolleginnen zieht das an jedem Wochenende durch, aber die ist auch 30 Jahre jünger als ich. Also bleibt mir
bisher nichts anderes übrig, als es mir selbst zu machen. Ich habe jetzt
schon das Kunststück raus, dass ich mir drei Finger in die Muschi stecke, den kleinen Finger in den Arsch und mit dem Daumen (da mache
ich vorher ein bisschen Creme drauf, damit es sich ein bisschen anfühlt
wie eine Zunge) … also mit dem Daumen reibe ich den Kitzler. Mit der
anderen Hand streichle ich meine Brüste und den Körper und denke

dabei an irgendwelche wildfremde Typen. Die sind fast immer deutlich jünger als ich, und ihre Figuren sind auch sportlicher als meine. Jedenfalls komme ich dabei jedes Mal, und solange ich noch keinen gefunden habe, der es live mit mir treibt, mache ich so weiter – zwei bis drei Mal in der Woche.

(am Telefon)

ᘒ

Mia *(32)*

cand. psych. / PiA (Psychologin in Ausbildung), lebt in Norddeutschland, hat ein Liebesverhältnis

Vor ein paar Jahren hat sie sich ganz bewusst einen etwa fünfzehn Jahre älteren Mann für ihre späte Entjungferung ausgesucht. Seither hat sie mit dem verheirateten Mann eine heimliche, excessive Liebesaffäre. Ihre erotischen Phantasien aber gehen weit darüber hinaus ...

Das was ich mir vorstelle, hat Orgiencharakter in einer Ästhetik der Antike: Das Ganze findet auf einer sexuell offen angelegten Spielwiese statt (bei schönem Wetter durchaus wirklich auf einer Wiese, in der Natur an einem See oder sonst in einem antikem Bad mit ein paar Rückzugsmöglichkeiten, wie in einem heutigen Spa); es geht um das Erleben von purem Sex – jede/r weiß, warum er/sie da ist. Es herrscht ein gleichberechtigtes und gleichwertiges Geschlechterverhältnis – beide nehmen und geben, d.h. die Frauen sind nicht nur als rein gebendes Objekt anzusehen. Das Ausleben der sexuellen Lust ist verbunden mit dem Ausleben der Sünde der Völlerei, wie es in Filmdarstellungen mit einem üppigem Angebot an Speisen zu sehen ist (siehe die überspitzte Darstellung im französischen Film ‹Das große Fressen› aus dem Jahre 1973 – wobei allerdings die Ästhetik bewusst nur eingeschränkt gegeben ist oder eine auf dem sexuellen Aspekt beruhende ästhetische Darstellung wie in ‹Eyes Wide Shut›). Das Motto der Orgie lautet: «Alles kann, nichts muss!»

Für die Umsetzbarkeit dieser Phantasie wäre für mich das Tragen von Augenmasken («Zorro-Masken» oder Masken wie beim Karneval in Venedig) unabdingbar – um sich hoffentlich damit ein kleines Stück Anonymität zu bewahren: Ich möchte die Leute ja nicht beim Einkaufen wieder treffen. Besser wäre es, die Orgie findet in einer anderen Stadt oder sogar in einem anderen Land statt, wo man vielleicht nicht mal die Sprache versteht und gezwungen ist, sich wirklich rein mit der Körpersprache zu verständigen – weil ich ja in der Situation auch gar nicht mehr will … Durch die dadurch erhöhte Anonymität würde sich bei mir das Fallenlassenkönnen wohl deutlich erhöhen.

Ich würde mich für diese Ausnahmesituation wohl eher in der sexkonsumierenden Rolle sehen; darauf bezogen wäre es mir egal, ob mich ein Mann oder eine Frau oral beziehungsweise manuell stimuliert – solange es für mich gut ist. Aktiv eine Frau zu befriedigen, wäre eine neue Erfahrung, die ich gerne machen würde; ob ich eine Frau auch oral befriedigen würde, weiß ich nicht – das würde sich in der Situation zeigen …

(in einer Mail nach einem Telefonat)

Miriam (29)

Diplom-Kauffrau, lebt in München, im Auftrag einer großen Wirtschaftskanzlei bundesweit unterwegs

Ihre beruflichen Tätigkeitsfelder sind weitgehend Männerdomänen, in denen sie sich kraft ihrer Kompetenz und eines selbstbewussten Auftretens einigen Respekt verschafft hat. Ihre geheimen Phantasien stehen dazu in einem diametralen Gegensatz …

Einer meiner Lieblingsfilme ist «Eyes Wide Shut» mit Tom Cruise und Nicole Kidman. In diesem Film gibt es eine Orgie. In meinen Träumen habe ich schon 100 Mal an dieser Orgie teilgenommen. Immer als eine der Frauen, die sich zu Beginn der Orgie in den Kreis stellen müssen und später nackt in hohen Schuhen den Männern, aber auch den Frauen sexuell zur Verfügung stehen müssen. Das Ambiente, in dem die Orgie stattfindet ist atemberaubend. Der ganze Stil ist wichtig für meine Phantasie. Ich mag es hochwertig und nicht prollig.

Oftmals werden Phantasien durch Alltagssituationen ausgelöst, wie unlängst, als ich mit dem ICE von München nach Frankfurt unterwegs war. Wie immer bin ich in den falschen Wagon eingestiegen und musste nun durch den halben Zug, um meinen Platz in der ersten Klasse zu finden. Auf dem Weg dorthin bin ich an einem Abteil vorbeigekommen, in dem lauter Soldaten saßen. Nun ja, nicht einfache Soldaten, sondern Offiziere, wie man es an den Sternen auf ihren schicken Uniformen erkennen konnte. Sie hatten kurze Haarschnitte und sahen ziemlich durchtrainiert aus. Es war nur ein kurzer Blick in dieses Abteil, während ich mit meinem kleinen Rollkoffer durch den Zug ging. Aber der Anblick der Soldaten auf diesem engen Raum hat ausgereicht, um mich zum Träumen zu bringen. Es ging sofort los, als ich auf meinem Platz in der ersten Klasse saß. Ich habe anfangs versucht, nicht darüber nachzudenken. Ich habe in einer Zeitschrift geblättert, um auf andere Gedanken zu kommen. Aber es ging nicht. Die Offiziere nahmen Besitz von mir.

Ich habe mir vorgestellt, dass ich einen Platz in dem Abteil der Soldaten habe. Es ist der einzige freie Platz. Mittendrin. Links und rechts neben mir jeweils ein Herr in Uniform und vor mir ebenfalls drei. Die Uniformen sitzen eng am Körper und verleihen den Männern Haltung und Statur. Doch das wäre eigentlich gar nicht nötig, denn die Kerle sind in allerbester körperlicher Verfassung.

Ich sitze also inmitten von Ihnen und sie schauen mich unverhohlen an. Sie machen sich gar nicht erst die Mühe, mich mit Ihren Blicken zu schonen. Die Blicke sind direkt und ausziehend und die Männer grinsen in sich hinein. Ich fühle mich wie auf dem Präsentierteller.

Ich habe ein wenig Angst und muss daran denken, dass die Soldaten vielleicht schon lange keine Frau mehr gehabt haben, womöglich regelrecht ausgehungert sein könnten. Ich fühle mich wie in einer Falle, weil ich auf allen Seiten von Ihnen umgeben bin und ich spüre ihre körperliche Nähe und ihre Präsenz.

Plötzlich spricht einer der Offiziere. Er ist der Chef, vielleicht General oder so was. Er sagt zu den anderen: «Da hat uns das Schicksal ja ein herrliches kleines Fötzchen geschickt.» Mir bleibt bei seinen Worten die Luft weg. Die anderen lachen.

Der Offizier sagt dann weiter: «Na, wenn wir schon so viel Glück haben, dann wollen wir auch was geboten bekommen. Na los, Pussy, wir wollen was sehen.» Er deutet auf meinen Busen. Wie paralysiert gehorche ich. Ich öffne meine Bluse. Der Offizier sagt: «Und jetzt hol sie schön raus.» Ich klappe die Körbchen meines BHs runter und nun liegt mein Busen wie auf einer Hebe. So sitze ich vor ihnen und fühle mich nackt und ausgeliefert.

Die Männer unterhalten sich nun über meinen Busen. Sie reden als wäre ich nicht da. Sie betrachten mich ungeniert und kommen zu dem Schluss, dass ihnen mein Busen nicht groß genug ist für ihre Ansprüche. Der General schlägt vor, dass ich meine Brustwarzen hart machen soll. Die anderen stimmen zu. Ich habe Angst und mache, was mir befohlen wird. Ich streichle meine Brustwarzen und sie werden unmittelbar steif. Die Männer feixen.

Es ist unglaublich. Ich sitze vor fünf Männern und muss meinen Busen streicheln, damit sie sich amüsieren können. Ich empfinde Scham aber auch enorme Erregung. Mein ganzer Körper fühlt sich an, als würden Ameisen auf ihm herumkrabbeln. Meine Erregung wird immer heftiger. Die Männer machen sich nun lustig über meine steifen Brustwarzen.

Dann plötzlich befiehlt mir der General mit sehr strengem und kaltem Ton auf die Knie zu gehen. Ich knie mich gehorsam in die Mitte des Abteils. Kaum bin ich unten, strecken sich mir die Penisse aller Soldaten entgegen. Es sind nicht nur bloß Penisse, es sind Prachtexemplare, wie die Soldaten selbst. Es sind große, starke, harte Lanzen. Aggressiv und fordernd. Jedes Glied ein Symbol männlicher Macht. Aber ich habe gar nicht die Zeit, lange nachzudenken. Ich werde an den Haaren festgehalten und schon schiebt sich der erste Penis in meinen Mund. Ich habe keine Kontrolle mehr über mich selbst und spüre nur noch Erregung.

Die Männer besitzen mich, benutzen mich und führen mich. Es geht alles schnell vonstatten. Die Männer führen meinen Kopf mit starken, sicheren Händen. Ich verliere den Überblick, kann die Schwänze den einzelnen Männern nicht zuordnen. Aber ich lasse alles willig mit mir geschehen.

Irgendwann werde ich hochgezogen und über einen Sitz geworfen. Mit einem Ruck wird mir der Rock hochgezogen und einer der Soldaten dringt in mich ein. Das Schlimme ist, dass ich es auch will. Ich habe mich die ganze Zeit danach gesehnt. Auch wenn die Männer mich hart anpacken. Im Prinzip geschieht nichts gegen meinen Willen. Ich wehre mich nicht. Ich gehorche und unterwerfe mich willig.

Der Schwanz füllt mich vollkommen aus. Die Stöße sind hart, sehr hart. Die Männer sind wie wilde Stiere. Regelrechte Rammböcke. Sie machen sich lustig über meine Schreie. Aber ich höre sie auch keuchen. Zusätzlich muss ich auch oral zur Verfügung stehen. Ich fühle mich, als würde mich ein ICE überrollen. Aber ich lasse mich von der Kraft der Männer und ihren starken Körpern tragen. Ich lasse mich immer weiter fallen, bin nicht mehr ich. Ich bin nur noch ein Objekt, das der Lust der Männer dient.

Irgendwann werde ich wieder zu Boden gedrückt. Ich knie vor den Männern und schaue zu ihnen auf. Ihre stattlichen, starken Glieder sind über mir. Ich bewundere sie voller Ehrfurcht. Dann haben die Männer ihre Orgasmen. Alle gleichzeitig. Es ist der Gipfel der Demütigung. Sie besudeln mich und lachen dabei. Keiner fragt, wie ich mich fühle. Es geht nur um die Lust der Männer. Als sie fertig sind, knie ich noch immer vor ihnen. Ich bin fix und fertig.

Plötzlich werden mir die Hände auf dem Rücken gefesselt und die Beine an den Knöcheln zusammengebunden. Dann setzen sie mich wieder auf meinen Platz. Der Zug hält. Sie nehmen ihr Gepäck und verlassen zufrieden lächelnd das Abteil. Kurz bevor sie die Tür zum Abteil schließen, dreht sich einer der Soldaten um und sagt: «Jetzt weißt du, wozu du da bist, Puppe.» Dann schließt sich die Tür zum Abteil und es ist plötzlich ganz still.

Ich bleibe allein im Abteil zurück. Gefesselt und bewegungsunfähig. Meine Bluse ist nach wie vor aufgeknöpft und mein nackter Busen schaut raus. Ich bin vollkommen besudelt. Alles schmeckt und duftet nach den Männern und meine Erregung lässt einfach nicht nach. Es sind nicht nur die Männer selbst, die mich in diesen Erregungszustand gebracht haben. Es sind auch die Demütigungen, die dafür gesorgt haben, dass ich mich so sehr fallen gelassen habe. Nichts macht mich so frei, wie Demütigungen.

(per Mail-Kommunikation)

MÉNAGE-À-TROIS

Der Traum von der dreifachen Lust

You want to know how it will be
Me and her or you and me
You both sit there with your long hair flowing
Your eyes alive, your minds are still growing
Saying to me what can we do now that we
Both love you – I love you too
But I don't really see, why can't we go on as three

Der amerikanische Songwriter David Crosby steht ganz unter dem Eindruck des «summer of love», als er so gar nicht
einzusehen vermag, weshalb er sich zwischen zwei Frauen entscheiden soll. Beide lieben ihn, und er liebt sie. Seine rhetorische
Frage entspricht denn auch ganz dem Mainstream der Hippie-
Generation. Salopp übersetzt heißt es da: «Ich kann wirklich
nicht einsehen, warum wir es nicht zu dritt treiben sollten». Im
August 1967 spielte er den Song «Triade» mit den Byrds in den
Columbia Studios von Hollywood ein. Drei Jahre später covert
er das eigene Werk mit seiner neuen Band Crosby, Stills, Nash &
Young, so wie es zuvor schon Jefferson Airplane und andere Mu-
siker getan hatten. Das Lied traf damals den Nerv der Zeit. Jedes
Lied über Sex traf damals den Nerv der Zeit, hier aber war der
«flotte Dreier» das Thema. Dreißig Jahre später wird die Mu-

sikgruppe Stereo Total diese Konstellation als «total out» und «Hippieshit» bezeichnen. Doch dann bekennt Françoise Cactus, die Frontfrau der Berliner Band, überraschend im Refrain: «Aber ich sage es laut / ich liebe Liebe zu dritt.» Ihr Bekenntnis geht tatsächlich laut vor sich, denn eklektischer Pop geht nun mal nicht leise.

Wahrscheinlich ist die Vorstellung vom Dreier so alt wie die Menschheit. Na, vielleicht nicht ganz so alt, denn nach biblischer Vorstellung war der paradiesische Adam ja mit Eva allein, nachdem sich seine erste Frau Lilith mittels der Zauberformel «Shem Hameforash» aus dem Staub gemacht hatte. Und wenn man's evolutionsbiologisch betrachtet, muss eingestanden werden, dass nicht bekannt ist, ob sich der Homo erectus oder die anderen Spezies der Urmenschen je zu dritt vergnügten. Auch die wesentlich später entstandenen Höhlenmalereien geben dafür keine Anhaltspunkte. In der Kulturgeschichte tritt die Liebe zu dritt erst mit den erotischen Holzschnitzereien im indischen Benares auf, und die sind gerade mal 3000 Jahre alt. Italienische Künstler haben das Thema auf Fresken in Pompeji verewigt, ehe die Stadt und ihre Kunst im Ascheregen des Vesuvs versanken. Esoteriker und Fundamentalchristen mögen zwischen beidem ja einen kausalen Zusammenhang sehen. Im 19. und frühen 20. Jahrhundert aber haben ein Österreicher und ein Franzose ebenso drastischste Kunstwerke geschaffen, ohne vergleichbare Naturkatastrophen ausgelöst zu haben. Der Österreicher hieß Peter Fendi, hatte es vom Arme-Leute-Kind zum Hofmaler geschafft, und Kunsthistoriker sind sich mittlerweile gar nicht mehr so sicher, ob jene erotischen Bildnisse, die mit seinem Namen in Verbindung gebracht werden, auch tatsächlich von ihm stammen. Das Gemälde «Ein Mann mit zwei Frauen» zeigt einen Kavalier mit erigiertem Glied mit zwei verschmusten Halbnackten auf dem Schoß. Der Franzose Édouard-Henri Avril ist zweifelsfrei jener Künstler, der unter dem Pseudonym Paul Avril erotische Texte und pornographische Romane illustrierte. 1906 erschien «De Figuris Veneris», eine Anthologie antiker griechischer und römischer, aber auch früher neuzeitlicher Texte über die Vielfalt sexuellen Treibens. Avrils Illustrationen zeigen ziemlich eindeutig, was im geschriebenen Wort vielfach noch metaphorisch bleibt – darunter eine Frau, die von einem Mann vaginal penetriert wird, der es zeitgleich von einem anderen anal besorgt bekommt.

Das 20. Jahrhundert ist schließlich voll von «flotten Dreiern» in Literatur, Film und (wie erwähnt) in der Rock- und Popmusik. Kurt Tucholsky hatte schon 1930 in seinem autobiographisch anmutenden Sommerroman «Schloss Gripsholm» eine höchst romantische Ménage-à-trois geschildert, und die lettische Autorin Dace Rukšāne entfachte 2002 mit ihrem Debütroman «Romāniņš» («Kleine Romanze») in ihrem Land einen veritablen Literaturskandal. Deren Protagonistin erzählt in diesem Buch nicht nur von Cunnilingus und Masturbation, sondern eben auch vom Sex zu dritt. Dace Rukšāne hat der Skandal nicht geschadet. Im Gegenteil – begann doch damit ihr Aufstieg zur Sex-Kolumnistin, ja geradezu zum lettischen Sex-Guru. Schließlich durfte sie auf dem Stuhl der Chefredakteurin von «Lilit» Platz nehmen, der führenden Frauenzeitschrift des Baltenstaates.

Ihr deutscher Kollege Arne Hoffmann berät in GQ jene Leserschaft in sexuellen Fragen, die der Dr.-Sommer-Generation entwachsen sind und dennoch fortgesetzten Beratungsbedarf haben. Und da GQ ein Männermagazin ist, wendet er sich auch vorwiegend an das maskuline Lesepublikum. Zum Thema «Sex zu dritt» fallen ihm eine Reihe von Fragen ein, die eigentlich unverhohlene Warnungen sind: «Wie riskant ist es zum Beispiel, dass Ihre Partnerin auf die zweite Frau eifersüchtig wird, wenn Sie ihr in den Augen Ihrer Partnerin zu viele Zärtlichkeiten zukommen lassen? Was ist, wenn Sie tatsächlich tiefere Gefühle für die zweite Frau entwickeln – oder feststellen, dass sie auf erotischer Ebene deutlich geschickter als Ihre Partnerin ist und Sie sexuell viel mehr auf Touren bringt? Oder stellen Sie sich die umgekehrte Situation vor: Statt oder nach einer zweiten Frau ziehen Sie einen zweiten Mann für Dreierspiele hinzu, und Ihre Liebste gibt sich dessen Liebkosungen dermaßen hin, dass Sie sich wie das fünfte Rad am Wagen fühlen? Und mit wem möchten Sie später über das Gefühlschaos sprechen, das dieses Erlebnis vielleicht in Ihnen ausgelöst hat?» Letztlich kommt er zu dem Schluss, «dass Dreiersex vor allem für eine wirklich stabile Partnerschaft geeignet ist und sensible Menschen davon eher die Finger lassen sollten».

Bei den Männern, die vom flotten Dreier träumen, gibt es zwei sehr verschiedene Typen. Zumindest lässt sich das aus den Aussagen jener 127 Männer (bei nur vier Frauen) herauslesen, die sich im Fragebogen zu dieser Phantasie bekannten.

Da ist zunächst der, der sich in die «Pascha-Rolle» zu imaginieren versteht und sich bedienen lässt. Während ihm die eine Frau ihre Brüste reicht, übt die andere die Fellatio aus. Im Gegensatz dazu gibt es den «Bediener», der sich vorstellt, zwei Frauen gleichzeitig aktiv zu stimulieren. Dieser Typus kommt wesentlich seltener vor als der Pascha. Es ist ja auch sehr viel schwieriger, zwei Frauen simultan zu stimulieren. «Bei dem Pascha-Typen haben wir die eher selbstgefällige, sich selbst genügende Rolle, sich mal verwöhnen zu lassen», erklärt Dr. Ahlers, der eine solche Typisierung bestätigen kann. «Das ist sicher kompatibler mit den Vorstellungen einer Mehrheit von Männern, allzumal sie ja bei diesem Bild nicht unter Leistungsanforderung stehen, wogegen das andere Bild potenziell eine internalisierte Leistungsanforderung zum Ausdruck bringt. Hier will jemand womöglich etwas bewirken und sich und anderen etwas beweisen. Nämlich, dass er nicht nur eine Frau befriedigen kann, sondern gleich zwei. Hier würde also wieder mal Sexualität als Schauplatz für die Kompensation von Selbstwertproblemen dienen: Ich befriedige, also bin ich!»

Was aber steckt hinter der Pascha-Rolle? Vermutlich sehr viel weniger bis gar nichts, außer natürlich Genusssucht ...

Skizzen aus den Fragebogen

Ingenieursstudent aus Sachsen, Single

Der Geschlechtsverkehr mit zwei Frauen gleichzeitig ist für mich eine sehr interessante Phantasie. Die Herausforderung des doppelten Reizes und der Befriedigung beider Partner als forderndes Ziel übt auf mich eine starke Anziehung aus. Eine Ganzkörpermassage als Vorspiel empfände ich sehr erregend, dabei wäre egal ob ich massiere oder massiert werde. Gerade die Verwendung von Ölen, Gleitcremen ... auf dem ganzen Körper steigert meine Lust extrem. Dabei gilt: Je mehr, desto besser. Das Beste beim Sex unter diesen Bedingungen ist für mich das fast reibungsfreie Ineinanderwinden der drei Körper.

Fachfrau in der IT-Branche in einer bayerischen Großstadt, Single

Sex mit zwei Männern – das ist meine Phantasie. Ich bin da eher diejenige, die geleitet wird. Die Männer sind besonders hübsch und jung. Gesehen habe ich das mal in einem spanischen Film, was auch Auslöser der Phantasie war. Bisher erlebt habe ich sie leider noch nicht, aber ich hoffe, es irgendwann einmal tun zu können. Am besten jetzt noch, wo ich Single bin. Wenn ich in einer Partnerschaft bin, kann ich mir das nicht mehr vorstellen. Auch nicht mit dem festen Partner an meiner Seite.

Ich stelle mir beim Onanieren den Sex mit zwei Tänzerinnen aus dem Ballettensemble vor. Also nicht irgendwelchen, sondern zwei bestimmte. Aber immer nur mit beiden gleichzeitig, nie mit einer allein.

Phantasien vom Sex zu dritt

Klaus (46)

Geschäftsführer in einer hessischen Kleinstadt, seit sechs Jahren liiert

Der Eintrag im Fragebogen lautete schlicht: «Bei einem anderen Paar zuschauen und dann mitmachen.» Ferner gab er an, einmal wöchentlich unter den Suchbegriffen «XXX» und «Cuckold» auf Pornoseiten im Internet unterwegs zu sein sowie etwa zweimal wöchentlich zu onanieren. Auf die Bitte einer Konkretisierung einer Masturbationsphantasie sandte er eine komplett ausgearbeitete Szene …

Ich gehe im Sommer spät abends durch einen Park. Hinter einem Gebüsch höre ich Geräusche. Ich schaue dahinter und sehe ein Paar, das gerade beginnt sich die Kleidung auszuziehen und zu streicheln. Während die Beiden dann immer mehr machen, wächst auch bei mir der Drang, an mir zu spielen. Ich hole ihn raus und spiele an mir. Der Mann liegt auf dem Rücken und sie sitzt auf ihm, als ich ein Geräusch mache. Sie schaut sich um und sieht mich. Einen Moment passiert nichts, dann winkt sie mich näher, während er wieder beginnt, seine Hüfte gegen ihr Becken zu schieben. Ich komme zu ihr und stehe vor ihr. Sie greift mein inzwischen recht hartes Teil und beginnt es zuerst mit den Händen, dann mit dem Mund zu verwöhnen. Ihr Partner unter ihr schaut sich das an und seine Bewegungen werden schneller. Sie beginnt zu stöhnen (was mich sehr anmacht) und auch sein Atmen wird lauter. Noch einen Moment und dann kommt er scheinbar fast. Sie erhebt sich und dreht sich schnell um und hält mir ihren Po entgegen.

Während sie seinen Harten in den Mund nimmt, schiebe ich ihr meinen Schwanz in die feuchte Öffnung zwischen ihren Beinen und beginne meine Hüfte zu bewegen. Zuerst langsam dann immer schneller und härter. Der Mann schaut noch immer zu und dann kommt es ihm in ihrem Mund. Sie schleckt noch so gut es geht, da auch sie inzwischen kurz vor dem Orgasmus ist – wie auch ich. Noch einige harte Stöße und wir kommen gemeinsam.

(per Mail-Kommunikation)

Thore (40)

Abteilungsleiter einer kommunalen Kinder- und Jugendhilfe, lebt in einer norddeutschen Kleinstadt

Seit zehn Jahren hat Thore eine feste Partnerin. Schon viel länger aber bekommt er regelmäßig «Besuch», wie er das Auftauchen zweier Mädchen in seiner Phantasie nennt. Und wie diese virtuellen Begegnungen jedes Mal verlaufen, beschreibt er sehr detailliert …

Ich liege mit dem Rücken auf einer Wiese mit relativ niedrigem Gras – einer Parkanlage nicht unähnlich. In der Ferne rauscht Wind in den Blättern eines oder mehrerer Bäume. Ich liege bequem und es ist angenehm warm, vielleicht ein wenig zu warm. Ich trage T-Shirt und eine Shorts. Ich muss gedöst oder geschlafen haben und komme gerade zu mir. Zwei junge Mädchen sind dicht bei mir und beobachten mich. Sie haben aber nicht realisiert, dass ich erwacht bin und sie durch meine Augenschlitze sehe. Sie sind jung, aber schon sehr weiblich. Sie könnten 19 oder 20 Jahre alt sein, vielleicht aber auch gerade erst 15 oder 16. Eine ist blond mit langen Haaren, relativ groß und schlank und trägt einen einteiligen Badeanzug. Die andere trägt Bikini, hat kurze dunkle Haare und eine deutlich weiblichere Figur als ihre Freundin. Die Oberweite des kleineren dunkelhaarigen Mädchens ist beeindruckend. Die Blonde scheint neugierig, aber völlig unerfahren zu sein. Die Dunkelhaarige macht sich darüber ein wenig lustig.

Sie hätte so etwas noch nie gesehen, sagt die Blonde. Worauf ihre Freundin vorschlägt, es vorsichtig auszupacken, dann könne sie das genau betrachten. Erst jetzt realisiere ich, dass ich eine Erektion habe. Die Blonde befürchtet, dass ich dabei erwachen könnte, doch ihre Freundin versichert ihr, dass ich tief und fest schlafen würde. Dabei sieht mich die Dunkelhaarige in einer Art und Weise an, als ob sie genau wisse, dass ich wach bin. Sie sagt ihrer blonden Freundin, es sei ganz einfach und sie solle zuschauen. Dann öffnet sie meine Shorts, schlägt den Stoff zur Seite und entblößt mein Glied. Ich bin im Genitalbereich rasiert (was bei mir auch im wahren Leben der Fall ist). Als ob es selbstverständlich sei, nimmt sie mein steifes Glied in die Hand und beginnt es langsam auf und ab zu massieren. Ich mime noch immer den Schlafenden, recke mich ihr ein wenig entgegen, damit sie leichteres Spiel hat. Sie erklärt der Blonden, dass es wichtig sei, langsam anzufangen und nicht zu fest zuzudrücken, und dass sie es probieren solle.

Abwechselnd streicheln und massieren sie mein Glied und meine Hoden. Die Dunkelhaarige sagt, sie müssten darauf achten, dass mein Glied nicht zu trocken würde, damit sie der empfindlichen Haut nicht schaden. So beugt sie sich nach unten und nimmt erst die Eichel in den Mund. Während sie mit der Hand weitermassiert, verteilt sie mit der Zunge Speichel auf ihr. Dann fordert sie die Blonde auf, es auch zu tun. Noch streichelt die Dunkelhaarige den Teil meines Gliedes, der nicht im Mund der Blonden ist. Nach kurzer Zeit beugt sie den Kopf hinunter und fährt mit ihrer Zunge über meine Hoden, während die Blonde noch immer vorsichtig an meiner Eichel leckt. Dann wechseln die Zwei sich in dieser Tätigkeit mehrfach ab, da die Dunkelhaarige ihre blonde Freundin auch dazu ermuntert, meine Hoden in den Mund zu nehmen. Es sei ein ulkiges Gefühl sagt die Dunkelhaarige. Sie geben sich, während meine Erregung immer weiter steigt, quasi gegenseitig einen Kuss, bei dem allerdings der Schaft meines Gliedes zwischen ihren Mündern ist und sie sich mit ihren Zungen von Eichel bis Wurzel des Gliedes auf und ab bewegen. Der Dunkelhaarigen ist klar, dass ich erstens wach bin, und zweitens nicht weit vom Orgasmus entfernt. Sie zwinkert mir zu und weist die Blonde an, meine Eichel nur mit der Zungenspitze zu lecken. Währenddessen massiert die Dunkelhaarige immer schneller meinen Schaft auf und ab, bis ich einen massiven Samenerguss in das Gesicht der Blonden habe. Die erschrickt als der Strahl ihr Gesicht trifft, kichert aber auch dabei, genau wie ihre dunkelhaarige Freundin, welche mein Glied wie einen Schlauch dirigiert, damit die Blonde auch ja reichlich von meinem Sperma getroffen wird. Ich stöhne und bewege mich. Auch der Blonden ist nun bewusst, dass ich wach bin. Sie errötet ein wenig. Die Dunkelhaarige hat unterdessen mein Glied weiter massiert und beginnt nun damit, Sperma von der Haut ihrer Freundin zu lecken. Sie fordert die Blonde auf, «nicht faul» zu sein. Beide lecken nun die Tropfen und die Reste auf, die an ihren Händen, meinem Glied oder dem Dekolleté sind. Dabei küssen sich die Mädchen – mit diesem Bild endet normalerweise die Phantasie.

(per Mail)

Karin (38)

arbeitet als Geschäftsführerin in einer bayerischen Kleinstadt, in einer Beziehung

Sie habe diese Phantasie «schon als junge Frau» gehabt, schreibt sie. Seit einiger Zeit bezieht sie darin auch ihren Partner ein. Man habe schon darüber gesprochen, und seither teilen sie diese Phantasie gemeinsam. Es sei auch daran gedacht, sie mit jemandem auszuleben, aber es habe noch keine Gelegenheit gegeben ...

Ich stelle mir einen Dreier vor, in dem mein Freund und ich eingebunden sind. Manchmal vögelt er in meinem Beisein eine andere Frau. Den Gedanken finde ich erregend. Oft aber stelle ich mir auch vor, dass ich von einem fremden Mann gefickt werde. Seit einiger Zeit schleicht sich auch die Phantasie ein, in der ich von einer Frau oral verwöhnt werde, die gleichzeitig von meinem Freund von hinten gefickt wird.

Und es gibt noch eine Phantasie, die ich bisher aber für mich behalten habe, obgleich er es ist, an den ich dabei denke. In dieser Vorstellung treiben wir es wild in aller Öffentlichkeit wie zum Beispiel in einem Bus, der gut besetzt ist. Oder auch in einem Zugabteil mit offener Gardine, wobei jederzeit draußen im Gang andere Reisende oder der Schaffner vorbeigehen.

(per Fragebogen)

Martin (51)

arbeitet im Medizinischen Fachhandel in Köln, seit vielen Jahren in einer Partnerschaft

Blicke spielen in den sexuellen Phantasien von Martin eine große Rolle. So verschieden die Phantasien auch sind, so sind es diese Blicke seiner Gespielinnen, die ihn anmachen ...

Zu Beginn einer meiner Phantasien sind zwei Frauen bereits im Bett, und ich komme dazu. Eine der beiden Frauen ist meine Freundin. Der Kick dabei ist, dass die beiden miteinander Spaß haben. Sie küssen und streicheln sich überall und befriedigen sich gegenseitig oral. Dabei lächelt mir meine Freundin mit einem fragenden Blick zu, um zu prüfen, ob ich das okay finde. Aber sie sieht schon an meinem Gesicht, dass ich das okay finde. Diesen fragenden Blick finde ich erregend, und oft habe ich beim Onanieren diese Szene vor Augen. Manchmal komme ich, wenn meine Freundin mir diesen Blick zuwirft, manchmal aber auch, wenn die beiden Frauen ganz bei sich sind und sich gegenseitig lecken.

Ein Mal habe ich diese Phantasie realisiert, aber nicht mit meiner Freundin, sondern mit zwei Prostituierten. Ich lag erst daneben und habe zugeguckt, und dann habe ich mit beiden Frauen geschlafen. Das war aber so weit weg von meiner Vorstellung von Liebe, die glücklichen Sex zulässt. Es war die Show erkennbar, also es war nicht wirklich echt, und ich spürte einfach, dass ich mit diesen beiden Frauen nichts zu tun hatte. In der Phantasie ist ja die zentrale Figur meine Freundin, die zufriedenstellenden Sex hat, und das war in dieser Situation nicht der Fall. Es fehlte der persönliche Bezug.

In einer anderen Phantasie beobachte ich meine Freundin beim Sex mit einem anderen Mann. Dieser andere Mann ist in der Regel eine Phantasiefigur. Aber sie hat ihren Ursprung in einer realen Begebenheit. Eine frühere Freundin und ich hatten mal mit meinem besten Freund, den ich seit der Schulzeit kenne, etwas getrunken, und ich habe mit ihr geschlafen, und er war eben auch da. Da habe ich ihr zugeflüstert: «Willst du es auch mit ihm haben?» Und da war auch dieser Blickkontakt, der aussagte: «Wär das für dich okay?» Nachdem das also zwischen ihr und ihm lief, tauchte diese Situation immer wieder auch in meinen Onanierphantasien auf. Da war es aber eben nicht dieser Freund von mir, der mit meiner Freundin schlief, sondern es waren beliebige Männer. Für mich ist es sehr erregend, wenn ich in meiner Phantasie dabei zusehe, wie meine jetzige Freundin andere Männer befriedigt. Das ist für mich genauso geil, wie wenn sie es mit einer anderen Frau tut.

Gelegentlich schaue ich mir Pornos an und onaniere dabei. Als Suchbegriffe gebe ich zum Beispiel «Haare» ein oder «mature» – das steht für ältere Frauen, zumindest jenseits der 30. Also keine ganz jungen Frauen oder Mädchen. Oder ich gebe «SM» ein oder «bondage». Das mache ich zwei bis drei Mal in der Woche, manchmal auch öfter.

(am Telefon)

Auszug aus einer Mail – einige Wochen später:

In der Zwischenzeit habe ich meiner Freundin von dem Buch erzählt, und dass ich von meinen Phantasien erzählt habe. Wir haben dann noch mal geklärt, dass wir beide die mit dem Mann erleben wollen und auch wie. Meine Freundin wollte, dass ich Teil des Ganzen bin und nicht nur zusehe. Vorletzte Woche haben wir es dann mit einem Callboy realisiert. Er war fast 4 Stunden hier (scheißteuer, übrigens). Wir haben beide mehrmals mit meiner Freundin geschlafen. Es war schön ihr dabei zuzusehen, wenn sie mit ihm schlief.

Lilly (50)
selbständige Unternehmensberaterin, lebt als Single in einer Kleinstadt in Schleswig-Holstein

Unverbindliche Liebesaffären haben sich bei Lilly als dauerhafter erwiesen als feste Beziehungen. Ihre bevorzugte Phantasie aber konnte sie bisher weder mit den einen noch mit den anderen Sex-Partnern ausleben ...

Meine ständige Phantasie ist es, mal mit zwei Männern gleichzeitig Sex zu haben. Aber wann immer ich das einem meiner Liebhaber gestanden habe, haben sie den Schwanz eingezogen. Ich denke, bei einer zweiten Frau hätten sie kein Problem – das habe ich auch mal gehabt. Aber bei einem anderen Mann scheint mir immer so ein Wettbewerbsdruck vorzuliegen und die Angst, sprichwörtlich «den Kürzeren» zu ziehen. *(lacht)* In meiner Phantasie ist einer der beiden Männer immer jemand, den ich kenne. Und dann geht es unterschiedlich weiter: Entweder lernen wir einen anderen Mann irgendwo kennen und nehmen ihn mit nach Hause, oder wir besuchen gemeinsam einen Club, wo wir einen anderen Besucher mit hinzuziehen. Nun könnte ich mir ja auch vorstellen, ich gehe allein in den Club und suche mir zwei fremde Männer aus. Aber da ich ein bisschen schüchtern bin, schwingt dabei immer so ein Sicherheitsbedürfnis mit. Es sollte also jemand dabei sein, der meine Vorlieben kennt. Und der bringt mich irgendwohin, sucht den zweiten Mann aus und sorgt dafür, dass auch meine Wünsche befriedigt werden, weil er ja weiß, was ich mag.

Es gab mal diese reale Situation, in der ich nicht so recht auf meine Kosten kam. Da war die Konstellation eben eine andere. Da habe ich mich auf ein Ehepaar eingelassen. Die Frau war in einem zeitlich befristeten Projekt eine Arbeitskollegin von mir, und als das Projekt zu Ende war, habe ich sie und ihren Mann gelegentlich noch getroffen. Irgendwann kamen sie damit rüber, dass sie gern mal eine Nacht mit mir verbringen würden. Ich konnte mir das damals auch vorstellen. Dann aber stellte sich heraus, dass sie halt ein eingespieltes Ehepaar waren, die mich als Bereicherung ihrer Lust brauchten, aber ich kam dabei zu kurz. Die beiden haben sich hauptsächlich umeinander gekümmert. Mich haben sie nur einbezogen, um sich gegenseitig anzuheizen und einen zusätzlichen Kick zu haben, aber nicht unbedingt, um mich zu befriedigen. Das war mir natürlich viel zu wenig. So kam bei mir die Idee auf, es mal mit zwei Männern zu treiben, denn da würde ich ja wohl eher auf meine Kosten kommen. Aber bisher passierte das nur in meinen Masturbationsphantasien. Dabei stelle ich mir oft vor, dass der fremde Mann unter mir liegt und von vorne in mich eindringt. Dabei streichelt er meinen Busen und leckt daran, was ich unglaublich gerne mag. Und der Mann, den ich kenne, nimmt mich gleichzeitig anal von hinten. Diese Situation stelle ich mir immer wieder an verschiedenen Orten vor. Ich spiele sie regelmäßig seit zehn Jahren durch, mal mit Vorspiel, mal ohne. Das hängt ganz von meiner jeweiligen Stimmung ab. Wenn ich in einer Stimmung bin, in der ich das Bedürfnis nach Zärtlichkeit habe, dann findet in meiner Phantasie erst mal sehr viel Streicheln und sehr viel Lecken statt, und zwar überall. Und das natürlich beidseitig. Ich mag auch gerne mal einen blasen. Wenn ich aber so richtig geladen bin, was manchmal auch nach einer anstrengenden Arbeitswoche vorkommt, dann habe ich einen heftigen Trieb, und es muss jetzt und gleich passieren. Und wenn ich dann masturbiere, suche ich mir die jeweils passende Situation aus. Manchmal ist sie auch direkt durch eine reale Situation inspiriert. Das nämlich habe ich auch schon real erlebt. So wie im letzten Sommer, da habe ich an einem Badesee einem Paar zugesehen, das dort Sex hatte. Diese Szene lieferte mir dann am Abend den Stoff für das Kopfkino. Da war ich natürlich dann die Dritte im Bunde und habe mitgespielt. Das war zwar mal wieder eine Phantasie mit zwei Frauen, aber da ging es nach meinen Regeln. Oft stelle ich mir vor, dass Männer ihr Sperma auf meinen Körper und in mein Gesicht spritzen.

Bei der Masturbation benutze ich einen Vibrator, und zu meinem letzten Geburtstag haben mir Freunde einen Glasdildo geschenkt, der richtigen Spaß bringt. Aber meine Phantasien spielten in den letzten zehn Jahren nicht nur während der Masturbation eine Rolle. Ich hatte in dieser Zeit leider hin und wieder auch grottenschlechte Liebhaber, und wenn ich dann mal so einen Fehlgriff hatte, dann habe ich das Kopfkino angeschmissen, um überhaupt halbwegs zu lächeln und zum Orgasmus zu kommen.

(am Telefon)

Paul (41)

Richter in einer hessischen Kleinstadt, seit mehr als zehn Jahren verheiratet

Ein eheliches Sexualleben «existiert praktisch nicht mehr». Nachdem sich dieser Zustand manifestiert hat, ist die sexuelle Phantasie des Juristen regelrecht erblüht …

Meine Arme sind mit Seidentüchern an den Bettrahmen über meinem Kopf gefesselt. Die Eigenschaft des Seidentuchs hat dabei keinerlei symbolische Bedeutung, es ist lediglich ein hochwertiger Stoff, der aufgrund seiner Textur erotisch wirkt. Die Fesselung selbst ist der besondere Kick, der wesentlich zu dieser Phantasie gehört. Das damit verbundene Ausgeliefertsein und die Entblößung und Hingabe an die Frau(en), steigert meine Erregung.

Eine Frau sitzt leicht auf meinem Gesicht, so dass ich sie zwischen den Beinen lecken kann. Gleichzeit massiert eine zweite Frau meinen Penis und verwöhnt mich zunächst oral und lässt mich dann vaginal in sie eindringen. Nach meinem Höhepunkt tauschen die Frauen ihre Position, damit ich Schamlippen und mein Sperma zusammen schmecken kann.

Es sind prinzipiell reine Phantasiegestalten, also keine realen mir bekannten Frauen. Aufgrund einer sexuellen Beziehung zu einer anderen Frau kommt diese manchmal (kurz) darin vor. Allerdings käme eine Realisierung dieser Phantasie mit ihr und einer anderen Frau nicht in Betracht. Doch wenn sie mich oral befriedigt, verspüre ich die Lust nach dem Lecken und dem Geschmack einer Vagina, ohne dass die 69er Stellung hier für mich dasselbe wäre. Insofern findet die Phantasie ein wenig Eingang in den realen Sex. Ansonsten bleiben die beschriebenen Bilder auf die Onanie mit einem Fleshlight[9] beschränkt. Das findet in «normalen» Monaten 15 bis 20 Mal, in anderen überhaupt nicht statt.

(per Mail-Kommunikation)

Marlene (47)

Akademikerin, im Verlagsmarketing tätig, lebt in einer Großstadt in Nordrhein-Westfalen

Die Mutter zweier Kinder (von zwei verschiedenen Männern) bezeichnet sich als Single, wenngleich sie derzeit einen 14 Jahre jüngeren «Lebensabschnittsliebhaber» hat. Eine Affäre sei das, keine Beziehung. Deshalb erlaube sie sich auch «ausdrücklich sexuelle Phantasien» – immer und überall ...

Im Grunde setze ich mein ganzes Leben in einen sexuellen Kontext, habe quasi permanent sexuelle Phantasien. Unter Phantasien verstehe ich das, was ich noch nicht umgesetzt habe. Die Menschen, die mich zu meinen Phantasien anregen, treffe ich in der Bahn, am Kiosk, beim Job, auf Elternabenden, auf Partys, also überall und immer. Und je besser es mir geht, desto sexualisierter sind meine Empfindungen. Allerdings bin ich auch nicht manisch, ich genieße es einfach.

---

9   Masturbator für Männer

Bei Menschen, die ich näher kenne, ist die Phantasie in aller Regel intimer, detailreicher, intensiver. Ansonsten: Schön sollten sie sein diese Menschen, was mehr mit Ausstrahlung zu tun hat, als z. B. mit der Farbe der Augen. Was ich mir aber schon intensiv vorstelle, sind schöne Hände und Füße, bei Männern sportliche Figuren und bei Frauen eher der knabenhafte Typ. Da ich also mein ganzes Leben als erotisiert wahrnehme, kann die hier konkret geschilderte Phantasie nur beispielhaft sein und könnte tausendfach übertragen werden. Ich masturbiere gerne zu diesen Phantasien und in der Regel pushe ich diese noch durch zusätzliche Reize: Filme, Literatur, Bilder, Fotografien ...

Stellen wir uns also vor, es erfolgt zufällig das Kennenlernen eines Mannes oder einer Frau in der Bahn, an einer Bar oder wir kommen auf einer Party ins Gespräch. Ich fühle mich angezogen von dem Witz, der direkten Art, der Ausstrahlung ... Gerne sehe ich mich dabei reagierend. Ich mag klare Worte, klare Taten, klare Blicke und selbstbewusste Anmache ohne Angst. Mich selbst empfinde ich eher als schüchtern, obwohl Menschen bei mir ein toughes Auftreten konstatieren. Ich gebe mich gerne einer gewissen Führung hin, insofern fantasiere ich davon, dass mich mein Gegenüber leitet. Diese Person, mit der ich schlafen werde, weiß was sie will: Verführung und die Liebe zu Dritt. Ich fühle mich durch die Unterhaltung und durch Berührungen angeregt, mich einzulassen. Mein Gegenüber leitet die Begegnung mit Person Nummer drei ein, stellt uns einander vor. Der erotische Funke, der vorab zwischen uns übergesprungen war, glüht erneut auf – nun auch zwischen den beiden. Es scheint das unausgesprochene Einverständnis zu existieren, unserem sexuellen Abenteuer jetzt und auf der Stelle Raum zu geben. Ich stelle mir vor, wie wir zu Dritt einen Ort suchen, in dem wir unseren Sex ausleben können. Gerne sehe ich mich dabei «an die Hand genommen» – von der Bahn in eine Wohnung, vom Club in ein Taxi, von einer Party in ein abschließbares Zimmer im oberen Stock ... In der Vorstellung von Orgien, also jener in der mehr als drei Leute eine Rolle spielen, eröffnet sich dieses Universum dann meist beim Eintreffen in diesen Phantasieräumen. Ich bleibe bei meiner Dreier-Vision (die Phantasie von Orgien hat im Grunde nur den zusätzlichen Thrill, dass ich mehr optische Reize vor meinem geistigen Auge abspulen kann, nicht unbedingt, dass ich mit viel mehr Menschen Sex habe). Wir haben uns zurückgezogen, fallen auf sehr natürliche, zärtliche, aber sehr bestimmte Art und Weise übereinander her. Wir ziehen uns gegenseitig aus, küssen, streicheln, flachsen, lachen, schwitzen. Jeder achtet in gleichem Maße auf sich wie auf die anderen. Da ich auf Knutschen stehe, knutschen wir, da ich auf Blasen und Lecken stehe, blasen und lecken wir, da ich auf Ficken stehe, ficken wir. Wenn wir nach einer halben Ewigkeit genug haben, gibt es zwischen uns das Geheimnis und die große Freude, dass wir unsere Geilheit teilen konnten.

Ob ich diese oder andere Phantasien irgendwann einmal ausleben möchte? Na klar, wenn sich die Gelegenheit ergibt. Andererseits ist es auch ein Schatz, Phantasien einfach stehen zu lassen.

(per Mail-Kommunikation)

Johannes (34)

Diplom-Ingenieur in der Automobil-Branche, lebt mit Frau und zwei Kindern in der Nähe von München

Seine Leidenschaft für Analsex hat Johannes schon sehr früh entdeckt, ist bei seiner Frau aber nicht auf allzu viel Gegenliebe gestoßen. In der Praxis muss er mit einem Kompromiss leben, aber damit sind seine Phantasien noch nicht erschöpft …

Ich habe mich schon immer für den weiblichen Po interessiert, und mein Wunsch nach Analsex wurde in den letzten Jahren durch Internetrecherchen in Foren und Websites und ab und an durch Pornofilme immer intensiver. Eine meiner sexuellen Phantasien ist von der Vorstellung dominiert, Analsex mit meiner Frau zu haben. Tatsächlich würde ich diese Praktik gern zum festen Bestandteil unseres Sexuallebens machen. Dabei möchte ich ihren Po auch gerne mit verschiedenen Toys und Plugs[10] verwöhnen. Auch wäre ich einmal daran interessiert, dass sie es mir mit einem Strap-On[11] anal besorgt. Diese Phantasien spielen sich in meinem Kopf sehr oft ab – natürlich beim Geschlechtsverkehr mit meiner Frau, aber auch in ruhigen Minuten, bei geselligen Abenden mit Freunden oder beim Anblick anderer attraktiver Frauen.

Eine weitere Phantasie ist der Wunsch nach einem Dreier in der Kombination Mann-Frau-Frau. Die Phantasie lässt sich dahingehend beschreiben, dass ich zwei Frauen gleichzeitig verwöhnen kann beziehungsweise zusehen kann, wie sich zwei Frauen gegenseitig verwöhnen. Zumal liegt der Vorteil in dieser Phantasie darin, dass ich mit einer anderen Frau schlafen kann, ohne offiziell fremd zu gehen. Anal würde auch hier eine Rolle spielen. Denkbar wäre, um auch meiner Frau die gleichen Bedingungen zu ermöglichen, die Kombination Frau-Mann-Mann. Leider hat meine Frau kein Interesse daran. Da ich sie aber dabei haben will, muss ich das zum jetzigen Zeitpunkt akzeptieren.

Am Anfang unserer Beziehung haben wir drei bis vier Mal Analsex praktiziert, was mich auch sehr glücklich gemacht hat. Meine Frau aber hat keine Lust daran gefunden, weswegen wir diese Art von Sex leider nicht mehr praktizieren. Sie weiß sehr wohl, dass ich das sehr gerne möchte. Als Kompromiss darf ich sie ab und an anal lecken und ein bisschen mit einem Finger verwöhnen. Mehr aber nicht.

(per Mail-Kommunikation)

10 diverse Sex-Spielzeuge
11 ein Dildo zum Umschnallen, mit dem Frauen entweder Freundinnen vaginal oder beide Geschlechter anal penetrieren können

CORAM PUBLICO

Sehen und gesehen werden

Es gibt nicht wenige Menschen (beiderlei Geschlechts), die immer gern und mit unübersehbarer Koketterie von ihrer – wie sie es nennen – «exhibitionistischen Seite» sprechen. Theaterleute bezeichnen ihr Wesen vielfach so und begründen dies mit dem Bedürfnis, sich auf eine Bühne zu stellen, um einigen hundert Menschen etwas vorzuspielen. Dem «Klassenclown», den es ja an fast allen Schulen gibt, werden exhibitionistische Gelüste unterstellt, und wenn später aus ihnen Schauspieler, Büttenredner oder Politiker geworden sind, sowieso. Aber es ist ein ziemlich willkürlicher, eher umgangssprachlicher, in jedem Fall aber falscher Gebrauch des Begriffs. «Exhibitionismus», so erläutert Dr. Ahlers, «ist das uneinvernehmliche Präsentieren der eigenen Genitalien vor Fremden, meist Frauen und Kindern, in öffentlichen Situationen.» Und das ist im Übrigen eine reine Männersache. Schließlich ist damit die Absicht verbunden, den unfreiwilligen Blickkontaktpartner (meist eine Blickkontaktpartnerin) zu schockieren. Bei Dr. Ahlers klingt das so: «Der Exhibitionist will die hörbare, sichtbare und habituelle Reaktion des Opfers, das er als Blickkontaktpartner im Geschehen erlebt. Durch den Schreck und das Entsetzen des Opfers erlebt der Exhibitionist eine sexuelle Selbstbestätigung, die für ihn im Idealfall (vor allem bei masturbatorischer Exhibition) mit einem sexuellen Erregungshöhepunkt verbunden ist. Die neurotische Fehlverarbeitung des Exhibitionisten lautet: ‹Wenn ich durch und mit meinem Penis bei ihr einen solchen Schreck auslösen kann, dann muss an mir ja wohl was dran sein.› Deswegen stellt sich der Exhibitionist auch bei der Selbstbefriedigung keinen Sex mit seinem Opfer vor, sondern die Exhibition selbst.»

Es gibt nach dieser Definition also keine Exhibitionistinnen, und das hat einen simplen Grund. Eine irgendwie geartete «hörbare, sichtbare und habituelle Reaktion» dürfte eine Frau, die ihr Geschlechtsteil entblößt, unter Umständen ja noch hinkriegen, kaum aber einen Mann finden, der die Rolle des schockierten Opfers einnimmt.

«Sehen und gesehen werden!» – bei diesem aus der Welt der Promis und der Bussi-Society stammenden Prinzip handelt es sich meist nur um Exzentrik und keinesfalls um Exhibitionismus. Und die Fans, die oft stundenlanges Warten in Kauf nehmen, um an den roten Teppichen dieser Welt eine nachvollziehbare Neugier zu befriedigen, sollten nicht als Voyeure abqualifiziert werden.

Wenn irgendwo Sex in der Öffentlichkeit stattfindet, so ist das auch für die Boulevardpresse immer ein gefundenes Fressen. Da erfährt man von einem Pärchen, das sich im Sommer 2013 in den Bregenzer Seeanlagen vor Hunderten Zuschauern beim Liebesspiel vergnügte. Die beiden hatten in die Tat umgesetzt, wovon viele andere nur zu träumen wagen. Die Beobachtung blieb für die Zuschauer ohne spürbare Folgen, für das Paar hingegen nicht: Ein Gericht verurteilte sie zu einer Geldstrafe von 800 Euro. Dabei ging's für die beiden Selbstdarsteller sogar noch verhältnismäßig glimpflich aus. Das Gesetz hätte dem österreichischen Gericht sogar ein Strafmaß von bis zu einem halben Jahr Haft eingeräumt. Doch offenbar sind auch Richter empfindsame Wesen.

Im Wonnemonat Mai liebten sich zwei junge Briten auf dem Rasen vor dem Windsor Castle, und viele Touristen guckten neugierig dabei zu. Zwei betrunkene Italiener hatten Spaß daran, sich während der Morgenandacht in der Kirche von Cesena zu verlustieren. Und auf Mallorca bietet ein Disco-Besitzer für jeden, der zehn Tequila trinkt, Live-Sex auf der Bühne. Die Hardcore-Orgie findet vor den Augen der versammelten Disco-Besucher statt. Der Vorreiter solcher Shows hieß René Durand. Er kam Mitte der 1960er Jahre aus Paris nach Hamburg und eröffnete auf St. Pauli sein «Erotic Theater Salambo». Die Besucher dieses Etablissements sahen Darstellern in verrückten Kostümen dabei zu, wie sie fröhlich vor sich hin vögelten – in einer Zeit, als für öffentliche Erotik-Darbietungen noch auf den Zentimeter genau vorgeschrieben war, wieweit sich der Gummi des Damenslips über dem Schamdreieck zu befinden habe. Und eine Striptease-Darbietung hatte nur Nanosekunden nach der vollständigen Entkleidung mit einem Blackout zu enden. Mehrfach wurde das «Salambo» wegen des (nie zu beweisenden) Verdachts der Förderung der Prostitution geschlossen und 1983 schließlich abgefackelt – vermutlich von Konkurrenten. Ein endgültiges Aus gab's für René Durands Laden dann 1997, als eine seiner ehemaligen Angestellten für eine Falschaussage bezahlt worden war. Der Lieblingsclub der Spanner ist seither Geschichte. Übrigens handelte es sich bei solchem Publikum ebenso wenig um Voyeure wie bei den kopulierenden Darstellern um Exhibitionisten. Auch hier liegt wieder eine umgangssprachliche Fehlverwendung des Begriffs vor. «Voyeurismus», weiß Dr. Ahlers, «ist die vorsätzliche Übertretung von Grenzen des Hausfriedens und der sexuellen Selbstbestimmung, durch heimliche und dadurch uneinvernehmliche Beobachtung Anderer in intimen Situationen. Auch hier werden ganz überwiegend Frauen Opfer. Früher geschah dies unmittelbar durch Fassadenkletterei, auch auf Bäume, Dachfenster, Balkone usw. Heute ist das ‹old school›, denn inzwischen findet der Voyeurismus ganz überwiegend mittelbar statt – in Form von Tele-Voyeurismus. Das heißt, dass von den Tätern heimlich Mikrokameras installiert werden: in Badezimmern, Duschräumen und Schlafzimmern. Die Bilder werden dann per Funk an den Computer des Täters übermittelt, der die Bilder nutzt, um sich dadurch sexuell zu erregen. Auch hier ist die Uneinvernehmlichkeit das Kernkriterium im Erleben des Täters – das Bewusstsein, dass das Opfer von der Beobachtungssituation nichts weiß, und wenn es das wüsste, es nicht wollen würde. Auch der Voyeur stellt sich bei der Selbstbefriedigung nicht Sex mit der beobachteten Frau vor, sondern die Beobachtung selbst.»

Nun ja, zumindest in einem im folgenden Kapitel geschilderten Fall weiß die Frau durchaus von der Beobachtungssituation des Spanners ein Stockwerk tiefer. Schließlich wird sie von ihm bezahlt. Wer es aber nicht weiß, ist der jeweilige Sexualpartner der Dame, die dann auch prompt Gewissensbisse bekommt.

Der Wunsch nach Sex, während andere zusehen oder zumindest die Möglichkeit dazu besteht, ist ein Reizmuster, das ganz viele Menschen – auch ganz viele Frauen – haben. Da geht es um Aspekte des Verruchten, des Versauten, des Verbotenen … Das wird als erregend empfunden, das turnt an, das steigert Lust, Erregung und Geilheit. Böse zu sein, schmutzig und unmoralisch zu sein – dahinter eröffnen sich Erlebniswelten, die sogar noch erregungssteigernd fungieren können. «In der unmittelbaren Form stellt das einen wesentlichen Stimulus von Swinger-Clubs dar», so Ahlers. «In der mittelbaren Form erfüllt diese Funktion das Internet, wo auf YouPorn genau diese Bedürfnisse erfüllt werden, wenn Paare sich beim Sex filmen, um sich selbst im Netz zu publizieren und anderen genau dabei per Internet zuzusehen. Hier geht es um sexuelle Selbstdarstellung, um Porno-Posing, das erst mit der Pornographisierung durch das Internet entstanden ist.»

Wer so unterwegs ist, darf sich also gern nennen, wie er oder sie will, aber Exhibitionisten und Voyeure sind sie nicht. Die nämlich melden sich nicht für Umfragen, wie sie diesem Buch zugrunde liegen.

Skizzen aus den Fragebogen

Frühpensionär (2 Staatsexamen), am Rand einer sächsischen Großstadt lebend, verheiratet

Es gibt etliche Dinge, die mich sehr anmachen: Momentan stelle ich mir riesig gern vor, wie blonde vollbusige Frauen von schwarzen Männern in Gruppen durchgevögelt werden.

Kellnerin, lebt in Hessen, liiert

Ich stelle mir oft vor, Teil eines Porno-Drehs zu sein. Alles schaut auf mich. Ich habe sogar schon mal an einem pornographischen Foto-shooting, einem sogenannten Casting teilgenommen. Ich fand das sehr aufregend, habe mich dann aber gegen Filmaufnahmen entschieden, wegen der unvermeidlichen Öffentlichkeit.

Versicherungsvertreter «im Badischen», verheiratet

Im Internet sehe ich gern beim Sex von Teenagern mit alten geilen Säcken zu. Selbst praktiziere ich oft Sex im Freien oder an Orten, wo man überrascht werden kann. Ich liebe leichten SM wie Erziehungsspiele und Arsch versohlen vor dem «normalen» Sex. Ich würde gerne mehr in dieser Richtung tun, sehe mich aber da extrem durch Familie etc. eingeschränkt.

Medizinstudentin in Kiel, Beziehung mit einem deutlich älteren Mann

Mein Freund erzählte mir, dass es früher in Hamburg einen Laden gab, in dem Leute auf offener Bühne wild durcheinandergevögelt haben, während das Publikum unten Champagner schlürfte. Die Vorstellung finde ich echt geil. Ich stelle mir vor, mich und meinen Partner als Kunstwerk zu stilisieren und den Geschlechtsakt als theatralische Kult-Handlung zu entsprechender Musik zu präsentieren. Wow!!!

Hartz-IV-Empfänger, in einem Dorf in Schleswig-Holstein, geschieden

In meiner Phantasie onaniere ich auf gewissen Internetseiten vor der Webcam, und es törnt mich unheimlich an, weil ich ja nicht weiß, wer zusieht.

Fitness-Trainerin und Model, lebt in Niedersachsen, (gerade mal wieder) Single

Ich habe Bezugsquellen, von denen ich noch Nylonstrümpfe mit Naht bekomme. Jeder, der sie sieht, weiß ja, dass sich an deren oberen Ende Strapse befinden. Mein Gesicht schminke ich im Style von Dita van Teese, die Haare trage ich so wie einst Bettie Page. Wenn ich als wandelndes Pin up-Girl in den Clubs dieser Nation aufschlage, geht der Punk ab, denn nicht nur ich liebe diesen Glamour-Look, sondern auch sehr viele junge und nicht mehr ganz junge Männer. Ich kann mir die Liebhaber unter denen, die mich als personifizierten Fetisch verehren, aussuchen oder es auch lassen. Die Anbetung genügt mir meist. –:))

Phantasien vom «Sehen und gesehen werden»

Anne (32)

nach dem Abitur Ausbildung zur Krankenschwester, als solche in einer niedersächsischen Kleinstadt tätig, Single

Ihre letzte Beziehung liegt schon Jahre zurück, seither lebt sie ihre sexuellen Bedürfnisse in kurzfristigen Affären und One-Night-Stands aus. Hinzu kommen erotische Episoden mit Frauen – ihr «ganz persönliches Hetero-/Homo-Verhältnis» gibt Anne mit dem Schlüssel 70:30 an. Eine wiederkehrende Masturbationsphantasie hat ihren Ursprung in einem Partyerlebnis in der Jugend ...

Die Party fand im Haus der Eltern einer Freundin statt, die weg waren. Wir haben am Pool gefeiert und irgendwann habe ich mit meinem damaligen Freund in einer Ecke des Gartens gepoppt. Das Gefühl beim Sex beobachtet zu werden, hat mir einen riesigen Spaß gemacht. Seither hatte ich alles Mögliche ausprobiert, wie zum Beispiel viele Jahre später einen One-Night-Stand mit zwei Männern nach einer Party. Die Jungens waren sehr nett und wir hatten wirklich tollen Sex. Es war so, als ob wir uns seit Jahren kennen, obwohl wir uns weder vorher kannten, noch haben wir uns jemals wiedergesehen. Das war auch nicht nötig, denn ich lerne schnell Männer kennen. Aber auch guter Sex macht aus einem Frosch keinen Prinzen. Also stoße ich ihn wieder ab. Gelegentlich habe ich auch Sex mit einer Frau, sogar mein erster Sex war mit einer Frau. Bisher aber war noch nie ein Mann dabei, wenn ich mit einer Frau Sex hatte. Meine bevorzugte Phantasie geht auf die Party-Nummer von damals zurück, die sich bisher real leider nie mehr wiederholt hat.

Was also geht mir beim Masturbieren durch den Kopf? Ich befinde mich in einem Raum, in dem sich mehrere fremde Männer aufhalten. Ich liege nackt auf einem Bett in der Mitte des Raumes. Nacheinander poppen diese mir völlig unbekannten Männer mit mir. Ich liege dabei immer unten. In der Phantasie kommt nicht vor, wie sie auf mich kommen. Sie sind plötzlich da. Es wird nicht gesprochen und es macht mich jedes Mal glücklich, wenn einer in mich eindringt. Es ist ein schönes Gefühl begehrt und von anderen beim Sex beobachtet zu werden und es hat überhaupt nichts Erniedrigendes. Gern hätte ich gleichzeitig Sex mit einem Mann und einer Frau und das vor anderen. Aber bisher hat das noch nicht geklappt. Solche Phantasien tauchen immer auf, wenn ich sexuell erregt bin und das ist bei mir oft der Fall. Und wenn ich nicht gerade Auto fahre, masturbiere ich zu dieser Vorstellung. Irgendwann werde ich das realisieren.

(per Mail-Kommunikation)

Jacqueline (23)

studtiert an einem privaten Institut in Berlin «Modedesign», lebte bis vor kurzem als Single mit wechselnden Liebhabern

Gleich zu Beginn unseres Telefonats stellt Jacqueline fest, dass es nicht um ihre eigenen Phantasien gehe («Ich war lange Zeit bekennende One-Night-Stand-Bitch») als vielmehr um die von Roland, einem Rechts-anwalt, «so um die 60». Er sitzt während des Telefonats neben ihr, und zur Bestätigung ruft er kurz: «Ja, hier bin ich. Alles in Ordnung!» Aber Jacqueline ist ein Teil von Rolands Phantasien, und als sie auf Facebook die Einladung zur Mitarbeit an diesem Buch las, hat sie ihn aufgefordert, sich zu seinen «schrägen Lüsten» zu bekennen. Das wollte Roland nicht, aber er fand Gefallen an dem Gedanken, dass sie davon berichtet und er dabei zuhört ...

Ich habe Roland durch eine Freundin kennengelernt. Woher die beiden sich kannten, weiß ich nicht ... *(im Hintergrund ist die Männerstimme zu hören)* Ah okay, in einem Chatroom ...! Roland hatte ihr beim ersten realen Treffen ein Angebot gemacht, was sie aber nicht annehmen wollte. Sie hat mir davon erzählt, und ich fand's cool. Vor allem, weil's Geld dafür geben würde, und ich darf sagen, dass Roland echt spenda-bel ist. Sogar für dieses Telefonat gibt's ein kleines Honorar! Na okay, das ist nicht wichtig. Das heißt, für mich schon ... *(kichert)*

Meine Freundin hat jedenfalls organisiert, dass ich Roland in einem Restaurant im Grunewald treffe. Es war ja noch gar nicht klar, ob er auf mich ebenso abfahren würde wie auf sie. Ich bin also hin – allein –, und als wir uns begrüßten, wusste ich, das Ding läuft. Er musste gar nicht viel erklären, weil ich es ja von meiner Freundin schon wusste. Roland hat in seinem Haus im oberen Geschoss eine kleine Wohnung, genau über seiner eigenen. Ein Apartment, bestehend aus einem Zimmer, einer Mini-Küche und einem Bad. Und alle Räume sind mit Minikameras ausgestattet, die die Bilder direkt auf Rolands PC nach unten schicken. In diesem Apartment sollte ich mich am Wochen-ende tagsüber oder auch abends aufhalten – nackt natürlich. Das war damals der Plan. Also ich mache mir nackt was zu essen, setze mich

nackt vor den Fernseher, na duschen tut man eh ja immer nackt ...
(kichert wieder) Nach 'ner Weile reichte ihm das nicht mehr. Hätte ich
mir ja denken können, denn Roland ist 'ne kleine notgeile Sau. Bist du
doch, oder? *(lacht)* Okay, dann sollte ich mich nackt aufs Bett legen
und masturbieren. Zwei Kameras auf den Ort der Lüste gerichtet, und
er kann zwischen beiden hin- und herschalten. Mal sieht er mich ganz,
dann meine Muschi sehr nah, und ich glaube, er kann auch über eine
dritte Kamera das Gesicht heranzoomen. Anfangs fand ich das alles
ziemlich strange. Ich hatte auch Sorge, dass er das aufzeichnet und
dann als Film vertickt. Aber er hat mir versichert, dass er das nicht machen würde. Vor meiner Handy-Kamera hat er das gemacht, also diese
Versicherung abgegeben. So konnte ich sicher sein, dass er sich daran
hält. Jedenfalls habe ich mich schließlich drauf eingelassen. Es sollte
einmalig sein – das hatte ich zumindest so verstanden ...

Da lag ich also vor den Kameras und habe meine Klitoris bearbeitet – nur mit dem Finger ohne irgendwelche Toys. Beim ersten Mal war
das so, später hat er mir Toys hingelegt. Ich hatte natürlich im Kopf,
dass da Kameras sind, aber ich habe mir jemand ganz anderen vorgestellt als den, der unten vor dem PC an sich rumfummeln würde. Den
Bruder meiner Mitbewohnerin, den ich immer schon echt geil fand,
denn bei Roland – also sorry, dass ich das so sage – ist das definitiv
nicht der Fall.

Als die Nummer vorbei war und ich mein Honorar bekam, fing er
schon an: «Wann kommst du wieder? Hier hast du den Schlüssel vom
Apartment. Schick mir eine SMS, wann du hier sein würdest ...» Na
schön, eine Woche später war ich wieder da und ein paar Tage darauf
wieder, und an eine regelmäßige Einnahme kann man sich ja auch ge-
wöhnen. Dann aber kamen immer öfter SMS, ich solle doch jemanden
mitbringen. Er wollte, dass ich mit irgendeinem Typen meiner Wahl
quasi vor den Kameras vögeln sollte. Voraussetzung sei, dass mein
Lover nichts von den Kameras weiß. Das traf sich deshalb gut, weil ja
der Bruder meiner Mitbewohnerin auf mich scharf war. Das war unverkennbar, und er gab mir ja auch seine Handynummer. Aber in un-

serer Zweier-AG lief das erst mal nicht. Da war das Apartment auf dem Dach doch ideal. Und der war dann der Typ, mit dem ich es dort vor den Kameras trieb – mit Blowjob im Badezimmer, und danach ging's zum Poppen ins Bett. Er hatte keine Ahnung, dass er bei der Nummer von einem alternden Rechtsanwalt beobachtet wurde, der sich ein Stockwerk tiefer einen runterholt. Dummerweise habe ich mich in den Typen verliebt. Zum ersten Mal seit der Grundschule hat's bei mir mal wieder geknallt. Soll ja vorkommen … *(lacht)* Und seitdem haben wir ein Problem – der Roland und ich. Er dürfte mir immer noch beim Masturbieren zuschauen, aber das reicht ihm nicht. Er will beim Poppen dabei sein, und das kann ich echt nicht mit meinem Gewissen vereinbaren. Jetzt, seit ich mich in den Bruder meiner Mitbewohnerin verliebt habe und er sich in mich, läuft da definitiv nichts mehr vor heimlichen Kameras. Und auch nicht mit einem andern, denn wenn ich schon mal verliebt bin, bin ich auch treu. Aber das müssen wir hier gar nicht groß ausbreiten …

Roland, ich bin sicher, du findest wieder jemanden für deine Lüste. Ich höre mich einfach mal um, okay! Es ging ja nur darum, dass hier mal deine Phantasie zur Sprache kommt, auch wenn ich den «Pressesprecher» gegeben habe. *(kichert)* Es wird bestimmt ein cooles Werk, dieses Buch. Na Roland, willst du noch was hinzufügen? Vielleicht was bei dir so erregungstechnisch abgeht beim Spannen? Nee, will er nicht!

(per Telefonat)

Oscar (55)

lebt als freiberuflicher Autor in NRW, hat eine Ehe und diverse Beziehungen hinter sich, seit 5 Jahren zum zweiten Mal verheiratet

Strände üben eine eigenwillige Faszination auf ihn aus, und die Träume daran setzen bei ihm Phantasien frei, in denen weibliches und männliches Publikum eine Rolle spielen …

Ich träume mich gern in warme schöne Gegenden, wo viel bewegtes Wasser in der Nähe ist. Da kann im Kopf bei mir eine Menge losgehen. Offenbar ist das eine Initialzündung, und ich beginne mich richtig hineinzuphantasieren. Das ist auch der Ort, an dem ich bevorzugt onaniere. Und selbst wenn ich auf ein Porno-Portal im Internet gehe, gebe ich als Suchbegriff ‹Beach› oder ‹Strand› ein ... Also, grundsätzlich ist meine «exhibitionistische» Phantasie gekoppelt an die Lust, draußen zu sein. Ob das jetzt in meinem Garten ist oder aber eben vorzugsweise am Meer.

Einmal im Jahr muss ein kurzer Urlaub an der holländischen Nordsee drin sein. Da war ich auch schon mit meinen Frauen davor am FKK-Strand. Das gehört für mich zu einer erotischen Grundausstattung. Na, und beim Dösen am Strand, wenn man da so nackt herumliegt, da ergeben sich im Kopf so einige Sachen, die unter anderem eben «exhibitionistische» Ausprägung haben. Zum Beispiel gibt es da die Phantasie, dass zugeschaut wird, wenn man an sich selbst oder mit der Partnerin sexuelle Handlungen vollzieht. Ich muss vorausschicken, dass ich mich immer darauf freue – und die Frauen waren bis auf eine Ausnahme alle dazu bereit –, mit mir versteckten Sex unter der Strandmuschel zu haben. Da gibt es ja verschiedene Möglichkeiten, das zu tun, ohne dass die Muschel ständig rappelt und ohne dass man das von außen sehen kann. Das sind dann solche Momente, bei denen bei mir die «exhibitionistische» Laune auftritt. Ich stelle mir dann vor, dass ich es hemmungslos in der Öffentlichkeit treibe und mich nicht darum kümmere, ob da Menschen sind oder nicht. Das findet in meiner Phantasie dann in den Dünen statt oder in Dünenmulden, die einladend in der Sonne liegen. Und da wandern dann irgendwelche Leute, ganz egal ob männlich oder weiblich, verschämt an diesen Mulden vorbei. Sie gucken diesem lustvollen Treiben zu. Nun gehöre ich ja ohnehin schon zu denen, die Sex am Strand haben. Auch da spielt für meinen Erregungszustand schon eine Rolle, dass rundherum Menschen sind. Das aber richtig öffentlich zu tun, was sich ja nur in meiner Phantasie abspielt, wäre dann der Kick. Den Gedanken finde ich sehr erregend. Wobei es schwer ist, die Ursachen dieser Erregung zu beschreiben – es passiert einfach. Da ist offenbar irgendeine Synapse im Gehirn oder wo auch immer, die auf diese Vorstellung reagiert. Ich glaube übrigens, dass das tendenziell eher eine männliche Phantasie ist. Ich kann es nicht belegen, aber ich könnte mir vorstellen, dass Frauen im Ausleben solch öffentlicher Geschichten nicht prüder, aber eher etwas gehemmter sind. Aber ich kann mich irren.

(Telefongespräch)

Karina (38)

gelernte medizinisch-technische Assistentin, lebt mit ihrem Mann und zwei Kindern in einer hessischen Kleinstadt

Schon als Teenager hatte Karina häufig die Vorstellung, von wildfremden Männern für Sexdienste bezahlt zu werden. Aber es lag ihr fern, diese Phantasie im Sinne von Prostitution zu realisieren. Es sollte und soll für immer eine Phantasie bleiben. Nachdem sie ihren Mann – einen niedergelassenen Hausarzt – geheiratet hatte, verblasste diese Phantasie für eine Weile. Bis ein außergewöhnliches Ereignis sie wieder zum Blühen brachte ...

Solange unsere Kinder noch klein waren, habe ich meinen Mann nie zu einem Kongress oder einer Fortbildung begleitet, und auch heute mache ich es nur, wenn es an einem besonders schönen Ort oder in einem tollen Hotel stattfindet. Vor drei Jahren war es eines der besten Hotels in Deutschland, wohin ein Pharma-Konzern eingeladen hatte. Mein Mann war tagsüber bei der Fortbildung und ich nutzte den Wellness-Bereich. Am Abend gab es ein Dinner und danach suchten wir mit Kollegen und Pharmavertretern die Bar auf. Dort befanden sich auch andere Gäste, die also mit dieser Fortbildungsveranstaltung gar nichts zu tun hatten. Ich bemerkte, wie mich ein gut aussehender Typ von der Bar aus musterte, ja, er versuchte mich über die Distanz anzuflirten. Natürlich achtete ich darauf, dass mein Mann das nicht mitbekam, aber ich musste immer wieder zu dem Fremden hinsehen. Zwischendurch ging ich zur Toilette und als ich wieder herauskam, stand er plötzlich vor mir. Ich wollte an ihm vorbeigehen, doch er sprach mich an. Er wollte wissen, ob ich allein hier sei oder ob einer der Herren an meinem Tisch zu mir gehören würde. «Nein, ich bin nicht allein hier, sondern in Begleitung meines Mannes», sagte ich sehr freundlich. «Schade!», bemerkte er. Doch dann sagte er noch: «Falls du nicht schlafen kannst, ich wohne im Zimmer 601. Ich lasse die Türe angelehnt ...» Ich musste lachen, denn das war ja schon dreist. Wortlos kehrte ich an den Tisch zurück.

Ich konnte dann tatsächlich nicht schlafen, während bei meinem Mann bereits ein leichtes Schnarchen zu hören war. Natürlich würde ich nicht zu dem fremden Mann aufs Zimmer gehen, das war klar. Aber als ich da so lag, tauchte aus dem Dunkel diese alte Prostitutionsfantasie wieder auf. In Gedanken fuhr ich hinauf in die 6. Etage und öffnete leicht die Türe des Zimmers 601. Der fremde Mann kam mir in einem Bademantel entgegen. Sofort machte ich ihm klar, dass er mich bezahlen müsste. Er reagierte überrascht und amüsiert zugleich. Dann holte er aus seiner Brieftasche 300 Euro und fragte: «Reicht das?» Nun konnte ich ja wohl nicht mehr zurück. Ich steckte also das Geld ein und zog mich vor diesem Mann aus. Er beobachtete mich dabei. Als ich nackt vor ihm stand, kam er auf mich zu und begann meinen Hals zu küssen. Das war der Moment, in dem ich mich selbst zu berühren begann. In meiner Phantasie fand gar kein aufregender Sex statt – aufregend war, dass ich bezahlt wurde, ich mich also als Hure feilbot. Seither werde ich diese Vorstellung nicht mehr los – nicht beim Sex mit meinem Mann und erst recht nicht während der Masturbation. Doch die Phantasien sind im Lauf der Zeit immer wilder geworden. Seit geraumer Zeit findet der Sex in aller Öffentlichkeit statt und jedem der mich bezahlt, stehe ich zur Verfügung. Das sieht dann zum Beispiel so aus, dass ich in einem kurzen Kleid mit tief ausgeschnittenem Dekolleté und auf High Heels an einer Bar stehe. Ich trage keinen Slip. Immer wieder stecken irgendwelche Hotelgäste dem Barkeeper Geld zu. Er kommt daraufhin zu mir, gibt mir meinen Anteil, den ich in meiner Handtasche verschwinden lasse. Kurz darauf tritt der Freier von hinten an mich heran. Ich sehe ihn im Spiegel hinter den Gläsern. Er betastet mit einer Hand meine Brüste, während er mich leicht nach vorn beugt, um besser von hinten in mich eindringen zu können. Er stößt seinen Schwanz hart und tief in mein Loch. Wir stehen Wange an Wange und ich kann ihn riechen. Vor allem höre ich sein heftiges Stöhnen. Natürlich können alle anderen Gäste der Bar dabei zusehen. Tja, das also ist eine der aktuellen Phantasien, die mich regelmäßig zum Höhepunkt bringt. Mein Mann hat davon keine Ahnung und er wird es auch nie erfahren. Selbst wenn er irgendwann dieses Buch lesen sollte, würde er nie auf die Idee kommen, dass es seine Frau ist, die diese Phantasie dazu beigetragen hat. Und dabei wird es bleiben!

(per Mail-Kontakt)

GENERATION(EN) PORNO
Pubertieren und altern im Zeitalter des Internets

Gab es in der Jungsteinzeit schon Pornographie? Bis zu einem sommerlichen Dienstagvormittag im Jahre 2003 hatte sich wahrscheinlich kaum jemand diese Frage gestellt. Archäologen schon gar nicht. Die waren mit ausgebuddelten Skeletten und der Untersuchung der mitochondrialen DNA[12] beschäftigt. Man wollte den Genpool der heutigen Europäer identifizieren und nicht über die sexuellen Phantasien der Vorfahren spekulieren. Das wurde anders, nachdem in jenem Jahr am 19. August der Grabungsarbeiter Manfred Berger am Ortsrand von Zschernitz im nördlichen Sachsen eine kleine Tonfigur zutage gefördert hatte. Ein 8 Zentimeter hoher Torso nur, ein Fragment, das aber vom Nabel bis unterhalb des Gesäßes alles enthielt, was einen «echten Kerl» ausmacht. Insbesondere das anatomisch ungewöhnlich präzise männliche Genital ließ die Frage aufkommen, wozu es den Menschen etwa 5200 Jahre vor unserer Zeitrechnung gedient haben mochte. Man gab der Tonfigur einen Namen, und schon wenige Wochen später machte der «Adonis von Zschernitz» erneut Schlagzeilen. Denn inzwischen hatte man, wie es schien, auch das weibliche Gegenstück gefunden. Urplötzlich ergab auch des Adonis' leicht nach vorn gebeugte Hüfte einen Sinn. Jeden-

---

12 Erbgut, das in der Mutterlinie vererbt wird

falls für jene SPIEGEL-Autoren, die in einem «Triebstau im Neandertal» betitelten Beitrag von einer Kopulationsszene ausgingen. Die Archäologen um den Grabungsleiter Leif Steguweit wollten das aber nicht bestätigen. Ein Beleg für prähistorische Pornographie wäre es aus sozialhistorischer Perspektive ohnehin nicht, ebenso wenig wie es sich aus dieser Sicht bei den Höhlenmalereien im englischen Creswell Crags um pornographische Darstellungen handelt, und auch nicht bei den Bildnissen auf den Beerdigungsgefäßen der peruanischen Töpferei in Mochia. Die etwa 12 000 Jahre alte Höhlenkunst in England zeigt zwar Symbole, die sich als stilisierte Darstellungen der weiblichen Genitalien interpretieren lassen, aber sie dienten nach Auffassung von Sozialgeschichtlern wohl weniger der erotischen Stimulation als vielmehr religiösen Riten. (Als ob sich das gegenseitig ausschließen würde.) Und die peruanische Urbevölkerung habe daran geglaubt, dass die Welt der Toten das exakte Gegenteil zur Welt der Lebenden sei. Da im Diesseits nur der Geschlechtsverkehr die Fortpflanzung garantiere, müssten es im Jenseits also die dargestellten sexuellen Handlungen wie Masturbation, Fellatio und Analverkehr sein. Das also ist der Knackpunkt: die akademische Definition! Und der liegt die Frage nach dem Zweck dieser Abbildungen zugrunde.

Die Sozialwissenschaftlerin Anita Heiliger hat im April 2010 in einem Vortrag am Pädagogischen Institut München definiert, was eigentlich Pornographie ist. Zunächst hat sie vor allem definiert, was sie nicht ist. Nämlich «nicht die Darstellung von Sexualität zwischen gleichrangigen Personen, [sie] ist keine Darstellung von Erotik [und] überhaupt nicht die Abbildung von gelebter Sexualität». Manche Kunsthistoriker mögen mit dieser Definition nicht einverstanden sein, aber Soziologen sehen die Welt eben anders, und das ist gut so. Manchmal aber sind sie sich auch einig, und das dürfte bei der Aussage der Fall sein, dass in der Pornographie

«Sexualität inszeniert und Lust simuliert» wird. Ihre «Darstellung abstrahiert von realen Gegebenheiten, Gefühlen, Schwierigkeiten, Beziehungen ...». Das alles mag man ja dem «Adonis von Zschernitz» und seiner namenlosen Gespielin nicht unterstellen, unzweifelhaft aber handelt es sich um Pornographie bei dem, was heute oft schon 10-jährige Grundschüler auf ihren Smartphones und fast alle Jugendlichen auf den heimischen Laptops betrachten.

Schon 1907 war das noch relativ junge Medium des Kinos zur beliebtesten Freizeitbeschäftigung der Amerikaner geworden, von denen über zwei Millionen täglich eines der über 3000 Nickelodeons im ganzen Land besuchten. Die Tickets waren billig, und es gab weder feste Öffnungszeiten noch Altersbeschränkungen. Die erste Kritik an diesen Vorformen des Kinos kam von den damals schon mächtigen Sozialverbänden. Obgleich dort keine Pornos gezeigt wurden, kritisierten sie, dass die Filme Jugendliche, die zwischen Fiktion und Wirklichkeit nicht unterscheiden könnten, zu Unmoral und Kriminalität erziehen würden. Genau mit diesem Vorwurf sehen sich junge Leute, deren Eltern und vor allem die Pornoproduzenten auch heute konfrontiert. Zu keiner Zeit war die Darstellung von inszenierter Sexualität selbst für Kinder so einfach verfügbar wie in den Zeiten des Internets. Der gesetzlich vorgeschriebene Hinweis auf die Altersbeschränkung von 18 Jahren aufwärts ist unter den Kids eine echte Lachnummer. Ein Klick, und man ist drin. Und 69 Prozent aller Jungen und 57 Prozent aller Mädchen zwischen 11 und 17 Jahren haben solche Klicks schon mal durchgeführt. Zumindest war das im Jahre 2009 so, als Dr. Sommer eine Studie in der Jugendzeitschrift BRAVO veröffentlichte, nachdem er 1228 Jugendliche befragt hatte. Silja Matthiesen vom Institut für Sexualforschung am Universitätsklinikum in Hamburg-Eppendorf hat zwar nur 160 Großstadtjugendliche befragt, kommt aber zu einem ähnlichen Ergebnis.

Demnach konsumiere bereits jeder zweite 13-Jährige regelmäßig Pornographie, und mit 19 seien dann schon ausnahmslos alle Jungens pornoerfahren – manche «gar extrem» (was immer das heißt). Und 40 Prozent der 15-jährigen Mädchen hätten zumindest schon mal reingeschaut.

Pornos sind also in bei den jungen Leuten! Sexdiven wie Gianna Michels oder Little Caprice werden von den pubertierenden Knaben begehrt und von den Mädchen mit Blick auf den eigenen Körper beneidet. Kann das ohne Folgen bleiben? Und müssen eventuelle Folgen zwangsläufig negativ sein? Genau das war in München Anita Heiligers Thema: «Pornografiekonsum von Jugendlichen und seine Auswirkungen auf Geschlechterrollen und sexuelles Verhalten». Dafür hatte sie sich den aktuellen Stand der Forschung angesehen und dabei festgestellt, dass sich die Sozialpsychologen da durchaus uneins sind. Also mindestens so uneins wie Archäologen, Sozialhistoriker und SPIEGEL-Autoren in Bezug auf die pornographische Wirkung des «Adonis von Zschernitz». Der SPIEGEL war es auch, der im April 2014[13] auf der Titelseite die Frage aufwarf: «Wie schädlich ist Pornografie?» Aber schon in der Unterzeile zu seinem Beitrag «Erregung im Schattenreich» macht Autor Marc Evers klar, wohin die Reise geht: «Sexualforscher plädieren für einen entspannteren Umgang mit der Flut der Nacktfilme aus dem Internet». Um die Widersacher eines solch entspannten Umgangs von Anfang an in die Schranken zu weisen, wird gleich in den ersten Zeilen des Artikels «Deutschlands Überinstanz in allen Geschlechter-, Gesellschafts- und Geschmacksfragen» Alice Schwarzer zitiert. Sie rät einer 32-jährigen Maren, ihren Freund auf jeden Fall zu bitten, «mit dem Konsum von Pornos aufzuhören». Und Marc Evers stellt die Frage: «Hat Maren ihren Freund mit dem Heilmittel der Erpressung entpornofizieren können?» Es darf gelacht werden.

13 Ausgabe 15/2014 vom 7. April 2014

Für einen «entspannten Umgang» mit Pornographie plädiert auch der Sexualpsychologe Dr. Christoph J. Ahlers, ohne jedoch Folgen für die Entwicklung von Kindern und Jugendlichen von vornherein auszuschließen: «Die Hypothese, dass die Form der expliziten, multimedialen, pornographischen Stimulation prägenden Einfluss haben könnte, lässt sich nicht von vornherein ausschließen. Die uneingeschränkte Verfügbarkeit tatsächlicher Pornographie für Kinder und Jugendliche hat es bis vor 10 Jahren noch nicht gegeben und muss deshalb erst mal im Verlauf beforscht werden. Es bringt nichts, das Phänomen Internet-Pornographie zu dramatisieren, es bringt aber auch nichts, es zu bagatellisieren; es geht darum, es zu problematisieren.»

Bekannt ist, dass Jugendliche die Sexualpraktiken, die sie da im Internet sehen, nachturnen. Das ist keine sympathische Vorstellung, läuft der Sex doch in den meisten Internet-Filmen wie in einer fünfaktigen Oper immer nach derselben Dramaturgie ab. Erst muss das Mädchen dem Jungen das Genital «anblasen», dann wird der Geschlechtsakt in den immer gleichen drei Positionen vollzogen, ehe der Mann sich auf dem Gesicht und in den weitgeöffneten Mund seiner Sexpartnerin entlädt. So etwas regt die Phantasie nicht an, es tötet sie. Laut Dr. Ahlers praktizieren viele Jugendliche das, was sie in Pornos sehen, «nicht etwa, weil sie das als eigenes Reizmuster erleben, sondern weil sie glauben, dass sie das tun müssen, um cool zu sein». Aber mit welchen Folgen? Vor allem für die Mädchen, die dabei ja kaum auf ihre Kosten kommen. «Um das beantworten zu können, fehlen bisher repräsentative Langzeitstudien», sagt Dr. Ahlers – obgleich die Soziologin Anita Heiliger in ihrem Münchner Vortrag auf eine Studie mit dem Thema «Sexuelle Gewalt. Männliche Sozialisation und potenzielle Täterschaft» verweist. Die ist zum Zeitpunkt des Vortrags allerdings schon fünfzehn Jahre alt, stammt also aus einer Zeit, als man sich noch in verwinkelte Ecken von Videotheken begeben musste und das Cover anschließend verschämt einem Mitarbeiter (oder womöglich einer Mitarbeiterin) reichen musste, um zu Hause Pornographie konsumieren zu können. Oder man onanierte in den beengten, nach Sperma riechenden Videokabinen der Sex-Shops. Jene Befragung hatte Mitte der 1990er Jahre am Deutschen Jugendinstitut stattgefunden. Junge Männer berichteten damals, «dass die Bilder ihnen vermittelten, die Frauen würden sich ihnen anbieten und immer bereit sein und der Mann sei der tolle Kerl, der immer könne. Sie berichteten ferner, dass sie mit diesen Bildern im Kopf auf die Mädchen zugegangen sind, die entsprechend unter Druck kamen ...»

Interessant wäre, mit welcher Fragestellung man die jungen Männer zu einer solchen Beichte verführte. Und hat das im Ergebnis zu einer Zunahme an sexuellen Übergriffen geführt? Immerhin ist im Titel der Studie von «potenzieller Täterschaft» die Rede. Der australische Medienwissenschaftler Brian McNair behauptet in dem Journal ‹Porn Studies›[14] das genaue Gegenteil. In nahezu allen Ländern, in denen eine Pornofizierung stattgefunden habe, sei ein «gleichzeitig langsames, aber anhaltendes Absinken von Vergewaltigungen und anderen Formen sexueller Gewalt» zu verzeichnen. Helfen also die Porno-Clips von YouPorn, sextube und anderen Anbietern bei der Triebabfuhr und wirken dadurch präventiv? Zumindest muss der aufmerksame Zeitungsleser zur Kenntnis nehmen, dass sexuelle Übergriffe gerade in Ländern enorm zunehmen, in denen Pornographie verboten ist – in traditionell sexualfeindlichen islamisch geprägten Staaten wie etwa in Katar, wo reiche Familienväter sich an wehrlose philippinische Hausangestellte heranmachen, in Ägypten, wo seit dem Machtantritt der Muslimbrüder Vergewaltigungen auf offener Straße an der Tagesordnung sind (und sie sind es trotz deren Absetzung geblieben). Und ausgerechnet im Ursprungsland des

14 zitiert nach SPIEGEL Nr. 15/2014

Kamasutra, wo es untersagt ist, in den schmalzigen Bollywood-Schinken auch nur einen leidenschaftlichen Kuss zu zeigen, grassiert eine Welle von sexuellen Übergriffen, die bis zum Mord gehen. In diesem Zusammenhang muss der regionale Innenminister Babulal Gaur «gewürdigt» werden, der zum Thema Vergewaltigungen feststellte: «Manchmal ist es richtig, manchmal ist es falsch.» In den «pornofizierten» Ländern würde ein solches Statement einen Minister zu Recht das Amt kosten.

Ist die Pornographie hierzulande und in anderen Staaten der westlichen Hemisphäre wirklich nur für männliche Jugendliche das bevorzugte Stimulanzmedium? An der Londoner Middlesex University stellte die Professorin Feona Attwood bei Frauen zwischen 20 und 25 Jahren ein zunehmendes Interesse an Pornos fest. Das sei eben gerade anders als bei deren Geschlechtsgenossinnen, die noch vor ein paar Jahren in diesem Alter waren. Und sie berichtet auch davon, dass «mindestens zwei Drittel der Pornonutzer [...] mit den Jahren das Interesse»[15] verlören. Allerdings scheint dieses Interesses jenseits der 60 wieder zurückzukehren. Das nämlich legt die Umfrage für dieses Buch nahe. Offenbar dann, wenn Männer (und gelegentlich auch Frauen) die betrübliche Erfahrung machen müssen, dass in den von ihnen bevorzugten Altersgruppen kaum jemand Interesse an einem Sexualpartner hat, der 25 Jahre älter ist. Dann nämlich holt man sich die kopulierende Enkelgeneration als Farbfilm auf den heimischen Bildschirm. Es gibt also nicht nur eine jugendliche «Generation Porno», sondern auch eine geriatrische. Deren Vertreter hatten früher ja nicht pornofrei gelebt. Als sie «in den besten Jahren» waren und sich dem ehelichen Treueschwur verpflichtet fühlten, hatten sie gelegentlichen zu jenen Schmuddelheften gegriffen, die in Bahnhofsbuchhandlungen unterm La-

15 ebenda

dentisch zu haben waren. Nun aber, wenige Jahre vor der zu erwartenden Potenzschwäche, kommen sie in den Genuss der frei Haus gelieferten Internet-Pornos. Und was dabei mit ihnen passiert, bringt der Sexualpsychologe Ahlers auf den Punkt: «Multimediale Pornographie stellt ein ungleich stärkeres neurophysiologisches Reizpotenzial dar. Es ist ein großer Unterschied, ob man ein Heft mit Fotografien aufschlägt oder ob man Tonfilme konsumiert. Die visuelle und akustische Stimulation, die das Gehirn erfährt, ist da viel größer als bei den eindimensionalen Druckerzeugnissen.»

Na dann, auf ein feucht-fröhliches Altern mit Little Caprice und ihren Kolleginnen!

Skizzen aus den Fragebogen

Studentin aus Erlangen

Meine ersten Sex-Erlebnisse waren echt scheiße, weil die Typen dachten, es müsse exakt so ablaufen wie im Porno. Inzwischen mach ich vorher klar was ich will. Wenn jemand romantischen Girlfriend-Sex nicht zu schätzen weiß, heißt es von meiner Seite: «Und tschüß!»

Gymnasiast in Leipzig

Na klar werden uns von YouPorn Fakes vorgesetzt. Na und? Pornos sind für mich eine Kunstform. Aber geil. Besonders geil finde ich, wenn die Mädchen das Sperma ins Gesicht kriegen. Manchmal, wenn ich richtig heiß bin, fahre ich den Cursor direkt an die Stelle kurz bevor es soweit ist und dann komme ich mit dem Mann im Film gleichzeitig.

Abiturientin aus Hamburg

Wer sagt, Pornos würden nur für Männer gedreht? Ich finde es cool, zuzusehen, wie Girlies von starken Männern mit großen Schwänzen gefickt werden. Stellt man sich doch für sich selber auch vor, oder? Also ich find's geil – basta!

Bauingenieur im Saarland

Wenn ich Pornos anschaue, dann Schwulen-Pornos, obgleich ich ein überzeugter Hetero bin. Keine Ahnung warum. Ich schaue Schwulen-Pornos und hole mir dabei einen runter. Aber live will ich keine Erektion in meiner Nähe erleben, außer der eigenen.

Kameramann in München

In meiner Phantasie begebe ich mich in die Nähe meiner «Traumfrauen» alle mit übernatürlich groß ausgestatteten Brüsten. Viele Amerikanerinnen haben extrem «nachhelfen» lassen, was die Größe der Silikonbrüste betrifft. Ich stelle mir vor, dass ich die riesigen Brüste einer Beshine, Chelsea Charms, Deena Duos und anderen genieße. Mein Rechner beherbergt über 1000 Downloads ...

Abiturient in Düsseldorf, Single

Seit drei oder vier Jahren habe ich Futanari-Phantasien[16] und/oder Sex mit Hermaphroditen. Ein reales Ausleben wäre schön, dürfte sich aber als schwer erweisen.

---

16 Futanari = das japanische Wort für ‹Hermaphroditismus› (wörtlich: zweierlei sein), bezeichnet aber auch über Japan hinaus ein pornographisches Genre von Computerspielen, Comics und Animationen, in denen Figuren, zugleich ausgestattet mit Vulva und Penis, als Akteure auftreten.

Pornographische Phantasien

Natalie (19)

Schülerin in der Oberstufe eines Gymnasiums in Sachsen, Single

Immer wenn ich mit jemandem Sex habe oder mich selbst befriedige, stelle ich mir vor, dass ich angekettet oder gefesselt wäre und von mehreren Männern und Frauen mit leicht gewaltsamen Mitteln zum Sex gezwungen werde. Solche Vorstellungen habe ich schon, seit ich elf Jahre alt war. Na klar habe ich das auch in Pornofilmen gesehen, aber ich bin sofort darauf angesprungen. Das ist mein Ding!

Meine Partner sind beim Sex alle dominant (die suche ich schon danach aus), und deshalb geht es meist in die Richtung meiner Phantasien. Aber in denen geht es natürlich viel extremer zu, und auch das will ich irgendwann ausleben.

(per Fragebogen)

ᘯ

Alexander (18)

Schüler in der Oberstufe eines Gymnasiums, Single, lebt in einem 6000-Seelen-Dorf in Niedersachsen

Diese Phantasien habe ich öfters am Tag; z. B. wenn ich mich in Gedanken fallenlasse oder beim Anblick hübscher Frauen und Mädchen, beim Onanieren und beim Einschlafen ... In meinen Phantasien werde ich von einer sehr starken, trotzdem aber sehr weiblichen jungen Frau absolut dominiert. Sehr gerne auch mittels «mixed wrestling», aber auch mit Strap-ons. Diese SM-Neigung habe ich schon seit meiner frühen Kindheit, als ich noch keinen einzigen Porno gesehen habe. Nur konnte ich damals nichts damit anfangen. Heute würde ich das schon gern mal erleben ...

(per Fragebogen)

ᘯ

Ben (19)

stammt aus einem Dorf in Baden-Württemberg, Fachhochschulreife, studiert «Medizintechnik»

Er ist derzeit Single, hat aber bereits zwei kürzere Beziehungen hinter sich. Seit seinem 14. Lebensjahr ruft er nahezu täglich Pornoportale im Internet auf …

Zu etwa 70 Prozent schaue ich Pornos aus Langeweile, wenn ich nichts zu tun habe, wobei sich der Aufwand meistens gar nicht lohnt. Er steht bei der Suche nach Pornographie, die einen anturnt, nicht in Relation zu dem, was man dann damit macht. Meist schaue ich explizit nach bestimmten Portalen wie Brandy Love zum Beispiel oder Amber Lilly oder Jewels Jade. Oft suche ich auch nach bestimmten Begriffen wie «reif», «anal» oder «teen». Daran kann man schon sehen, dass ich ein breites Altersspektrum habe, ich würde sagen von 18 bis 50 Jahren, wobei meine Phantasien keinen Unterschied machen zwischen jungen Mädchen und älteren Frauen. Also, dass man in meinem Alter mit Gleichaltrigen Sex hat, ist ja normal und ist bei mir auch schon mehrfach vorgekommen. Aber ich kann mir auch vorstellen, mit einer schönen älteren Frau Sex zu haben. Für mich sind andere Sachen wichtig, wie etwa die Füße. Ich kann mir nicht vorstellen, mit einer Frau Sex zu haben, die aus meiner Sicht keine schönen Füße hat. Ich meine, die Füße sollen schlank sein und an sich eine schöne Form haben. Es erregt mich, wenn ich mir vorstelle, dass ich solche schönen Füße sehe und an ihnen lecke. Außerdem bin ich sehr geruchsaffin und stehe total darauf, an einer Frau zu riechen. Und da ist es dasselbe wie mit den Füßen – wenn eine Frau nicht gut riecht oder nicht den Geruch hat, den ich mag, dann würde ich auch nicht gerne mit ihr schlafen. Ich weiß nicht, ob man das einen Fetisch nennen kann oder einfach nur als erotische Vorliebe: Ich rieche bei einer Frau gern am ganzen Körper, auch an den Füßen und an der Vagina und am Po. Das erregt mich sehr.

Manchmal klicke ich auch nur einfach so durch das pornographische Filmangebot, manchmal 50 Filme hintereinander, und am Schluss suche ich mir den Film aus, der mir im Moment am besten zusagt. Dabei onaniere ich dann, und danach ist das Thema beendet. Ich schließe die Seiten, und das war's. Manchmal onaniere ich auch, ohne mir einen Pornofilm anzusehen, also ganz klassisch im Bett mit geschlossenen Augen. Allerdings konsumiere ich mehr Pornographie – also das ist fast die Regel. Im Gegensatz dazu habe ich relativ wenig eigene Phantasien. Die Fußerotik kam allerdings nicht über die Pornographie. Das hat sich so mit der Zeit ergeben, als ich gemerkt habe, dass ich unglaublich auf Füße stehe, oder auch das mit dem Geruch … das geht ja schlecht über Pornographie. Also eigentlich entstehen meine Phantasien in einem Zusammenspiel von Pornographie und Nachdenken. In letzter Zeit sind es mehr ältere Frauen in den Filmen, die ich mir reinziehe. Da ist oft der ganz herkömmliche Koitus zu sehen. Es müssen aber nicht immer Filme sein, manchmal betrachte ich auch nur pornographische Bilder.

Irgendwann sind dann Shemales dazugekommen, also Transsexuelle. Und auch sehr maskuline Frauen, das geht dann in Richtung Bodybuilding. Ja, ich finde es sehr erotisch, wenn Frauen Muskeln haben.

Nun habe ich ja in Ihrem Fragebogen auch von Rollenspielen geschrieben, vom Polizisten mit Verbrecher und so. Dazu muss ich sagen, dass ich dabei der Verbrecher bin, der festgenommen und bestraft wird. Das hängt damit zusammen, dass ich im täglichen Leben meist relativ dominant auftrete. Ich sag's mal so: Ich bin den meisten meiner Altersgenossen rhetorisch überlegen, auch im Allgemeinwissen, und das führt zu einem gewissen dominanten Auftreten. Deshalb finde ich es interessant, mal den devoten Teil einzunehmen, also den des Unterwürfigen. Hier erregt es mich zum Beispiel, von einer sehr dominanten Polizistin mit männlichen Zügen verbal erniedrigt oder sogar geschlagen zu werden. Was die Sache für mich noch steigert, ist, wenn Handschellen ins Spiel kommen. Dieses hilflose Ausgeliefertsein … der Andere hat die Oberhand, was ja Dominanz ausdrückt … das erregt mich bei diesem Rollenspiel sehr. Diese Phantasie passiert übrigens tatsächlich eher in meinem Kopf, als dass ich entsprechende Videos suche. Dabei stelle ich mir meist meine erste Freundin vor, weil wir das damals öfter gemacht haben. Und bis heute ist das für mich eine schöne und erregende Phantasie.

Eine dominante Rolle nehme ich in der Phantasie ein, wenn es um Sex mit sehr weiblichen wirkenden Ladyboys, sprich Transsexuellen, geht. Dazu muss ich sagen, dass ich Transsexuelle nicht direkt als Männer sehe. Was stelle ich mir da genau vor? Am besten erkläre ich mal, wie ich dadrauf gekommen bin. Es war vor ein paar Jahren, als ich schon Pornos konsumiert habe, und ich habe auf ein Bild geklickt mit einer für mich erst mal augenscheinlich schönen Frau. Beim näheren Hinschauen entdeckte ich, dass diese sehr gut aussehende Frau einen Penis hat. Damals war ich 14 Jahre alt, und im ersten Moment war ich leicht schockiert. Ich hab's erst mal ruhenlassen, aber irgendwann hat es mich doch noch mal interessiert. Ja, dieses Bild hat mich fasziniert: eine gut aussehende Frau mit einem männlichen Geschlechtsteil. Und so verstehe ich die Transsexuellen auch – als Frauen mit einem männlichen Geschlechtsteil. Mich erregt diese «Perversion». Warum nehme ich in dieser Phantasie den dominanten und nicht den devoten Teil ein? Ich muss vorausschicken, dass Sex mit Männern nicht mein Ding ist, vor allem nicht Analsex, der an mir verübt wird. Das kann ich sagen, weil ich es tatsächlich schon hatte. Ich will nicht sagen, dass es eine schlechte Sache ist, aber es ist eben nicht meins. Da ich aber Analfan bin, würde ich bei einem Transsexuellen eben gern mal den dominanten Part beim Koitus einnehmen, wobei ich auch kein Problem hätte, «ihr» einen zu blasen.

Im Fragebogen hatte ich angegeben, dass ich offen bin für alle Sexpraktiken, weil ich der Meinung bin, dass man alles mal ausprobiert haben sollte. Es gibt nur einige wenige Einschränkungen wie «prolabse»[17], was ich ziemlich ekelhaft finde. Aber Sexualpraktiken, bei denen Urin oder Kot eine Rolle spielen, würde ich auch mal aus-

17 Analdehnung

probieren wollen. Ich lehne aber alles ab, was lebensgefährlich werden kann oder bleibende Schäden hinterlässt, wie Strangulation beim Sex oder sich mit dem Messer verletzen zu lassen. Das würde ich nicht wollen. Und was mich überhaupt nicht erregt, ist dieser ganze Lack- und Lederfetisch.

Wenn ich im realen Leben eine Frau kennenlerne, dann lasse ich es erst mal ganz normal angehen. Ich meine damit, dass ich ihr nicht sofort meine Phantasien offenbare. Ganz allgemein tue ich aber immer gleich zu Beginn kund, dass ich im Prinzip für alle Sexualpraktiken offen bin, um ihr zu verdeutlichen, dass sie ihre Fetische präsentieren kann, so wie ich zu gegebenem Zeitpunkt auch. Also ich habe die ersten paar Male immer «normalen» Sex und lass das dann immer weiter mit einfließen. Es ist mir wichtig, dass beim Sex beide ihren Spaß haben und sich auch beide entfalten können. Wenn vielleicht nicht gleich beim ersten Mal, so doch mit der Zeit.

Es ist etwas mehr als vier Monate her, dass ich im realen Leben Sex hatte, und zwar in einer Kunstausstellung. Ich war mit einer Freundin da, und es gab dort kleine Kinosäle. Die Ausstellung war zu diesem Zeitpunkt nicht stark besucht. Wir saßen also da im Dunkeln und haben angefangen zu fingern und zu blasen. Wir haben es so eingerichtet, dass es nicht unbedingt nach Sex aussehen würde, falls überraschend jemand reinkommen würde. Es blieb mit dieser Frau bisher eine einmalige Sache. Wie gesagt, das ist mehr als vier Monate her. Ich bin zwar bei einem Dating-Portal angemeldet, aber da bin ich nicht sehr aktiv. Ich warte eher ab, ob sich was ergibt.

Wenn ich über eine familiäre Perspektive nachdenke, so muss ich sagen, dass ich zwar gerne Kinder haben möchte, aber mir nicht vorstellen kann, mehrere Jahre oder ein ganzes Jahrzehnt immer mit derselben Frau zu leben. Ich bin jemand, der die Abwechslung bevorzugt.

(am Telefon)

౿

Kiara (20)

Abitur, freiwilliges ökologisches Jahr in einem Kinder- und Jugenderholungszentrum, derzeit Ausbildung zur Sozialpädagogin

Schon als Zehnjährige stellten sich bei ihr Phantasien ein, die noch immer durch ihren Kopf geistern. Es sind vor allem bizarre Rollenspiele, die sie erregen ...

Manchmal bin ich die «schlafende Frau», die von einem Unbekannten verführt wird oder ich bin mit jemandem im Zimmer, den ich gar nicht mag. Tja, der Rest ergibt sich dann ... Oft wenn ich masturbiere, habe ich die Vorstellung, dass ich auf dem Bett liege und meine Beine sind links und rechts am Bett festgemacht. Dann stelle ich mir vor, mein Spielzeug (was sich sehr realistisch anfühlt) sei eine Person, die mich entweder für ihren persönlichen Spaß (also zum Sex) benutzt oder ich werde gezwungen, ihr einen zu blasen. Dabei konzentriere ich mich auf das, was ich fühle oder fühlen würde. Oft kneife oder kratze ich mich selbst, denn authentisch sollte es sich schon anfühlen. Das ist aber nur eine von ganz vielen Phantasien – ausgeprägte devote und masochistische Phantasien. Das fing bei mir schon in der Kindheit an und wurde natürlich im Laufe der Jahre immer komplexer. In einer Phantasie war ich eine «Klassenikone» und der Partner war so was wie der «Klassenstreber». Wir verstanden uns kein bisschen – im Gegenteil. Doch ich hatte eine Wette verloren und musste den Streber ins Bett bekommen. Daran macht beispielsweise das Verführen an sich Spaß, denn man muss sich ja erstmal durch diese Blockade kämpfen. Und da diese Wette immer im Hinterkopf ist, ist auch irgendwie ein Gefühl von Macht beziehungsweise Überlegenheit dabei. Als ich ihm dann gesagt habe, dass es eine Wette war, kam ein kleines Gerangel mit ins Spiel, was die Sache ja auch ganz schön interessant macht und dann noch diese Sprüche, wie: «Es ist doch eh schon zu spät und Spaß macht es dir doch auch, oder nicht?». Na ja, ich schlüpfe einfach gern in andere Rollen.

In meinem Kopf findet inzwischen das ganze Areal an SM-Spielen statt, ich werde gefesselt, ausgepeitscht, von Männern zu deren sexuellen Befriedigung benutzt ...

Diese Phantasien sind fast immer präsent und ich habe mir auch BDSM-Pornoseiten angesehen, verschiedene Portale wie zum Beispiel mydirtyhobby.de und andere. Mein Freund weiß auch davon, da ich darüber rede, was ich mag und was ich mir wünsche. Leider ist er nur bedingt «sadistisch» veranlagt. Seine Aktion ist begrenzt aufs Beißen, Kneifen und auf den Po hauen. Aber dabei ist er nicht zimperlich. Nur leider ergreift er so gut wie nie selbst die Initiative, und fesseln oder benutzen ist bei ihm nicht drin, da er selber sehr devot ist. Trotzdem hatte ich in der Vergangenheit keinen Mangel an Gelegenheiten, meine Phantasien in die Tat umzusetzen. Ich war schon in BDSM-Clubs, hatte einige sehr dominante Partner, hatte mehrere Dreier, hatte Sex, als eine dritte Person mit im Bett lag (die zeitweise sogar wach war) ... Ich habe eben schon vieles ausprobiert, denn das Leben ist zu kurz, um eines Tages zu bereuen, dass man die Chancen nicht ergriffen hat.

Außerdem bin ich relativ exhibitionistisch veranlagt. Ich mag die Vorstellung, beim Masturbieren oder auch beim Sex beobachtet zu werden. Es ist ein lustvolles Gefühl der Unterwerfung und irgendwie auch der Demütigung, was sich dann breit macht.

(per Mail-Kommunikation)

Arnold (25)

Im «medizinischen Handwerk» tätig, lebt in einer Kleinstadt in Thüringen, Single

Er hat mehrere Beziehungen hinter sich, darunter eine vierjährige, beidseitig monogame Liebesbeziehung. Arnold erklärt, bis zu vier Mal in der Woche Pornographie aus dem Internet zu konsumieren und etwa 25-mal im Monat zu onanieren. Es ist also rechnerisch nicht unbedingt die Porno-Vorlage nötig, um zum lustvollen Höhepunkt zu kommen ...

Auf den Porno-Portalen im Internet gebe ich häufig die Suchbegriffe Amateur, Redhead und Creampie ein.

Zu Amateur: Pornos dieser Art kommen mir echter und weniger gespielt vor. Auch entsprechen die Frauen in solchen Privataufnahmen eher meinen Vorstellungen, als die häufig sehr jung aussehenden und überschminkten Darstellerinnen in den Profilfilmen.

Zu Redhead: Ich finde rothaarige Frauen nicht nur erregend, sondern auch sehr natürlich und attraktiv.

Zu Creampie: Das Spiel mit Körperflüssigkeiten erregt und befriedigt mich sehr stark.

Hin und wieder wechsle ich auch das Programm oder wähle vorgeschlagene Videos, um auch mal auf andere Gedanken zu kommen.

Es ist ganz sicher so, dass pornografische Darstellungen mich auf die eine oder andere Art beeinflusst haben, aber wenn ich so darüber nachdenke und zurückblicke, sind meine heutigen, ausgeformten Phantasien die Fortführung von Neigungen, die ich schon immer in mir hatte. Da aber mit der Zeit mein sexuelles Selbstbewusstsein, meine Offenheit und auch meine Reizschwelle gestiegen sind, sind meine Phantasien mit mir genauso gewachsen. Diese Phantasien ähneln sich in der Art, dass ich sie großteils für unkonventionell und nicht gesprächstauglich halte, beziehungsweise denke, damit in einer möglichen Öffentlichkeit auf Ablehnung zu stoßen. Andererseits halte ich sie auch für sehr mitteilenswert, weshalb ich mich an diesem Projekt beteilige.

In einer dieser erotischen Vorstellungen lecke ich das zuvor in eine Vagina gespritzte Sperma selbst wieder heraus, um es zu schlucken. In einer anderen lasse ich mich von einer Frau mit einem Dildo in den Hintern ficken oder auch mal anpinkeln. Dabei bin ich keineswegs nur devot oder inaktiv, genauso gern halte ich das Ruder in der Hand und dominiere durch körperliche Überlegenheit und Ausdauer. Müssen all das auf immer Phantasien bleiben? Nun, innerhalb einer meiner Affären habe ich gelernt, dass so einiges im Kopf geiler und intensiver sein kann als in der Realität. So manche vorher geplante «Sauerei» haben wir während des tatsächlichen Aktes abgebrochen, weil es zu viel war oder nicht so wie erwartet.

(per Mail-Kommunikation)

Kirsten (18)

lebt in einer mittelgroßen Stadt in Niedersachsen, jobbt derzeit «in einem Fast-Food-Laden», wurde gerade von ihrem Freund verlassen

Als sie die Werbeanzeige für dieses Buch auf Facebook entdeckte, war sie gerade in «echt harten Diskussionen» mit ihren Freundinnen darüber, was man sexuell vom eigenen Freund erwarten durfte. Kirsten wurde von dem ihren gerade «in die Wüste Gobi geschickt». Er hatte ein Problem mit ihren Phantasien («Hätte ich ihm vielleicht nicht erzählen sollen ... »), für die sie von anderen belächelt und kritisiert, von einigen aber auch «echt bewundert» wird ...

Für die Feministinnen-Fraktion bei uns im Ort bin ich echt das rote Tuch. Jemand, der Table-Dance cool findet, geht für die gar nicht. Man würde sich zum Püppchen für die Kerle machen, sagen sie. Nur dass die Kerle ihre Brieftaschen zücken und den «Püppchen» Euro-Scheine in den Slip oder den BH schieben. Das ist doch echt krass, nur um ihnen ein paar Sekunden ganz nah auf die Titten oder den Nabel starren zu können. Okay, ich mach ja selbst kein Table-Dance, aber ich stelle mir vor, dass ich es mache. Und dabei würde es bei mir nicht bleiben. Ich würde mir unter den ganzen Kerlen, die mir da auf die Beine und den Körper starren, einen aussuchen und ihn auf die Bühne ziehen. Unter dem Gejohle der anderen mache ich ihm die Hose auf und hole ihm den Schwanz aus der Unterhose. Jeder im Raum weiß, was gleich passiert, aber hier ist es nicht nur irgendein YouPorn-Trailer, sondern alles live. Ich kraule dem Traumprinzen die Eier, ganz leicht, und genieße sein Stöhnen. Obwohl es laut ist in dem Laden, höre ich es ganz genau, und ich spüre, ich habe die absolute Macht über ihn. Da können die Feministinnen rumsülzen, solange sie wollen. Eine Frau, die sich verweigert, wird zum Gespött der Männer. Aber eine, die sich hingibt, dabei aber den Ton angibt, hat Macht. Und wenn sie das dann auch noch öffentlich tut, wird der Sex zur Show und die Frau zum Star. Ist doch klar. Schau dir die Porno-Queens an! Werden die bespuckt? Nein! Aber jeden Tag schauen sich Millionen von Männern ihre Filme an und wichsen sich dabei einen ab. Nur leider können die Mädels das nicht sehen, anders als bei mir in meiner ‹fantasy› …

Okay, der Typ steht also vor mir mit einer Latte wie 'ne Bahnschranke. Ich gehe in die Knie und betrachte mir das Teil genauer. Das Gejohle hat aufgehört, und alles schaut gebannt zu mir. Langsam öffne ich meinen Mund und lasse dabei meinen Blick übers Publikum streifen – ein Volk notgeiler Typen, von denen jeder gern an der Stelle von dem wäre, der mir da gerade seine Erektion präsentiert. Ich fahre mit meiner Zunge über seine Eichel, und er lässt einen leichten Schrei los. Dann stülpe ich meine rot geschminkten Lippen darüber und schiebe seinen harten Schaft tief in meinen Mund. Der Blowjob dauert drei oder vier Minuten, dann wende ich mich wieder meinem Publikum zu. Ich stehe auf und deute an, dass ein heißer Strip zu erwarten ist. Dabei rufe ich dem Mann auf der Bühne zu: «Na los, mach dich nackig!» Wieder setzt Gejohle ein. Im Saal herrscht eine Stimmung, die ich geil finde. Bevor ich weitermache, ziehe ich einem der Typen die Basecap vom Kopf und rufe der Menge zu: «Wollt ihr 'n echten Live-Porno sehen?» Natürlich brüllen alle «Ja!», ist doch klar. Und ich: «Na dann lasst mal sehen, was euch das wert ist!» Alle greifen zu ihren Brieftaschen und Portemonnaies, und die Mütze füllt sich mit Scheinen. Sie wollen unbedingt sehen, wie ich von dem Typen auf der Bühne gepoppt werde. Das lassen die sich echt was kosten. Ein erhebendes Gefühl, die Typen bluten zu sehen. Schließlich leere ich das Geld im Hintergrund in meine Handtasche, setze mir die Basecap auf den Kopf und beginne mit dem Strip. Wenn ich dann nackt bin, klemme ich die Basecap zwischen meine Schenkel, gehe nach vorn zu dem Typen, dem sie gehört, greife ihn am Hinterkopf und führe ihn ganz dicht an seine Mütze heran. Ich spüre seine Nase zwischen meinem Bauchnabel und der rasierten Muschi. «Na los, nimm dir deine Mutze!», sage ich, und der schwitzende Kerl beißt in den Mützenschirm und zieht das Teil langsam heraus.

Ich tanze zur Bühne zurück, ziehe einen Stuhl heran, stütze mich auf die Lehne und strecke mein Hinterteil dem Typen entgegen, der nackt auf der Bühne herumsteht. Er kommt heran und schiebt mir sein Teil von hinten in die Muschi. Ich gebe mich ihm nun ganz hin, mit geschlossenen Augen, um mich besser auf ihn konzentrieren zu können. Wenn ich dann nach einer Weile die Augen öffne, schaue ich zu meinem Publikum und traue meinen Augen nicht. Alle Männer haben die Hosen heruntergelassen, und jeder hat seinen Pimmel in der Hand und ist am Wichsen. Ich bin für 100 geile Typen die Wichsvorlage. Das macht mich echt an. Ich schiebe meinen anonymen Lover von mir und hole mir einen anderen auf die Bühne. Nach und nach lasse ich mich von sechs, sieben, acht Typen ficken. Für den Cumshot aber suche ich mir einen aus, den ich zu meinem Meister erkläre. Bei allen anderen war ich der Bestimmer, nun aber wird er es sein – ein großer Typ mit athletischer Figur, mittellangen Haaren (vielleicht blond) und einem Charme-Lächeln, bei dem man dahinschmilzt. Vor ihm gehe ich in die Knie und mache den Blowjob bis zum Ende, bis er mir seine ganze Sahne ins Gesicht spritzt. An dieser Stelle der ‹fantasy› habe ich dann jedes Mal einen supergeilen Orgasmus.

Wenn ich davon erzähle, was ich mir da so ausdenke, gibt's immer ganz verschiedene Reaktionen. Darüber habe ich ja schon gesprochen. Und die Reaktion von meinem letzten Freund war, dass er mich gefragt hat: «Okay, das denkst du dir so aus. Aber das würdest du doch nie machen, oder?» Und ich: «Oh doch, one day I will!» Seitdem bin ich wieder frei! *(juchzt)*

(am Telefon)

෭

Paul (20)

studiert Wirtschaftsinformatik im dualen Studium, lebt in einer sächsischen Großstadt

Seine sexuellen Phantasien beschreibt er mit einer ganzen Reihe von Spezialbegriffen, und als Aufgabe und Ziel seiner im Kopf durchgespielten Handlungen nannte er auf dem Fragebogen: «Die Macht, Frauen den Weg zum Orgasmus zu zeigen und ihre Grenzen zu erweitern. Dazu unbedingt auch Verwendung von Toys. Ziel ist dabei Squirting (also weibliche Ejakulation) sowie G-Spotfindung.» Der Bitte um Konkretisierung kam er schriftlich nach, und seine Ausführungen lesen sich streckenweise wie die Gebrauchsanweisung für ein technisches Gerät ...

Ich sehe mich mehr als Lehrer, als Leiter und Lenker. Ich möchte die Frauen führen und ihnen das Potenzial ihrer eigenen Lust zeigen. Dabei versuche ich zu erfahren, wie die einzelne Frau am besten den Weg zum Orgasmus findet. Dies jedoch nicht über Sprache oder Gesten sondern allein durch die Reaktionen ihres Körpers. Dabei diene ich den Frauen, grob gesagt, auch als ihr Sextoy[18]. Es entsteht nach und nach eine Symbiose, in der jeder den anderen braucht, um vollkommen zu sein. Die Frauen erfahren den eigenen Körper völlig neu, können alles entdecken ohne durch die eigene Angst gehindert zu werden, denn ich führe sie. Bis zum Punkt eines Safewords[19] ist es mein Bestreben, ihre Grenzen soweit es geht zu dehnen und so immer mehr zu lockern. Viele Frauen setzen ihre Grenzen niedrig an, aber wenn man sie richtig führt, gebrauchen sie das Safeword erst weit hinter ihren Grenzen. All dies basiert auf Vertrauen – Vertrauen in eine fremde Person.

Diesen Weg zu sehen, Erfolge zu erleben, Orgasmen beizuwohnen, aber auch Vertrauen zu bekommen und zu pflegen, all diese Dinge erregen mich und bringen auch mir einen Lustgewinn. Bei kunstvoller Verwendung von Bondage[20] und bei vielen Positionen, die häufig nur durch Bondage erreichbar sind, spielt auch der ästhetische Aspekt eine

18 Sexspielzeug
19 Ein Codewort, mit dem die sexuelle Handlung umgehend beendet werden kann.
20 Einschränkung der Bewegungsfreiheit durch Fesselung

Rolle beim Lustgewinn, genau wie das kunstvolle Spanking (kunstvoll und präzise angeordnete Striemen auf der Haut, die nach Möglichkeit nicht dauerhaft sind), welches zudem durch seine schwierige Ausführbarkeit besticht.

Die weibliche Ejakulation erregt mich, weil sie zum einen – anatomisch ungeklärt – schwer zu erreichen, aber auch die höchste Stufe des Orgasmus vor dem Kollaps ist. Sie ist die Perfektion der Führung einer Frau durch den Master zum Orgasmus. Das Squirting kann nur durch einen, von Frau zu Frau verschiedenen Weg erreicht werden. Diesen zu finden ist die Aufgabe des Masters, wenn er *für* die Frau dominiert.

Wie gesagt, sind Sextoys ein wichtiger Bestandteil. In meiner Phantasie kommt dazu der Wand-Massager[21] zum Einsatz. Ich halte ihn für das mächtigste Toy, welches man noch in der Hand halten kann. Aber auch das Sybian[22] findet häufig Gebrauch. Die typischen G-Punkt-Vibratoren stellen eine gute Hilfe beim Finden des G-Spots dar, werden allerdings kaum allein verwendet. Wichtig ist auch die Reizung aller erogenen Zonen, weshalb Brustpumpen und leichte Nippelklemmen häufig sind. Ein gutes Bondage kann ebenso dazu beitragen die Frau zu stimulieren.

Sehr häufig finden auch anale Spielzeuge, vor allem Plugs[23] in jeglicher Art sowie Enemas[24] Verwendung. Selbst erdachte und komplexe Maschinen sind dann der Höhepunkt der Möglichkeiten wobei diese, wie auch die meisten meiner Phantasien, aus Pornos und Hentais[25] entspringen.

Mich interessiert schon seit meinem 12. oder 13. Lebensjahr die Anatomie und Funktionsweise der erogenen Zonen der Frau, sowie ihre Lage. Es ist faszinierend, dass eigentlich der gesamte Körper eine

---

21 Massagestab mit rotierendem Kopf
22 eine Maschine mit rotierendem Gummipenis, auf die sich die Frau setzt
23 eine Art Dildo, der in den Anus eingeführt wird
24 Einlaufpumpen
25 japanische Comics (auch als Zeichentrickfilm) mit pornographischem Inhalt

erogene Zone ist, wenn man sie zu nutzen weiß. Wenn sich dann noch die Empfindlichkeit an einigen Stellen konzentriert, ist das der Jackpot. Die Klinikfantasien beziehen sich meist auf eine Frau, die an eine gynäkologische Liege gebunden ist. Weiterhin kommen dann Instrumente wie Spekulum[26], Anal-Spekulum, aber auch Reizstrom hinzu. Latexbekleidung hat für mich einzig den Charme, dass sie zum einen beengt, zum anderen den Körper jedoch auch so perfekt dastehen lässt, da keinerlei Falten möglich sind.

In einer realen Begegnung wäre als Styling ein bodenlanger Ledermantel in schwarz, sowie eine schwarze Hose aus Jeansstoff oder Leinen meine bevorzugte Wahl. An den Handgelenken gerne auch Nietenarmbänder.

In meiner Phantasie kommt es bei der Frau zu einer Verbindung von Squirting[27] und dem Verlust der Selbstkontrolle bei zu viel Blasendruck. Da die meisten Frauen nicht von selbst nachgeben, weil es für sie peinlich ist zu urinieren, womöglich noch vor einer Kamera oder Publikum, halten sie es sehr lange ein. Der menschliche Körper gibt jedoch ab einem bestimmten Blasendruck nach. An diesem Punkt verliert die möglichst gefesselte Frau die Selbstkontrolle. Das Warten kann bis zu 5 Stunden dauern, aber es lohnt sich. Dabei wird höchstens meine Hand nass, weil ich ihre Scheide und ihre Klitoris stimuliere. Ich versuche dies ganz nach Pawlow über Stimulation, Liebkosung, körperliche Nähe oder Worte zu erreichen. Dieser Punkt kann das Ende einer BDSM-Session darstellen, nach der es unbedingt nötig ist, vor allem eine unerfahrene Frau in ein gemütliches Zimmer zu bringen, sie zu umsorgen, mögliche Wunden zu versorgen und ihr Liebe und Zärtlichkeit zu spenden. Das kann im Hauptteil der Session etwas zu kurz gekommen sein, ist jedoch ebenso wichtig für das Vertrauen und für weitere Erlebnisse. Ich als Master werde dann noch mehr zu ihrem Diener.

26 medizinisches Untersuchungsgerät zur Spreizung der Vagina
27 weibliche Ejakulation

Im Normalfall ist es sowohl für Mann als auch Frau unmöglich, während eines Orgasmus zu urinieren. Für eine Frau besteht diese Möglichkeit unter Umständen dennoch. Dazu muss ihre Blase jedoch voll sein. Die Stimulation bis zum Orgasmus muss meist stark erhöht werden und dieser ist fast ausschließlich mit Toys zu erreichen. Treffen dann aber Blasenüberfüllung und Orgasmus aufeinander, entsteht ein immenser Verlust der Selbstkontrolle, der bis zum Kreislaufkollaps führen kann. Dieser ist für mich auch das oberste Ziel, denn kümmert sich der Master nach solch einer Ohnmacht um die Sub[28], entsteht eine starke Vertrauensbindung. Diese wiederum eröffnet mehr Möglichkeiten in der Gestaltung der Sessions. Für eine 24/7-BDSM-Beziehung[29] ist solch ein Event ein großer Gewinn.

Auch beim «Adult Baby Play»[30] (ABP) gibt es Bestrafung. Das ABP muss nicht unbedingt erotischer oder sexueller Natur sein, ist es für mich jedoch. Hierbei kommen dann die normalen Toys zum Einsatz, weniger der Geschlechtsverkehr. Auch Kinderspielzeuge, bevorzugt Nuckel oder Flaschen, aber auch Stifte und andere einführbare Gegenstände, können Teil dieses Spiels werden.

Windeln bieten dem Menschen schon in frühesten Tagen Schutz. Diese Funktion lässt sich auch auf BDSM und Erotik übertragen, denn sie ist uns ureigen. Dabei verhindert das Tragen einer Windel nicht die Stimulation durch den Master. Im Gegenteil hält sie Vibroeggs[31] oder Auflagevibratoren sogar noch in Position, die dann auch ferngesteuert bedient werden können. Das weiche Gefühl der Windel hilft der Trägerin sich zu entspannen und kann gleichzeitig bei multiplen Orgasmen benutzt werden, wenn die direkte Stimulation der Klitoris zu schmerzvoll wäre. Des Weiteren ist eine Windel auch praktisch, wenn man sie als Unterhose trägt und dann mit genug Flüssigkeit in der Blase in die Öffentlichkeit geht. Es ist ein sehr exhibitionistisches Gefühl mit einer

---

28 der devote Partner
29 Die Abkürzung steht für 24 Stunden am Tag, 7 Tage die Woche – also schlichtweg immer.
30 Adult Baby Play = Erwachsene begeben sich in die Rolle eines Babys
31 Vibroegg ist ein stimulierendes Sexspielzeug, das verborgen getragen werden kann

Windel volle Plätze zu besuchen und einfach zu urinieren, ohne dass es jemand bemerkt. Es erhebt die Trägerin über die anderen, denn sie weiß als Einzige, dass es geschehen ist (natürlich außer einem möglichen Master an ihrer Seite). Im Adult-Baby-Bereich der Erotik wiederum ist die Windel obligatorisch, um die Szene realistisch zu gestalten.

All diese Phantasien tauchen immer auf, wenn ich in sexueller Stimmung bin. Es sind Onaniervorstellungen, existieren aber auch als Wünsche zur Gestaltung einer realen BDSM-Beziehung oder -Session. Vorwiegend nutze ich Internet-Portale als Anregung meiner Phantasie und natürlich zur Befriedigung meiner Lust. Zum ersten Mal kam ich übrigens beim Betrachten eines Hentai-Films und dem ersten BDSM-Porno. Ich denke das war mit 14 Jahren. Es ist jedoch schwer, Filme zu finden, die mir durchweg gefallen.

P.S. Gerne stünde ich als «Master» in einer einschlägigen «Spielstätte» zur Verfügung. Ich habe auf alle Fälle vor, irgendwann einen speziellen Swingerclub zu gründen. Dieser Wunsch ist mir sehr ernst und ich werde auf die Finanzierbarkeit hinarbeiten.

(per E-Mail)

Marc (25)

studiert an einer sächsischen Universität Germanistik und Literaturgeschichte

Er hat Ambitionen als Autor erotischer Geschichten. Woher nimmt er die Inspiration für seine Texte? «Ich kann sicher nicht ausschließen, dass mich Pornos auf die eine oder andere Art beeinflusst haben. Sie sind mir dabei aber nur soweit hilfreich, als dass mich der Konsum erregt und ich mich in diesem Zustand besser in meine Protagonisten versetzen kann. Ich nehme die verschiedenen Situationen in den Videos nie als Vorlage für meine Texte, sondern strebe an, meine eigenen Geschichten zu erfinden. Die Pornos dienen als Anheizer, die Phantasien

Ich liege im Sand direkt am Meer, auf meinem Gesicht ruht schützend der Sonnenhut und schirmt meine Augen gegen das direkte Sonnenlicht ab. Ich lasse meine Gedanken schweifen und entspanne mich, ich bin schon so versunken, dass ich nicht einmal mehr weiß, wie ich hier her kam. Hin und wieder atme ich die Meeresbrise tief in meine Lungen, und durch diese Bewegung spüre ich, wie perfekt sich der Sand meiner Körperkontur angepasst hat. So ist es sehr bequem, und in ansonsten völliger Ruhe lausche ich dem stetigen Rauschen des Wassers.

Sachte spüre ich ein Gewicht auf meiner Hüfte, und eine bekannte und sehr zarte Frauenstimme flüstert immer wieder meinen Namen. Die Stimme wird ein wenig lauter und so langsam kann ich sie auch zuordnen. Das Rauschen des Meeres verschwindet und geht zunehmend in die Stimme nah an meinem Ohr über. Der Hut ist weg und ich blinzle der Helligkeit entgegen, und je weiter ich meine Augen öffnen kann, desto besser kann ich ihr Lächeln sehen. In der Phase des Erwachens, die sich noch mit den letzten Ausläufern des Traumes mischt, setzt sich so langsam die echte Welt zusammen. Ich kann jetzt die weiße Zimmerdecke erkennen, unter der ich diese Nacht eingeschlafen bin, auch die alte Nähmaschine und die bunten Stoffbahnen neben mir sind noch da. Ich reibe mir die Augen, und endlich kann ich alles klar erkennen. Natalie sitzt auf mir, hält durch die Boxershorts mein steifes Teil fest in der Hand und kitzelt mit der anderen geschickt meine linke Brustwarze. Sie ist vollkommen nackt und weiß, dass mich beides sehr erregt; ihre unverhüllte Nacktheit und das Spielen an meinen Nippeln. Ich schaue zur geschlossenen Zimmertür und will zu Fragen ansetzen, aber sie kommt mir zuvor und versichert, dass alle noch schlafen. Bei ihrem Anblick kann ich auch gar nicht anders als ihr zu vertrauen und endlich greife ich nach ihr. Ich greife nach ihren Brüsten und drehe erst sanft, dann immer fester ihre Nippel zwischen meinen Fingern.

Mein festes Zupacken hat sie gern, sie verdreht erregt die Augen und ihre Lider flackern dabei. Meinen Schwanz hat sie längst freigelegt, sie rutscht mit ihrem Becken noch etwas weiter nach vorn und setzt mein Teil an ihrem nassen Loch an. Bevor sie ihn aber hineingleiten lässt, schiebt sie zwei Finger zuerst in ihre Möse und danach in meinen Mund. Ich schmecke ihre köstliche Weiblichkeit. Das macht sie immer, jedes Mal und grinst dabei. Diesmal schließe ich erregt die Augen und in diesem Moment versinke ich in dieser heißen Muschi. In einem langen Zug verschwinde ich völlig in ihr und leise stöhnen wir beide auf. Sie reitet mich und lässt ihre Hüfte geschickt und zielgerichtet über meine gleiten. Sie lässt sich nach vorn fallen, ihre braunen Haare fallen ihr um die Schultern und sie stützt sich mit beiden Händen auf meiner Brust ab, wobei sie ihre wunderschönen, natürlichen Titten zusammendrückt und beginnt, schneller zu atmen. Ich liebe ihren Druck auf meinem Oberkörper und auch ich beginne, die aufsteigende Hitze in meinem Körper zu spüren. Mein Schwanz gleitet ein und aus, ihre Fingernägel krallen sich heftig in meine Haut und mit zusammengepressten Lippen, sodass uns niemand hört, fickt sie uns beide in einen gemeinsamen Orgasmus.

Als wir uns wieder grinsend in die Augen schauen, fummelt sie bereits in meiner Hose, die neben mir auf dem Boden liegt und ergreift die halbleere Packung Taschentücher. Ich reiße ihr die Packung aus der Hand und werfe sie weiter in den Raum hinein, sodass sie nicht mehr herankommt, ohne uns zu beklecksen. Sie schaut mich fragend an und ich erkläre ihr, dass ich das diesmal ein wenig anders will. Ich lasse meinen halbsteifen Schwanz aus ihr gleiten und sage ihr, sie solle sich ihren Schlitz schön zuhalten. In einer Bewegung rutsche ich mit meinem Kopf unter sie, ziehe dann ihre verschließende Hand weg und versenke meine Zunge in ihr. Ich blicke nach oben und genieße ihren erstaunten und geilen Blick. Sie steigt sofort ein, lässt ihre vollgespritzte Muschi über meinem Mund kreisen und schaut jeden Tropfen meines Spermas hinterher, der in meinem Hals verschwindet. Ich schlucke alles weg und lecke sie dann zu einem zweiten Orgasmus. Ich

weiß, dass sie schon lange mal einem Kerl dabei zusehen wollte, wir
er sein eigenes Zeug schluckt und sie weiß, dass ich zu gern unter der
bekannten Gefahr, «erwischt zu werden», mit ihr schlafe.

(Mail-Kommunikation)

Mira (21)

**lebt in Norddeutschland, studiert Kunst und Religionswissenschaften,
führt seit 1 ½ Jahren eine Fernbeziehung**

*Eigentlich sieht sie keine Pornos, sondern nur gelegentlich mal eine Sex-
Reportage im Fernsehen, und auch das eher zufällig. Was Mira aber mit
ihren Altersgenossen aus der ‹Generation Porno› gemeinsam hat, ist die
Breite ihrer sexuellen Phantasien und Vorlieben …*

Dinge wie «Dirty Talk» liegen mir nicht besonders, denke ich. Da mein
Freund und ich aktuell noch eine Fernbeziehung führen, haben wir hin
und wieder Telefonsex. Dabei versetzen wir den jeweils anderen verbal
in erlebte oder rein imaginäre Situationen und spielen diese durch. Es
dreht sich dann meist nur um das Vorspiel und den Akt an sich, an diversen Orten und in verschiedenen Situationen. Wenn ich allein masturbiere, denke ich wenig nach. Vielmehr konzentriere ich mich mehr
auf den Körper als auf den Kopf. Es kommt aber mitunter vor, dass ich
durch erotische Phantasien erregt bin und mich daraufhin befriedige.
Allerdings meist erst später, da ich die Erregung an sich sehr spannend
finde und sie gern auskosten möchte.

Meine sexuellen Phantasien sind vielfältig und abhängig von der
Stimmungslage. Zum Einen bin ich durch meine Bisexualität an Frauen
sehr interessiert. Bevor ich mit meinem jetzigen Freund zusammen
war, hatte ich eine kurze Affäre mit einer Frau, die mir sehr gefiel. Da
ich aber nach wie vor auch auf das männliche Geschlecht stehe, gefällt
mir der Gedanke, beides gleichzeitig zu haben.

Einmal hatte ich bereits einen Dreier. Es handelte sich um ein be-
freundetes Paar. Die beteiligte Frau und ich hatten uns schon oft ge-

küsst, oberflächlich berührt und gegenseitig angetörnt. Irgendwann sprachen wir über Dreier. Sie sagte, ich sei die Einzige, mit der sie sich das vorstellen könne. Bei einer Feier, bei der ich sie mit ihrem Freund traf, kam sie darauf zurück und wir ließen alles auf uns zukommen. Zunächst sah ihr Freund uns zu, wie wir auf dem Bett nur zu zweit interagierten, uns auszogen und sanft anmachten. Dann kam er dazu, konzentrierte sich erst auf seine Freundin und anschließend auch auf mich. Überraschenderweise «funktionierte» alles von allein, ohne Planung oder längeres Vorgespräch. Keiner wurde vernachlässigt, es kam zu Oralsex, Petting und schließlich zum Geschlechtsverkehr. Ich würde das gern in langen zeitlichen Abständen und dann mit meinem jetzigen Partner wiederholen.

Ab und zu schleicht sich auch der Gedanke ein, swingermäßig mit mehreren Menschen Sex zu haben – allerdings nicht aktuell, sondern erst in zwei oder drei Jahrzehnten und abhängig von der dann aktuellen Beziehungssituation.

Vor zwei Jahren sah ich zufällig im Fernsehen eine Reportage über Escort-Services. Ich dachte darüber nach, ob ich mir so etwas wohl auch vorstellen könnte. So entstand der Gedanke, mit einem älteren, aber attraktiven Mann zu verkehren und sogar Geld dafür zu bekommen. Dabei geht es mir darum, begehrt zu werden, also für so jung und sexy gehalten zu werden, dass man mir sogar Geld bietet, um mir nahe kommen zu dürfen. Dabei distanziere ich mich aber von erniedrigenden Gesten.

Einmal bin ich auf ein Inserat in den Online-Kleinanzeigen gestoßen, in dem ein Mann, der fast 30 Jahre älter war als ich, eine jüngere Frau suchte, die ihn für Geld «massiert». Das hat mich neugierig gemacht und ich habe spontan geantwortet.

Per Mail machten wir einen Treffpunkt in einer Bar aus, wo wir dann erstmal eine Weile plauderten. Die Situation war sehr ungewohnt, aber interessant. Obwohl der Mann eine Weile mit dem Auto angereist war, erwartete er nichts. «Wir beschnuppern uns, und wenn Sympathie auf beiden Seiten besteht, sehen wir weiter» – das war seine

Devise. Gegen Ende des Gesprächs fragte er, ob oder wie es weitergehen sollte, ob er mich heimfahren solle, ob ich allein gehen wolle usw. Schließlich ließ ich mich darauf ein, ihn mit zu mir zu nehmen, sagte aber von vornherein, dass ich nicht wüsste, wie weit ich überhaupt gehen würde. Dann sprachen wir bei mir eine Weile weiter, und an diesem Abend befriedigte er mich oral und das sehr ausgiebig. Ich machte nichts, genoss nur. Er hatte sichtlich Spaß und sagte, ich solle ihn heute eh noch nicht befriedigen. Anschließend besuchte er mich noch zwei Mal, war sehr liebevoll und respektvoll. Er befriedigte mich oral und mit den Fingern, ich entlastete ihn durch einen «Handjob». Dieser Mann hatte eine Menge Erfahrung und das hat mich gereizt, aber auch, dass seine Begierde nach mir so groß war, dass er mir sogar Geld bot. Seitdem haben wir uns noch nicht wieder getroffen. Ich muss auch sagen, dass ich diesbezüglich Hemmungen habe, neben meiner aktuellen Partnerschaft eine solche Beziehung einzugehen – obwohl es mich hin und wieder sehr anmacht, darüber nachzudenken.

(per Mail-Kommunikation)

Günther (64)

lebt als Arzt im Ruhestand in Karlsruhe, seit 37 Jahren verheiratet, drei Kinder

Schon als Student entwickelte Günther vielfältige sexuelle Phantasien, wie sie dem Zeitgeist der späten 1960er Jahre entsprachen. Die berufliche Karriere und das Familienleben ließen ihn etwas ruhiger werden. In den letzten 15 Jahren aber brachen sie umso wilder wieder hervor und mündeten in reales Verlangen. Es stört ihn nicht, wenn diese im Freundeskreis, in dem er offen darüber spricht, als «Altmännerphantasien» klassifiziert werden ...

Natürlich habe ich schon seit der Pubertät onaniert, jedoch ohne den Phantasieinhalt, wie ich ihn später entwickelt habe. Damals hatte ich einfach nur einen steifen Schwanz, und den habe ich runtergewichst, um mich zu entlasten. Den ersten Sex hatte ich mit 17 mit einer Klassenkameradin. Sie hatte einen hugenottischen Namen, und so verkrampft war es dann auch. Als Student tauchten dann eben die ersten Phantasien auf, die sich zunächst auf Vorstellungen von Oralverkehr beschränkten, der zu dieser Zeit noch nicht so gängig war. Zumindest wurde nicht so offen darüber gesprochen wie heute. Später kamen dann Vorstellungen von Gruppensex hinzu, was in der 68er Zeit ja durchaus schon ein Thema war. Aber darin erschöpfte sich zunächst die sexuelle Phantasie.

In der Beziehungssexualität mit meiner Frau hat sich die Phantasie dahingehend entwickelt, dass ich sehr häufig die Vorstellung hatte, dass eine große Gruppe dabei ist und uns beobachtet. Darunter waren Personen aus dem näheren Freundeskreis, eine Fremdsprachen-Lehrerin, bei der ich Einzelunterricht hatte, und sehr ausgeprägt eine Tanzlehrerin, die wir seit vielen Jahren kennen. Diese Tanzlehrerin finde ich nicht zuletzt deshalb sehr attraktiv und reizvoll, weil sie eine sehr strenge Diktion in der Didaktik hat.

Als ich noch die Arztpraxis hatte, habe ich oft in der Mittagspause ein Magazin wie Playboy oder Ähnliches zur Hand genommen und mir einen runtergeholt. Entspannt habe ich danach die Hausbesuche gemacht. Oder wenn ich dann am Abend in der Praxis saß und frustriert irgendwelche Anträge für Krankenkassen ausgefüllt habe, dann habe ich das auch gemacht. Das hat mir immer Auftrieb und Optimismus gegeben. Damals genügten mir die freizügigen Fotografien im Playboy oder sogar die weniger freizügigen in Max und anderen Magazinen. In den letzten Jahren aber haben die sexuellen Phantasien in Art und Umfang zugenommen, und das hat einen Grund. Seit dem Ruhestand habe ich ja mehr Zeit zum Lesen und Filmeschauen. Inzwischen tauchen in den Medien, vor allem auch im Internet, immer mehr sexuelle Themen auf, und so hat auch meine Phantasie eine ungeheure Breite erfahren. Auch erotische Literatur war für die Phantasieentwicklung entscheidend, wie etwa der Roman «Lulú» von Almudena Grandes. Das ist die Geschichte von der sexuellen Selbstfindung einer sehr jungen Frau an der Seite ihres 12 Jahre älteren Liebhabers, in dem auch weiterführende Phantasien wie Sexualität mit einer gewissen Gewaltkomponente beschrieben werden oder mit verbundenen Augen und dem Geschlechtsakt mit verschiedenen Männern. Ein Wahnsinnsbuch ist auch «Opus Pistorum» von Henry Miller. Die Handlung spielt in den 1950er Jahren in Paris, wo eine Gruppe von Männern ihre Sexualität in Alkoholexzessen auslebt. Solche Literatur hat sicher nicht nur *meine* Phantasie beeinflusst. Zum Beispiel der gleichzeitige Sex mit einer attraktiven Mutter und ihrer lolitaartigen Tochter ist natürlich auch für mich eine reizvolle Vorstellung. Also, ich will kein unschuldiges Mädchen verführen, aber wenn Mutter und Tochter beide megageil sind, dann hätte ich darauf schon Lust. Gern auch noch mit einem weiteren Mann dazu. Das ist dann wieder die alte Gruppensex-Phantasie, die mich nie losgelassen hat. Eine meiner schönsten Phantasien in dieser Richtung ist folgende: Ich habe Sex mit zwei Frauen, und zwei weitere Männer sind dabei. Eine der Frauen wird gleichzeitig vaginal und anal gefickt, und sie lutscht parallel noch einen Schwanz, wenn sie noch Kapazitäten frei hat. Dabei schauen weitere ein oder zwei Männer und Frauen zu, und das Ganze findet in wechselnden Besetzungen in einer orgiastischen Session ohne zeitliches Limit statt. Dabei würde ich mich punktuell auch auf Sex mit einem Mann einlassen. Also ich würde mich auch anal penetrieren lassen, aber es sollten schon ein oder zwei Frauen dabei sein, die ein solches Gemeinschaftserlebnis genießen.

Aktuell finde ich natürlich auch im Internet vielfältige Anregungen für meine sexuellen Phantasien. Dort entdecke ich auf Portalen wie YouPorn oder RedTube, was man sonst noch alles machen kann und was ich in der Realität auch gerne täte. In vielen Medien wird ja immer behauptet, dass Cybersex die Lust an realem Sex eher runterfährt – also, bei mir ist das Gegenteil der Fall. Durch Internetpornographie fährt die Lust an Sex eher gewaltig hoch. Wenn ich zum Beispiel Angelica Bella[32] sehe, eine wunderschöne Frau in traumhaften Dessous,

---

32 Ein überwiegend in Italien arbeitender ungarischer Pornostar.

worauf ich auch abfahre, befriedige ich mich selbst. Lustvoll empfinde ich dabei die Sprache, die während des Sex gebraucht wird. Dirty Talk[33] gehört ebenso dazu wie das Stöhnen bis hin zum Schreien. Vokabeln wie Arsch und Titten oder Sätze wie «Fick mich tiefer!» und Ähnliches, immer verbunden mit entsprechender Gestik und Ausdruck, erotisieren mich. Da kann ich dann schon in einer halben Stunde zwei Mal kommen.

Inzwischen ist mein Denken so erotisiert, dass ich selbst in alltäglichen Situationen sexuelle Phantasien entwickle. Zum Beispiel lief heute Morgen auf der Straße eine wunderschöne Frau vor mir. Da ging ich dann gleich langsamer und blieb so fünf Minuten hinter ihr. Ich beobachte ihren Gang, ihre Bewegungen und stellte mir eine Szene vor. Heute Morgen war dies die Vorstellung, dass diese Frau ein Café aufsucht und ich mich an den Tisch gegenüber setze. Sie signalisiert mir auf eine verführerische Weise, dass sie den Kontakt mit mir wünscht, und ich gehe darauf ein. Ich gehe mit ihr irgendwohin und lasse mich zu der von ihr gewünschten und bevorzugten Sexualität verführen. Das heißt also, es wird – in gewissen Grenzen – das passieren, was sie möchte. Die Grenzen wären etwa Strangulation, weil es mir als zu gefährlich erscheint, auch elektrische Stimulationen wären nicht unbedingt mein Ding. Und die Verwendung von Urin und Kot sind für mich absolutes No-Go! Aber ansonsten gibt es wenig Grenzen. Ich würde mich durchaus auch mal auspeitschen lassen. Gewaltphantasien gegenüber Frauen habe ich keine, aber wenn es ausdrücklich gewünscht würde, wäre ich dazu bereit. Also generell sind meine Phantasien fast immer dergestalt, dass die Frau oder die Frauen bestimmen und ich der Erfüllungsgehilfe bin. Wenn zum Beispiel diese Frau von heute Morgen sagen würde «Fick mich ganz normal vaginal», wäre das für mich okay, und wenn sie mich fesseln und die Augen verbinden würde, wäre das umso besser. Einfach mal das Visuelle auszuschalten, das

33 Wörtliche Übersetzung: «Schmutziges Gerede» – bezeichnet das Benutzen von erotisierenden, sehr anschaulichen und direkten Wörtern vor oder während des Sex zur Erhöhung der Stimulation

stelle ich mir sehr reizvoll vor. In der Realität würde ich natürlich auf Safer Sex bestehen, weil ich keine Lust habe, mich zu infizieren. Und ich gehe davon aus, dass ich es in absehbarer Zeit, eventuell auch in entsprechenden Clubs oder vermittelt durch ein Internet-Portal, realisieren werde. Natürlich muss ich das mit meiner Ehefrau abstimmen, aber ich bin überzeugt, dass wir da einen Weg finden werden, der unsere Beziehung auch noch mal auf eine ganz andere Ebene heben wird.

(im persönlichen Gespräch)

Wolf-Dieter (61)

Finanzbeamter in einer mittelgroßen Stadt in Rheinland-Pfalz, seit 36 Jahren verheiratet, zwei Söhne

Sexuelle Phantasien spielten in seinem Leben schon eine Rolle, als er noch ehelichen Sex hatte. Sie waren von jeher sein Geheimnis, und selbst im engsten Freundeskreis hat er nie darüber gesprochen. Selbst dann nicht, wenn andere über ihr erotisches Kopfkino freimütig berichteten. Seit im Internet jederzeit pornographische Filme abrufbar sind, werden seine Lüste regelmäßig angesichts blutjunger Mädchen befriedigt. Es ist ein einsames, aber für ihn durchaus reizvolles Vergnügen …

Nachdem ich die Annonce gelesen hatte, mit der Sie die Leser des ZEIT-Magazins aufforderten, sich für ein Buch zu ihren sexuellen Phantasien zu bekennen, habe ich lange mit mir gerungen. Einerseits vertrete ich die Auffassung, dass sexuelle Vorlieben auch dann, wenn sie nur in der Phantasie existieren, etwas sehr Privates sind. In meinem beruflichen wie privaten Umfeld gibt es durchaus Männer (ja, es sind ausschließlich Männer, die so etwas tun), die über ihre diesbezüglichen Vorstellungen und Leidenschaften berichten. Ein Kollege macht noch nicht mal einen Hehl daraus, dass er regelmäßig nach Frankfurt fährt, um dort ein Bordell aufzusuchen. Beides ist mir unverständlich. Die Beichte im Kreis von Freunden und Kollegen ebenso wie die Bordellbesuche, die eine Menge Geld kosten. Warum also schreibe ich Ihnen heute? Nun, dies geschieht ja anonym und insofern ist meine Privatsphäre nicht tangiert. Es gibt sicher mehr als einen Grund, weshalb ich mich als Informant zur Verfügung stelle. Vielleicht ist ja ein kleines Stück Eitelkeit dabei, denn ich werde mein Bekenntnis irgendwann in einem Buch wiederfinden und niemand wird wissen, dass ich mich dahinter verberge. Aber ich möchte auch mal klarstellen, dass solche grauen Beamtentypen, wie ich in den Augen vieler einer bin, keineswegs emotions- oder erektionslose (!) Gestalten sind. Wenn es also Ihr Anliegen sein sollte, nachzuweisen, dass sich hinter der Fassade der bürgerlichen Gesellschaft so etwas wie sexuelles Verlangen und Wollust verbirgt, so möchte ich einer Ihrer Kronzeugen sein.

Erotische Phantasien hatte ich immer. Sie waren nie spektakulär, sondern drehten sich immer nur um Zärtlichkeiten mit schönen jungen Mädchen und das ist bis heute so geblieben. Einst habe ich ein solch schönes junges Mädchen geheiratet. Aber auch während des Sex' mit meiner Frau habe ich an schon an andere Mädchen aus unserem Freundeskreis gedacht. Nicht immer, aber oft. Später waren es Freundinnen und noch etwas später die Kommilitoninnen unserer Söhne, die in meinen Phantasien auftauchten; entweder wenn ich mit meiner Frau schlief, viel öfter aber, wenn ich allein war und onanierte. Inzwischen ist unsere Ehe eine rein platonische, nichtsdestotrotz sehr harmonische Beziehung. Wir haben eine Menge gemeinsamer Interessen, wie zum Beispiel das Theater. Wir haben ein Abonnement und besuchen also regelmäßig Vorstellungen. Auch das Reisen ist solch ein gemeinsames Interesse. Seit unsere Söhne aus dem Haus sind, unternehmen wir geführte Kultur- und Studienreisen in alle möglichen Länder. Nur das Sexuelle spielt zwischen uns keine Rolle mehr. Ich weiß nicht, ob meine Frau sexuelle Phantasien hat, aber sie weiß es ja von mir auch nicht. Und in meinem Falle spielt die wunderbare Erfindung des Internets eine Rolle oder um genau zu sein, die pornographischen Filme dort.

Die Leidenschaft für junge Mädchen ist geblieben, und auf der Plattform YouPorn gibt es jede Menge davon. Ich mag nur Mädchen sehen und keine Männer, die mit ihnen schlafen oder sonst was anstellen. Es ist mir völlig unverständlich, dass nicht-schwule Männer anderen Männern beim Sex zuschauen wollen. Ich habe zwei Mal in der Woche – da hat meine Frau ihre Kurse in einem Fitnessstudio – die Gelegenheit, meine Geilheit vor dem PC abzureagieren. Auf der genannten Plattform sehe ich jungen bildschönen Mädchen zu, wenn sie sich entkleiden. Dies geschieht kunstvoll, langsam und mit kokettierenden Blicken in die Kamera. Ich bevorzuge zwar keinen besonderen Typus, aber ich stelle fest, dass es oft Mädchen mit sehr langen, blonden Haaren und kleinen Brüsten mit auffallend großen Brustwarzen sind, die ich auswähle. Wenn sie dann nackt sind, entkleide auch ich mich. Ich sitze also splitternackt vor meinem PC und beginne mein Glied zu massieren. Mit der anderen Hand streichle und kraule ich meinen Hoden. Obwohl ich das jetzt schon einige Jahre regelmäßig praktiziere, bin ich jedes Mal wieder aufgeregt wie ein pubertierender Jugendlicher. Ich fantasiere mich dann auch in Geschichten. Zum Beispiel stelle ich mir vor, dass es sich um ein Mädchen aus der Nachbarschaft oder eine Auszubildende in meiner Behörde handelt und wir gerade durch Skype live miteinander verbunden sind. Sie präsentiert sich also nur für mich vor der Kamera und sieht mir währenddessen beim Onanieren zu.

Nach einer Weile beginnen die Mädchen ihre Klitoris zu streicheln und hingebungsvoll zu stöhnen. Wenn sie dann die Schamlippen ihrer kleinen Fötzchen auseinanderziehen und mir das Loch präsentieren, ejakuliere ich. Fast noch nie habe ich es bis zum Ende des Films ausgehalten.

Es gibt noch etwas anderes, was ich schon seit einiger Zeit ansehe. Das sind Lesbierinnen. Wenn zwei junge schöne Mädchen sich umarmen und leidenschaftliche Zungenküsse austauschen, steigt mein Puls in die Höhe. Es erregt mich sehr, wenn sie sich überall berühren und gegenseitig küssen. Es gibt ein von mir bevorzugtes Pärchen, die sind beide höchstens erst 22 oder 23 Jahre alt. Wenn dann die eine die

Muschi der anderen sehr gefühlvoll leckt und die andere so zu einem lautstarken Orgasmus bringt, komme ich auch.

Es wird wohl, solange meine Libido funktioniert, so bleiben, dass ich mir im Internet diese jungen geilen Dinger ansehe und mich dabei selbst befriedige. Zwei Mal in der Woche findet das statt, dass ich mir ganz allein einen Lustgewinn verschaffe. Das geht auch niemanden etwas an, wenngleich ich nun also bereit war, es Ihnen und Ihren Lesern zu verraten.

(per Mail-Kommunikation)

Gabriele (53)
Innenarchitektin, lebt in einer Großstadt in Nordrhein-Westfalen, derzeit Single

Über Jahrzehnte hangelte sich Gabriele von einer Hetero-Beziehung zur anderen. Dabei war ihr doch schon lange bewusst, dass sie auf Frauen steht. Für lange Zeit fanden ihre lesbischen Beziehungen überwiegend vor dem PC statt und sind bis heute von dem geprägt, was sie in pornographischen Darstellungen gesehen hatte ...

Ich masturbiere ganz gezielt, um zu entspannen oder wenn ich nachts nicht einschlafen kann. Es kann auch sein, dass ich durch einen Film stimuliert bin. Aber das kam früher wesentlich häufiger vor als heute. Es gab sogar mal eine Zeit, da habe ich die entsprechenden Portale im Internet sehr exzessiv besucht. Da war mein Östrogenspiegel noch sehr hoch, und ich habe mich zwei, drei Stunden davorgesetzt und fand das auch klasse. Dabei hab ich dann masturbiert, und ich hatte absolut lustvolle Orgasmen. Das hing natürlich immer sehr davon ab, was ich da zu sehen bekam. Mittlerweile gibt es wenig Material, in dem Frauen miteinander Sex haben, was mich anmacht. Die meisten ähneln sich sehr und sind eben meist nicht wirklich gut. Aber mir fällt gerade etwas ein, was ich sehr erregend fand zwischen zwei Frauen – etwas, das mich total angemacht hat. Das waren zwei Frauen, die sich gegenseitig an der Brust saugten, als ob sie sich gegenseitig stillen. Sie gaben sich enorm viel Geborgenheit und Achtsamkeit. Das hat mich fasziniert. Ich habe mir diesen Link gespeichert und immer mal wieder aufgerufen. Es gab eigentlich nichts, was da rankam.

Aber wenn ich heute masturbiere, mache ich das meist im Bett, und da brauche ich keinen Film – der läuft in meinem Kopf ab. Die Frauen, mit denen ich dabei zusammen bin, sind in der Regel keine konkreten Personen, die ich kenne. Es ist jedenfalls höchst selten, dass ich an eine Frau aus meinem Bekanntenkreis oder so denke. Manchmal habe ich auch Männerphantasien, meist aber sind daran wiederum auch Frauen beteiligt. Das hängt dann vom Maß der Geilheit ab.

Es gibt eine ganz konkrete Phantasie, die ich nach wie vor nicht ausgelebt habe. Die sieht so aus, dass eine Frau völlig passiv auf einer Massageliege liegt. Ich komme also von allen Seiten gut an diese Frau heran. Sie liegt entweder auf dem Bauch oder auf dem Rücken, und ich kann mich treiben lassen und kann mit dieser Frau, die sich mir total ausliefert, alles machen. Und manchmal stelle ich mir auch vor, dass ich mich auf diese Weise völlig passiv ausliefere. In der Regel denke ich dabei daran, mich einer Frau auszuliefern, und dabei masturbiere ich. Es klingt vielleicht merkwürdig, aber der Orgasmus ist gar nicht so präsent – das Vorspiel ist für mich viel wichtiger.

(am Telefon)

Fritz (66)

Rentner, lebt im ländlichen Raum in Sachsen-Anhalt

Irgendwie habe er das Gefühl, in sexueller Hinsicht «etwas versäumt» zu haben. Offenbar versucht er nun, ein wenig davon virtuell nachzuholen. Mangels eigener Phantasie lässt er sich von «professionellen Pornodarstellerinnen» inspirieren …

Ich bin für mein Alter noch gut potent, und so betrachte ich im Internet, was ich in diesem Leben niemals mehr real zu sehen bekomme.

Als ich jung war, habe ich das auch nicht oft gesehen. Wir haben damals in der DDR früh geheiratet, und das war dann die Frau fürs Leben. Jedenfalls war das bei uns auf dem Land so. Alles andere wäre doch gar nicht gegangen. Was für ein Segen, dass ich jetzt als alter Bock noch das Internet erleben darf – mit hübschen Teenagern, alle so zwischen 18 und 22. Mittlerweile habe ich unter denen auch schon meine Lieblinge, die mir ihre schönen Körper, ihre Jungmädchen-Brüste und Teenager-Fötzchen präsentieren. Immer allein vor der Kamera, ich mag im Porno keine fremden Pimmel sehen. Jeden Tag hole ich mir diese Mädchen auf den Bildschirm und mir selbst davor einen runter. Jeden Tag und manchmal auch zwei Mal am Tag. Herrlich!

(Fragebogen-Antwort)

FETISCH-REIZE

Die Sinnlichkeit der Objekte

Die kultische Verehrung von Gegenständen ist so alt wie die Menschheit. Sie überstand sämtliche Wendungen der Kulturgeschichte des Homo sapiens, und selbst die europäische Aufklärung und deren Hinwendung zum Primat der Vernunft konnte ihr offenbar nicht gefährlich werden. Man findet kultische Verehrungen von Gegenständen im Glauben an deren übernatürliche Eigenschaften auch heute keineswegs nur bei Schamanen und Naturvölkern, worüber ja niemand erstaunt wäre, sondern eben auch in der modernen Welt. Sie heißen hierzulande Talisman, Maskottchen oder Reliquie, und rote Glücks-Bändchen werden selbst von Leuten ums Handgelenk geschlungen, die man als knallharte Rationalisten kennt. Die amerikanische Pop-Diva Madonna nimmt gar gesegnetes Kabbala-Wasser mit auf Tour (wofür sie dem Bilderbuchrabbiner Philip Berg viel Geld bezahlen musste), und mancher Fußballer aus katholischen Landen küsst nach erfolgreichem Torschuss den Gekreuzigten, den er in Miniatur um den Hals baumeln hat.

Einen Namen hat all das erst seit dem Ende des 15. Jahrhunderts. Damals brachten portugiesische Seefahrer Holzstücke, Steine und Knochen aus Westafrika mit nach Hause, die zuvor von Magiern in rituellen Zeremonien mit übernatürlichen Kräften aufgeladen worden waren. Transzendente Wesen bewohnten nun angeblich diese Gebilde und schützten fortan vor gefährlichen Dämonen. Und noch etwas brachten die portugiesischen Kolonisatoren mit – das Wort «fetisso». So nannten westafrikanische Stämme ihre Götzenbildnisse, und als «feitiço» war es im Portugiesischen lange (neben dem Begriff «magia») für «Zauber» gebräuchlich.

Kurz darauf waren auch die Spanier an Afrikas Küsten unterwegs, und in deren Sprache bildeten sich die Wörter «fechizo», das für magische Objekte stand, und der Magier, der die profanen Dinge überhaupt erst zu magischen machte, wurde «fechicero» genannt. Schließlich verbreiteten sich diese Begriffe in ganz Europa und wurden via Lautverschiebungen zu fetishism, fétichisme, fetiscismo oder fetisismi bei Engländern, Franzosen, Italienern oder Finnen. Der «Fetischismus», wie es die Deutschen nennen, hat seine Wurzel also im religiös Kultischen, was den französischen Psychologen Alfred Binet (1857–1911) nicht davon abhielt, solcherart gegenständliche Verehrung als das zu benennen, was es tatsächlich ist: die sexuelle Fixierung auf Objekte.

Es soll in diesem Kontext darauf hingewiesen werden, dass der sexualwissenschaftliche Begriff Fetischismus umgangssprachlich zwischenzeitlich auch in anderen Zusammenhängen benutzt wurde und wird – so wie dies ja auch mit dem Exhibitionismus und dem Voyeurismus geschieht (siehe Kapitel «Coram Publico»). Karl Marx etwa nannte es «Warenfetischismus», wenn Produkte unter den Bedingungen kapitalistischer Produktionsweisen ein Eigenleben und eine Zauberkraft entwickeln, die ansonsten nur archaischen Fetischskulpturen zugesprochen werden. Er schrieb: «Ihre eigene gesellschaftliche Bewegung besitzt für sie die Form einer Bewegung von Sachen, unter deren Kontrolle sie stehen, anstatt sie zu kontrollieren.»[34] Es sei dahingestellt, ob der Marx'sche «Warenfetischismus» eine sexuelle Note hat. Mit

---

34 «Fetischcharakter der Ware und ihr Geheimnis» – «Das Kapital», 1. Band

einer solchen aber gehen jene Wortschöpfungen spielerisch um, die den Weg in die deutsche Umgangssprache gefunden haben – als Ordnungs-, Sauberkeits- oder Paragraphenfetischismus. Ein Erregungszustand jedenfalls ist bei den Ordnungs-, Sauberkeits- oder Paragraphenfetischisten allemal gegeben – oft zum Leidwesen anderer. Und genau das, also das Leidwesen anderer, ist bei jedem eindeutig sexuell ausgelebten Fetischismus die Trennlinie zwischen akzeptabler sexueller Neigung (von den Stinos oft als harmlose Spinnerei belächelt) und einem krankhaftem Verhalten. Die Definitionen des deutsch-österreichischen Psychiaters Richard von Krafft-Ebing aber, der bereits 1912[35] die sexuelle Hingabe an einzelne Körperteile «Fetischismus» nannte, und die von Sigmund Freud, der den Begriff Ende der 1920er Jahre[36] weit über die psychoanalytischen Fachkreise hinaus populär machte, nimmt heute kaum noch jemand ernst. Diesen Definitionen zufolge galt jede Art von sexuellem Fetischismus als «krankhafte Abweichung». Wer würde heutzutage die Fangemeinde von Dita Von Teese, der amerikanischen «Queen of Burlesque», kollektiv in psychiatrische Kliniken schicken, nur weil sie an ihren Lippen hängt, wenn sie sagt: «Ich liebe den glamourösen Stil, der auf raffinierte Weise Fetisch-Elemente mit Eleganz und Opulenz vereint. Ich hatte schon immer großen Spaß daran, mich mit ‹verborgenen› Fetisch-Details zu kleiden – kleinen Anspielungen im Outfit, die wie ein Code wirken, der von manchen nicht erkannt wird, andere wiederum fasziniert und anzieht»?

Wenn fetischistische Fixierung aber zur Besessenheit ausartet, die die Lebensqualität massiv beeinträchtigt, sollte der oder die Betroffene eine Sexualtherapie durchaus in Betracht ziehen. Und wenn die Fetischisierung von Lack, Leder, Samt oder anderer Materialien beim Partner nicht dieselbe Wertschätzung erfährt, wird

---

35 *Psychopathia Sexualis*, 1912
36 *Fetischismus. Aufsatz*, 1927

der Gang zum Paartherapeuten (oder alternativ zum Scheidungs-richter) wohl irgendwann unausweichlich. Dann nämlich, wenn der Fetisch wichtiger erscheint als das Gegenüber, welches sich ver-nachlässigt fühlt. Hat aber, salopp gesagt, ein Topf den passenden Deckel gefunden, können Fetischspiele äußerst lustvoll und erre-gend sein.

Kaum jemand ist in Bezug auf die eigenen sexuellen Reizmus-ter auskunftsfreudiger als die Fetischisten aller Couleur. Das ist in den Internet-Foren so, an organisierten Stammtischen und auch bei der Umfrage zu diesem Buch. Da wird von Erregungs-zuständen berichtet, die von Gummistiefeln, Pelzmänteln und Latex-Slips ausgehen. So mancher Macho braucht es, dass ihm die Partnerin während des Geschlechtsaktes abschätzig Rauch ins Gesicht bläst und dazu Cowboy-Stiefel trägt. Intellektuelle lassen sich als Tiere abrichten, tragen dabei Fellartiges, und Her-anwachsende haben noch vor dem ersten realen Sex fernöst-liche Futanari-Phantasien … Und es gibt weitverbreitete Fetisch-Reize, die oft gar nicht als erotisch wahrgenommen werden, es aber dennoch sein können. Die Uniform zum Beispiel ist so eine Sache. Nicht jedem flößt sie Ehrfurcht ein, aber bei dem (oder der) es so ist, liegt dem natürlich ein gewisser Hang zum Devoten zugrunde. Na, und der Person, die sich durch das Tragen der Uni-form aufgewertet fühlt? Kann ihnen die gegenteilige Präferenz unterstellt werden? Zeigen sich die meisten Diktatoren von Hit-ler und Stalin bis zu Castro und Kim Jong-un den Volksmassen doch nicht ohne Grund bevorzugt uniformiert. Yāsir Arafat er-schien selbst zu Friedensverhandlungen im militärischen Ornat.

Uniform-Fetischismus ist die sexuelle Ansprechbarkeit durch militärische oder polizeiliche Kleidungsattribute. Laut Dr. Ahlers repräsentieren sie «Dominanz, Macht, Geltung oder Rang». Das alles gab es freilich schon, als es noch keine Sexualpsychologen gab und man folglich noch keinen Namen dafür hatte. Auch Le-der spielte als archaisches Material seit jeher eine bedeutende

Rolle im Dienste der Lust. Keuschheitsgürtel dienten nicht nur der Keuschheit, sondern wurden als erzwungene Disziplinierung mitunter auch von deren Trägern als erregend empfunden (und werden längst nicht mehr nur Frauen ums Genital gelegt). Willi und Sabine werden darüber im Kapitel «Macht und Ohnmacht» ausführlich berichten. Mit der industriellen Kulturgeschichte fanden neue Besetzungen statt, da Materialien auftauchten, die zuvor nicht existierten. Latex etwa oder auch der Nylonstrumpf konnten sich erst im 20. Jahrhundert als Sexualstimulus ausprägen, und mit dem Petplay ist in den letzten Jahren ein animalisches Rollenspiel zu einer Mode geworden. Der Satz des Sexualpsychologen, dass es «nichts gibt, was es nicht gibt», trifft zwar auf jegliche sexuelle Neigung zu, im Bereich des Fetischismus aber (der oft mit dem Sadomasochismus in wilder Ehe lebt) erreicht diese These eine ungeahnte Breite.

Skizzen aus den Fragebogen

Student in einer bayerischen Universitätsstadt, Beziehung
Leder auf nackter Haut …

Industriekaufmann im Karlsruher Umland, Single
Ich liebe lackierte, gepflegte Frauenfüße. Farbe ist mir egal. Ein bisschen dürfen die Füße einen süßen Geruch haben, stinken jedoch ungern. Am liebsten lecke ich gerne daran, bis der typische Geruch weg ist. Das ist mein intensivster Fetisch, bei dem ich wie bei keinem anderen Körperteil erregt werde.

Diplom-Ingenieur in Mecklenburg-Vorpommern
Zwangsfeminisierung ist für mich etwas sehr erotisches. In betont femininer Kleidung, wie Röcken, Damenunterwäsche und hochhackigen

Schuhen und geschminkt zu «dienen», erregt mich sowohl geistig als auch körperlich. Die größte Demütigung, die ich mir für mich vorstellen kann, ist anal mit einem Strap-On gefickt zu werden Die Vorstellung, dass sich eine Frau einen künstlichen Penis umschnallt, nur um mich in den Arsch zu ficken und mich leiden zu sehen, ist der Gipfel der Erniedrigung für mich. Beim Masturbieren benutze ich nur sehr selten Hilfsmittel. Ich ziehe dazu meine hochhackigen Schuhe und Damenunterwäsche an oder fessele mein Beine und eine Hand an mein Bett.

Leitender Angestellter in der Baubranche in einer Kleinstadt in NRW, verheiratet, zwei Kinder

Ich möchte gerne als Frau leben. Kleidung, besonders Unterwäsche, von Frauen tragen, dabei meinen Schwanz in sicherer Verwahrung wissen (Keuschheitsgürtel). Ich möchte dabei möglichst Frauendinge tun (auch meine Tage erleben etc.), bestraft werden, wenn ich an meinem Schwanz spielen möchte.

Student in Baden-Württemberg, Single

Bis ich 19 war, hatte ich mit Latex nichts am Hut. Das brach urplötzlich aus mir heraus, als ich bei der Bundeswehr im ABC-Schutzanzug steckte und eine Erektion bekam.

IT-Berater in Düsseldorf, Single

Ich habe verschiedene Fetisch-Phantasien. Die derzeit Vorherrschende bezieht sich auf Mumifizierung. Ich sehe mich da in einem Latex-Sack, der mit Riemen ganz eng verschnürbar ist. Es ginge aber auch mit handelsüblicher Frischhaltefolie.

Gymnasiallehrerin in einer mittelgroßen Stadt in Bayern

Ich habe keinen pathologischen Materialfetisch, also dass ich nur in Verbindung mit dem Material einen Orgasmus bekommen könnte, der bei mir fast immer mit Squirting verbunden ist. Aber Latex unterstützt das sehr gut. Wenn ich in Latex gekleidet masturbiere, dann konzentriere ich mich natürlich schon auf das Material. Eigentlich beginnt der Erregungszustand schon mit der Auswahl der Kleidungsstücke. Wenn ich den Schrank öffne, geht's schon los mit der Phantasie, dann kommt der Geruch dazu …

Polizist in Berlin, geschieden
In meiner Fantasie muss die Frau mit der ich in der Kiste bin, während des Geschlechtaktes rauchen. Sie ist ganz auf die Zigarette konzentriert, inhaliert tief und bläst mir dann den Rauch ganz langsam ins Gesicht. Wenn sie dazu auch noch nichts außer Cowboy-Stiefel trägt … Wow!!!

Barfrau in München, Single
Ich finde Geld sehr sexy und jede Menge Luxus. Wer mir das bieten kann, den finde ich per se geil. Ja, mein Fetisch[37] heißt Lifestyle …

Phantasien vom Fetisch-Sex

Otto (38)
technischer Angestellter am Niederrhein, verheiratet

Schon als 11-Jähriger hat er sich im elterlichen Versandhauskatalog gern die Seiten mit den Bademoden für Frauen angesehen. Aber nicht, weil er etwa Bikinis besonders aufregend fand. Sein Interesse galt den Füßen der Models – eine Neigung, die in seiner Phantasie bis heute eine große Rolle spielt …

Heute schaue ich mir im Internet bis zu 20 Mal im Monat in den entsprechenden Foren Frauenfußbilder an. Manchmal zwei Mal an einem Tag und dann drei Tage hintereinander gar nicht. Die Füße sind dort

---

37 Hierbei handelt es sich nur umgangssprachlich um einen Fetisch und nicht aus sexualpsychologischer Sicht

oft auch nur vom Knöchel abwärts zu sehen, ohne dass man den Rest der Frau sieht. Für meine Phantasie ist es zwar besser, wenn ich auch weiß, zu welcher Frau diese Füße gehören, aber danach reichen mir die Bilder der Füße. Es könnten sogar auch Männerfüße sein. Also eigentlich bevorzuge ich Frauenfüße, aber es kommt auch vor, wenn ich einen schönen Fuß sehe, dass ich erst nach dem Masturbieren feststelle, dass es ein Männerfuß war. Nun masturbiere ich ja nicht jedes Mal, wenn ich einen schönen Fuß sehe, denn so was kommt ja auch mal in der Straßenbahn vor. Anders als im Internet, obgleich ich mir bei längeren Zugfahrten auch dort mal Fußbilder betrachte.

Sie sehen schon, ich habe einen Fußfetisch entwickelt. Aber gar nicht in Verbindung mit Feinstrumpfhosen oder hochhackigen Schuhen, wie viele das haben, sondern ich finde barfüßige Frauen spannend. Und diese Füße sind für mich so wichtig, dass wenn ich attraktive Frauen sehe und deren Füße gefallen mir nicht, gefällt mir auch die ganze Frau nicht mehr. Ein schöner Fuß muss symmetrisch sein; d. h., die Zehen müssen wie die Orgelpfeifen von außen nach innen größer werden und möglichst glatte Zehennägel haben, dabei unlackiert, aber kurz geschnitten. Es sind schmale Füße. Was überhaupt nicht geht, sind Plattfüße. Und jede Art von verformten Füßen widern mich regelrecht an.

Tja, woraus speist sich meine Phantasie? Zum Beispiel schaue ich im Fernsehen oft Sport. Und wenn ich dort etwa eine schöne Tennisspielerin sehe, suche ich im Internet, ob ich von ihr Fußbilder finde. Da wird man super fündig. Eigentlich findet man von fast jedem, der einen gewissen Prominentenstatus hat, Fußbilder, und das in rauen Mengen. Es gibt da eine spezielle Seite im Netz, und ich kann ohne Übertreibung sagen, dass dort bestimmt 50 000 bis 60 000 Frauen drin sind, und das sind fast ausschließlich Prominente. Die kenne ich natürlich nicht alle, weil darunter auch B-Promis aus allen möglichen Ländern sind, aber eben auch fast alle bekannten Frauen aus Sport, Film oder Politik. Dabei zeigt sich, dass manche prominente Tennisspielerin zwar schöne Beine, aber keine schönen Füße hat. Dieser Sport scheint dahingehend auch nicht besonders förderlich zu sein. Da haben die Frauen ständig Blasen und die Zehennägel wachsen ein … Aber andere prominente Frauen haben ausgesprochen schöne Füße – Magdalena Neuner zum Beispiel.

Ich stelle mir manchmal im Freundes- und Bekanntenkreis oder unter Arbeitskolleginnen vor, was für Füße sie haben. Beziehungsweise bin ich dann ganz erpicht darauf, dass endlich die Sommerzeit kommt und sie in Sandalen durch die Gegend laufen. Meine Frau kennt diese Leidenschaft, und sie hat da auch eine ganze Menge davon, weil ich ihre Füße auch gern massiere. Sie hat natürlich sehr schöne Füße, sonst wäre sie nicht meine Frau.

(am Telefon)

Lara (29)

arbeitet in einer Firma der Informationstechnologie in Düsseldorf, Single

Sowohl in ihrer Phantasie als auch in der Realität kommen für Lara nur gleichgeschlechtliche Beziehungen in Frage. Sie kann den Zeitpunkt exakt benennen, als ein spezieller Fetisch, der ihre sexuelle Phantasie bis heute bestimmt, in ihr Leben trat. Es passierte zwei Jahre vor dem Abitur, an einem warmen Sommertag mitten im Klassenraum. Eine ihrer Mitschülerinnen hatte die Flipflops ausgezogen und «ihre langen Beine mit den wohlgeformten Füßen ausgestreckt» …

Schöne Frauenfüße sind für mich hocherotisch. Nun kann man sie auf unterschiedliche Weise verwöhnen. In meiner Phantasie aber werden nicht die Füße verwöhnt, sondern sie sind es, die verwöhnen. Mein großer Zeh berührt die Klitoris einer schönen Frau und reibt darüber, bis sie feucht wird. Erst langsam und dann schneller. Umgekehrt macht es die Frau auch bei mir. Ich spüre ihren Zeh und mir wird ganz heiß. Sie bringt das Kunststück fertig, die übrigen Zehen in meine Vagina zu stecken und mich leicht zu penetrieren, während der große Zeh weiter über meine Klitoris streicht. Mir will dieses Kunststück bei ihr nicht so gut gelingen, weshalb ich abwechselnd penetriere und dann wieder über die Klitoris streiche – durchaus auch mit dem ganzen Fuß. In meiner Phantasie kommen wir immer gleichzeitig.

In den Sommermonaten, also der Saison der offenen Sandalen und den nackten Füßen im Freibad oder am Strand, sehe ich jeden Tag Frauenfüße die mir gefallen (und die Frauen selbst natürlich auch). Diese Füße werden dann die Vorlage für meine Masturbationsfantasie. Ich habe zwar Sex mit Frauen, aber diese Phantasie habe ich noch nie umgesetzt. Einfach aus Angst, dass es nicht so schön sein würde wie in meinen Vorstellungen und ich mir dadurch eine erregende Phantasie zerstöre. Aber wer weiß, vielleicht kommt mal eine, die dieselbe Phantasie und vielleicht auch schon reale Erfahrung hat und mich dazu verführt. Sperren würde ich mich jedenfalls nicht.

(per Fragebogen)

Dr. Ahlers zu Fußfetischismus[38]:

«Es gab die frühere Annahme, Fußfetischismus komme daher, dass die Kinder bei den Müttern auf dem Boden saßen und sie sich um deren Füße geklammert haben. So sei der Fuß als Bindungsobjekt zur Mutter besetzt worden. Eine solche These hatte sicher ihre Berechtigung und ist auch heute noch als Arbeitshypothese durchaus hilfreich. Aber sie kann nicht als allumfassende Erklärung aufgefasst werden, dafür ist das Spektrum prägender Einflüsse bei den verschiedenen Menschen zu variabel. Die Sexualwissenschaft geht bei fetischistischen Fixierungen von einem Mischgeschehen aus, von einer wie auch immer gearteten individuellen Veranlagung, die wir mitbringen, und spezifischen, prägenden Erlebnissen und Erfahrungen, bei denen einzelne Körperteile oder bestimmte Materialien oder Handlungen mit starker Gefühlsbedeutung besetzt wurden. Und diese Muster verknüpfen sich spätestens in der Pubertät mit sexueller Erregungslust.»

---

38 Siehe auch den Beitrag von Thomas im Kapitel «Kopfkino im Hurenhaus»

Sebastian (44)

Berater in der IT-Branche, lebt mit Frau und zwei Kindern im Ruhrgebiet, hat eine Wochenendbeziehung zu einem gleichgeschlechtlichen Partner

Schon als pubertärer Jugendlicher fühlte sich Sebastian nicht nur zu den Mädchen der Nachbarschaft hingezogen. Als er im elterlichen Schlafzimmer ein Pornoheft fand, in dem die Beteiligten körperbetonte Latex-Kleidung trugen, schneiderte er sich laienhaft aus Plastiktüten solche nach. Die Anprobe erlebte er als sexuell erregenden Vorgang. Es sollte aber noch ein Vierteljahrhundert dauern, ehe eine veritable Midlife-Crisis ihn zu dem Gedanken veranlasste, dass das Leben noch mehr zu bieten haben müsse als das, was er in den 37 Jahren zuvor erlebt hatte. Er konfrontierte seine Gattin mit seiner Bisexualität (die er gern mit dem «ganzheitlicheren Begriff der Pansexualität» bezeichnet) und versuchte zeitweilig auch das eheliche Sexleben mittels des wiedererwachten Latex-Fetischs aufzufrischen …

Mit 19 habe ich meine jetzige Frau kennengelernt. Sie war damals 17. Da gab's dann erst mal keinen Material-Fetisch, wir haben uns zunächst gegenseitig kennengelernt. Irgendwann hatte ich mich zum ersten Mal in einen Mann verliebt. Das führte dann zu einer kleinen Krise, weil meine Frau mit meiner Bisexualität nicht klarkam. Er erschien ihr als ein Konkurrent. Also haben wir das erst mal totgeschwiegen. In dieser Zeit habe ich einen Katalog von einem Sexversandhaus in die Hand bekommen. Die Abbildungen mit Latex-Kleidung fand ich sehr interessant, und ich sagte mir, vielleicht sollte ich das doch mal wieder ausprobieren. Ich habe mir Bermudashorts aus Latex gekauft. Die fühlte sich ganz toll auf der Haut an, und ich habe sie zum Onanieren angezogen. Das habe ich heimlich gemacht und die Latex-Shorts vor meiner Frau versteckt, weil ich mir nicht vorstellen konnte, dass ihr das gefallen könnte.

Irgendwann war ich an einen Punkt gelangt, an dem ich eine echte Lebenskrise durchmachte. Da war einerseits ein berufliches Problem, das ich ein bisschen zu ernst genommen habe. Eine ständige innere Unruhe habe ich immer auf Überarbeitung geschoben. Damals wusste ich noch nicht, dass eigentlich die in mir unterdrückte Sexualität der Haupttreiber war. Heute weiß ich das, weil ich es ausleben kann. Aber damals sagte ich mir: Du musst mal über dein Leben nachdenken. Wo soll es hingehen und was möchtest du überhaupt?

Bis zu diesem Zeitpunkt hatte ich real noch nie Sex mit Männern, und ich war immerhin schon 37 Jahre alt. Dabei hatte ich schon in meiner Pubertät in meinen Gedanken mit sämtlichen gleichaltrigen Nachbarskindern Sex, und zwar unabhängig vom Geschlecht. Ich hatte mir damals schon ganz genau vorgestellt, wie ich das anfangen würde. Das hat mich ziemlich erregt. Nun also, im Jahr 2007, hatte ich diese Krise und wollte etwas verändern in meinem Leben. Ich habe dann mit meiner Frau geredet; d. h., ich habe geredet, und sie hat sehr aufmerksam zugehört. Also sagte ich ihr, dass ich jetzt gern mal Sex mit Männern hätte und auch meinen Latex-Fetisch ausleben möchte. Nach diesem Gespräch sind wir dann einige Tage später zusammen in ein Fachgeschäft für Fetischkleidung gegangen. Sie verließ den Laden mit einem Lederkorsett und ich mit einem chlorierten Latex-Shorty. Das Chlorieren bewirkt, dass das Latex samtig wird und recht gut auf der Haut gleitet. Zu Hause zogen wir also erwartungsvoll die Neuerwerbungen an, und ich fand es ganz toll, als sie bei mir dann so darübergestreichelt hat. Sie hatte allerdings ein Problem. Wenn sie mir sonst über die Haut streichelte, dann stellten sich die Haare auf – und ich bin ziemlich behaart. Sie bekam dann also haptisch etwas zurück, d. h., sie konnte direkt fühlen, was sie durch das Streicheln bewirkte. So was ist ja für beide ganz toll. Und genau dieser Punkt fehlte ihr nun, weil das Latex ja nicht reagiert. Das fand sie dann schade und hat sich nicht mehr weiter auf das Material eingelassen. Trotzdem ist unsere Beziehung seit 2007 offener geworden, weil wir alles ansprechen. Wir sprechen die Dinge aus, auch wenn das manchmal schwierig ist. Letztlich aber ist das ungeheuer befreiend.

Inzwischen habe ich neben meiner Frau noch einen männlichen Partner. Wir haben uns über ein schwules Dating-Portal gefunden, und beide hatten wir im Profil die Vorliebe für Latex angegeben. Meine

Frau und er kennen sich natürlich, und wenn es nach mir ginge, hätte ich immer gern beide um mich. Aber das geht nicht, weil er auch in einer anderen Stadt wohnt.

Die Leidenschaft für Latex teile ich heute ausschließlich mit meinem Partner, und das auf sehr verschiedene Weise. Es ist ganz toll, wenn man das Material unter der normalen Kleidung trägt. Das reicht von Kleinteilen wie Socken bis hin zum Ganzkörperanzug. Wenn man abends ausgeht, fühlt man das Material natürlich immer zwischendurch, wenn man sich bewegt. Wenn wir dann nach Hause kommen, kann man sich vieles vorstellen, vom Kuscheln bis hin zu unserem Vakuumbett.

Auf diesem Bett gibt es zwei Lagen Latex übereinander, die an den Rändern miteinander verklebt sind, und einen Rahmen aus Rohren, die an eine Vakuumpumpe angeschlossen werden können. Man legt sich hinein und hat nur noch ein Mundloch zum Atmen. Wenn also die Luft herausgesaugt und ein Vakuum erzeugt wird, schmiegt sich das Material ganz eng an den Körper an, und man hat das Gefühl, komplett von Latex umschlossen zu sein. Das ist ja auch so. Gleichzeitig ist man natürlich fast vollkommen unbeweglich. Da kommen also zwei Sachen zusammen: der Materialfetisch und die Fixierung, also Bondage. Mein Partner und ich wechseln uns ab. Mal liegt er darin und mal ich. Beide Positionen sind auf ihre Weise erregend. In der passiven Position ist es das Ausgeliefertsein, abwarten zu müssen, was mit einem passiert, und schließlich zu spüren, wie man vom anderen am ganzen Körper gestreichelt wird. Es werden auch Hilfsmittel benutzt, um etwa im Schritt noch etwas stärker zu streicheln. Oder man ist in der Außenposition und überlegt, was dem anderen gefallen könnte. Manches spricht man vorher ab, aber man probiert auch dies und jenes aus, um zu gucken, wie der Partner reagiert. Ein Zappeln ist ja noch möglich und ein Zittern während des Orgasmus auch, denn das Latex ist ja nur weniger als 1 mm dick. Man kann sich das bildhaft in etwa so vorstellen, wenn man irgendwelche Lebensmittel vor dem Einfrieren vakuumiert, da ist ja auch nicht alle Luft heraus. Das Gefriergut kann noch ein bisschen bewegt werden und ist doch fixiert. So ist es hier auch.

Die Erektion bildet sich exakt ab und kann von außen noch weiter unterstützt werden.

Es fasziniert mich, da nur willenlos zu liegen, einfach so im Hier und Jetzt zu verharren. Ich muss dann auch gar nicht großartig bespielt werden. Mein Partner kann mich da eigentlich zwei Stunden mir selbst überlassen, denn jetzt geht das Kopfkino los. Im ersten Moment können noch Alltagsgedanken auftauchen, aber irgendwann nimmt man nur noch das Material wahr, man spürt es ganz bewusst am ganzen Körper, nimmt den Latexgeruch in sich auf. Man kommt total zur Ruhe und wartet ab, was passieren wird. Mein Partner hingegen möchte, wenn er im Vakuumbett liegt, am liebsten die ganze Zeit bespielt werden. Das kann ich dann auch nicht seinlassen, so hilflos, wie er dann vor mir liegt. Erst streichle ich ihn eine Weile, dann lege ich mich auf ihn und reibe die Genitalien aneinander. In diesem Falle trage ich selbst ebenfalls Latex, um das Material auch selbst zu genießen. Oftmals kommt auch ein Vibrator zum Einsatz. Der Reiz läuft dabei immer über unser größtes Sinnesorgan – die Haut. Und Latex ist so etwas wie eine zweite Haut.

(am Telefon)

Dr. Ahlers zu Material-Fetischismus:
«In der BDSM-Szene ist Leder-Fetischismus weit verbreitet. Leder ist ein archaisches und ein martialisches Material, das vor allem Verwendung fand, wenn es um Widerstandskraft, Strapazierfähigkeit und Stabilität von Kleidungsstücken ging, wie bei Stiefeln, Gürteln, Hosen, Jacken und Mänteln für die Arbeit oder das Militär. Wenn es darum geht, etwas auszuhalten, dann geht es meist mit Leder einher. Leder-Outfit vermittelt daher eine gewisse Dominanz. Man kennt das aus der Geschichte von den Ledermänteln der Gestapo. Das war eine Uniform, die ausschließlich der Angsteinflößung diente.

Bei Latex liegt ein Fetischismus nahe, denn es ist ein Hautsurrogat und hat dadurch auch haptisch schon eine besondere Qualität. Generell stellt sich ja immer die Frage, ob es in der individuellen Lerngeschichte des einzelnen Fetischisten etwas gibt, das ihn auf dieses Material geprägt hat. Beim Gummi-Fetischisten etwa die Gummischürze der Wöchnerin, der Stationsschwester oder der Amme oder die Gummihosen der Vor-Pampers-Ära. Das sind mögliche Hypothesen, aber nicht bei jedem, der einen Gummi- oder Latex-Fetischismus hat, können wir schlüssig herausfinden, warum er auf etwas steht. Das ist sogar in der Regel nicht der Fall. Aber das macht ja auch nichts, weil es nicht darum geht, wo etwas herkommt, sondern wie derjenige so damit umgehen kann, dass es ihm und seinen Lieben damit gutgeht.»

Mario (46)

Diplom-Ingenieur in einer Großstadt in Nordrhein-Westfalen, verheiratet, eine (erwachsene) Tochter

Der Liebhaber erotischer Literatur hatte irgendwann einmal eine Erzählung gelesen, in der jemand seinen Wunsch nach Fesselung, nach Bondage, auslebte. Ein Text, der den damals Vierzigjährigen sehr erregt hat. Aber es dauerte noch fünf Jahre, ehe er seiner Frau von dieser Erregung erzählte, wobei er bei ihr auf Unverständnis stieß. Also machte er sich über Online-Portale auf die Suche nach Gleichgesinnten und wurde fündig. Bald aber lief das Ganze in eine völlig andere Richtung ...

Es war ein Ehepaar, von dem ich mich fesseln ließ. Zum ersten Mal in meinem Leben. Das Dumme war, dass, immer wenn ich gerade verschnürt wurde, die Nase zu jucken anfing oder ich Harndrang verspürte. Man kann sich aber dann natürlich nicht kratzen oder aufs Klo gehen. Also musste ich eine Technik entwickeln, um meine Konzentration auf andere Dinge zu lenken. Wir sprachen mal hinterher darüber, und bei dieser Gelegenheit fragte mich der Mann, ob ich schon mal über Windeln nachgedacht habe. Ich hatte davon schon mal gehört, aber beim Lesen war ich nicht sonderlich erregt. Er sagte, er könne sich das mit mir gut vorstellen, und ich bin ja erst mal für alles offen. Eigentlich sollte seine Frau auch dabei sein, aber das hat nicht so richtig harmoniert.

Überraschend war nicht, dass ich mir vorstellen konnte, mich in sexueller Hinsicht auch einem Mann anzuvertrauen. Schon in meiner Pubertät habe ich beim Onanieren oft an männliche Klassenkameraden gedacht. Und auch später war ich in meinen Wichs-Phantasien nie nur auf das weibliche Geschlecht fixiert. Überraschend war, dass ein Mann beim Windeln der Partner wurde, obwohl das ja traditionell eher eine weibliche Tätigkeit ist. Zumindest war es das, als ich ein Baby war. Ich kann mir nicht vorstellen, dass ich jemals von meinem Vater gewindelt worden bin. Meine Neugier war aber geweckt, und ich wollte mal ausprobieren, mich in die Windelkind-Rolle einzufinden. In der Realität, damals als Baby, war ich immer von einer Frau gewindelt worden, nun also würde es ein Mann sein; ein Hetero-Mann wohlgemerkt. C'est la vie!

Bald merkte ich, dass es bei diesem Fetisch nicht nur um das Windeln an sich geht. Ich lernte schnell die Rollenspiele im Sinne von Ageplay[39] zu mögen, die damit üblicherweise verbunden sind. Also «mögen» kann ich gar nicht sagen, das wäre viel zu harmlos. Ageplay erregt mich, selbst wenn ich nur darüber rede, so wie jetzt.

Schließlich lag ich also bei ihm auf dem Bett, und in dem Augenblick, als er anfing mich zum ersten Mal zu wickeln, schaute ich zur Decke, und der Raum wurde viel größer. Ich war plötzlich wieder klein. Es war angenehm, untenherum gepolstert zu sein und gleichzeitig eine gewisse Enge zu spüren. Das war ein angenehmes Gefühl, und ich staunte. Ich staunte über die Wände und die Decke, und ich schaute mir den ganzen Raum an, als ob ich ihn gerade zum ersten Mal sah. Ich entdeckte in diesem Moment das «Little» in mir.

Kurz darauf wurde ich gewahr, dass ich da gerade was Neues ausprobiert hatte, und kam urplötzlich nicht ganz damit klar. Man wird

---

39 Ageplay = erotisches Rollenspiel, in dem vom Spieler oder von den Spielern ein anderes Alter angenommen wird; z. B. das eines Babys

ja ganz schnell in die pädophile Ecke gestellt. Auch im BDSM-Bereich sind die Windelfetischisten sehr umstritten. Das wusste ich, und das hat da wahrscheinlich ein bisschen mitgeschwungen. Aber kommen wir zurück zum Windeln, denn das machte ich ja trotzdem weiter. Also ich muss sagen, dass ich dabei erst mal keine sexuellen Gefühle habe. Wenn mir mein Windel-Papa die Windel umlegt, dann ist das in diesem Moment nichts Sexuelles. Eine gewisse Erotik ja, aber nichts Sexuelles. Aber es kann durchaus sein, dass sich das im Laufe des Abends wandelt. Es kann etwas Sexuelles werden, muss aber nicht. Erst mal geht es um die Rollenspiele, die für mich wie ein kleiner Urlaub sind. Ein Urlaub von der Alltagsrolle. In diesem Moment bin ich irgendwas zwischen zwei und drei Jahre alt. Ich kann mich schon artikulieren, aber noch nicht richtig sprechen. Ich gehe in dieser Rolle richtig auf, und wie gesagt, an guten Tagen liegt darin durchaus ein erotischer Reiz. Es kommt auf die Tagesform an. Es gibt Tage, da windeln wir uns gegenseitig, und das war's. Dann sitzen wir uns gewindelt gegenüber und sprechen über ganz normale Alltagsdinge oder schauen einfach fern. An guten Tagen aber windeln wir uns gegenseitig und steigen dann in die Baby-Rollen ein. Wir fangen an zu kuscheln und uns zu streicheln, auch mal im Schritt gegenseitig zu kneten, oder man bekommt ein Fläschchen. Das erledigt dann doch mal seine Frau. Na, oder was sonst noch alles passieren kann. Und wenn der Harndrang zunimmt, kann man es ja auch einfach fließen lassen. Tja, und gelegentlich begeben wir uns schon auch mal in einen stärkeren sexuellen Bereich. In der Windel komme ich ja nicht eigenständig zum Orgasmus, weshalb wir sie dann auch mal öffnen und uns gegenseitig mit der Hand befriedigen. Aber das ist eher die Ausnahme. Der Reiz liegt im Rollenspiel, und da ist durchaus erotisches Empfinden dabei.

(am Telefon)

Dr. Ahlers zu Windel-Fetischismus:
«Hier geht es um eine regressive Fixierung, das ist zumindest die prominente psychoanalytische Hypothese, nämlich, dass in der

analen Phase der psychosexuellen Entwicklung die Erfahrung gemacht wird, dass alles, was aufgenommen, anschließend als Eigenprodukt lustvoll wieder ausgeschieden wird. Eine regressive Fixierung kann entstehen, so die Annahme, wenn die folgende (genitale) Entwicklungsstufe nicht bewältigt wird und es dadurch zu einem Steckenbleiben in diesem sexuellen Modus des lustvollen Ausscheidens kommt und sich der Betreffende noch als Erwachsener in dieses Gefühl zurückversetzen möchte. Vor allem möchte er sich in diesen Zustand des kindlichen Umsorgtwerdens zurückversetzen. Deswegen geht Windelfetischismus häufig mit Versorgungssehnsüchten einher – also gewickelt, gepudert und verwöhnt, aber durchaus auch kontrolliert und bestraft zu werden. Dieses Gefühl, wieder ein Kleinkind zu sein, wird als Entlastung empfunden. Es geht also auch um die Abgabe von Selbstverantwortung, und insofern gibt es Überschneidungen zum Dominanz- und Submissionsbereich. Der Windelfetischist versetzt sich in eine Lebensphase zurück, in der er unbeansprucht und nicht für sich selbst verantwortlich war. Es ist ein differenziertes Mischgeschehen, das oft mit sexuellem Erregungsaufbau auch durch Ausscheidungen gekoppelt ist.»

Jürgen (49)
in der Automobilentwicklung tätig, lebt in Stuttgart

Er hat mehrere Beziehungen hinter sich. Mehr als fünf Jahre hat keine gehalten, die meisten waren eher von kürzerer Dauer. Die Ursache für das Scheitern seiner Beziehungen sieht Jürgen durchaus bei sich selbst. Mit dem offenbar unvermeidlichen Nachlassen der sexuellen Intensität nahm für ihn auch die Attraktion der Partnerin ab. «Die Sexualität ist nicht die einzige Säule einer Partnerschaft», sagt er, «wohl aber eine entscheidende.» Im Fragebogen gab er den «Verkehr mit einer Schwangeren» als eine bevorzugte sexuelle Phantasie an …

Meine ersten sexuellen Erfahrungen habe ich als junger Mensch mit einer 11 Jahre älteren Frau gemacht. Als junger Mann ist man ja meistens vollgestopft mit Informationen von irgendwelchen Freunden, die einen überschaubaren Wahrheitsgehalt haben. Und man ist nicht richtig informiert, ob das nun gut oder schlecht für die Frau ist, was da abgeht. Jedenfalls habe ich immer eine große Unsicherheit gespürt. Diese ältere Frau aber, sie war schon mal verheiratet, ist sehr klar gewesen in dem, was gut und was schlecht für sie ist. Ich konnte mich also zurücklehnen und mir sagen: ‹Wenn die Dinge nicht so für sie verlaufen, dass sie sich gut fühlt, dann wird sie es mir sagen. Also habe ich freies Spiel, und ich kann so weit gehen, bis ich eine Grenze kriege.› Sie hat mir zum Beispiel den Weg gezeigt, wie man eine Frau oral zum Orgasmus bringen kann, und anderes. Dabei habe ich ungeheuer an Selbstbewusstsein gewonnen, weil ich gemerkt habe, dass das, was ich tue, von der Frau gar nicht als schlecht oder unangenehm empfunden worden ist. In dieser Hinsicht war sie für mich sehr prägend.

Zu einer meiner bevorzugten Onanierphantasien gehört eine, die in der Jugend oder so im Alter bis 30 überhaupt kein Thema war. Es begann mit einer Beziehung zu einer Frau, die vier Kinder hatte. Sie war ein echtes Muttertier, und das meine ich nicht negativ. In dieser Zeit begann mich die Idee zu faszinieren, mit einer schwangeren Frau zu schlafen, die womöglich noch von einem selbst schwanger ist. Wenn ich heute irgendwo eine schöne Schwangere sehe, dann kann ich das schon sehr anziehend finden. Gelegentlich schleicht sich dieses Bild dann auch während des Onanierens in meine Phantasie. Dabei handelt es sich dann nicht um Frauen aus meinem Umfeld, die meist ohnehin aus dem Alter sind, in dem man Kinder kriegt. Es sind eher gesichtslose Wesen, der Fokus liegt ohnehin bei der Schwangerschaft.

(am Telefon)

Dr. Ahlers zur Phantasie vom Sex mit einer Schwangeren:
«Kulturgeschichtlich gibt es in der Frühzeit den runden, weiblichen Leib als archetypisches Ideal der mutmaßlichen Verknüp-

fung von Fruchtbarkeit und (Lebens-/Liebes-)Lust, wie es in den sog. Venusfigurinen zum Ausdruck kommt. Hierbei handelt es sich um weibliche Statuetten aus dem Jungpaläolithikum. Heute spricht man eher von Frauenstatuetten, die zwischen 35 000 und 12 000 Jahre alt sind, wie beispielsweise die ‹Venus vom Hohlefels› (ca. 33 000 Jahre v. Chr.) oder die ‹Venus von Willendorf› (ca. 25 000 v. Chr.). Es gab frühgeschichtlich mutmaßlich keine Trennung zwischen Fruchtbarkeit, (Lebens-/Liebes-)Lust und Sexualität, wie wir sie in unserer Gegenwart kennen. Jedenfalls würde das schon mal den Link herstellen: Fruchtbare Frau macht Lust, und der schwangere Leib fungiert als Sexualstimulus. Eine weitere Facette könnte darin bestehen, über die penis-vaginale Penetration in den geschützten Raum der Mutter-Kind-Dyade einzudringen. Aber da wird's dann wirklich spekulativ ...»

Rüdiger (43)

Betriebswirt und Unternehmensberater, lebt in Norddeutschland, in einer Wochenendbeziehung

Als er seine ersten Gehversuche im Internet gemacht habe, sei er «noch sehr naiv» gewesen, sagt er. Während des Studiums sei das gewesen, als er eigentlich nur Fotos von nackten Männern suchte, als er plötzlich etwas entdeckte, was später zur Leidenschaft werden sollte ...

Während meiner Studienzeit bin ich auf eine Website gestoßen, die hieß ponyboy.de, und da gab es Abbildungen von Männern. Die Website hatte ich mir gemerkt, aber lange nicht aufgerufen. Als ich sie mal wieder besuchen wollte, war die Domain leider schon nicht mehr vergeben. Also habe ich nach dem Begriff «Ponyboy» gesucht. Damals gab es noch Geocities. Dort bin ich auf einer Website gelandet, wo jemand schilderte, dass er Phantasien im Bereich Petplay hat, die er aber nicht ausleben kann, weil seine Freundin das nicht mitmacht. Aber er verarbeite das, indem er Geschichten schreibt. Die waren da veröffentlicht, und ich habe einiges davon gelesen. Und in einer Geschichte identifizierte ich mich plötzlich mit der Rolle des Dogplayers, der aus der Ich-Perspektive schilderte. Er beschreibt, wie ihn seine Freundin abends zu einer abgelegenen Stelle zu einem LKW bringt, wo er erst in einen Latex-Sack kommt und dann in eine Kiste gesperrt wird. Dann sagt sie ihm: «So, und nun wirst du erzogen wie ein Hund. Das wolltest du doch!» Na, und das passiert dann auch, die ganze Hundeerziehung. Ich war richtig in dieser Rolle gefangen und konnte mir das sehr gut vorstellen, dass das alles mit mir passiert. Es war total faszinierend. Aber mir war ähnlich bewusst wie dem Autor, dass das in der Realität wohl nichts werden wird. Trotzdem habe ich mich mal in einem Internetforum von Petplayern umgesehen, das sich «Pets and Owners»[40] nannte. Ich fand es interessant zu entdecken, dass es da ja eine ganze Menge von Leuten gibt, die ähnlich drauf sind. Das war skurril, das war interessant, aber das habe ich dann auch wieder vergessen. Aber als ich dann Geschichten mit Männern anfing, schrieb mich über die Plattform «Gay Romeo»[41] jemand an und fragte, ob ich mir vorstellen könnte, ihn an die Leine zu nehmen. Ich hätte das ja ignorieren können, aber ich schrieb ihm, dass mir die Top-Rolle nicht liegt. Trotzdem war bei mir der Funke wieder da. Ich bin dann nach langer Zeit mal wieder in das Petplay-Forum gegangen und habe da ein bisschen herumgelesen, und es entstand ein ziemlich buntes Kopfkino, in dem ich plötzlich Hund war. Ich habe mir vorgestellt, dass ich auf allen vieren herumlaufe und ausgebildet werde. Also all das, was mit einem Hund in einer Hundeschule gemacht wird. Der Gedanke hat mich sehr erregt, und deshalb habe ich es auch weiterverfolgt. Es gibt bei diesem Petplay-Forum auch einen Chat-Kanal, auf dem man sich mit anderen über Textnachrichten unterhalten kann. Da habe ich mich dann fast jeden Abend aufgehalten und bekam auf alle meine Fragen offene Antworten. Und dann bin ich auch mal zu einem Stammtisch gefahren,

40 http://www.pets-de.org/
41 Ein Begegnungsportal für homosexuelle Männer im Internet

um mich Auge in Auge mit anderen auszutauschen. Vor allem wollte ich im direkten Gespräch erfahren, auf welche Weise sie das ausleben. Irgendwann habe ich einen Mann, mit dem ich schon einige gemeinsame sexuelle Erfahrungen gesammelt hatte, direkt gefragt: «Könntest du dir vorstellen, dass ich dein Hund bin und du mein Herrchen?» Nach kurzem Zögern hat er «Ja» gesagt. Er hatte gezögert, weil er auch noch keine praktische Erfahrung hatte. Übers Netz fanden wir einen Ausbilder, der bereit war, auch Neu-Dogs und Neu-Herrchen zu nehmen. Wir haben uns dann verabredet und uns ein bisschen darüber unterhalten, was wir uns so vorstellten. Er hat uns erst ein bisschen ausgefragt, und ich habe erzählt, dass ich gern zu einem Hund erzogen werden möchte. Und das Faszinierende war, dass wir beide glänzende Augen während der Erzählungen bekamen. Eine Woche später ist er mit uns in einen schwulen Fetisch-Club gegangen, wo ich auch heute noch hingehe. Ich weiß noch, dass ich beim ersten Mal sehr aufgeregt war, und als ich mich ausziehen musste, hatte ich eine sehr ausgeprägte Erektion. Dann bekam ich Knieschoner und Fäustlinge, die die Hände zu Pfoten machten, und mir wurde das Halsband umgelegt, das ich mir selbst gekauft hatte. Danach ging ich auf alle viere, und mir wurde befohlen, keinen menschlichen Laut mehr von mir zu geben. Nun war ich Hund, und Hunde bellen nun mal, sie winseln und hecheln. All das machte ich auch als Hund. Als ich also zum allerersten Mal zum Hund wurde, verschwand schlagartig die Erektion. Es wurden zwar Glückshormone ohne Ende ausgeschüttet, aber es war keine sexuelle Komponente mehr vorhanden. Ich war zweigeteilt. Zum einen war ich eben dieser damals noch namenlose Hund und zum anderen aber auch noch ein Mensch, der das Ganze so ein bisschen von außen beobachtet. Mir wurde beigebracht, wie man bei Fuß läuft, und ich sollte sitzen oder apportieren ... Dann wurde ich erstmalig mit meinem Hundenamen gerufen. Das fühlte sich wunderbar an. Ich hatte meine Berufung gefunden in der Identität als Hund, als gehorsames Tier gegenüber seinem Herrchen. Ich brauchte mich um nichts zu kümmern, im Sinne von Vorausdenken oder so. Als Hund lebe ich nur im Hier und Jetzt.

Den Gummiknochen, den ich an diesem Tag als Spielzeug bekam, habe ich immer noch. Mittlerweile habe ich auch Hundemasken und auch eine Rute. Die sind super für Fotos, aber in der Praxis sind sie eher hinderlich. Natürlich sorgen die Masken auch für Anonymität, wenn man in der Öffentlichkeit ist, wie zum Beispiel auf der «Folsom Europe»[42] in Berlin. Das ist immer im September, dafür werden extra zwei Straßen abgesperrt, und man kann quasi seinen Fetisch in aller Öffentlichkeit ausleben. Da war ich schon mit meinem Herrchen und habe mich auch als Hund verhalten, also auf allen vieren und so. Tja, so wurde also nach und nach der schöne Traum, zeitweise als Hund zu leben, in eine befriedigende und glückliche Realität umgesetzt.

(am Telefon)

Uwe (33) und Karin (29)
Ein Marketing-Fachmann und Kommunikationstrainer und eine Graphikdesignerin, seit einiger Zeit liiert, leben in der Nähe von Berlin

Die beiden hatten sehr unterschiedliche Persönlichkeitsentwicklungen hinter sich, ehe sie sich im Umfeld von Petplay-Sympathisanten kennenlernten. Uwe war als Kind und Jugendlicher ein introvertierter Außenseiter. Während seine Klassenkameraden auf Partys und in Discos gingen, Mädchen anbaggerten oder sich besoffen, entdeckte er seine Vorliebe für Zeichentrickfilme, in denen die Mensch-Tier-Mischform verwendet wurde. Einer seiner Helden war «Marshall Bravestarr», der ein Pferd hatte, und dieses Pferd war in der Lage, sich von einer vierbeinigen in eine zweibeinige Form zu verwandeln. Das war das erste Mal, dass er mit einer «andropromorphen Idee»[43] in Berührung kam. Er bezeichnet sich in dieser Zeit als «relativ verklemmten Jugendlichen», der nur schwer mit seinen sexuellen Vorstellungen umgehen konnte. Seine bevorzugte Onanierphantasie in jener Zeit ging bereits in die Richtung eines Wesens, das halb Mensch und halb Wolf war. Aber es musste im-

---

42 Die Veranstaltung bezieht sich auf die Tradition der «Folsom Street Fair» in San Francisco, wo Equipments für Fetische öffentlich zur Schau getragen werden.

43 andromorph = in diesem Fall: halb Mensch, halb Tier

mer irgendwas dabei sein, was die Phantasie noch ein bisschen aufwer-
tete, etwa ein bestimmtes Material wie zum Beispiel Latex oder dass
er sich gefesselt in einer Hilflosigkeitssituation befand. In der Phantasie
gab es einen Partner, aber im Realen fehlte dieser eben. Es dauerte auch
lange, bis Uwe für sich akzeptieren konnte, dass er sich zu beiden Ge-
schlechtern hingezogen fühlt. Und er musste 27 Jahre alt werden, ehe
er in einem Internet-Chatroom Kontakt zu Petplayern fand. Von de-
nen wurde er zu einem Treffen eingeladen, wo er das Ponyplay, also die
Identifikation mit einem Pferd kennenlernte und seinen ersten Trainer
fand. In diesem Kontext kam es dann auch zur Begegnung mit Karin,
die – im Gegensatz zu ihm – keineswegs noch «Jungfrau» war.

Auch sie war als Kind eher schüchtern, verträumt und in sich ge-
kehrt. Karin fand es immer abstoßend, wenn jemand etwas von ihr
wollte, und das ist bis heute so geblieben. Sie sagt: «Ich habe Uwe ab-
geschleppt. Hätte er versucht, mich anzubaggern, wäre sicher nie was
draus geworden. Ich jage lieber, als dass ich gejagt werde.» Karin be-
zeichnet sich ebenfalls als bisexuell, hat aber, im Gegensatz zu Uwe,
durchaus gleichgeschlechtliche sexuelle Erfahrungen. Zunächst machte
sie Erfahrungen im Bondage-Bereich, also sexuellen Fesselspielen, die
lange auch ihre Phantasien beherrschten. Durch einen schwulen Mit-
bewohner wurde sie dann auf verschiedene Internet-Portale aufmerk-
sam, und so landete sie irgendwann bei einem Frauen-SM-Stammtisch.
Schließlich wurde sie zu einem Treffen von Petplayern mitgenommen.
Dort traf sie Uwe, der das Ponyplay spielte, und sie wurde eine seiner
Trainerinnen, die ihn longierte.

Das Petplay, das heute von den beiden gemeinsam in den verschie-
denen Rollen ausgelebt wird, ist bei ihnen mit keiner sexuellen Interak-
tion verbunden. Ein entsprechender Versuch misslang. Sie sprechen beim
Petplay eher von einem «Wohlfühlaspekt», um den Alltag auszuschal-
ten. Für dieses Buch aber sprechen sie über ihre erotischen Phantasien[44]*,*
und da spielen Mensch-Tier-Wesen durchaus eine Rolle ...

Ich unterscheide zwischen zwei Charakteren, die ich habe. Es gibt
einen Charakter, der entspricht dem, was ich primär auslebe. Also

---

44 Die Statements von Karin sind kursiv gedruckt.

der Versuch einer naturgetreuen Simulation eines Pferdes, das unter Anleitung seines Besitzers oder seiner Besitzerin übt. Dazu gehört etwa die Bodendressur, wie man sie von der Spanischen Hofreitschule kennt. Der andere Charakter spielt primär in meiner Phantasie eine Rolle. Dabei handelt es sich um ein andropromorphes Pferd, also ein zweibeiniges Wesen mit Pferdekopf. Trotzdem bewege ich mich wie ein Mensch, und ich denke auch wie ein Mensch, wenngleich in einem etwas anderen Körper. Da geht es dann in der Phantasie sehr viel um Sex, um Bondage, um Keuschhaltung. In einer solchen Szene meiner Phantasie identifiziere ich mich mit einem menschlichen Wesen mit Pferdeattributen. Das Setting, das ich mir dann ausdenke, ist eines, in dem ich als dieses Pferdewesen gejagt werde. Jemand macht Jagd auf mich, um mich gefangen zu nehmen, mich wegzusperren und mich für seine eigenen Bedürfnisse zu benutzen. Also mit dieser Jagd und der Gefangennahme beginnt die Phantasie. Dann wird mir das Halsband umgelegt, das ich nicht mehr aufbekomme. Ich werde abtransportiert und finde mich schließlich in einem großen Stall wieder. Dort bin ich als Mensch-Tier-Hybrid nicht alleine, es gibt noch weitere Gefangene. Schließlich werden mir meine Kleider abgenommen, ich werde geduscht und desinfiziert. Mir werden Fesseln angelegt, die man nicht mehr aufbekommt, sodass ich mich nicht mehr bewegen kann. Breitbeinig stehe ich da, die Hände links und rechts festgebunden. Dann kommen irgendwelche Leute und legen mir einen Keuschheitsgürtel um, was die Kontrolle noch stärker symbolisiert. Also man hat jetzt auch im Sexuellen keine Kontrolle mehr über sich und begibt sich in so eine Art Sklavendasein. Der interessante Aspekt an dieser Phantasie ist für mich das Kämpfen und das Verlieren. Dann male ich mir aus, wie ich auszubrechen versuche, wie ich versuche, meinen Wärter zu überwältigen, um am Ende doch an einer Mauer oder einer Falle zu scheitern. Dann werde ich natürlich bestraft ...

... durch eine Verlängerung der Frist für den Keuschheitsgürtel oder durch stärkere Fesseln.

Jedenfalls finden keine Schläge statt. Was ich aber interessant finde, sind Elektroschock-Halsbänder. Dabei geht es nicht um Schmerzen, sondern um den Zweck, mich unter Kontrolle zu behalten. Wenn ich zu Beginn dieser Phantasie sehr erregt bin, kommt der Höhepunkt oft schon sehr früh.

Teilweise erzählen wir uns gegenseitig unsere Phantasien. Da aber gibt es oft das Problem, dass wir nicht 100 Prozent kompatibel sind. Bei ihm geht es mehr um die ganze Fesselgeschichte und viel weniger um das Thema Sex. Ein weiterer Unterschied ist, dass bei ihm Phantasien wesentlich länger halten als bei mir. Ich hingegen bin viel häufiger auf der Suche nach entweder Neuem oder etwas, was ich lange nicht hatte und mal wieder ausgraben könnte. Also bei mir sind Phantasien wesentlich schneller abgenutzt. In einer der Phantasien nehme ich die Frauenrolle ein und es sind 1+x männliche Personen zugegen, die aber nicht zwangsweise humanoid[45] sind. Gerade neulich habe ich festgestellt, dass ich eigentlich das, was ich mir an Sex vorstelle, gar nicht immer mit mir selber vorstelle. Also nicht, dass ich an mir runtergucke, und da macht jemand was, sondern ich bin gleichzeitig involviert und aber auch Zuschauerin. Ich beobachte also die Szenerie mit mir und bis zu drei Schwanzträgern, die die diversen Körperöffnungen penetrieren. Manchmal wechsle ich auch von der Zuschauerin in die Rolle der aktiv Beteiligten, also ich wechsle von der Außenperspektive in den eigenen Körper zurück. Wenn mich eine Phantasie nicht wirklich anmacht, dann switche ich.

Zum Petplay-Aspekt in meiner Phantasie: In einem Animationsfilm, den ich gesehen habe, der hieß «Jesus und Judas»[46], handelt es sich eben um die Geschichte von Jesus und Judas, die beide Maria Magdalena toll finden, die sich später auch in Jesus' Gefolge befindet. Aber eigentlich hat sie einen Nachtclub, der «Sex, Sex, Sex» heißt. Judas braucht 30 Kröten, um da reinzukommen, und verrät dafür Jesus bei einer Wache. Und diese Wachen sind

---

45 Als humanoid werden in der Science-Fiction Lebensformen klassifiziert, die ein menschliches oder menschenähnliches Erscheinungsbild aufweisen.
46 Bei diesem Animationsfilm handelt es sich um eine sexuell orientierte Nacherzählung der Jesus-Geschichte mit amorphen Comicfiguren.

in diesem Film Wolfstiere. Sehr männlich mit einem Lendenschurz, der geradezu nach Testosteron riecht. Judas kommt also in den Club, und Maria Magdalena, sie ist eine Ziege, sitzt gerade rücklings auf einem Schaf, und unter ihr liegt schon ein großer Berg von ausgevögelten Schafen. Die Schafe stellen also die Masse dar. Dann vögelt Judas die Maria Magdalena durch, und es kommt Jesus und will die beiden bekehren. Im nächsten Moment aber kommen die Wachen, und als sie fragen, wer Jesus sei, zeigen sie beide gleichzeitig auf ihn und vögeln danach genüsslich weiter. Man erlebt in diesem 15-minütigen Kurzfilm die Maria Magdalena erst als kleines niedliches Zicklein, dann mit etwa 16 Jahren und dann als erwachsene Frau mit gewaltigen Brüsten. Diese Figur finde ich schon sehr sexy. Beim Betrachten des Films habe ich einen Weiß-Fetisch und auch einen Rosa-Fetisch entwickelt. Das Höchste ist natürlich die Kombination von Rosa und Weiß. Aber im Alltag trage ich ganz selten diese beiden Farben. Die Figur dieser Maria Magdalena aus dem Film werde ich wohl in diesem Leben nicht mehr verkörpern, aber sie hat mich total gereizt, und ich hab mich sehr lange sehr intensiv damit identifiziert. Ich habe auch einen Maskenbauer gefragt, und unter Murren und Knurren hat er sich auch bereit erklärt, diese Maske in Rosa anzufertigen, aber ich hab's dann nicht in Angriff genommen. In der Phantasie aber ist diese Maria Magdalena nach wie vor vorhanden. Da ist sie erst mal unschuldig, dann wird sie von diesen Wachen unter einem Vorwand mit auf die Wache genommen. Sie sucht dort Schutz und findet genau das Gegenteil, nämlich Missbrauch. Mit dieser Phantasie ist es wirklich so ein Ding, in der ich mit meiner Emanzipation nicht wirklich klarkomme. Ich unterscheide da sehr genau zwischen Gangbang und Vergewaltigung im wahren Leben, was alles andere als okay ist, und der Phantasie, die eben frei ist. In der Phantasie darf ich das toll finden. Und da finde ich mich in der Rolle der Maria Magdalena, in dieser amorphen Form, bei der Vergewaltigung durch die Wachen wieder. Ich nenne sie dann allerdings nicht Maria Magdalena, sondern ich nenne sie das Zicklein. Ich hab mit meinem Partner mal besprochen, ob wir das mal ausleben, aber ich habe durch das ganze BDSM-Thema sehr schnell kapiert, das etwas, was in der Phantasie toll ist, in der Realität noch lange nicht toll sein muss.

Eines Tages haben wir mal wieder unsere Masturbationsphantasien ausgetauscht, und sie war in der Phantasie ein kleines Kätzchen, das mit einer ganz kurzen Kette am Boden fixiert war, sodass der Hintern in die Höhe gereckt ist und der böse Wolf sie von hinten durchvögeln kann. Diese Phantasie fand sie eine Zeitlang mal ganz spannend, und dann hatten wir das zu Hause mal versucht. *(zu Karin)* Wir hatten diese kleinen Haken am Boden, und du weißt sicher noch, wie ich dich mit dem Seil langsam runtergezogen habe und du den Abbruch vollzogen hast. Es hat dir wohl Angst gemacht, weil du dich in der Bewegung zu sehr eingeschränkt gefühlt hast.

Ja, ich mag es gar nicht, wenn mein Kopf festgehalten wird. Es gibt so ein paar Sachen, da gehe ich auf die Barrikaden. Ich konnte zum Beispiel ganz lange kein Halsband tragen. Inzwischen kann ich es durchaus tragen, aber noch immer nicht gern. In der Phantasie geht das alles, aber in der Realität gar nicht. Bei mir kommt noch hinzu, dass ich einen ziemlich ausgeprägten Hygiene-Fimmel habe, gerade was meine Möse betrifft. Ohne Handschuhe geht da gar nichts. Ich wichse sogar mit Handschuh. Entsprechend bin ich da sehr penibel. Ich finde es zum Beispiel nicht gut, dass in der Pornographie auf Kondome verzichtet wird, in meiner Phantasie aber kommen sie mittlerweile auch nicht mehr vor.

Wir liegen öfter mal nebeneinander und masturbieren. Teilweise erzählen wir uns währenddessen unsere Phantasien, und manchmal versuche ich zum Beispiel ihre Phantasie mitzuspinnen. Selbst dann, wenn sie mich gar nicht besonders anturnt. Tja, und wenn sie dann gekommen ist, schläft sie oft ein, und ich kann mich um meine Phantasie kümmern. *(beide lachen)* Aber in der Regel versuchen wir eine gemeinsame Phantasie zu entwickeln und wichsen dabei nebeneinander, oder jeder wichst für sich, und wir erzählen uns unsere Phantasien gar nicht.

In der Vergangenheit hatte ich auch mal Phantasien im katholischen Umfeld, obwohl ich nicht gläubig bin. Da waren Adult-Baby-Phantasien dabei, die

politisch nicht korrekte Variante. In der Realität würde ich das selbst dann
nicht machen, wenn ich es wollte. Das Schöne an Rollenspielen ist ja gerade,
dass man vieles ausprobieren kann, was mit der Realität nichts zu tun hat.

(im persönlichen Gespräch)

Dr. Ahlers zu Petplay:

«Auch wenn es vordergründig nicht um eine sexuelle Interaktion geht, so ist auch das Petplay oft von Sexualität durchwoben. Aber das wird nicht von allen Petplayern so verstanden. Es geht oft vor allem um eine eskapistisch[47] motivierte Regression, man kann den Alltag mit seinen weltlichen Sorgen hinter sich lassen, und man befindet sich nur in der Rolle des favorisierten Tieres, wie man als Kind ein Tier gespielt hat (‹Ich wär jetzt ein Löwe …›). Das ist das Spiel und Spiel ist, was die Menschen von Geburt bis Tod beschäftigt und bewegt. Und warum? Weil das Spiel nur Spiel ist, wenn es nicht Produktion sein muss. Dann stellt es eine Entlastung und Erleichterung vom eigentlichen Leben dar und kann dann auch verknüpft sein mit spielerischer Erotik bzw. Sexualität.»

Amputophilie

Karl-Heinz (58)
Strafverteidiger, lebt in einer hessischen Großstadt, verheiratet

Selbst ein befriedigendes eheliches Sexualleben hat ihn nie von jener «bizarren Phantasie» befreit, die ihn seit seiner Studentenzeit regelmäßig während der Selbstbefriedigung überfällt. Seine «perfekte Gattin» ahnt nicht, dass die erotische Sehnsucht ihres Mannes gerade dem Unperfekten gilt …

---

47 eskapistisches Verhalten = vor der Realität und ihren Anforderungen in Illusionen oder in Zerstreuungen und Vergnügungen ausweichend

Ich habe in den 1970er Jahren an der FU in Berlin studiert und dort in Schöneberg gewohnt. Damals war die Potsdamer Straße noch eine Bordellmeile. Das hat uns junge Kerle nur insofern interessiert, als wir im Vorbeigehen mal einen Blick riskierten. Mir kann ja kein Mann erzählen, dass das Billige und Nuttige für ihn nicht auch einen gewissen Reiz hat. Aber als Student mit Anfang 20 war man nicht auf käuflichen Sex angewiesen. Schon gar nicht in der wilden Post-68er- und Pre-Aids-Ära. Es war für uns alle eine Zeit der wilden Promiskuität. Die Huren von der Potsdamer Straße waren für andere Leute da. Dachte ich! Bis ich eines Tages dort eine beinamputierte Prostituierte sah. Es war ein merkwürdiger Anblick, wie sie da ohne Prothese, nur auf zwei Krücken gestützt stand und unterhalb ihres Minirockes einen Stumpf präsentierte. Ansonsten boten sich dort junge hübsche Frauen an, androgyn oder sehr weiblich, groß oder klein, blond, dunkel, rothaarig, auch dunkelhäutige Prostituierte. Und dazwischen die mit dem Stumpf, die aber auch nicht unansehnlich war. Ob Sie es glauben oder nicht – die hat mich fasziniert, und zwar *wegen* der Behinderung. Aus der Faszination wurde bald Erregung und schließlich eine kaum zu zügelnde Geilheit. Gottlob hatte ich als Student – aus Gründen, die hier nicht wichtig sind – nie wirklich Geldprobleme. Ich konnte mir einen Bordellbesuch durchaus leisten. Nicht jeden Tag, aber ein bis zwei Mal im Monat wäre das drin gewesen, und nachdem ich erst mal mit ihr mitgegangen war, kam es auch zu wiederholten Besuchen.

Beim ersten Mal hatte ich einfach nur Sex mit einer beinamputierten Frau. Also, es war fast kein Unterschied zu meinen sonstigen Sexpartnerinnen – außer, dass ich dafür bezahlte und sie unterhalb des rechten Oberschenkels kein Bein hatte. Ich ging danach immer wieder zu ihr, und bald begann ich, den Stumpf zu liebkosen, zu streicheln, zu küssen und mein Glied daran zu reiben, bis es zur Ejakulation kam. Fast ein Jahr lang ging ich regelmäßig zu ihr, und dann war sie plötzlich nicht mehr da. Wir hatten bis dahin ein vertrautes, fast freundschaftliches Verhältnis. Deshalb war ich verwundert, dass sie wegblieb, ohne es vorher anzukündigen. Im Bordell sagte man mir nur, sie käme nicht wieder.

Nun ja, mein Leben ging weiter. Ich habe später eine Familie gegründet und Karriere als Anwalt gemacht. Gelegentlich habe ich onaniert und an die beinamputierte Hure aus der Potsdamer Straße gedacht. Und dann entdeckte ich während eines Sommerurlaubs an der Côte d'Azur eine beinamputierte Frau mit ihrem Mann oder Freund ... Eine große schöne Französin mit langen blonden Haaren und einem Stumpf. Ich sah sie am Strand und wieder am nächsten Tag in einem Café, wo sie selbstbewusst einen Minirock trug, der ihre Behinderung nicht verdeckte, und auch später sah ich sie noch mal hier und dort. Heimlich machte ich aus einiger Entfernung mit einem Teleobjektiv Fotos von ihr, die ich später zu Hause vergrößern ließ und die mir lange als Onaniervorlage dienten. Meine Frau hatte und hat bis heute keine Ahnung von meiner bizarren Leidenschaft – wenn man sie so bezeichnen darf. Denn mittlerweile gilt meine Phantasie während der Selbstbefriedigung ausschließlich nur noch beinamputierten Frauen, deren Stumpf ich mit meinem Ejakulat beglücke. Im Zeitalter des Internets gibt es natürlich mannigfache Möglichkeiten, um an entsprechendes Bildmaterial zu gelangen. Leider hatte ich nie wieder das Vergnügen, diese Phantasie real zu erleben. Ich habe mal in verschiedenen deutschen Bordellen angerufen, aber nirgendwo gibt es eine beinamputierte Prostituierte ...

(nach längerer Mail-Kommunikation, schließlich am Telefon)

Dr. Ahlers zur sexuellen Erregung durch Beinamputierte:
«Es wird angenommen, dass es u.a. darum geht, dass die Beeinträchtigung der Partnerin als entängstigendes Element wahrgenommen wird. Es erleichtert mutmaßlich den Erregungsaufbau, weil die Beeinträchtigung dafür steht, dass an den Mann nicht die gleichen Anforderungen gestellt werden wie von einer nicht behinderten Person. Eine amputierte Frau ist in ihrer körperlichen Mobilität beeinträchtigt und dadurch benachteiligt bzw. unterlegen, kann einem nicht schnell weg- oder hinterherlaufen, kann einen – im wörtlichen Sinne – nicht angehen. Dadurch verknüpft sich bei den Betroffenen mutmaßlich Körperbehinderung, vor allem Amputa-

tion, mit sexueller Erregung, mit Lust, und die ‹Verstümmelung› wird selbst zum Sexualstimulus ...»

Matthias (28)
arbeitet in einer sozialen Einrichtung in Berlin, Single

Eigentlich würde Matthias sich als einen «stinknormalen Hetero» bezeichnen. Seit er aber vor 12 Jahren beim Zappen durch Pornoportale im Internet Fotos von Ladyboys entdeckte, hat er eine Seite an sich entdeckt, die ihm bis dahin fremd war ...

In der Realität habe ich Sex mit wechselnden Partnerinnen. Es sind meist sehr feminine Frauen, auf die ich stehe und die ich oft mit Erfolg anbaggere. Und so sehen auch die Frauen in meiner Phantasie aus – groß gewachsen, elegant gekleidet mit einem aufregenden Dekolleté, langen tollen Beinen. Es sind zufällige Begegnungen in einer Bar oder einem Club. Zunächst findet der Augenflirt statt, ich spreche sie an, und nach einer Weile findet eine leidenschaftliche Knutscherei statt. Man fährt zu mir nach Hause. Der Klassiker eigentlich, bis es dann zur Sache geht. Wenn sich die Frau schließlich auszieht, kommt ein Penis zum Vorschein. Die «Überraschung» erregt mich. Ich gehe in die Knie und beginne ihn zu blasen. Vor mir habe ich also eine wunderschöne, gut gebaute Frau mit einem erigierten Schwanz. Schließlich wende ich ihr mein Hinterteil zu und sie dringt in meinen Anus ein. Auf meinem Rücken spüre ich ihren Busen, während sie mich heftig penetriert. Wir machen es vor einem großen Spiegel, so dass ich sie immer sehen kann. Dann fasst sie nach meinem Schwanz und wichst ihn und nach einer Weile kommen wir gleichzeitig.

Was mich seit jeher an dieser Phantasie verblüfft, ist, dass ich mich der passiven Rolle hingebe, obgleich ich eigentlich nicht schwul bin. Mit einem Kerl würde das nicht laufen. Aber eine Frau, die in mich eindringt, finde ich megageil!!!

(per Fragebogen)

MACHT UND OHNMACHT
Die Kunst des Rollenspiels

Die ganze Welt ist Bühne
und alle Frauen und Männer bloße Spieler.
Sie treten auf und gehen wieder ab.
Sein Leben lang spielt einer manche Rollen …

Kein heutiger Theaterbesucher wird jene Sätze bestreiten, wenn sie der melancholische Edelmann Jacques in Shakespeares Komödie «Wie es euch gefällt» deklamiert. Natürlich nicht! Mehr als zweihundert Jahre europäische Aufklärung hat (trotz gelegentlicher Rückschläge) die Vernunft salonfähig gemacht, und der Siegeszug der Psychologie hat dem Individuum die Chance eingeräumt, sich selbst zu erkennen – und so überhaupt erst zum Individuum zu werden. Auch wenn diese Chance nicht jeder jederzeit nutzt, so gehört unser aller Rollenverhalten im gesellschaftlichen Alltag längst über alle soziale Grenzen hinweg zum Common Sense. Im ausgehenden 16. Jahrhundert aber waren Shakespeares Sätze eine kleine Sensation. Noch hingen die dunklen Schatten des ausgehenden Mittelalters über Europa, der moralische Mainstream unterlag weiterhin der Deutungshoheit des Klerus, und neue Religionskriege standen dem Kontinent erst noch bevor. Die europäischen Gesellschaften bestanden – um in Shakespeares Metapher zu bleiben – aus wenigen Protago-

nisten, einigen mittleren Chargen und einem Heer von gesichts-
losen Komparsen. Und es war Europas größter Dramatiker, der
diese Welt als das sah, was sie war: eine Bühne. Wieder einmal ist
es das Theater gewesen, das der Gesellschaft den Spiegel vorhielt,
wie schon zwei Jahrtausende zuvor. Grund genug, sich die Entwicklung jener Institution unter dem Aspekt des Erotischen mal
genauer anzusehen. Jene Institution, die das Rollenspiel zu seiner
Profession machte.

Vor hundert Jahren haben fleißige Archäologen in den Ruinen der
königlichen Paläste von Knossos und Phaistos auf der Insel Kreta
die ältesten uns bekannten Theaterbauten gefunden. Jene Orte,
an denen 2000 Jahre vor unserer Zeitrechnung bis zu 500 Zuschauer zeitgleich mit kulturellen Darbietungen bespaßt worden
sind. Was aber wurde hier auf den ersten Bühnen der Theatergeschichte gegeben? Standen bereits szenische Darstellungen auf
dem Spielplan, oder wurden ausschließlich Tänze dargeboten,
musikalisch begleitet von Doppelflöten und siebensaitiger Leier?
Auf den erhaltenen Fresken sind die Akteure abgebildet, und
deren erstarrte Gebärden lassen beide Deutungen zu. Auf den
Fresken sind aber auch Priester und Priesterinnen zu sehen, die
sich ekstatischen Tänzen hingeben. Der leidenschaftlich-lüsterne
Ausdruck, mit dem sie das tun, lässt kultische Handlungen im
Dienste des Fruchtbarkeitsgottes vermuten, wie sie damals üblich
waren. Sozusagen als theatralisches Vorspiel zu den dionysischen
Feiern, aus denen sich um einiges später auf dem nahen Fest-
land das griechische Theater entwickelte. Im Jahr 534 vor unserer
Zeitrechnung wurde dort dann Thespis vom Publikum gefeiert.
Thespis war nicht nur Erfinder des Dramas und Intendant in Per-
sonalunion, sondern auch der erste solistisch agierende Schau-
spieler der Theatergeschichte. Da saßen dann schon bis zu 25 000
Zuschauer beiderlei Geschlechts auf den steinernen Rängen. Das
Theater begann sich endgültig als Kunstform zu etablieren. Und

da es seinen Ursprung in den ekstatischen Dionysos-Feiern hatte, war von Anfang an auch eine erotische Dimension dabei. Doch es sollte noch mehr als hundert Jahre dauern, ehe der Sex erstmalig auf einer Theaterbühne zur Sprache kam beziehungsweise die Verweigerung desselben.

Aristophanes war schon zu Lebzeiten ein vielbejubelter Kultautor. Ein Komödiendichter, um genau zu sein, und ein produktiver obendrein. Schon mit 23 Jahren hatte er bei den Athener Dionysos-Festspielen seinen ersten Dramatikerpreis abgeräumt. Immer wieder hatte der überzeugte Pazifist in seinen Stücken auch den Krieg angeprangert. Im zwanzigsten Jahr des Waffengangs zwischen Athen und Sparta brachte er im Frühjahr 411 vor unserer Zeitrechnung im Dionysostheater am Südosthang der Akropolis «Lysistrata» zur Aufführung. Die mutige Titelheldin führt eine Revolte von Frauen an, die allesamt ihren kriegstollen Gatten den ehelichen Beischlaf verweigern. «No more sex!» heißt ihre Parole – zumindest solange ihre Männer nicht bereit sind, mit dem gegnerischen Sparta Frieden zu schließen. Und weil das Stück eine Komödie ist, kommt es natürlich zu einigen lustigen Verwicklungen. Mehrfach versuchen liebestolle Frauen in Richtung ihrer Männer auszubüxen oder die frustrierten Herren zu ihnen zu gelangen. Vergebens! Doch am Ende führt der Liebesentzug tatsächlich zum Erfolg. Erstmalig in der Theatergeschichte wurde der Sex dramaturgisch als Machtmittel eingesetzt – zur sozialen Regulation von Frustration und Aggression. Es blieb späteren Autoren-Generationen vorbehalten, das erotische Spiel von Macht und Ohnmacht auf einer sehr persönlichen Ebene abzuhandeln. Nicht zufällig ist es jene Komödie, in der Shakespeare der Figur des Jacques oben zitierte Sätze in den Mund legt und die verliebte Rosalind als junger Mann verkleidet den angebeteten Orlando zu Liebesschwüren zwingt.

Bei der grotesken Faszination, die Goethes alternder Faust auf das doch wesentlich jüngere Gretchen ausübt, ist bekanntlich eine teuflische Macht im Spiel. (Das war auch bei Shakespeares Zeitgenossen Christopher Marlowe schon so, der als Erster die Faust-Geschichte fürs Theater aufbereitet hatte.) Arthur Schnitzler hat sich der Frage von Macht und Ohnmacht in Bezug aufs Erotische gleich in verschiedenen literarischen Gattungen gewidmet. Fünf Jahre vor der Veröffentlichung seiner «Traumnovelle», in der er erotische Phantasien und Rollenspiele auf die Spitze treibt, sorgte sein Stück «Der Reigen» 1920 in Berlin für einen handfesten Theaterskandal. In jeder der zehn Dialogszenen hat der österreichische Dramatiker den Geschlechtsakt zu einem theatralischen Ereignis stilisiert – vielmehr die Situationen kurz vor und unmittelbar nach demselben. Er brachte also jene Situationen auf die Bühne, in denen ein erotisches Rollenspiel üblicherweise seinen Anfang nimmt beziehungsweise sich dieses wieder auflöst (wenn es sich denn auflöst). Das psychosoziale Umfeld von Macht, Verführung, Sehnsucht, Enttäuschung und dem Verlangen nach Liebe – das war es, was Schnitzler interessierte, wofür er gleichermaßen Zorn und Zustimmung erntete. Was damals noch eine Provokation war, ist mittlerweile zu beliebten Plots in Literatur, Film und Telenovelas geworden.

In belletristischer Form hat sich Helmut Krausser in der «Schmerznovelle» diesem Sujet gewidmet, als er einen Psychiater schildert, der, statt einer schizophrenen Patientin mit der gebotenen Distanz zu begegnen, sich von deren erotischen Reizen in den Bann ziehen lässt. Am Ende steht die Frage, ob sie zu seiner Marionette wurde oder er zu ihrer.

Das Thema weiblicher Unterwerfung hat Anne Desclos – unter dem Pseudonym Pauline Réage – bereits in den 1950er Jahren im Roman «Geschichte der O.» thematisiert. Fast drei Jahrzehnte später versucht Elfriede Jelineks «Klavierspielerin», sich dem Einfluss ihrer herrschsüchtigen Mutter zu entziehen, und schlittert in ein verhängnisvolles sadomasochistisches Verhältnis zu einem Schüler.

In den frühen 1960er Jahren, ausgerechnet als in Jerusalem die Rolle des einstigen SS-Obersturmbannführers Adolf Eichmann beim Vernichtungsfeldzug der Nazis juristisch untersucht wurde, ist das noch junge Israel von einer Welle pornographischer Groschenromane überschwemmt worden, die in deutschen Lagern spielten. Im Mittelpunkt der sogenannten Stalag-Hefte[48] stand meist ein amerikanischer Kriegsgefangener, der von blonden, großbrüstigen SS-Aufseherinnen gefoltert und vergewaltigt wurde. Noch war die Auseinandersetzung mit der Shoa[49] in Israel mit Rücksicht auf die Überlebenden weitgehend tabu, weshalb die Stalag-Heft-Autoren (allesamt selbst Überlebende des Nazi-Terrors) es nicht wagten, jüdische Häftlinge zu ihren Protagonisten zu machen. Dennoch fanden ihre Hefte reißenden Absatz, und das ist nachvollziehbar. Schließlich hatten Jugendliche im damals prüden Israel zum ersten Mal die Möglichkeit, erotische Literatur zu konsumieren. Und so erfuhren sie – wenngleich in allegorischer Form – vom Spiel von Macht und Ohnmacht, dem so mancher im Lager unfreiwillig ausgeliefert war.

Die ganze Welt ist Bühne und alle Frauen und Männer bloße Spieler?

In vielen deutschen Schlafzimmern und nicht nur dort bestätigt sich Shakespeares These aus dem späten 16. Jahrhundert im erotischen Rollenspiel. Und der Sexualpsychologe von heute weiß auch, warum dem so ist: «Die sexuelle Begegnung wird zum Kommunikationskanal, um Primäraffekte auszuleben – also das, was wir alle in der Gefühlswelt eigentlich in uns tragen und in keinem anderen Lebensbereich so ungefiltert herauslassen können. Immer müssen wir uns höflich und angemessen verhalten. In der Sexualität aber befinden wir uns in einem Mikrokosmos der so-

48 Stalag = Nazijargon für «Stammlager»
49 Shoa = hebräischer Begriff für den Holocaust

zialen Anarchie, in dem man potenziell alles ausleben kann, was anderswo unmöglich wäre. Macht ist eben verknüpft mit Aggression. Und Aggression, in einer mehr oder minder unmittelbaren Weise, ist integraler Bestandteil von Sexualität. Je mehr sie einvernehmlich integrierbar ist, desto erfüllter erleben die Menschen in der Regel ihre sexuelle Beziehung, weil sie eben dort etwas ausleben können, was an anderer Stelle gestaut bleibt. Deutlich drückt sich das in der Sprache aus: Da will jemand ‹genommen werden› oder ‹es besorgt bekommen›. Oder jemand will einen anderen ‹durchficken› beziehungsweise will selbst ‹durchgefickt› werden etc. Da handelt es sich bereits im Wortsinne um Sprachgewalt.»

Und was weiß Dr. Ahlers über die Motive jener, die da Macht über den Sexualpartner auszuüben wünschen, und vor allem jener, die Unterwerfung und Ausgeliefertsein als erregend erleben? «Beim passiven Teil einer solchen Paarung geht es vor allem um Abgabe von Selbstverantwortung und dem Ausgesetztsein von Kontrolle, Befehl und Bestrafung. Aus dem subjektiven Blick des oder der Betreffenden bedeutet das: Dem Passiven widerfährt etwas, schicksalhaft kommt etwas über ihn. Er kann nichts dafür und wird vielleicht sogar dazu gezwungen. Das katalysiert die Erregung, weil er oder sie dann für dieses Schicksalhafte keine Verantwortung trägt. Womöglich hat diese Person mal gelernt, dass geil zu sein etwas Schlechtes ist. In dem Ausgeliefertsein des Genommenwerdens aber muss sie sich für die eigene Geilheit nicht mehr schämen und braucht sie vor sich selbst oder anderen nicht mehr zu rechtfertigen. Sie sagt sich: ‹Es geschieht mit mir – ich bin nicht schuld.›»

Und dann gibt es da noch den, der den aktiven Part einnimmt. Dr. Ahlers hat in seiner Einschätzung eine Überraschung parat: «Oft sind Personen, die in sexueller Hinsicht gerne dominant agieren, in ihrer Persönlichkeit eher unsichere Menschen, die sich eigentlich auch sexuell eher als selbstunsicher empfinden, vielleicht auch in ihrer sexuellen Funktionalität irritierbar. Dann rettet sie die Position, in der sie nicht auf Augenhöhe in Beziehung treten und auch nie irgendwie reagieren oder etwas können oder leisten muss. Der, der die Macht ausübt, ist der Gestalter, der Dompteur, der Dominator, der dem Anderen etwas vorenthält oder zufügt und dadurch im Anderen etwas bewirkt. Das wird oft als enorme narzisstische Gratifikation empfunden, denn dadurch, dass er bei einem anderen etwas auslösen kann, ist er ja wer. ‹Ich bewirke, also bin ich›. Da geht es also häufig viel stärker um Selbstwirksamkeit und Selbstwertsteigerung als allein um das Erleben sexueller Erregung. Wobei diese Selbstwirksamkeitserfahrung dann ihrerseits wieder mit sexuellem Erregungsaufbau verknüpft sein kann. Das widerspricht sich nicht. Aber der aktive Partner ist nicht kopflos in einem Strudel der Erregung verloren, sondern hat jederzeit die Kontrolle. So ist er in dieser dominanten Position vor Leistungsanforderungen geschützt – ob real oder empfunden – und dadurch auch vor Versagungsängsten. Das ist ein Agens, das in dieser Position mitspielen kann, was für gewöhnlich verkannt wird, denn vordergründig betrachtet handelt es sich bei dem dominant Agierenden ja um den Starken.» Tja …

Von Max Frisch stammt die These: «Wenn das Theater eingeht, ist auch der Eros eingegangen.» Das mag stimmen, nur finden Performance und Eros heute eben vielfach in den Schlafzimmern oder anderswo, jedenfalls jenseits etablierter Bühnen statt. Denn wie wir von Shakespeare wissen: «Die ganze Welt ist Bühne und alle Frauen und Männer bloße Spieler …»

Skizzen aus den Fragebogen

Galeristin in Nordrhein-Westfalen, in einer Beziehung
Ich sitze nackt auf einem Thron und um mich herum kriechen nackte Männer. Nur wen ich namentlich anspreche, darf zu mir blicken. Wenn

ich ihn zu mir rufe, gestatte ich ihm, mich solange oral zu befriedigen, bis ich jemand anderen auswähle. Irgendwann habe ich das mal geträumt und gelegentlich war das auch schon meine Phantasie während der Masturbation. Da kenne ich dann die Männer. Es sind keine Gestalten, denen ich ansonsten wohlgesonnen bin.

Realschüler in Hamburg

Erst wird sie oder ich an den Handgelenken zusammengebunden und dann am Bett befestigt. Danach werden die Beine auseinander gespreizt und ebenfalls irgendwo angebunden und dann geht das feucht-fröhliche Treiben los. Diese Phantasie taucht bei mir ab und zu beim Sex mit meiner Partnerin auf, also nicht in Alltagssituationen.

Angestellter in Hamburg, verheiratet

Expedition durch eine wilde, reliefreiche Landschaft – d.h. eine nackte, reife, erotische Frau. Ich besteige Berge, fülle Brunnen (Nabel) und tauche ein in ein tropisch-heißes feuchtes Tal mit tiefen Abgründen ...

Hausfrau in Thüringen, verheiratet

Mein Mann gibt mir klare Anweisungen, was ich beim Sex zu tun und zu lassen habe. Ich gehorche. Das passiert in meiner Phantasie, denn leider ist ihm das völlig fremd.

Kfz-Meister in Sachsen, geschieden

Mein Freund und ich stranden auf einer tropischen Insel, nur von Frauen bewohnt. Alle wollen schwanger werden und zwingen uns gefesselt allnächtlich zu Liebe. Nach und nach drehen wir den Spieß um ...

Andrea (34)

Physiotherapeutin mit eigener Praxis in Norddeutschland, Singlefrau

Es ist nicht so, dass sie sich nicht nach einer festen Partnerschaft sehnen würde. Stünde ihr da nicht eine Leidenschaft im Wege, die schon in der Jugend ihre Verehrer zu spüren bekamen. Aber sie kommt von dieser Phantasie einfach nicht los …

Für «Mädchen» wie mich haben die Kleinbürger ein böses Wort erfunden: Flittchen. Heutzutage wird auch häufig Schlampe gesagt. Nein, ich bezeichne mich selbst nicht so. Ich sage doch, die Kleinbürger … also die Spießer, die es ja in unterschiedlicher Couleur gibt, brauchen solche Begriffe, um sich moralisch abzugrenzen. Was ist mit mir los? Das habe ich mir schon lange überlegt, und ich bin zu einem Ergebnis gekommen und das lautet: Ich liebe es, Macht über Männer zu haben, mit denen ich Sex habe, aber ich möchte mit niemandem zusammen sein, der es zulässt, dass seine Partnerin beim Sex Macht ausübt. Ein Dilemma? Irgendwie schon. Ich kann mir zwar vorstellen, mit einem Mann zusammen zu sein, ohne dass meine Machtphantasien sein müssen, aber ich will auch treu sein. Und wo kann ich dann die Phantasien ausleben? Beim Masturbieren, wie jetzt auch oft? Das ist ja gut und schön, aber nur noch beim Masturbieren? Das wäre so, als ob eine Athletin ein Leben lang trainieren, aber nie einen Wettkampf erleben würde.

Also, ich will Ihnen sagen, wie es jetzt läuft. Ich bin vor drei Jahren hierhergekommen, in diesen Ort, der ja nicht klein und überschaubar ist. Gott sei Dank ist er das nicht … *(lacht)* Okay, mein Dilemma habe ich ja schon erklärt, kommen wir also zur angenehmen Seite. Ich werde von einer ganzen Reihe von Männern offenbar als attraktiv wahrgenommen, darunter auch von Patienten, die zu mir kommen. Das ist schön, und noch schöner ist es, dass mir das auch Kerle signalisieren, die auch mir gefallen. Und dann interessiere ich mich dafür, ob sie gerade Single sind. Dann nämlich kommen sie für mich nicht in Frage. Deshalb also Flittchen oder Schlampe … Aber ich achte nicht etwa deshalb darauf, möglichst nur verheiratete Männer ins Bett zu kriegen oder zumindest welche aus festen Beziehungen, weil ich partout unmoralisch sein will. Das ist doch Quatsch. Ich will bloß von keinem von denen, die meine Machtphantasien aushalten und sogar genießen, so sehr begehrt werden, dass sie mit mir was Festes anfangen wollen. Warum, habe ich ja vorhin schon gesagt.

Also, ich lasse mich regelmäßig mit Männern ein ... Man sollte besser sagen, ich lasse es zu, dass sie sich mit mir einlassen. Es ist mir egal, warum sie ihre Frauen oder Freundinnen «betrügen», wie sie es nennen ... mit uns wird es eh nicht von Dauer sein. Höchstens zwei bis drei Mal, dann höre ich damit auf und such mir einen anderen. Und dazwischen masturbiere ich, und da gehe ich in meiner Machtphantasie viel weiter als in den realen Geschichten. Noch ist das jedenfalls so. Mal sehen, wie sich das entwickelt ... *(lacht wieder)* Wenn Sie aber mein «Kopfkino» kennenlernen wollen, dann muss ich Ihnen nicht erzählen, was ich bei meinen One-to-three-Nights-Stands mit den Kerlen anstelle, sondern was ich gerne anstellen würde.

Schön, leg ich mal los. Ein Typ spricht mich irgendwo in der Öffentlichkeit an, sagen wir in einem Café oder so. Er redet um den heißen Brei herum, und ich lasse ihn wissen, dass ich das nicht mag. Ich sage: «Warum sagst du nicht, was du wirklich von mir willst?» Natürlich ist er überrascht, schaut ein wenig unsicher in der Gegend herum. Leise flüstert er mir zu: «Ich möchte mit dir schlafen?» Ich frage in normaler Lautstärke nach: «Du willst mit mir ficken?» Er wird rot, aber er ist jetzt schon so aufgegeilt, dass er gar nicht anders kann, als «Ja!» zu hauchen. Unerbittlich fordere ich ihn auf, mir das dann bitte auch so zu sagen. Wieder flüstert er: «Ich will mit dir ficken!» «Wie bitte? Ich kann dich nicht hören», sage ich. Er wiederholt etwas lauter: «Ich will mit dir ficken!» Einen Moment lang mustere ich ihn amüsiert. Dann sage ich: «Auf die Knie!» Er blickt sich erschrocken um und fragt: «Hier?» «Na, auf dem Klo haben wir nichts davon!», entgegne ich und weise mit dem Zeigefinger auf den Platz vor mir. Schließlich kniet er sich also hin. Ich greife in seine Haare und ziehe den Kopf nach hinten. Inzwischen ist es still geworden im Café, und alle Gäste schauen zu uns. Und nun fordere ich ihn auf, laut und deutlich in allen Einzelheiten zu beschreiben, wie er mit mir zu kopulieren wünscht. Das macht er dann auch. Er sagt zum Beispiel: «Ich will dir meinen Schwanz von hinten in die Möse stoßen und mit meinen Fingern an deinen harten Nippeln spielen ...» Meistens komme ich da schon zum ersten Mal. Nicht weil er das sagt oder vielleicht auch, vor allem aber wegen dem Bild. Tja, und dann geht's weiter. Ich nehme den Typen mit zu mir nach Hause, aber dort läuft es nicht so, wie er sich das vorstellt. Jetzt geht's nach meiner Pfeife. Meine Liebhaber werden immer gefesselt oder irgendwo festgebunden. Also nicht nur in der Phantasie ... Mal am Bett oder auf dem Stuhl. Neuerdings habe ich auch Handschellen. Die habe ich bei einem Besuch in Hamburg in einem Sex-Shop gekauft, aber bisher kamen sie noch nicht zum Einsatz. Das heißt, in meiner Phantasie schon. Da kniet ein Typ vor mir, und eine Handschelle ist bei ihm am Handgelenk und die andere um einen seiner Knöchel angebracht, sodass er nicht aufstehen kann ... *(lacht wieder)* Und dann muss er sich gedulden, wie meine realen Liebhaber auch. Ich setze mich ihnen nackt gegenüber und rauche genüsslich eine Zigarette, vielleicht telefoniere ich dabei mit meiner Freundin, oder ich beginne in einem Magazin zu blättern. Die Typen haben keinen blassen Schimmer, ob sie überhaupt noch zum Zug kommen oder nicht. Aber am Ende erbarme ich mich, lasse mich von ihnen ausgiebig lecken. In der Realität bekomme ich dann meinen ersten Orgasmus, und in der Phantasie ist es meist schon Orgasmus Nummer zwei.

Der weitere Verlauf hängt von der Tageslaune ab. Entweder reite ich sie fast bis zur Bewusstlosigkeit, oder ich befreie sie, und sie dürfen mit mir anstellen, was sie wollen. Das Letztere aber gibt es nur in der Phantasie. Und noch etwas hat sich da eingeschlichen, was mich überrascht und auch ein bisschen verunsichert hat, weil es eigentlich nie meiner Neigung entsprach. Irgendwie passiert es mir neuerdings, wenn ich auf den Höhepunkt der Masturbation zusteuere, dass ich mich über meine Phantasiegestalten stelle und sie von oben bis unten bepinkle. Bei dieser Vorstellung erlebe ich jedes Mal einen gigantischen Orgasmus. Keine Ahnung, wo das herkommt, und eigentlich will ich das auch wieder abstellen. In der Realität jedenfalls stehe ich da überhaupt nicht drauf!

(am Telefon)

Einar (40)

Sozialpädagoge, lebt mit seiner Partnerin in einer schleswig-holsteinischen Kleinstadt

Da seine Freundin morgens deutlich früher als er zur Arbeit muss, träumt er sich manchmal in sexuelle Phantasien hinein. Die erotischen Tagträume sind seine geheime Welt. Einen davon hat er für dieses Buch aufgeschrieben ...

Durch ein Geräusch erwache ich mitten in der Nacht in einem Haus, das ich allein bewohne. Ich realisiere, ich bin nicht allein. Offenbar findet gerade ein Einbruch statt. Ich schleiche mich aus dem Bett, um in Richtung Telefon zu gelangen, doch in der Wohnstube ist mir der Einbrecher im Weg. Alles ist dunkel, ich kann ihn nur vor den offenen Fenstern erkennen. Da er kleiner ist als ich, beschließe ich ihn zu überwältigen. Ich springe ihn von hinten an, wobei wir beide zu Boden gehen. Nach kurzem, aber kraftraubendem Kampf, habe ich den Eindringling mit Hilfe eines schweren Gegenstandes (komischerweise sehe ich den nie) bewusstlos geschlagen. Damit er nicht fliehen oder mich angreifen kann, eile ich in den Flur. Von dort hole ich meinen Werkzeugkasten und fessle den Einbrecher mit Kabelschnellbindern. Dann schalte ich Licht an und ziehe dem Einbrecher die Skimaske ab. Die Überraschung ist perfekt, denn es ist eine junge Frau. Ein kleiner, sportlicher Typ, aber nicht unattraktiv. Es tut mir fast schon leid, sie geschlagen zu haben. Ich hole Wasser aus der Küche und wecke sie. Ich erwarte, dass sie um Mitleid bittet, mir eine traurige Geschichte erzählt und nicht will, dass die Polizei gerufen wird. Doch sie beschimpft mich rüde und droht, mich fertig zu machen. Ich werde zornig, sage ihr, dass ich zwar

wirst es noch sehr erregend finden, was ich mit dir mache.» Sie aber schüttelt entsetzt den Kopf.

Ich beginne sie mit der Zunge an den Schamlippen zu berühren, sie arbeitet sich zu ihrer Klitoris vor und ich sauge mich quasi an ihr fest. Das Flehen der Frau weicht einem Wimmern und dann einem leichtem Stöhnen. Ihr Körper zuckt. Trotzdem ruft sie zwischendrin um Hilfe oder bittet darum, dass ich aufhören solle. Sie keucht, ist hochrot im Gesicht, was nicht nur auf den Ohrfeigen beruht. Sie scheint kurz vor dem Orgasmus zu stehen. Abrupt lasse ich von ihr ab und frage sie, wie es denn sein kann, dass sie derart erregt ist, wenn ihr doch alles so unangenehm sei. Ich streife meine Boxershort ab und präsentiere mich ihr in völliger Nacktheit. Ihre Augen weiten sich vor Schreck. Unablässig ruft sie: «Nein! Nein! ...» Wohl aber eher zu sich, als zu irgendwem. Dann knie ich mich zwischen ihre gespreizten Beine und ramme ihr mit einem gezielten Stoß mein Glied in die Muschi. Ihr «Nein» wird zum Schrei. Auch jetzt bin ich nicht sanft zu ihr, stoße immer wieder kraftvoll zu. Jeder Hieb meiner Hüften lässt sie etwas höher auf dem Teppich rutschen. Wieder treibe ich sie, bis sie kurz vor einem Orgasmus zu stehen scheint, gegen den sie vergeblich kämpft. Dann drehe ich sie auf den Bauch und knie mich über ihren kleinen runden Po. Zart wie ein Pfirsich und blass wie Porzellan. Ich dringe mit meinem Glied, welches noch feucht von ihren Säften ist, anal in sie ein. Es tut ihr weh, sie bittet, schreit, ich solle damit aufhören. «Alles nur dass nicht!» fleht sie. Ich frage sie, ob es ihr in «der Fotze» lieber sei, als «im Arsch». Sie nickt. Ich zwinge sie dazu, mich zu bitten, vaginal in sie einzudringen. Ja, ich verlange, es in einem kompletten Satz zu sagen. Erst dann ziehe ich mein Glied aus ihrem Arsch heraus.

Ich verlange, dass sie den Hintern anhebt und dringe von hinten in ihre Vagina ein. Mit aller Kraft und Heftigkeit, die mir möglich ist, stoße ich zu. Der Schweiß läuft, meine Lungen brennen, ich fange an zu keuchen. Ich frage sie zwischendurch, ob es das ist, was sie wollte. Ansonsten könne ich immer noch den anderen Eingang benützen. Unter Stöhnen ruft sie, dass es das ist, was sie wollte. Fast gleichzeitig kommen wir zum Orgasmus. Ihr «Nein! Nein! …» wird von einem überraschten «Oh mein Gott» unterbrochen und geht dann in lautes unartikuliertes Stöhnen über. Während ich tief in ihr ejakuliere, ziehe ich derart an ihren Haare, dass sie das Gesicht in Richtung Kamera drehen muss.

Schnitt – wie im Film.

Sie liegt nackt, gefesselt auf dem Teppich, mein Sperma läuft aus ihr heraus. Ich sitze auf dem Sofa und betrachte sie. Sie ist wieder in ihrer aggressiven Stimmung, sagt, sie werde mich anzeigen, wenn sie hier herauskäme etc. Ich schließe die Kamera an den Fernseher an und zeige ihr, wie sie auf dem Video darum bittet, vaginal penetriert zu werden. Mit verklärtem Blick sagt sie in Richtung Kamera: «Ja bitte, steck deinen Schwanz in meine Fotze!»

Meinen Sieg genießend, sage ich ihr, dass ich sie immer noch wegen Einbruch drankriegen könne. Außerdem läge ja der Beweis vor, dass sie freiwillig auf diese Art Sex haben wollte und wir uns im Übrigen wiedersehen werden, wenn sie nicht möchte, dass die Bilder den Weg ins Internet finden. Damit endet meist die Phantasie.

(per Mail-Kommunikation)

Daniel (63)
freiberuflicher Theaterregisseur, arbeitet an Bühnen in ganz Deutschland, Single

Von klein auf haben Uniformen im Leben von Daniel eine Rolle gespielt. In seiner Familie gab es einige Berufssoldaten, und so war er immer von Uniformen umgeben. Sie bedeuten für ihn Autorität und auch eine bestimmte Strenge. Nun könnte man annehmen, dass derjenige, der auf Uniformen steht, in der Phantasie eine devote Rolle einnimmt. Bei ihm aber ist das krasse Gegenteil der Fall …

Die erste erotische Phantasie, an die ich mich deutlich erinnere, hängt mit meinem Großvater zusammen, der Justizvollzugsbeamter war. Durch ihn kamen auf eine andere Weise uniformierte, jedenfalls gleich aussehende Männer mit akkuraten Kurzhaarschnitten, nämlich Häftlinge, zu uns nach Hause. Es waren sehr männliche, durchtrainierte Kerle, die halbnackt in unserem Garten gearbeitet haben. Die haben mich sehr beschäftigt. Das erste Mal, als ich im Traum ejakuliert habe, da hatte ich von einem von denen geträumt. Es war ein dubioser Traum. Ich bin mit ihm in die Gartenhütte gegangen. Die Annäherung war eher aggressiv. Wir haben gerungen, ich habe da tatsächlich probiert, gegen diesen erwachsenen Mann zu gewinnen. Ich hatte ihn umschlungen, hing fest auf seinem Rücken, die Arme um seine Brust geschlungen. In dem Moment bin ich gekommen. Das hat mich tagelang nicht losgelassen. Ich war 12 oder 13 Jahre alt, und fortan hat mich genau dieser Typ Mann sehr beschäftigt. Bei mir stand also von Anfang an nie das andere Geschlecht zur Disposition.

Kurz darauf habe ich mir einen sogenannten «Mecki» schneiden lassen. Das Hochkämmen der Haare mit einer Drahtbürste war schmerzhaft, gehörte dann aber dazu. Ich versuchte mich in jenen Mann zu verwandeln. Die Gartenhütte war der Treff, schon da habe ich, natürlich in der Phantasie, ihm die Kleider abgenommen und entschieden, wann er sich wieder anziehen und wann die Hütte verlassen darf. Dieses Muster hat sich erhalten, auch wenn aus der Gartenhütte inzwischen ein Ferienhaus wurde. Die Phantasiemänner, welche ich mit in das Haus nehme, sind vital, kräftig, männlich. Als ich jung war, waren sie deutlich im Alter meines Vaters. Ich hatte auch keinerlei Probleme damit, mir Sex mit erwachsenen männlichen Verwandten vorzustellen. Meinen Vater habe ich nie kennengelernt, deshalb war diese Leerstelle mit Phantasiemännern zu besetzen. Lange war es Lex Barker, also Old Shatterhand, an den meine Lieblingsphantasie gekoppelt war.

Wenig später war meine Mutter mit einem amerikanischen GI befreundet, der kurz zuvor aus Vietnam zurückgekehrt war, und der zeigte mir Fotos. Ich war auch damals schon gegen den Vietnam-Krieg, aber auf den Fotos waren nackte Soldaten zu sehen, die sich gegenseitig mit Handtüchern auf den Arsch schlugen. Das fand ich ziemlich aufregend. Und je mehr ich später auf Anti-Vietnam-Demos gegangen bin, desto stärker wuchs die Faszination an den GIs. Später kam dann noch ein anderer Typ Mann dazu. Ich lebte eine Weile in Frankfurt, und da schlichen sich die Banker in meine Phantasien. Sie hatten ebenfalls schicke Frisuren und eine Art Uniform. Diese Typen mochte ich zwar ebenso wenig wie die amerikanischen Offiziere, aber irgendwas war an diesen Bankern scharf. Die sahen alle anders aus als meine Freunde, die damals Latzhosen und lange Haare trugen. Aber die haben mich in erotischer Hinsicht nie gereizt. Fasziniert hat mich das extrem gut rasierte Wesen mit dem ausrasierten Haarschnitt. Anscheinend ging es mir immer darum, die angepasste Form dieser Männer aufzulösen. Von diesen Typen, mit denen ich mich nicht gern in der Öffentlichkeit zeigen würde, geht eine deutlich größere erotische Faszination aus als von all denen, die ich ansonsten attraktiv und nett finde. Bis heute haben sich meine dominanten Phantasien auch nicht abgeschwächt. Und so lief während des körperlichen Zusammenseins mit meinen realen Partnern im Kopf immer eine ganz andere Nummer ab. Leider fliegt einem das meist irgendwann um die Ohren. *(lacht)*

Ein gewisses dominantes Auftreten ist bei mir immer vorhanden. Also ich will sagen, dass ich nur ungern mit mir Sachen machen lasse. Unlängst sagte mir eine Kollegin, dass Dominanz immer mit Macht zu tun habe, was ja wahrscheinlich stimmt. Das verunsichert mich andererseits auch, weil es in einem gewissen Gegensatz zu meinem sonstigen Verhalten steht. In der sexuellen Phantasie aber verlieren sich dann die Eigenkontrolle und das Tabu.

Tja, wie sehen meine erotischen Phantasien heute konkret aus? Ich stelle mir zum Beispiel vor, dass ich mit so einem Typ Banker in einem Ferienhaus bin und ich bestimme, wann er das Haus betreten und wann er es wieder verlassen darf. Ich verschwinde mit ihm im Badezimmer, ich dusche und massiere ihn. Dann fixiere ich ihn, entweder real mit einem Schlips oder einfach durch den unmissverständlichen Befehl, dass er sich nicht bewegen darf. Sobald er sich auch nur ein wenig bewegt, werden meine Anweisungen schärfer. Ich versuche zu ergründen, wie seine Lust verläuft, und bin bereit, auf alles einzugehen, was diese steigert. Ich benutze die Fixierten gleichzeitig auch immer zu meiner eigenen Lustbefriedigung, indem ich sie sexuell stimuliere, entweder mit der Hand oder dem Mund. Das kann auch heftig werden, mit Wäscheklammern und Kerzenwachs ... Ich genieße es, dabei in ihre Gesichter zu sehen, wie sie schreien, lachen, weinen, kommen. Das ganze Kerl-Image fällt in sich zusammen. Auf gar keinen Fall will ich, dass er bei mir Hand anlegt. Ich sitze dann auf seiner Brust und spritze ihm mein Sperma ins Gesicht. Wenn ich auf meinen «Opfern» komme, dann ist das selbstbestimmt und selbstgemacht.

Wenn wir dann das Haus verlassen, will ich auch bestimmen, was der Mann anzieht, wie weit sein Hemd offen sein darf ... Dann kommt es in meinem Kopf auch zu Szenen, bei denen auf dem Heimweg Sex stattfindet, im Park oder im Wald. Dazu gesellen sich auch andere Männer ähnlichen Typs. In dem Moment, wenn ich nicht mehr unterscheiden kann, zu wem welche Hand gehört und zu wem welcher Schwanz, kann ich auch passiv sein.

Analverkehr findet in meinen Phantasien nur ganz selten statt. Höchstens mal mit etwas massiveren Männern, fast schon an der Grenze zum Dicksein. Jedenfalls nicht bei den drahtigen Militärtypen. Auch beim Analverkehr, wenn er dann mal in meinen Vorstellungen vorkommt, bin ich der aktive Partner. Es handelt sich bei meinen Phantasiegestalten nur ganz selten um Männer, die ich tatsächlich kenne. Ich denke, es ist eher ein Klischee, was ich in meiner Phantasie brauche. Ein Klischee, wie es in der Realität kaum vorkommt.

(am Telefon)

Bettina (34)

studierte Politikwissenschaftlerin, arbeitet als Mitarbeiterin einer Landtagsabgeordneten, Single

Ihre letzte Beziehung sei gescheitert, nachdem sie ihrer langjährigen Lebenspartnerin jene sexuelle Phantasie mitgeteilt hatte, die sie seit der frühen Pubertät umtreibt. Zunächst sei sie zwar auf Verständnis gesto-

ßen, da aber die Freundin sich nicht vorstellen konnte, diese Phantasie mit ihr auszuleben, kam es schließlich zur Trennung. So bleibt die Sehnsucht vorerst, was sie immer war – ein erregendes Stück Kopfkino …

Die erste Frau in die ich mich verliebt hatte, war meine Mathematik-Lehrerin. Ich war 12 oder 13 Jahre alt und himmelte sie an. Und das obgleich sie eher eine spröde und strenge Frau war. Das war sie auch, wenn ich zu Hause in meinem Bett an sie dachte und meinen Körper streichelte. Da war sie sogar noch strenger und plötzlich fing sie in meiner Vorstellung an, mir ins Gesicht zu schlagen. Komischerweise war ich gar nicht erschreckt oder enttäuscht. Ganz im Gegenteil. Ich sehnte mich danach. Die Phantasie nahm immer kuriosere Formen an. Damals habe ich sie als kurios empfunden. Heute weiß ich sehr viel über die psychologischen Hintergründe und empfinde es überhaupt nicht mehr als kurios. Ich bin eher verwundert, dass es Menschen gibt, die über den auf Dauer langweiligen Blümchensex hinaus keinerlei Phantasie entwickeln. Bei mir blieb es nicht bei der Sehnsucht nach den Ohrfeigen durch jene Lehrerin. Es ging immer weiter. Schließlich musste ich mich vor ihr nackt über eine Schulbank beugen und sie schlug mir mit einer Reitgerte auf den Po. Immer wieder und immer fester. Alle Mädchen meiner Klasse schauten dabei zu und feuerten die Lehrerin an. Dann durfte eine Mitschülerin nach der anderen nach vorne kommen und mich mit der Reitgerte schlagen – unter dem Gejohle der anderen.

Ich war auch damals schon eine Reiterin und hatte eine Reitgerte zu Hause, mit der ich mich selbst schlug. Es war schmerzhaft und erregend zugleich. Eine Weile konnte ich im Sommer keine Miniröcke tragen, weil jeder die Striemen gesehen hätte.

Als Studentin hatte ich eine love affaire mit einer Kommilitonin und sie war die erste, der ich diese Leidenschaft gebeichtet habe. Sie war auch bereit, mir den Arsch zu versohlen oder mir sonstwie weh zu tun. Sie besorgte sogar Nippelklammern, die ich bis heute während des Masturbierens anlege. Nur bei den erbetenen Ohrfeigen machte sie nicht mit. Eigentlich war sie überhaupt nicht bei der Sache und machte es nur, weil sie in mich verknallt war und von mir oral verwöhnt werden wollte. Irgendwann hatte ich das Gefühl, mir ein Callgirl bestellt zu haben, das stoisch meine Wünsche erfüllt und habe das beendet. Die Freundin danach stand auf alles Mögliche, nur nicht darauf, mir physisch Schmerzen zu bereiten. Also musste ich es mir selbst machen und das ist bis heute so.

Inzwischen tauchen in meinen Träumen Frauen in Uniformen auf. Eine Uniform repräsentiert für mich Macht und Autorität, die mich klein und unwürdig erscheinen lässt. Nun, nicht gerade bei unserer Briefzustellerin, aber zum Beispiel bei einer attraktiven Politesse, die ich manchmal in meiner Wohngegend sehe. In meiner Phantasie muss ich mich dann vor ihr entkleiden und sie beschimpft und schlägt mich. Die schönsten Frauen die ich kenne oder denen ich zufällig begegne, tragen in meinen Phantasien irgendwelche Uniformen und ich werde von ihnen unglaublich mies behandelt und gequält. Aber auch eine Fraktionskollegin meiner Chefin treibt mich mit einer Zirkuspeitsche vor sich her, ehe sie sich schließlich über mich stellt und auf meinen Körper und mein Gesicht pinkelt. Keine Ahnung, wohin mich meine blühende Phantasie sonst noch treibt. Real kommt während meiner Masturbationsorgien ein ganzes Sortiment an G-Punkt-Vibratoren parallel zu den Nippelklammern zum Einsatz.

(per Mail-Kommunikation)

Manfred (44)

Filialleiter einer Bank, lebt «im ländlichen Raum» in Rheinland-Pfalz, verheiratet

So richtig eindeutig positioniert sich Manfred in seinen Macht-Ohnmacht-Phantasien nicht. «Ich mag es einerseits, meine Partnerin zu züchtigen, ihr zu zeigen, wo es langgeht, sie zu fesseln und wehrlos zu machen. Genauso aber gefällt mir die Vorstellung, erniedrigt und vorgeführt zu werden», schreibt er. Doch ob er seine Frau, die gelegentlich seine Dominanz erträgt, dazu bewegen kann, das Rollenverhältnis auch mal zu tauschen, kann er derzeit nicht einschätzen. Vor einiger Zeit nun hat er im Internet ein Portal entdeckt, das seiner masochistischen Neigung sehr entgegenkommt …

Als jemand mit Personalverantwortung reizt es mich, mal derjenige zu sein, der «erniedrigt» wird. Seit einiger Zeit habe ich die Vorstellung, dass das virtuell geschieht. Ab und zu bewege ich mich nämlich im Internet, und da habe ich eine Seite entdeckt, wo man das eben virtuell ausleben kann. Ich habe es noch nicht ausprobiert, aber in meiner neuesten Phantasie werde ich schon jetzt im Internet vor mehreren Zuschauerinnen vorgeführt. Sie können verlangen, was sie wollen, und ich muss das ausführen. Mir wird zum Beispiel befohlen, vor der Kamera Wäscheklammern an meine Brustwarzen zu klemmen, und dann muss ich mich vor der Kamera auf den Rücken legen und mein A…loch präsentieren. Mit beiden Händen reiße ich die Pobacken auseinander, und schon höre ich das hämische Gelächter meiner Zuschauerinnen. Dann wird mir befohlen, auf allen Vieren vor der Webcam wie ein Hund zu hecheln und zu winseln. Die Frauen auf der anderen Seite machen mich zu ihrem Gespött. Dann soll ich mich selbst ohrfeigen oder liegend selbst anpinkeln. Schließlich darf ich mich hinstellen und onanieren und sie schauen mir dabei zu, wenn ich abspritze. Wie gesagt, bis jetzt findet das nur in meiner Phantasie statt. Aber ich bin fest entschlossen, mich in absehbarer Zeit tatsächlich als Cam-Sklave zur Verfügung zu stellen. Dann werde ich ja sehen, ob meine Frau bereit ist, dabei zuzuschauen.

(per Fragebogen)

Anja (23)

Studienabschluss in «Marketing», arbeitet in einer Unternehmensberatung und lebt in Düsseldorf

Seit zwei Jahren ist sie mit einem 20 Jahre älteren Mann («Ein gutaussehender Mann und vollendeter Gentleman, der mich auf Händen trägt – ein Traummann ...») liiert, der nichts von ihren devoten Phantasien weiß ...

Niemand, absolut niemand weiß davon und so wird es auch bleiben. Ich habe mir lange überlegt, ob ich mich an dieser Umfrage beteiligen soll. Die zugesicherte absolute Anonymität hat mich gereizt, mich endlich mal jemandem anzuvertrauen.

Auslöser für meine Phantasien sind meist nur kurze Momente, ein Blick, eine Reaktion, eine Begebenheit, ein Ambiente usw. Ganz normale, an sich harmlose Alltagssituationen. Aber das, was ich in meinen Träumen daraus mache, ist dann nicht mehr harmlos. Manchmal schäme ich mich ein wenig dafür, wenn ich wieder ... sozusagen ... bei klarem Verstand bin.

Meine Träume handeln vom Ausgeliefertsein und von Macht, die Männer über mich ausüben. Es sind auch Demütigungen dabei. Es geht immer um ein Machtgefälle zwischen Männern und mir. Ich habe lange versucht, diese Veranlagung zu bekämpfen, aber mir gelingt es nicht. Sie ist sehr stark. Da für mich ein Outing unter keinen Umständen in Frage kommt, bleiben mir nur meine Träume. Ich habe mich im Internet über meine Veranlagung informiert. Aber das, was ich gefunden habe, hat mich total abgeschreckt. Es war abstoßend, aber ich habe mich trotz meiner Ablehnung dafür noch mehr geschämt, da es wohl doch Gemeinsamkeiten gibt, wie eben den Wunsch, dominiert zu werden. Aber in diesem Lack- Leder- und Folterkellermilieu finde ich mich nicht wieder. Meine Veranlagung und meine Träume haben damit nichts zu tun.

Auslöser für die folgende Phantasie waren meine ersten Tage im Büro. Es war alles sehr neu für mich. Ich habe einen sehr kompetenten

Chef und wollte von Anfang an einen guten Eindruck machen. Ich war an den ersten Tagen immer nervös, wenn ich ins Büro gegangen bin. Im obersten Stockwerk sind unsere Konferenzräume. Hier fand eine interne Direktoren-Konferenz statt. Mein Chef hatte einen Ordner vergessen und seine Sekretärin nicht erreicht. Also rief er mich an und bat mich, ihm den Ordner zu bringen. Das tat ich auch. Der Raum war voll besetzt. Lauter Männer in dunklen Anzügen. Als ich rein kam, hatte die Konferenz noch nicht begonnen. Alle unterhielten sich. Aber nach und nach hörten die Gespräche auf und alle starrten mich an. Es war mir peinlich. Ich gab meinem Chef den Ordner und verschwand ganz schnell wieder. Als ich die Tür schloss, hörte ich jemanden sagen. «Man braucht eben auch was fürs Auge.» Und dann lachten alle. Mit der Bemerkung war ich gemeint. Ich war wütend. Ich wollte ernst genommen werden als Kollegin und fand die ganze Situation sehr unangenehm. Ziemlich aufgewühlt ging ich zurück an meinen Arbeitsplatz. Ich habe mir einen Kaffee geholt und mich beruhigt. Ich habe ein paar Mails beantwortet. Aber die Szene zuvor hat mich nicht mehr losgelassen.

Bis hierhin ist alles wirklich passiert. Als ich dann an meinem Schreibtisch saß, malte ich mir aus, was hätte passieren können. Es waren nur Männer – jetzt ohne Gesichter – im Konferenzraum. Auch einen Chef gab es. Er war aber anders als mein realer Chef. Ich stehe also da, und dieser Phantasie-Chef bittet mich, an alle Anwesenden Kopien zu verteilen. Zu jeder Seite des Tisches sitzen vielleicht acht oder zehn Männer in dunklen Anzügen. Als ich die Kopien verteilt habe, rügt mich der Chef vor allen anderen. Er nennt mich «Blondchen» und fragt, ob ich nicht wüsste, wie ich Unterlagen zu verteilen hätte, nämlich auf die Art, wie es sich für ein Mädchen wie ich eins sei, gehören würde. Er benötigt kein lautes Wort. Er ist eher süffisant und herablassend. Ich solle die Blätter nun wieder einsammeln. Und zwar in dem ich auf allen Vieren übern den Tisch krieche. Ich habe Herzklopfen und sehe in die Runde. Die Männer grinsen breit. Sie haben ihren Spaß. Langsam besteige ich den Tisch. Ich trage einen engen Rock, eine Bluse und hohe Schuhe. Ich krabble vorwärts. Sofort fährt mich mein Chef an, dass ich beim Kriechen gefälligst den Po in die Höhe strecken soll. Ich gehorche. Ich sammle die Blätter ein und krieche wieder zurück. Dann steige ich vom Tisch.

Nun fordert mich mein Chef auf, die Blätter ein weiteres Mal zu verteilen. Und zwar, in dem ich erneut über den Tisch auf allen Vieren kriechen muss. Diesmal aber mit hochgezogenem Rock. Ich würde am liebsten im Boden versinken. Aber er kennt kein Erbarmen mit mir. Ich sehe, wie sich die anderen Männer genüsslich grinsend zurücklehnen. Ich besteige den Tisch und ziehe meinen engen Rock hoch. Ich trage Strapse und einen Slip. (Ich trage auch im realen Leben gerne Dessous und ab und zu auch mal Strapse, aber nicht im Büro). Dann krieche ich los und verteile die Blätter. Es ist unglaublich, die Blicke der Männer zu spüren. Die Blicke sind wie Berührungen. Ich fühle mich gedemütigt und benutzt. Aber ich merke auch, dass ich meinen Po beim Kriechen in die Höhe strecke, um es meinem Chef recht zu machen. Als ich zurückgekrochen bin und vom Tisch wieder unten bin, verlangt mein Chef, dass der Rock oben bleibt. Er ist sehr unzufrieden mit mir, weil ich ein Höschen trage. Er sagt, dass sich das nicht gehört für ein Blondchen wie mich. Ich hätte blank unterm Rock zu sein und zwar immer. Das sind seine Worte. Die anderen Männer stimmen ihm zu. Als Strafe muss ich ein drittes Mal über den Tisch kriechen, um mich persönlich bei allen Männern zu entschuldigen. Zuvor habe ich aber den Slip auszuziehen. Ich streife den Slip herunter. Vor den Augen der Männer. Es ist unverkennbar, dass sie ihren Spaß haben und meine Demütigungen genießen. Ich muss mit hochgezogenem Rock, in Strapsen und ohne Höschen ein weiteres Mal über den Tisch kriechen. Ich bin ihren Blicken nun vollkommen und ohne jeglichen Schutz ausgeliefert. Vor jedem Mann muss ich anhalten und mich entschuldigen. Als Zeichen dafür, dass er meine Entschuldigung annimmt, bekomme ich pro Mann einen Klaps auf den Po. Ich krieche auf dem langen Tisch hin und zurück, entschuldige mich brav bei jedem und bekomme dann jeweils eins hinten drauf. Es sind keine verletzenden Schläge. Ich bin nicht masochistisch veranlagt. Aber es sind vor allem demütigende Klapse. Mein Po wird heiß. Als ich wieder vom Tisch runtergestiegen bin, darf ich den Rock wieder runter ziehen. Meinen Slip wirft der Chef in den Papierkorb mit den Worten. «So was will ich an dir nicht mehr sehen, Blondchen.» Dann guckt er mich mit kalten Augen an und sagt, dass ich allen genug Zeit gestohlen hätte. Ich solle nun verschwinden, schließlich hätten die Herren etwas zu arbeiten. Gedemütigt verlasse ich den Konferenz-raum.

(per Mail-Kommunikation)

Karina (19)

Abiturientin, lebt in einer sächsischen Großstadt, hat derzeit zwei Partner

Es ist die unfreiwillige Unterwerfung, die sie als Phantasie reizvoll findet, weil sie in der Realität eher die Dominierende ist …

Die Vorstellung, vergewaltigt zu werden, finde ich sehr reizvoll. Also in der Phantasie, nicht unbedingt real. Mit dem Feuer zu spielen hat mich schon immer gereizt. Solche Phantasien habe ich, wenn ich Leute sehe, die ich sexuell anziehend finde, weil sie etwas Unberechenbares haben. Dann habe ich auch die Phantasie, an den unmöglichsten Orten Sex zu haben, wie z.B. auf einem fahrenden Zug. Generell habe ich meine sexuelle Richtung noch nicht gefunden. Aber die Vorstellung mit einer Frau zu schlafen, gehört unbedingt dazu. Und die will ich in nächster Zeit auf jeden Fall mal ausleben.

(per Fragebogen)

Leon (38)

Bauzeichner in Nordrhein-Westfalen, verheiratet

Dominante Phantasien kennt Leon schon lange von sich. Nur leider steht seine Frau so gar nicht auf Machtspiele im Bett. Vor vier Jahren hat er in einem Internetforum eine Frau kennengelernt, mit der eine vir-

Das funktioniert so, dass ich mich alle zwei bis drei Wochen hinsetze und an sie eine Mail schreibe, mittels der ich ihr Aufgaben gebe, die sie zu erfüllen hat. Das können Fotos sein, die sie von sich machen und mir schicken muss, oder aber auch Dinge, die ich nicht wirklich kontrollieren kann. Wie zum Beispiel, wenn ich ihr befehle, sich den ganzen Tag nackt in der Wohnung aufzuhalten. Also ich verlange Fotos oder einen kleinen Film, und ich gehe davon aus, dass sie diese Aufträge auch erfüllt. Ich will auf einem solchen Foto zum Beispiel sehen, dass sie befehlsgemäß Klammern an den Brustwarzen angebracht oder sich mit Nadeln in die Haut gestochen hat.

Ich habe mir vor einiger Zeit mal die Frage gestellt, was mich eigentlich mehr erregt: das Schreiben der Mail oder die gelieferten Beweise. Eigentlich ist beides erregend für mich, da es ja nicht gleichzeitig stattfindet und die Erregungszustände verschieden sind. Die Geilheit beim Schreiben zieht sich über einen viel längeren Zeitraum hin. Ich kann damit viel mehr spielen, da ich den Ablauf selbst bestimme. Den Ablauf habe ich ja anfangs noch gar nicht parat – die Phantasie entwickelt sich während des Schreibens. Der andere Erregungszustand ist eine relativ kurze, sich schnell entladende Geilheit, wenn sie dann die Beweisfotos schickt. Aber der ist nicht schlechter. Bei beidem komme ich zum Orgasmus. Der Unterschied ist ein bisschen so wie zwischen einem Quickie und einer langen Sexorgie, die sich aus einer Massage heraus entwickelt. Eine dritte Möglichkeit ist, wenn wir per Skype miteinander verbunden sind. Da sehe ich die Frau also in ihrer Umgebung, und ich ebe ihr live Anweisungen. Sie sitzt vor ihrem Computer, und es ist dann ähnlich wie bei einer Webcam – nur, dass nur ich allein sie sehen kann.

Wie sieht eine solche Situation aus? Ich könnte sie beispielsweise schon am Tag zuvor aufgefordert haben, ein Kondom mit Wasser zu füllen und das in die Gefriertruhe zu legen, um so einen Eisdildo herzustellen. Oder ich habe ihr geschrieben, was sie bereitlegen soll, wie etwa Klammern und Nadeln. Sie sitzt dann auf einem Sofa, und der Laptop steht auf dem Tisch, und davor sehe ich all diese Utensilien und natürlich die Frau. Sie spricht während der ganzen Zeit nicht – der Einzige, der redet, bin ich. Tja, und dann befehle ich zum Beispiel, den Eisdildo bei sich einzuführen und dann die Klammern an den Brustwarzen zu befestigen und sie fester zu drehen. Oder sie muss sich Eiswürfel über die Brustwarzen reiben oder Nadeln in die Oberschenkel piksen. Sie macht das also alles, und gleichzeitig sieht sie mir dabei zu, wie ich masturbiere. Das will sie auch, denn das ist ja für sie sexuell erregend. Im günstigen Fall endet die Session durch einen gleichzeitigen Orgasmus. Danach unterhalten wir uns dann. Wir haben übrigens ansonsten eine sehr humorvolle Verbindung. Es ist tatsächlich so, dass wir uns danach noch eine Viertel- oder halbe Stunde über Gott und die Welt unterhalten können.

Es gab bei beiden von uns durchaus den Gedanken, sich mal zu treffen. Aber dann haben wir überlegt, dass wir das nicht machen sollten, um das schöne und lustvolle Erleben, das wir bisher haben, nicht zu gefährden. Und zwar weniger, weil meine Frau oder ihr Partner oder beide dazwischenstehen könnten, sondern deshalb, weil wir feststellen könnten, dass uns das Spiel dann nicht mehr so viel Freude bereiten könnte. Meine Frau weiß übrigens von dieser Geschichte. Sie sagt, das sei mein privates Hobby, darüber hinaus aber will sie keine Details wissen. Vielleicht aus Selbstschutz oder einfach wegen eines nicht vorhandenen Interesses.

Diese dominanten Phantasien hatten bei mir ziemlich spät angefangen, so Mitte 20. Es gab Phasen, da waren sie ziemlich stark und führten zu extremer sexueller Erregung, vor allem wenn ich alleine war und masturbierte. Doch so im letzten halben Jahr habe ich festgestellt, dass das auch wieder weniger wird, und zwar deutlich weniger. Von daher kann es auch sein, dass das wieder verschwindet. Ich hoffe es eigentlich nicht, weil es mich ja im Moment noch sehr befriedigt. Aber wer weiß, ob diese Phantasien nicht durch andere, spannendere ersetzt werden. Jedenfalls bin ich im Moment nicht auf der Suche nach anderen devoten Partnerinnen, weil es auch nichts gibt, was ich unbedingt noch ausprobieren will.

(am Telefon)

∽

Julia (19)

Abiturientin aus dem Saarland, Single

Das Problem ist, dass die Jungen, die Julia attraktiv findet, offenbar nicht auf sie stehen, und diejenigen, die sie anflirten, im Alter ihres Vaters sind. Ein Dilemma? Zumindest zeitweilig hat die Gymnasiastin eine für sie reizvolle Zwischenlösung gefunden …

Eigentlich bin ich noch Jungfrau … Na ja, nicht wirklich, denn ich habe mir ja schon mehrfach Sextoys eingeführt. Aber ich hab noch nie gepoppt, obwohl mich viele poppen wollen. Aber das sind nicht die, die ich will, und die, die ich will, die wollen mich nicht. Ich bin wohl so was wie 'n Schönheitsideal für Männer der Generation 40+. Das erste Mal hab ich das bemerkt, als wir mit 16 auf Klassenfahrt waren. Bemerkt? Das war gar nicht zu übersehen. Da gab's einen Lehrer aus Hamburg, der mit seiner Klasse im selben Schullandheim war, der mich erst immer anstarrte und dann irgendwann auch ansprach. Er war Sportlehrer und hatte 'ne gute Figur, aber eben auch schon graue Schläfen. Mit dem habe ich mich zu einem abendlichen Spaziergang verabredet, als die anderen sich für den Disco-Abend fertig machten. Warum ich das gemacht habe? Na ja, was ist gegen einen Spaziergang mit einem älteren Herrn einzuwenden, dachte ich damals. Vielleicht naiv, aber der sagte mir lauter tolle Sachen. Hallo, ich war 16, und der sagte mir Sachen, die mir noch nie jemand gesagt hatte. Ich hätte eine gute Ausstrahlung und ich hätte «ein Geheimnis», von dem ich selbst nichts wüsste … Keine Ahnung, wie er das gemeint hat, aber es hat mir gefallen. Ich habe ihm gesagt, dass ich mich zu pummelig fände, und er sagte, ich hätte eine «dralle Figur», okay, aber das sei reizvoll. Bei

Pink[50] wäre das doch auch sexy. Hallo, wem gefällt so was nicht? Pink, wow! Damit hatte er zwar nicht mein Herz erobert, aber freundlich gewogen war ich ihm schon.

Na ja, es kam, wie es kommen musste. Als wir weit genug vom Heim entfernt waren und es auch schon dunkler wurde, saßen wir auf einer Bank, und er strich mir übers Haar. Ich dachte: Oh, oh!!! Wird das jetzt 'ne sexuelle Belästigung? Die Beule in seiner Hose war ja nicht zu übersehen. Und dann holte er ihn raus … Eine ziemliche Latte. Komischerweise hatte ich keine Panik. Ich schaute mir sein Teil an, wie irgendein neues Handy oder was weiß ich. So hätte es bleiben können. Aber dann kam sein Griff zu meinem Kopf, und was er vorhatte, weiß jeder, der schon mal Pornos konsumiert hat. Ich versuchte ihm auszuweichen, aber er hauchte «Bitte!», und sein Griff wurde stärker. Also, ich bin ja nicht oft schlagfertig, aber diesmal fiel mir echt der richtige Spruch ein. Ich sagte: «Wenn du nicht drauf stehst, dass dir jemand in den Schwanz beißt, solltest du nicht auf den Blowjob bestehen.» Der Griff wurde schwächer, aber der Mann auch. Er winselte fast … Ich sei das Schönste und Geheimnisvollste, was ihm seit langem begegnet sei. Also, irgendwie wollte ich ihn auch nicht unbefriedigt nach Hause gehen lassen. Und was ich gar nicht brauchen konnte, war, dass er mir am Disco-Abend wie ein Schoßhund nachläuft. Also nahm ich seine Latte in die Hand und bewegte sie langsam rauf und runter. Das hatte ich ja schon hundert Mal gesehen auf den Pornoseiten. Der große Mann wurde unter meinen Händen zu einem kleinen winselnden Wurm. Ich fand's geil. Also jetzt nicht unbedingt in sexueller Hinsicht, aber ich hatte plötzlich Macht über diesen Hamburger Lehrer. Das war cool! Er stierte mich mit glasigen Augen an, als ob er 'ne halbe Flasche Bourbon hinter sich hätte. Ich nahm die zweite Hand dazu und kraulte ihm die Eier, und er schnappte nach Luft, als ob er einen Herzinfarkt bekam. Erschrocken hörte ich auf, aber er flehte: «Mach weiter! Bitte!» Da wurde mir klar: Ich war die Herrscherin über seine Gefühle. Ich

50 US-amerikanische Pop-Rock-Sängerin

konnte mit ihm anstellen, was ich wollte. Hörte ich auf, flehte er, wichste ich ihn weiter, stöhnte er, und wenn ich die Eier kraulte, schnurrte er wie eine Katze. Wahnsinn! Na, und dann verdrehte er die Augen und begann zu schreien, als ob ich ihn abstechen würde. Das war dann der Moment, als er abspritzte. Ein Teil der Ladung landete auf meiner Hand. Es war das erste Sperma, das ich in meinem Leben live sah.

Es gefiel mir, Macht zu haben. He, der Typ war so alt wie mein Vater, und er begab sich in meine Hände, und ich konnte alles mit ihm anstellen. Und das beflügelt bis heute meine Phantasie. Meinen Traumprinzen habe ich noch immer nicht gefunden, aber ältere Männer, die mich anstarren, gibt's massenweise. Oft stelle ich mir vor ... bei einem meiner Lehrer zum Beispiel ... dass sie sich in meine Hände begeben. Aber es bleibt längst nicht beim Handjob ... Also, in der Phantasie! Meinen Lehrer zum Beispiel hab ich auch schon mal bis nahe zur Bewusstlosigkeit geritten und ihm dabei meine Titten um die Ohren gehauen. Und kurz bevor er abspritzte, habe ich aufgehört, und er musste winselnd wie ein Hund die Sache selbst zu Ende bringen. Auch ein Arbeitskollege meines Vaters, der mich bei verschiedenen Gelegenheiten ganz offen anstiert, wurde schon Opfer meiner Machtphantasien. Seit dem Hamburger Sportlehrer habe ich es zwar nie wieder real gemacht, aber irgendwann mache ich das noch mal. Doch vorher will ich meine Jungfräulichkeit verlieren, und das durch jemanden, den ich echt geil finde und bei dem ich keine Machtphantasien brauche, um Spaß zu haben.

(Telefonat – nach längerer Mail-Kommunikation)

Bernd (49)

Diplom-Ingenieur in der Automobilindustrie, lebt in einer Beziehung in Stuttgart

Schon seit seiner Schulzeit trägt er eine ganz spezielle Phantasie in sich, die ihren Reiz nie verloren hat ...

Ein ganz bestimmtes Bild taucht seit mehr als dreißig Jahren in meiner Phantasie immer mal wieder auf und spielt dann eine Rolle während des Onanierens. Damals hat mir eine Schulfreundin auf einer Feier zu vorgerückter Stunde und unter reichlich Alkoholeinfluss erzählt, dass ihr Freund sie ans Bett fesselt, bevor er mit ihr vögelt. Das konnte ich mir bildlich sehr gut vorstellen, und es hat mich sehr erregt und nie mehr losgelassen. Bis heute ist das eine immer wiederkehrende Phantasie beim Onanieren. Ich sehe also meine alte Schulfreundin mit einem Rock bekleidet – nur mit diesem Rock. Ihre Arme und Beine sind an allen vier Enden des Bettes angebunden, während wir miteinander verkehren. Ich fessle sie nicht, sondern zu Beginn meiner Phantasie liegt sie dort bereits quasi wehrlos an diesen Bettpfosten angebunden. Obwohl das ja schon sehr lange zurückliegt, als sie mir das erzählte, finde ich diese Phantasie bis heute sehr reizvoll. Inzwischen habe ich mit ihr über Facebook wieder Kontakt. Sie ist natürlich auch älter geworden, aber wenn ich beim Onanieren an sie denke, dann ist sie noch immer dieses junge Mädchen von damals.

(am Telefon)

Otto (35)

Hochschulabschluss, Angestellter im Gesundheitswesen, lebt in einer «stabilen Partnerschaft» in einer rheinland-pfälzischen Großstadt

Es gibt ständig wiederkehrende Phantasien, die sich in Ottos Kopf schon seit der Pubertät abspulen. Ansatzweise hat er seine Vorlieben auch schon mal realisiert – in ihrer Vielfalt aber existieren sie derzeit noch immer nur als Kopfkino. Seine Partnerin nämlich kommt dafür nicht in Frage ...

Angefangen hat das, als ich begann, Pornos zu schauen. Es war eine Zeit, als man noch in die Videothek gehen musste, um sie auszuleihen. Internet war nicht, damals vor 20 Jahren. Erst war es mir ein bisschen peinlich, weil in der Videothek ein Mädchen aus unserer Schule gejobbt hat. Das aber habe ich erst bemerkt, als ich mal einen Film zurückgeben musste und sie da war. Aber sie hat das ohne äußere Regung gemacht, als ob ich einen Western oder einen Animationsfilm ausgeliehen hätte. Dann hat es mir sogar Spaß gemacht, sie mit Filmtitel wie «Tief im Rachen abgespritzt» oder so zu konfrontieren. Das ist übrigens meine Einstiegsfantasie gewesen, die ich bis heute habe. Das was man «Deep Throat» nennt. Ich stecke meinen harten Schwanz so tief wie möglich in den Mund und stoße mit meiner Eichel an ihren Gaumen. Sie bekommt kaum Luft und muss zwischendurch aussetzen, weil schon ein Würgereiz einsetzt. Dann macht sie weiter. In meinen Sturm-und-Drang-Jahren habe ich auch Mädchen gefunden, die das mitgemacht haben. Sie haben schließlich auch Pornos gesehen. Inzwischen ist Deep Throat nur noch eine reine Phantasie, da meine Partnerin überhaupt nicht auf Oralverkehr steht. Aber wenn ich mir einen runterhole, was mehrmals in der Woche passiert, denke ich an Deep Throat mit Frauen, die ich vorher gefesselt und wehrlos gemacht habe. Meine Phantasie steht somit in einem krassen Gegensatz zum realen Sex mit meiner Partnerin. In meinen Vorstellungen nehme ich die Rolle eines Dom ein, der den Frauen die Brüste abbindet, die Hände auf den Rücken fesselt und ihnen dann eben den Schwanz bis zum Anschlag in die Mundhöhle schiebt. Ich bin gar nicht sicher, ob ich das alles in der Realität auch so geil finden würde, wie in meiner Phantasie. Also, Deep Throat schon, denn das habe ich ja schon ausprobiert. Aber ich bin nicht sicher, ob ich die Rolle des Dom dazu brauche. In meiner Phantasie aber geht es nicht ohne. Nun könnte man sagen, ich hege Machtfantasien gegenüber Frauen. Das aber findet ja nur in meinem Kopf statt. Allerdings habe ich mich auch mal in entsprechenden Foren im Internet umgesehen und dabei entdeckt, dass es durchaus Frauen gibt – und zwar nicht wenige –, die sich gerne in die Hände eines Dom begeben. Die Praxis des Deep Throat ist oft noch harmlos, verglichen mit dem, was sie sich so erwarten. Ein schlechtes Gewissen muss ich also nicht haben.

(per Mail-Kommunikation)

&

Johannes (39)

Angestellter in kirchlichen Diensten in NRW, seit zehn Jahren verheiratet

Die Rollenspiele, die seit der Kindheit seine sexuellen Phantasien domi-
nieren, hat er seiner Frau «gebeichtet», und sie wurden von ihr akzep-
tiert. Beim Versuch, diese in das eheliche Sexualleben einzubauen, hat
sie sich aber nicht als besonders talentiert gezeigt. So bleibt Johannes
nichts anderes übrig, als das Kopfkino für sich allein zum Erlebnis wer-
den zu lassen …

In meinen Phantasien geht es fast immer um Fesselungen, und zwar
vom einfachen Fesseln der Hände bis hin zum kompletten Unbeweg-
lichmachen. Das Ganze ist verbunden mit einem Rollenspiel, in dem
ich flehe, man möge mich nicht fesseln, aber zur «Strafe» werde ich
dann natürlich erst recht gefesselt – vorzugsweise mit Stahl, Seilen
oder Latex. Um das Gefühl der Unbeweglichkeit hervorzurufen, werde
ich geknebelt und mir werden die Augen verbunden. Auch das Gehör
wird mittels eines Kopfhörers ausgeschaltet, aus dem laute Musik
dröhnt. Der Höhepunkt ist dann eine komplette Mumifizierung durch
Frischhaltefolie oder einem Latex-Bondagesack. Dann passiert eine
Weile gar nichts, was bei mir ein gewisses Maß an Angst auslöst, ob ich
da je wieder herauskommen werde. Es herrscht ein Gefühl der Hilflosigkeit, des totalen Ausgeliefertseins. Übrigens ist die Partnerin in meiner
Phantasie keine strafende Domina, sondern eher eine liebevolle Ge-
fährtin, die weiß, was ich brauche. Vor allem auch, was ich nicht brauche. So sind Schmerzen ebenso tabu, wie Spiele mit Kot oder Urin.

Manchmal schaue ich mir, um mich richtig anzutörnen, im Internet
Bilder oder Videos an, die ich unter den Suchworten Latex oder Bondage finde. Gelegentlich auch einfach nur Bilder von Frauen, die als
Partnerinnen für das Rollenspiel in Frage kämen. Aber meist habe ich
beim Onanieren kein Gesicht von einer Partnerin vor Augen.

(per Mail-Kommunikation)

ॐ

Susanne (45)

lebt in der Nähe von Augsburg, Pädagogin, seit acht Jahren verheiratet

Die Teilnahme an der Befragung für dieses Buch habe ihrer Ehe «einen gewaltigen Schwung» versetzt, schreibt Susanne in ihrer letzten Mail. Ihr Mann sei «mittlerweile bereit, sich auch zu seinen eigenen Phantasien zu bekennen», die sich glücklicherweise mit den ihren decken würden. Diese hatte sie zunächst so beschrieben: «Partnerin erlebt als submissive Gespielin Bondagespiele mit Blindfolded[51] und leichten Schlägen auf den Po». Im Laufe der Mail-Kommunikation wurde Susanne dann sehr viel konkreter …

Diese spezielle Phantasie begann vor etwa fünf Jahren, also so im Alter von 40 Jahren. Sie bestand darin, dass ich gerne nach der Lektüre einiger entsprechender Romane ebenfalls meine Schmerzgrenzen im Intimbereich austesten wollte. Ich stellte mir vor, mich von meinem Partner durch anfangs leichte Schläge mit seiner Hand oder einer Rute verwöhnen zu lassen. Diese Phantasie ist bis heute da. Dabei sehe ich mich auf einem Stuhl gefesselt, mein Unterleib über die Stuhllehne gebeugt, Hände und Füße fixiert mit Lederriemen an den Stuhlbeinen, mein Kopf ist mit einer schwarzen Stofftasche bedeckt oder meine Augen sind mit einer undurchsichtigen Augenbinde verbunden. Meine Brustwarzen sind durch eine dünne, verdrehte Schnur ebenfalls bondiert und leicht schmerzhaft gezogen. An meiner Scham befestigt mein Mann Klammern. Dann nimmt er sich die Freiheit, mich wegen eines angeblichen Fehlverhaltens mit leichten Schlägen auf meinen Po zu bestrafen. Und zwar mit der Hand oder einer leichten Rute, bis dieser leicht gerötet ist. Auch bestraft er mich durch starke Massage meiner Brust und Verdrehens meiner Brustwarzen. Zum Schluss nimmt er mich sehr hart im Anus und lässt mich dann – als Belohnung nach dem Erguss – seinen Penis oral verwöhnen.

---

51 Das Bedecken der Augen etwa mit einer Schlafbrille oder anderen Textilien

Diese Phantasie war also schon vorhanden, als sich vor einigen Jahren in den Sommerferien auf Rhodos etwas ereignete, was bereits in diese Richtung ging. Da hat mich mein Mann in einer gemeinsamen Hochstimmung (vielleicht lag es am Glas zuviel Retsina) an meinen Händen und mit seinem Gürtel an das Bettgestell gebunden. Ich hatte es ihm – eigentlich fahrlässig – erlaubt. Wahrscheinlich auch, um ihm selbst einen Wunsch zu erfüllen. Bis zu diesem Zeitpunkt war diese Spielart bei uns kein Thema. Gelegentlich ließ er zwar kleine Bemerkungen diesbezüglich fallen, aber auch das «normale» Sexualleben war für mich – auch mit ihm – sehr erfüllend. Dazu gehört seit jeher die vollkommene Freizügigkeit, vom Partner überall penetriert werden zu können und die gemeinsamen Höhepunkte zu genießen.

Seit diesem «Ausrutscher» meinerseits aber «erlaube» ich meinem Mann, mich wieder an den Händen und mittlerweile auch an den Füßen zu fixieren, um eigentlich meine Phantasie erfüllt zu bekommen. Er ist dem nie abgeneigt und «erfüllt» dann sicher auch seine sublimierten Wünsche, Träume und Phantasien. Das schließe ich daraus, dass er mittlerweile einige «Anschaffungen» wie Toys, Vibs, Klammern und Plugs getätigt hat und mich nach meiner Fixierung damit verwöhnt. Auch zu seiner Befriedigung, wie ich sehr erfreut feststellen darf.

Allerdings musste ich auch bei mir einige «Grenzen» überwinden, konnte ich doch bisher bei Oralverkehr verhindern, dass sich sein Ejakulat direkt im Mund ergoss. Mittlerweile findet es mein Mann sehr reizvoll, mir sein Ejakulat direkt oral abzugeben und mich dann dies schlucken zu sehen. Anfangs hatte ich da doch größere Bedenken hinsichtlich Verträglichkeit und Hygiene.

Pornographie spielt in unserem Leben bisher keine Rolle, aber das Kino in unseren Köpfen durchaus. Wenn ich etwa unter der Dusche mit Hilfe des Duschkopfs masturbiere. Da spielt mittlerweile eine weitere Phantasie eine Rolle, die ich jetzt nach unserer gemeinsam neu gewonnenen Offenheit gern irgendwann realisieren möchte. Dies benötigt aber sicher noch etwas «Bearbeitung» bei meinem Mann. Ich würde nämlich gerne mehreren Männern als Gespielin dienen und benutzt werden beziehungsweise mit einem weiteren Paar unser aller Phantasien gemeinsam erleben. Ein Anfang soll in den kommenden Herbstferien gemacht werden. Ich freue mich darauf und mein Mann wird hoffentlich auch diesen Wunsch von mir erfüllen.

(per Mail-Kommunikation)

Karl (39)

Filmbeleuchter und Ausbilder für Kameraleute (bzgl. Lichtgestaltung), lebt in Berlin

In den vergangenen anderthalb Jahrzehnten hat er zwei Beziehungen gehabt, derzeit ist er Single und sieht sich in der Berliner Szene um. Auf One-Night-Stands hat er keine Lust – bei der Partnerwahl glaubt er, sich auf sein Bauchgefühl verlassen zu können. Seine favorisierten Phantasien hat er bereits als Junge in einem sehr freizügigen Elternhaus entwickelt …

Mein Vater und seine damalige Partnerin gingen sehr offen und frei mit dem Thema Sex um. Meinen Vater störte es nicht, wenn er Sex hatte und ich mit meinem Bruder im Nebenzimmer war. Als ich 11 Jahre alt war, habe ich mal nachgefragt, was er da immer mache, wenn diese komischen Geräusche kommen. Er hat mir alles erzählt und mir auch alle Fragen dazu beantwortet. Ich habe damals auch mal einen Pornofilm mit angeschaut und hatte Zugang zu Männer-Magazinen wie dem «Playboy». Auch seine Freundin ging sehr frei mit ihrem Körper um und lief oft nackt durch die Wohnung. Ich denke das hat dann irgendwann zu meinen Phantasien geführt.

Sex im Freien ist meine häufigste Phantasie, meist spielt es sich im Wald ab oder auf einem verlassenen Grundstück. In der Regel führe ich die Frau zu einem Baum und fange an, sie zu küssen und lasse eine Hand unter ihren Rock beziehungsweise in die Hose gleiten. Ich finde es erregend, ihre Vagina zu massieren. Dann zieh ich ihr entweder nur das Höschen unterm Rock aus oder ihre Hose und fordere sie auf, sich vor mir hinzuknien, um mich weiter mit einem Blowjob oder Handjob in Stimmung zu bringen. Ab einem bestimmten Punkt ziehe ich sie dann hoch. Ich nehme ihre Hände und zeig ihr, wie sie sich abstützen soll, während ich sie von hinten nehme. Gelegentlich kommt auch Analsex dabei vor. Ich komme fast immer in der Frau, Cumshot außen ist ganz selten.

Der Sex im Freien hat für mich nicht den Reiz, dass man vielleicht erwischt wird, sondern ich empfinde ihn als freier, ja geradezu als Naturerlebnis. Ich habe Sex im Freien bisher fast immer auf großen Grundstücken oder in privaten Wäldern gehabt. Selten in einem öffentlichen Wald.

Eine andere Phantasie hat mit Bondage zu tun. Dabei ist die reale Erregung stärker, viel intensiver. Ich muss dazu aber vorher in einer bestimmten Stimmung sein. Bei dieser Phantasie reizt mich das Ausgeliefertsein. Ich brauche natürlich Vertrauen in den Partner, dass er mich zum einen nicht körperlich verletzt und mich auch nicht als verschnürtes Paket irgendwo liegen lässt.

Die Bondage-Phantasie spielt sich grundsätzlich immer in Zimmern ab – manchmal mit Gegenständen wie Gitterbetten oder Gittern an den Wänden oder auch mal einem Stuhl. Oft ist es nur ein warmer leerer Raum, wo nur ein weicher Teppich oder ein Fell auf dem Boden liegt. Ich führe die Frau in diesen Raum, fange an sie zu küssen und auszuziehen, streichle sie und ertaste ihren ganzen Körper. Die Frau fasst mir an den Po und küsst meinen vorderen Oberkörper ab. Dann greife ich zum Seil und fange an, die Hände zusammen zu binden, dann die Füße, und je nachdem in welcher Stellung ich sie haben möchte, ziehe ich mit weiteren Knoten ihren Körper zusammen. Das Seil geht sehr oft zwischen den Brüsten entlang und um den Brustkorb. Während des Verschnürens küsse ich sie und streichle sie ein wenig. Bei dieser Phantasie kommt es häufig vor, dass ich die Frau zu einen «Mundfick» bringe – sie hat ja dabei den passiven Part und daher ist es für mich kein Blowjob. Die anderen beiden Körperöffnungen werden bei dieser

Phantasie erst etwas später benutzt, um dann mit ihr zum Höhepunkt zu kommen.

Wenn *ich* mal von einer Frau gefesselt werde, passiert das fast immer auf einem Stuhl. Die Frau setzt sich dann auf mich. Mal wendet sie sich mir zu, mal zeigt sie mir dabei den Rücken und reitet auf mir.

Wenn ich keine Partnerin habe, so wie derzeit, oder diese nicht da ist oder keine Lust auf Sex hat, befriedige ich mich so einmal in der Woche, gelegentlich auch zweimal. Also 4–8 Mal im Monat, wobei 8 Mal eher sehr selten vorkommt. Aber wenn ich selber «Hand anlege» komme ich nie zu einem Höhepunkt. Ich muss mich bei der Selbstbefriedigung immer an etwas weichem, trotzdem aber mit einem bestimmten Gegendruck reiben. Dabei habe ich meist Phantasien, die dem realen Sex entsprechen oder eben auch der Bondage-Phantasie.

(per Mail-Kommunikation)

Robert (52)

freiberuflicher Diplom-Ingenieur, lebt als Single in einem 600-Seelen-Dorf in Baden-Württemberg

Die längste seiner festen Beziehungen hat zehn Jahre gedauert. Es gab – teils mehrere Jahre andauernd – auch rein sexuelle. Den längeren Beziehungen gingen während des Auswahlprozesses «diverse Bagger-Affären» voraus, in denen sich «die eine oder andere ausgefallene sexuelle Gelegenheit» ergab, welche wiederum seiner ausschweifenden Phantasiewelt einen kreativen Schub versetzt hat …

Es gibt verschiedene Situationen, in denen sich bei mir das Kopfkino einschaltet. Beim Autofahren etwa oder während entspannter Situationen im Bett, kurz vor dem Einschlafen oder unmittelbar nach dem Aufwachen am Morgen. Oder einfach nur wenn ich eine gute gebaute Frau im Stadtbild sehe oder beim Besuch eines Clubs … da wird dann fast schon automatisch das digitale Schema «Kiste ja oder nein» eingeblendet.

Einige meiner Phantasien haben durchaus eine Entsprechung in der Realität. Eine meiner Geliebten mochte es gerne, mich vor dem Sex ans Bett festzubinden. Für mich ergab sich eine spannende Aufgeregt- und Erregtheit durch das Spiel zwischen begehrt sein zu wollen, angenommen zu werden oder vielleicht auch mal nicht angenommen zu werden. Über diesem Spiel zwischen Ohnmacht und Hingabe stand ständig die Frage: Was kommt als nächstes? In der Phantasie habe ich es natürlich selbst in der Hand, was passiert. Meist ist es eine Frau mit Overknees, Highheels und Strapsen, die mich ans Bett fesselt. Das Ganze geht weitgehend stumm vor sich. Die Bilder allein sind erregend – zu viel Sprache hätte da eher eine Killerfunktion. Dem Gefühl des Ausgeliefertseins folgt die Aktion. Die Frau streckt mir ihre rasierte Möse ins Gesicht, zwingt mich, sie oral zu befriedigen. Dann bläst sie meinen Schwanz und reitet mich bis ich komme. Gelegentlich steigert sich diese Phantasie so, dass ich ans Andreaskreuz gebunden werde und ich das Spiel als stehende Variante erlebe. Wobei ich dabei auch etwas verzweifelt bin, weil ich es zwar «ertragen» muss, was mir ja durchaus Spaß macht, ich aber aktiv gar nichts machen kann, außer mich hinzugeben.

Eine andere Phantasie spielt in einer dunklen Bar oder in einem Club. Ich entdecke eine äußerst attraktive Besucherin, die aufreizend gekleidet ist. Sie macht mich sehr offensiv an und ich lasse mich auf das Spiel ein. Sie führt meinen Kopf an ihre Möse, und da sie keine Unterwäsche trägt, kann ich «gezwungen» werden, sie oral zu befriedigen. Dies ist eine sehr häufige Masturbationsfantasie.

Ein bis zwei Mal in der Woche, selten öfter, bin ich auf Sex-Seiten im Internet unterwegs. Als Suchbegriff gebe ich manchmal «lingerie»[52] ein oder ich begebe mich in eines der Foren, wie zum Beispiel Joyclub oder andere. Porno-Filmchen hingegen finde ich fast nie anregend, weil es nur sehr wenige Szenen gibt, die authentisch rüberkommen. Meistens aber bemerke ich eine unechte Gespieltheit, die mich eher

52 Lingerie = Dessous, Damenunterwäsche

abtörnt. Da wende ich mich lieber einem anregenden Text in Form von Büchern aus dem Segment «Erotik» zu oder auch Storys, die im Internet veröffentlicht werden.

(per Mail-Kommunikation)

Simon (33)

Werbefachmann, lebt in einer Großstadt in NRW, seit 7 Jahren verheiratet, drei Kinder

Schon seit der Geburt des zweiten Kindes war kaum noch Zeit, mit seiner Frau allein zu sein, und der gelegentliche Sex erfüllte «nur noch die Funktion des biologischen Druckausgleichs». Andere Frauen rückten wieder mehr in sein Blickfeld, wobei er deren Attraktivität in zwei Bereiche kategorisiert. Zum einen sind da die Frauen, die ihn durch Intellekt, gemeinsame Interessen und ein natürliches Aussehen faszinieren. Sexuelle Phantasien aber entwickelt Simon fast nur bei Frauen, die auf ihn billig wirken. Etwa wenn sie knappe Kleidung tragen, die Unterwäsche zu sehen ist oder sich für völlig unpassende Outfits entschieden haben, wie Stiefel im Sommer oder Miniröcke im Winter. Sie werden von ihm als Objekte wahrgenommen und haben mittlerweile zu einer geradezu blühenden Phantasie geführt ...

Meine Sexualität war als Single ausgeprägter, nach jahrelanger Ehe und drei Kindern stellt sich Alltag ein. Hinzu kommt, dass meine Frau aus einem verklemmten religiösen Elternhaus stammt, ich hingegen aus einem eher freizügigen. Interessanterweise habe ich eine hohe Wertschätzung gegenüber Frauen und betrachte sie als gleichberechtigt. Macho-Denken ist mir im alltäglichen Umgang völlig fremd. Im Sexuellen allerdings denke ich «pervers». Da stelle ich mir vor, dass sich eine Frau mir völlig hingibt und mir gehorcht. Da binde ich ihr zum Beispiel ein Halsband um und führe sie an der Leine. Sie muss auf allen Vieren kriechen und an meinen Schuhen lecken. Ich versohle ihr den Po, bis er glüht, und ich stelle sie auch mal anderen Männern zur Verfügung. In meiner Phantasie existieren keine Tabus. Ich nutze Strafe als Erziehungsmoment mit Fisten[53] und Gertenhieben, ich lasse sie in aller Öffentlichkeit pinkeln oder in Reizwäsche die Fenster putzen. Das alles geht einher mit Dirty Talk, also ich verwende animalische Begriffe wie «du geile Sau» und «verfickte Stute» oder ich reduziere sie auf ein Objekt und nenne sie «Miststück» oder «dreckiges Fickloch»...

Ich konsumiere Pornos, wobei ich BDSM-Labels bevorzuge. Aber eigentlich brauche ich das gar nicht, um meine Phantasie anzuregen. In meiner jetzigen Lebenssituation ist es natürlich schwierig, meine Phantasien auszuleben. Vor allem weil Sex für mich eine bewusste beidseitige Willensentscheidung ohne finanzielle Hintergründe ist. Ich onaniere lieber, ehe ich mich für einen Bordellbesuch entscheiden würde. Allerdings habe ich Chat-Partnerinnen gefunden, die regelmäßig mit mir Telefonsex praktizieren und dabei masturbieren. Ich hingegen kann meine Erektion gut ertragen, ohne ungeduldig zu werden – das Abspritzen passiert hinterher.

(per Mail-Kommunikation)

Willi (60) **und Sabine** (63)
der promovierte Naturwissenschaftler lebt in einer pfälzischen Kleinstadt, seit mehr als 30 Jahren verheiratet, kinderlos

Als Heranwachsender hatte Willi die Reportage eines britischen Magazins über Keuschheitsgürtel für Männer fasziniert und erregt. Die Lust an diesem Fetisch war geboren – ehe er sie mit Sabine ausleben konnte und später daraus eine Geschäftsidee wurde ...

Von Anfang an hat mich der Gedanke fasziniert, nicht ans beste Stück herankommen zu können, weil jemand anders den Schlüssel hat und das kontrolliert. Also es ist ja dann auch nicht möglich, zu onanieren. Ich habe Sabine relativ früh kennengelernt, sodass ich schon bald je-

---

53 Fisten ist eine sexuelle Praktik, bei der mehrere Finger bis hin zu einer Faust oder mehreren Händen in die Vagina oder den Anus eingeführt werden.

manden an meiner Seite hatte, der dafür prädestiniert gewesen war. Den ersten Keuschheitsgürtel habe ich mir selbst gebastelt ...

Ich erinnere mich noch daran, wie Willi mir davon erzählt hat, und ich muss sagen, ich war zunächst schon ein wenig konsterniert. Schon gar nicht hatte ich damals Machtphantasien. Das hat sich erst im Laufe der Jahre entwickelt. Aber die treibende Kraft hin zu BDSM-Praktiken ging von meinem Mann aus ...

Als sie mir den Keuschheitsgürtel zum ersten Mal angelegt hat, war das einerseits eine wahnsinnige Erregung, aber man hatte auch das Gefühl, dass man platzt. Man möchte im ersten Moment erst mal wieder raus, und es hängt von der mentalen Kraft der Partnerin ab, ob sie das Gejammer aushält oder nicht. Das war bei meiner Frau anfangs noch nicht so konsequent gewesen ...

Damals gab es noch nicht diese Voll-Keuschheitsgürtel, wie wir sie mittlerweile herstellen. Wir haben alles Mögliche probiert mit Handschellen und in Leder ... Irgendwann haben wir gesagt, das können wir besser, und so ist unsere Geschäftsidee entstanden, weil nichts unseren Ansprüchen genügt hat. Nach und nach habe ich dann erkannt, dass mir diese sexuelle Spielart eine ungeheure Macht verleiht. Und das nicht nur im sexuellen Bereich, sondern auch sonst. Der Mann wird viel freundlicher, und er schenkt der Frau viel mehr Aufmerksamkeit. Nun müssen Sie sich einen solchen Keuschheitsgürtel nicht einfach nur als Schließvorrichtung vorstellen, denn da gibt es ja ganz viele Varianten. Es gibt Modelle, an denen man Spielgeräte anbringen kann, wie zum Beispiel Fesseln oder Anal-Dildos. Das sind natürlich Sachen, die nicht auf lange Zeit getragen werden können.

Wir haben in unserem Sortiment auch einen ferngesteuerten Erziehungs-Schild, der in der Reizstromstärke in drei verschiedenen Stufen eingestellt werden kann. Das kann also schon ganz schön heftig werden. Mich hat immer sehr stark erregt, wenn ich vorne wegen des

Keuschheitsgürtels nichts machen konnte und gleichzeitig im Anus einen Dildo hatte. Es hängt dann von der Frau ab, ob sie sich erbarmt und vorne aufschließt. Es kann aber auch sein, dass sie nur den Dildo rauszieht, und das war es dann. Sie hat es in der Hand. Dabei haben wir festgestellt, dass das neugierig auf den Partner macht und auch enger zusammenschweißt. Unserer Ehe hat es jedenfalls gutgetan, denn selbst wenn ich gewollt hätte, wäre Betrügen gar nicht möglich gewesen, da ich Langzeit-Keuschheitsgürtel trage. Also, die trage ich nicht immer, aber es ist die Entscheidung meiner Frau, wann und wie lange ich ihn trage …

In der Regel macht man ja vorher einen Zeitraum aus, und wenn nicht gravierende Vorkommnisse dazu führen, dass man ihn verkürzt, halten wir uns auch dran.

Sie sehen schon, dass der Mann den devoten Teil der Beziehung einnimmt, und das Prinzip der Bestrafung spielt da auch mit rein. Wir haben auch andere Formen des BDSM praktiziert und sogar ein Bondage-System entwickelt. Da gibt es Hand- und Fußfesseln, Schenkelbänder und auch ein Halsband, und das alles kann mit dem Keuschheitsgürtel verbunden werden.

Inzwischen befriedigt es mich, die Kontrolle über meinen Mann zu haben, aber es ist jetzt nicht so, dass ich in unserem Alltagsleben immer das alleinige Sagen habe. Es ist vor allem eine sexuelle Vorliebe, und weil wir mit den Produkten, die auf dem Markt waren, unzufrieden gewesen sind, haben wir angefangen, selbst welche zu entwickeln.

Bald danach gab es das Internet, und wir waren über alle Produkte informiert. Als ich anfing, diese Produkte zu verbessern, war es wiederum das Internet, über das wir den Vertrieb organisierten. Heute gibt es 20 Werkstätten, die in unserem Auftrag fertigen. Aber es gab aus unseren ersten Produktpaletten nichts, was wir in unserem Sexualleben nicht selbst ausprobiert hätten. Inzwischen haben wir einige Stammkunden, die Neuentwicklungen prüfen und begutachten. Wir bekommen auch Tausende von E-Mails und Besucher aus der ganzen Welt, die ihre individuellen Bedürfnisse artikulieren, und das sind für uns wertvolle Anregungen. Da wir selbst diese Leidenschaft pflegen, kommunizieren wir natürlich auf Augenhöhe. Es ist eben der Vorteil eines Fetischisten, dass er ja selbst auch seine Sexualität weiterentwickeln möchte, und das geht bei uns mit der Produktentwicklung Hand in Hand. Das erregende Gefühl des Ausgeliefertseins passiert zunächst im Kopf. Man braucht fast keinen Keuschheitsgürtel anlegen – allein die Phantasie ist schon da, wenn man ihn bestellt. Was denken Sie, was bei unseren Kunden im Schlafzimmer abgeht, bevor das Teil dann endlich eintrifft. Wenn es mal zu einer Lieferungsverzögerung kommt, dann kriege ich Mails und Anrufe, in denen gefleht wird: «Wann kommt das Teil denn endlich!» *(lacht)*

(am Telefon)

DEVOT UND DOMINANT

Vom Kamasutra zur SM-Session

Ü ber Vatsyayana Mallanaga ist nicht sehr viel mehr bekannt, als dass er in der Mitte des 3. Jahrhunderts in Indien gelebt hat. Wahrscheinlich ist er der Autor des «Kamasutra» – niemand weiß es genau. Aber ob nun Vatsyayana Mallanaga oder ein anderer jene weltberühmten «Verse des Verlangens» (Übersetzung aus dem Sanskrit) geschrieben hat, ist eigentlich unerheblich. Tatsache ist, dass in dem fast 1800 Jahre alten literarischen Text erstmalig verschiedene SM-Praktiken ausführlich beschrieben werden. Vier verschiedene Schlagarten beim Liebesspiel werden darin unterschieden und die nicht unwichtige Feststellung getroffen, dass Praktiken wie Beißen, Schlagen und Kratzen nur bei Einverständnis des Sexualpartners als lustvoll empfunden werden können. Bereits 900 Jahre vorher hatte ein unbekannter Künstler im Tomba della Fustigazione, dem etruskischen «Grab der Züchtigung», zwei Männer dargestellt, die während des Liebesspiels mit einer Frau diese mit Rute und Hand schlagen.

Etwa zur selben Zeit wie der Autor des Kamasutra widmeten sich auch europäische Autoren in anekdotischen Erzählungen Menschen, die sich vor, während oder anstelle des Liebesspiels freiwillig fesseln oder auspeitschen lassen. Der römische Dichter Juvenal tat dies in seinen «Satiren», wenngleich nicht unbedingt in einer anregenden Form, denn er war ein Mensch, der hasste:

Frauen, Griechen, Juden, Ägypter, überhaupt alle Ausländer. Juvenal hat sich mit seiner inneren Haltung selbst keinen Gefallen getan, und so sind seine Schriften für heutige Zeitgenossen weniger als erotische Literatur tauglich denn als Sozialstudie der römischen Gesellschaft jener Zeit. Im «Satyricon», dem fragmentarisch erhaltenen Schelmenroman des römischen Senators Titus Petronius, wird zur sexuellen Erregung eines Delinquenten gepeitscht, was das Zeug hält. Sehr viel mehr literarische Zeugnisse flagellantischen[54] Tuns sind aus den ersten Jahrhunderten nach der Zeitenwende nicht bekannt.

Es sollte noch anderthalb Jahrtausende dauern, ehe Marquis de Sade vier Jahre vor der Französischen Revolution damit begann, «Die 120 Tage von Sodom oder Die Schule der Ausschweifung» niederzuschreiben. Den skizzenhaft angelegten Episodenroman, der 200 Jahre später den italienischen Regisseur Pier Paolo Pasolini zu einem filmischen Meisterwerk animieren wird, hat der französische Adelige hinter den Gefängnismauern der Bastille verfasst – heimlich und in Miniaturschrift, um Papier zu sparen. Durch die Revolution wurde der Marquis de Sade aus der Bastille befreit und fand sich kurz darauf in der Irrenanstalt von Charenton wieder. Hier wurde später das Manuskript der «120 Tage von Sodom» entdeckt, was dazu führte, dass der Autor zum Namenspaten einer sexuellen Spielart wurde – dem Sadismus. Unfreiwilliger Namenspatron der gegenteiligen Neigung war ebenfalls ein adliger Schriftsteller, der Österreicher Leopold Ritter von Sacher-Masoch. Dessen umfangreiches literarisches Œuvre wird häufig reduziert auf zwei Texte, in denen er es verstand, dem Trieb nach Schmerz und Unterwerfung eine ästhetische Form zu verleihen. In der Novelle

---

54 Die Flagellanten waren eine christliche Laienbewegung im 13. und 14. Jahrhundert. Ihr Name geht auf das lateinische Wort *flagellum* (Geißel oder Peitsche) zurück. Zu den religiösen Praktiken ihrer Anhänger gehörte die öffentliche Selbstgeißelung, um auf diese Weise Buße zu tun und sich von begangenen Sünden zu reinigen. Ein religiöses Ritual, wie es auch heute noch gelegentlich, etwa im spanischen Katholizismus oder auch bei Strömungen innerhalb des Islam, praktiziert wird.

«Don Juan von Kolomea» charakterisierte er den berühmten Titelhelden als jemanden, der die Liebe zum weiblichen Geschlecht als qual- und lustvoll zugleich empfindet und hofft, durch Immoralität seine Selbstachtung zurückzugewinnen. In «Venus im Pelz», einem bis heute oft zitierten und von Roman Polanski filmisch adaptierten Text, beschrieb Sacher-Masoch die extremen Wechselbäder der Gefühle, die der «Sklave» Severin durch seine Herrin Wanda erfährt. Anderthalb Jahrzehnte später nahm der Psychiater Richard von Krafft-Ebing diese beiden Schriften zum Anlass, um in seiner «Psychopathia sexualis» eine Gruppe sexueller Verhaltensweisen mit seinem Namen in Verbindung zu bringen. Vergeblich versuchte sich der Ritter von Sacher-Masoch gegen diese Vereinnahmung zu wehren, und so wird die devote Variante der Sexualität bis heute als Masochismus bezeichnet.

Das Gegensatzpaar von Sadismus und Masochismus, dem Sadomasochismus – heute auch als Sadomaso oder schlicht SM (beziehungsweise BDSM) bekannt –, wird erstmalig 1913 vom Wiener Psychoanalytiker Isidor Sadger so benannt.

Sigmund Freud nannte es noch nicht so, als er sich 1905 in seinen «Drei Abhandlungen zur Sexualtheorie» mit diesem Phänomen beschäftigte. Der berühmte Psychoanalytiker stellte die noch namenlose Sexualpräferenz als eine aus einer fehlerhaften Entwicklung der kindlichen Psyche entstehende Krankheit dar. Es war eine Zeit, als noch jede vom Zwecke der Fortpflanzung abweichende sexuelle Betätigung als abnorm und krankhaft angesehen wurde. Die meisten Freudianer gehen bis heute davon aus, dass solche Neigungen in der frühkindlichen analen Phase entstehen, in der die Verbindung von Erregung und Schmerz als lustvoll erlebt wird.

«Diese Konzeption erscheint als ein ausgesprochen differenziertes und fundiertes Denkmodell und mutet daher ungeheuer plausibel an. Doch diese Plausibilität bedeutet nicht zwingend, dass es auch wahrhaftig so ist. Man kann auch andere Zugänge in Erwägung ziehen», erklärt der Sexualpsychologe Dr. Ahlers. Schließlich durchlaufen alle Menschen diese psychosexuelle Entwicklungsstufe und erleben dabei eine entsprechende Koppelung von Ausscheidung, Lust, Schmerz und Erregung. Aus psychoanalytischer Perspektive müsste das bedeuten, dass alle Sadomasochisten auf dieser Stufe steckengeblieben sind. Das wirkt für sich alleingenommen wenig überzeugend. Und so gibt es neben den psychoanalytischen Deutungen auch lerntheoretische Ansätze, die nach spezifischen prägenden Einflüssen und Konstellationen in der Lerngeschichte suchen. Also wann hat sich welcher Reiz mit welchem Gefühl verkoppelt und wurde dadurch quasi konditioniert? *Die* allumfassende Antwort auf diese Frage aber ist dem bisherigen Stand der sexualwissenschaftlichen Forschung bisher nicht zu entnehmen. Sie ist auch nicht wichtig, solange diejenigen, die BDSM mögen, es einvernehmlich praktizieren und nicht selbst unter ihrer Neigung leiden. Und es sind nicht wenige, auf die beides zutrifft. Tatsächlich ist es laut Dr. Ahlers so, dass «die sadomasochistische Präferenzakzentuierung von ca. einem Viertel aller Männer als sexuell ansprechend erlebt wird, und die masochistische Ausprägung ist unter allen Präferenzbesonderheiten diejenige, die bei Frauen am häufigsten zu finden ist. Und bei der sich auch am häufigsten eine Passung findet mit einem Mann, der in der Antagonistenrolle ebenso erlebnisfähig ist.»

Für die anderen, also diejenigen, die mit ihrer SM-Neigung ein Problem haben, gilt laut Dr. Ahlers leider: Selbst ein Wissen über die Ursache einer Präferenz würde diese nicht auflösen. Noch vor hundert Jahren vertrat Sigmund Freud, dass die Einsicht in einen ursächlichen Konflikt eine Auflösung der sexuellen Neigung im Sinne einer Katharsis bewirken würde. Und bis heute teilen nicht alle sexualpsychologischen Schulen die des Dr. Ahlers, der zufolge die Sexualpräferenz eines Menschen Bestandteil seiner Persönlichkeit ist – wie etwa auch die Intelligenz. Die Löschung von Persönlichkeitsbestandteilen könne also kein realistisches Therapieziel darstellen. Eher schon, einen selbst- und sozialverträglichen Umgang mit der eigenen Neigung zu finden und diese nicht zu löschen oder womöglich gar ins Gegenteil zu verkehren. Man ist so, wie man ist. Basta! Und wenn man jemanden findet, der jemanden sucht, der so ist, wie man ist – umso besser.

Sadomasochistische Neigungen und erst recht deren praktisches Ausleben werden vielerorts mit dem Adjektiv «bizarr» charakterisiert. Die Verwendung dieses Begriffs kann als verschämtes Umschreiben eines Tabus gebraucht werden, stigmatisierend gemeint sein oder als engagiertes Bekenntnis. Dessen Definition laut Duden als «absonderlich, eigenwillig verzerrt, wunderlich» oder gar «schrullenhaft» hilft da wenig weiter. Man muss schon darauf achten, wer diese Vokabel aus welchem Grund gebraucht. Ähnlich nämlich wie der Begriff «schwul» wurde auch «bizarr» seiner diskriminierenden Wertung beraubt, indem die Szene ihn sich selbstbewusst angeeignet hat.

Skizzen aus den Fragebogen

Kellnerin in einer thüringischen Großstadt
Fesseln, knebeln, beißen, kratzen …

Mitarbeiterin im Rechnungswesen (Kleinstadt in Rheinland-Pfalz)
Bei meinen Phantasien spielen Männer an sich eine untergeordnete Rolle. Auch wenn sie natürlich präsent sind, so sind sie doch irgendwie gesichts- und staturlos. Ich könnte keinen einzigen Mann beschreiben, der in meinen Phantasien vorkommt. Es ist auch nicht wichtig, da es sich ja um *meine* Phantasien handelt und mein Augenmerk eben auch auf mich selbst gerichtet ist. Meine Phantasien werden gerne allgemein als «Vergewaltigungsphantasien» bezeichnet, wobei dieser

Begriff dem Thema nicht gerecht wird. Ich werde zwar überwältigt von einem oder mehreren Männern, je nachdem. Trotzdem ist in meinen Phantasien kein Platz für Schmerzen oder gar Brutalität. Das Schauspiel läuft nach meinem Drehbuch und meinen Regeln.

Gastronom in Köln

Ich besuche in meiner Phantasie den Darkroom eines Schwulenclubs. Mehrere Männer greifen nach mir, drücken mich zu Boden. Ihre starken Arme halten mich fest, jeder Widerstand ist zwecklos. Schon beim Versuch hagelt es Schläge. Hintereinander werde ich von wildfremden Kerlen vergewaltigt, einer nach dem andern fickt mich brutal und hart in den Arsch, ehe sie mich hilflos und missbraucht im Dunkeln zurücklassen.

Studentin in Nordrhein-Westfalen

Meine Phantasie wird von gutaussehenden Männern mit möglichst großem Schwanz hervorgerufen. Ich werde geknebelt, und völlig willenlos bin ich ihren geilen Lüsten unterworfen, die mich für harten Sex missbrauchen. Ich habe diese Phantasie, seit ich zum ersten Mal harten Sex real erlebt habe. Jeder gute Sex ist harter Sex.

Technischer Angestellter aus einem Dorf in Sachsen

Gefesselt einer Frau ausgeliefert zu sein, die sich meiner nach Belieben bedient. Keine Schläge oder verbale Verletzung. Sie setzt sich auf mein Gesicht und zwingt mich, sie oral zu befriedigen. Auch Natursekt und Atemreduktion angenehm.

Promovierte Wissenschaftlerin (Forschung) in Hamburg

Wehrlos für Sex «benutzt zu werden». Ich träume, dass ich gefesselt, mit verbundenen Augen nackt auf einem Bett oder einem gynäkologischen Stuhl liege. Im Raum sind diverse Männer, die mit mir schlafen können, wenn sie wollen. Sie laufen herum, begutachten mich. Manche tun es, andere nicht, es herrscht reine Willkür.

Es gibt eine Phantasie, die habe ich seit meiner frühesten Jugend. Nicht, dass ich mir das in der Realität wünschen würde, aber bei der Masturbation macht mich eine Vorstellung tierisch an: Ich werde von einer Gruppe sehr maskulin wirkender Lesben (darunter muskulöse Bodybuilderinnen) gezwungen, mich zu entkleiden. Wenn ich dann nackt bin, werde ich brutal zu Boden geworfen und am ganzen Körper getreten. Schließlich stellt sich eine nach der andern über mich und uriniert auf meinen Körper und mein Gesicht.

Szenen devoter und dominanter Leidenschaften

Andreas (44)

Architekt in einer schwäbischen Kleinstadt, verheiratet

Die Phantasien, von denen Andreas beherrscht wird, reichen von der Analstimulation bis zum Transvestitensklaven. Schwarze Lack-High-Heels und Minirock spielen eine Rolle, die aber nicht die Sexualpartnerin trägt, sondern er selbst. Immer wieder stellt er sich die Frage: Wieso bin ich so, wie ich bin? Doch selbst 50 Stunden Psychotherapie haben keine Erhellung gebracht. Andererseits hat er inzwischen lustvolle Erfahrungen gemacht, die er nicht missen möchte. Nur leider nicht mit seiner Ehefrau ...

Wenn ich darüber nachdenke, wann das mit diesen Phantasien angefangen hat, fallen mir zwei Ereignisse ein, die beide etwa 15 Jahre zurückliegen. Im Wartezimmer meines Zahnarztes fiel mir eine ältere Ausgabe vom STERN in die Hände, und darin gab es eine Reportage über Sex in Israel. Das geschah ganz zufällig, ich hätte auch nach einer anderen Zeitschrift greifen können. Nun hatte ich also diesen alten STERN in den Händen. Besonders ein Bild mitsamt dem zugehörigen Text hat mich nicht mehr losgelassen. Darauf war eine Frau abgebildet, welche in einem Disco-Club in ein enges Korsett geschnürt, mit einem Knebel im Mund, die Hände über dem Kopf gefesselt darauf wartet, wahllos von männlichen Besuchern in aller Öffentlichkeit sexuell benutzt zu werden. Diese Vorstellung holte mich immer wieder ein: natürlich mit vertauschten Geschlechterrollen. In meiner Phantasie war ich diese Frau.

Kurz darauf hat Lilo Wanders in der Sendung «Wa(h)re Liebe» in bewegten Bildern Situationen vorgestellt, in denen das Ausgeliefertsein zur sexuellen Lust wurde. Die Sendung habe ich mit meiner Frau gemeinsam gesehen. Bei eBay habe ich dann die Ausgabe des STERN ersteigern können. Warum dieses Bild bei mir diese Erregung ausgelöst hat und wieso ich, seit ich das da im Fernsehen sah, von solchen Gedanken verfolgt werde und meine Körpermitte jedes Mal sofort reagiert, konnte ich leider noch nicht herausfinden. Aber es hatte Folgen!

Seitdem gehören einengende, sehr feminine Kleider und das Korsett zu dieser Phantasie, Strapse, ein enger BH mit innenliegendem Brustersatz sowie High Heels, Minirock und Damenbluse. So gekleidet werde ich von einer oder mehreren Frauen bis zur Bewegungslosigkeit fixiert. Man beraubt mich aller Sinne; es ist kein Hören mehr möglich, kein Sehen, ich werde geknebelt, anal ausgestopft, gequält, gedemütigt und «erniedrigt». Nippelklammern werden eingesetzt, Peitschen, Elektroschocks … Mir wird ein Einlauf verpasst, ich muss den Natursekt der Damen schlucken, und am Ende vergewaltigen sie mich anal mit einem Strap-on-Dildo. Natürlich sollte das nicht nur in meiner Phantasie bleiben, ich wollte das real erleben.

Zunächst habe ich gegenüber meiner Frau mit leichten Fesselspielchen begonnen – sie hatte die Sendung von Lilo Wanders ja auch gesehen. Aber diese Fesselspielchen, die ich an meiner Frau vornahm, habe ich eher aus Kompensation meiner eigenen Wünsche vorgenommen, weil ich sie zunächst nicht zu äußern wagte. Als ich es dann doch endlich geschafft hatte, meine eigenen Wünsche anzusprechen, gab es eine Phase, in der meine Frau die dominante Rolle gespielt hat. Und dann passierte das im Wechsel: jeder mal dominant, mal devot.

Zu einem Geburtstag hat mir meine Frau schwarze Lack-High-

Heels mit 12 cm hohem Pfennigabsatz geschenkt, dazu einen Mieder-Stretch-Strumpfhalter und mit Aquarienkies gefüllte alte Strümpfe, die als Brustersatz in den BH gesteckt wurden. Bei der Geburtstagssession hat sie mir das dann alles verpasst, ehe ich am Türrahmen gefesselt mit verbundenen Augen ausharrte und gespannt wie ein Flitzebogen auf das wartete, was nun passieren würde. Diese Situation werde ich nie vergessen. Es war das erste Mal, dass ein Teil meiner Phantasien real wurde. Die Schuhe trage ich heute noch immer sehr gerne. Allerdings gibt es dazu leider viel zu wenige Gelegenheiten, da ich dafür nur Zeiten nutzen kann, in denen Frau und Kinder außer Haus sind. Denn mit meiner Frau ging das mit dem Ausleben der Phantasie nicht weiter, da sie auch an sich devote Neigungen festgestellt hat, und das passt ja schlecht zusammen. Irgendwann hat sie gesagt, sie kriegt die dominante Rolle nicht mehr hin. Das würde bei ihr das genaue Gegenteil bewirken, nämlich, dass sie total lustlos wird.

Ich war also mit meinen Phantasien ganz auf mich allein gestellt. Eine Weile habe ich entsprechende erotische Literatur gelesen, die ich im Internet fand. Umfangreiche Geschichten von Leuten aus der BDSM-Gemeinde, die mich aufgegeilt haben und zu denen ich onanierte. Manchmal habe ich mir auch entsprechende Filme angesehen. Die Gedanken traten immer häufiger auf, übrigens meistens als Tagträume und nur selten nachts. Bei der Vorstellung, von einer Frau von hinten mit einem Strap-on-Dildo genommen zu werden, komme ich nach wie vor. Aber bald reichte mir die Onanie natürlich nicht mehr aus, und da ich zu Hause nicht auf meine Kosten kam, ging ich zu einer Domina. Zunächst ohne das Wissen meiner Frau, aber mittlerweile haben wir das so geregelt, dass ich das, was ich zu Hause in der Beziehung nicht haben kann, worauf ich aber nicht verzichten will, weil mich die Phantasien immer wieder einholen, ab und zu mal in Dominastudios auslebe. Da spricht man mit der Domina vorher ab, worauf man steht und was gar nicht geht. Also, es ist jetzt nicht so, dass ich ein Drehbuch schreibe. Es geht nur um so ein paar Leidenschaften, aber wie es dann konkret abläuft, bestimmt natürlich sie. Wichtig ist, dass man ein Safeword verabredet, um jederzeit stoppen zu können, wenn etwas zu weit geht. Und ich nenne vorher die Tabus, wie alles mit Exkrementen oder so. Natursekt, also Urin, das kann ich mir ja noch vorstellen, auch Angespucktwerden geht, aber irgendwelche Kotzpraktiken oder solche Tier- und Babyspiele machen mich jetzt nicht gerade an. Und alles, was länger anhaltende Spuren hinterlässt, ist in meinem Fall natürlich auch schwierig.

Inzwischen bin ich schon bei verschiedenen Dominas gewesen, auch wenn ich beruflich mal in Österreich oder Italien war. Jetzt aber denke ich, dass ich eine Dame gefunden habe, zu der ich wohl öfters hingehen werde, weil sie wirklich ihr Domina-Dasein lebt. Es ist schon eine etwas ältere Dame ... so um die 50 ... mit viel Erfahrung. Also es muss überhaupt keine junge knackige Domina sein, sondern eine, die ihr Metier versteht. Ich sehe ja meistens ohnehin nichts, wegen der Maske ... *(lacht)* Es geht mir mehr um die Inhalte, denn mittlerweile merke ich es, wenn die Damen das nur zum Broterwerb betreiben und nicht wirklich authentisch zur Sache gehen.

Nun gibt es nur noch eine bisher nicht ausgelebte Phantasie: Ich würde sehr gerne einmal komplett als Frau verkleidet in die Öffentlichkeit gehen, nur um zu erfahren, was für ein Gefühl es ist, als Frau wahrgenommen zu werden. Zwar war ich schon zwei Mal in Frauenkleidern auf Fetischpartys gewesen, aber das ist natürlich nicht dasselbe.

(nach längerem Mail-Kontakt wurde der Dialog am Telefon fortgeführt)

Elisa (36)
Verkäuferin in einem Großhandelsbetrieb, lebt im Rhein-Main-Gebiet

Sie hat seit einiger Zeit eine Fernbeziehung. Ohnehin pendelt sie zwischen dem Rhein-Main-Gebiet und Thüringen, wo ihre Eltern leben. In Thüringen wohnt zwar auch ihr Freund, trotzdem können sie sich nicht jede Woche sehen, was Elisas sexuelle Phantasie auf den sprichwörtlichen «Mann ihrer Träume» fokussiert ...

Es klingelt an der Tür. Es ist zwar unerwartet, aber ich weiß, dass er es ist! Ich öffne in meinem kurzen durchsichtigen Outfit die Tür, und er presst mich im nächsten Moment an die Wand, halt meine Hände fest und küsst mich in Grund und Boden. Dann legt er seine Hände auf meine Schultern und drückt mich nachdrücklich nach unten. Mit sanfter, dominanter Gewalt bringt er mich dazu, ihm noch im Flur einen zu blasen. Danach packt er mich an der Hand und zerrt mich ins Schlafzimmer. Ziemlich schnell, so dass ich ins Stolpern komme und von ihm über seine Schulter geworfen werde und im Schlafzimmer dann aufs Bett, so dass mir kurz die Luft wegbleibt. Er sagt: «So! Du hast Dir mehr ‹Männlichkeit› gewünscht? Mehr Leidenschaft? Dann zeig ich Dir jetzt was passiert, wenn solche Wünsche geäußert werden, und fick Dich bis Du ohnmächtig wirst!»

Mit männlicher Dominanz nimmt er mich in sämtlichen Stellungen. Am liebsten von hinten. Kurz bevor er kommt, schlingt er meine Haare um seine riesige Hand und zerrt mich hoch bis mein Rücken an seiner Brust lehnt und ich auf ihm sitze und dann kommt er. Und ich komme auch – im Gegensatz zu ihm aber real. Denn es ist leider nur eine Masturbationsfantasie, die sich im realen Leben nie so abspielen würde. Mein Schatzi hat viel zuviel Angst mich zu verletzen (als ob ich zerbrechlich wäre). Außerdem ist er mehr der zärtliche, behutsame Lover. Hat als Handwerker auf seiner Arbeit schon genug mit schweren Sachen zu tun.

Einmal hat er «versucht», seine Schranken fallen zu lassen (hab ich mir zum Geburtstag gewünscht, weil ich weiß, dass ihm das verdammt schwer fällt). Das ist aber ein bisschen in die Hose gegangen, weil er dann seine Kraft auch nicht mehr so einschätzen konnte und ich ziemlich viele blaue Flecken hatte. Aber was soll's? Es gibt nix was frau nicht mit Kleidern verdecken kann. Aber anschließend hat er sich geweigert, jemals wieder die Selbstbeherrschung an der Tür abzugeben. Schade, wirklich!

(per Mail-Kommunikation)

༄

Paul (41)

Richter in einer hessischen Kleinstadt, seit mehr als zehn Jahren verheiratet

Ein eheliches Sexualleben «existiert praktisch nicht mehr». Nachdem sich dieser Zustand manifestiert hat, ist die sexuelle Phantasie des Juristen regelrecht erblüht ...

Meine Arme sind mit Seidentüchern an den Bettrahmen über meinem Kopf gefesselt. Die Eigenschaft des Seidentuchs hat dabei keinerlei symbolische Bedeutung, es ist lediglich ein hochwertiger Stoff, der aufgrund seiner Textur erotisch wirkt. Die Fesselung selbst ist der besondere Kick, der wesentlich zu dieser Phantasie gehört. Das damit verbundene Ausgeliefertsein und die Entblößung und Hingabe an die Frau(en) steigert meine Erregung.

Eine Frau sitzt leicht auf meinem Gesicht, so dass ich sie zwischen den Beinen lecken kann. Gleichzeit massiert eine zweite Frau meinen Penis und verwöhnt mich zunächst oral und lässt mich dann vaginal in sie eindringen. Nach meinem Höhepunkt tauschen die Frauen ihre Position, damit ich Schamlippen und mein Sperma zusammen schmecken kann.

Es sind prinzipiell reine Phantasiegestalten, also keine realen mir bekannten Frauen. Aufgrund einer sexuellen Beziehung zu einer anderen Frau kommt diese manchmal (kurz) darin vor. Allerdings käme eine Realisierung dieser Phantasie mit ihrer Beteiligung nicht in Betracht. Doch wenn sie mich oral befriedigt, verspüre ich die Lust nach dem Lecken und dem Geschmack einer Vagina, ohne dass die 69er Stellung hier für mich dasselbe wäre. Insofern findet die Phantasie ein wenig Eingang in den realen Sex. Ansonsten bleiben die beschriebenen Bilder auf die Onanie mit einem Fleshlight[55] beschränkt. Das findet in «normalen» Monaten 15 bis 20 Mal, in anderen überhaupt nicht statt.

(per Mail-Kommunikation)

---

55 Masturbator für Männer

Ralf (43)

Akademiker, lebt in einer baden-württembergischen Großstadt als leitender Angestellter im Gesundheitswesen

Vor etwa zehn Jahre tauchte bei Ralf eine ungewöhnliche Phantasie auf, die er zwischenzeitlich auch schon gelegentlich gemeinsam mit seiner Frau real auslebte. «Etwa drei oder vier Mal» sei dies der Fall gewesen, bekennt er. Seither existiert diese sexuelle Praxis in seiner Phantasie fort und taucht insbesondere «bei kürzeren Reisen wie bei Fahrten im Zug oder mit dem Auto» immer mal wieder auf ...

Ich stelle mir vor, nackt von meiner Frau mit frischen Brennnesseln ausgepeitscht zu werden. Ich stehe vor ihr, während sie mir direkt in die Augen schaut. Dann gibt sie mir die Anweisung, mich völlig auszuziehen. Ich muss mich breitbeinig vor sie hinstellen. Sie fesselt meine Hände über meinem Kopf und knebelt mich. Meine Augen werden verbunden. Sie nimmt mit Gummihandschuhen eine der Brennnesseln, die ich zuvor gesammelt habe und streicht damit über meine Füße, die Beine empor und an den Innenseiten meiner Oberschenkel entlang. Sie nimmt die Brennnessel zwischen meine Beine und zieht sie wie einen Geigenbogen an der Innenseite meiner Schenkel entlang. Der stechende Schmerz erregt mich. Dann nimmt sie weitere Brennnesseln und schlingt diese als «Feuerreifen» um meine Arme, meinen Hals, meine Oberschenkel und meinen Bauch. Schließlich benetzt sie mit den Nesseln auch meinen Schwanz und meine Hoden. Sie legt eine Brennnessel auf den Handschuh und greift damit meinen Schwanz. Dann masturbiert sie mich damit zum Höhepunkt oder sie hält einfach nur ihre Hand um meinen Schwanz und gibt mir die Anweisung, mich zu bewegen und mich so selbst zum Höhepunkt zu bringen.

(per Mail)

☙

Sonja (27)

wissenschaftliche Assistentin an einer «deutschen Universität», ihre Beziehung beschreibt sie als «kompliziert»

Vor zwei Jahren, während des Verfassens ihrer Magisterarbeit, also in einer Phase der besonderen Anspannung, sorgte Sonja durch täglich mehrfaches Masturbieren für physische wie psychische Entspannung. In dieser Zeit entdeckte sie erstmalig masochistische Neigungen an sich, die seither immer häufiger und heftiger in ihren Phantasien auftauchen ...

Es begann damit, dass ich mir beim Masturbieren vorstellte, während des Geschlechtsverkehrs plötzlich geohrfeigt zu werden. Völlig überraschend hatte sich mein Liebhaber von einem zarten zu einem gewalttätigen Mann verändert. Keine Ahnung, woher das kam, aber es gefiel mir, ihm willenlos ausgeliefert zu sein, von ihm benutzt zu werden. Bald schon sehnte ich mich danach. Das steht in einem völligen Gegensatz zu meinem privaten Verhalten einer selbstbewussten, emanzipierten Frau, die sich von niemandem die Butter vom Brot nehmen lässt. Trotzdem sind diese Gewaltfantasien vorhanden, die heute weit über meine damaligen Phantasien hinausgehen, als das alles begann. Ich finde das Spiel von Zuckerbrot und Peitsche sehr, sehr geil. Dabei werde ich von meinem Liebhaber mit Ketten gefesselt und von ihm geschlagen – immer übrigens mit der Hand und nicht mit einem Stock oder ähnlichem. Zwischendurch werde ich sexuell stimuliert. Er reibt mir ziemlich heftig die Klitoris und fingert mich mit der anderen Hand, was mich sehr erregt. Aber kurz vor Erreichen des Höhepunktes wird die Stimulation abgebrochen und ich werde wieder ins Gesicht geschlagen. Dann legt mir dieser sehr dominante Mann ein Halsband an und führt mich auf allen Vieren hinter sich her wie einen Hund. Schließlich muss ich aufstehen und eine Weile seinen strengen Blick ertragen. Überraschend küsst er mich leidenschaftlich, ehe er mich mit dem Halsband stranguliert, bis ich das Bewusstsein verliere und in seine starken Arme falle.

Nicht alles davon ist seither Phantasie geblieben, das eine oder andere habe ich mittlerweile mit meinem Freund ausgelebt. Dennoch und ich hoffe nicht etwa deswegen, ist unsere Beziehung eine komplizierte.

(Schilderung auf dem Fragebogen)

Sven (20)

Schulzeit in einem brandenburgischen Dorf. Aktuell Maschinenbau-Studium im Zuge einer Ausbildung bei der Bundeswehr

Er legt Wert auf die Feststellung, dass die sexuellen Neigungen in keinerlei Zusammenhang mit seiner Funktion als Soldat und der damit verbundenen Hierarchie stehen …

Mit etwa 14 Jahren bemerkte ich, dass es mich erregt, Verhaftungen in Filmen zu beobachten. Von daher könnte man folgern, dass ich meine dominant-sadistische Ader zuerst entdeckte. Bei der anschließenden Recherche, was das da in mir ist und ob ich damit alleine bin, fand ich aber immer schon beide Seiten der Macht sehr interessant. In der ersten Zeit war die dominante Ader jedoch stärker ausgeprägt. Inzwischen neige ich mal eher zur einen, dann wieder zur anderen Seite. Das hängt hauptsächlich vom Partner ab. Zu dem einen fühle ich mich eher devot angezogen zum nächsten eher dominant. Ich würde mich als «Switcher mit sehr starker Ausprägung» bezeichnen. Das heißt, ich fühle mich in der submissiven Rolle[56] ebenso wohl wie in der dominanten. Ich identifiziere mich auch mit beiden zu 100 Prozent. Für mich sind BDSM-Praktiken und Sex nicht zwangsweise miteinander verbunden. Wenn ich Sex habe, muss ich dabei meine BDSM-Phantasien nicht ausleben und ich kann im «Spiel» sehr gut ohne Sex auskommen, wenn es die Situation oder der/die Partner/in es nicht hergeben. Dazu passt sehr gut, dass ich rein sexuell an Männern keinerlei Interesse habe, das Spiel mit Männern aber durchaus sehr erregend ist und mir

---

56 submissiv = aufopfernd, ergeben

in der Phantasie sehr viel Spaß bereitet. Ähnlich verhält es sich mit Frauen über 40. Ohne sexuelle Handlung erreiche ich keinen Samenerguss, fühle aber alle anderen Symptome eines Orgasmus' bei mir, während ich Schmerzen und Erniedrigungen ertrage beziehungsweise diese zufüge und erleiden lasse. Diese Symptome sind Kribbeln in den Lippen, stark erhöhter Herzschlag, Glücksgefühl bis hin zur Ohnmacht im Extremfall (bisher erst einmal geschehen). Beim Masturbieren spielen sexuelle Handlungen aber immer eine zentrale Rolle. Wenn ich Macht über eine Frau ausübe, ist das für mich Urlaub vom Alltag. Ich kann meine Phantasie in Gebieten arbeiten lassen, die ich im normalen Leben niemals zeigen würde. Dabei denke ich sowohl an Methoden, ihr möglichst gezielt an verschiedensten Stellen Schmerz zuzufügen. Beispielsweise durch Kerzenwachs aus unterschiedlicher Höhe auf verschiedene Körperregionen zu tropfen oder durch Abbinden oder Abspreizen der Gliedmaßen oder der Brüste und dem damit verbundenen «Einschlafen» eben solcher. Aber auch das klassische Schlagen mit der flachen Hand, Gerte oder anderen Hilfsmitteln. Am besten funktioniert das bei mir, wenn sich meine Sub[57] ihrer Position als «mein Lust- und Spielobjekt» fügt, sich also nicht wehrt oder aufmüpfig erscheint, sondern alles erträgt. Eine andere Sphäre, in der mein Hirn dann arbeitet, ist die Demütigung, die ich gerne in das Spiel einbringe. Dabei hangele ich mich an dem entlang, was ich selber als demütigend und entwürdigend empfinde. Die Abrichtung zum Tier, beispielsweise zum Hund, finde ich dabei besonders faszinierend: Eine Person über einen gewissen Zeitraum wie einen Hund leben zu lassen, mit Fressen aus dem Napf, anleinen, Gassi führen (allerdings nicht in der Öffentlichkeit) und im Hundekorb schlafen zu lassen, begleitet mich schon mehrere Jahre. Ich würde dabei aber auf Hundemasken verzichten, weil es mir nicht darum geht, einen Hund zu haben, sondern wirklich einen Menschen, der sich nur zu meiner Belustigung und Befriedigung als Hund zu verhalten hat.

57   der devote Partner

Die Degradierung zum schieren Lust- und Spielobjekt hatte ich ja bereits kurz angesprochen. Dabei erregt mich besonders, den Menschen als denkendes und fühlendes Wesen auszuklammern und nur noch eine versklavte fleischliche Hülle zu sehen, der ich Schmerzen durch Kneifen, Schlagen, Klemmen oder extreme Temperaturen zufügen kann beziehungsweise deren Lustöffnungen mir zu meiner Befriedigung dienen. Ich verbinde diese Vorstellung gerne mit harten verbalen Beschimpfungen. Auch niedrige und niedrigste Arbeiten verrichten zu lassen, erregt mich. Etwa Schuhe/Stiefel putzen oder lecken, oder einen Lappen als Knebel in den Mund zu stecken und damit dann den Boden wischen zu lassen, während die Hände auf den Rücken gefesselt sind, machen mich geil. Auch das Urinieren auf eine andere Person empfinde ich als sehr lustvoll, zumindest in meinen Gedanken. Real ausgelebt habe ich das bisher noch nicht.

Es gibt aber auch Dinge, die mich lediglich als devoten Part erregen. Dabei ist Strenge keine Bedingung, macht es mir aber leichter, um mich als Sub oder Sklave unterzuordnen. Konsequenz ist allerdings unabdingbar. Schmerz ist für mich ein sehr kompliziertes Thema. Mein Körper reagiert nur an wenigen Stellen lustvoll auf Schmerz, an diesen dafür sehr extrem. So ist mein oberer Rücken meine erogenste Stelle. Sowohl sanfter Schmerz, wie kräftige Massagen, aber auch starke Auspeitschung am Rücken lassen mich sehr schnell auf einen Orgasmus zusteuern. Dies hängt aber sehr von der Situation ab. So ist ein kräftiger freundschaftlicher Schlag eines Kameraden auf mein Kreuz keinesfalls sexuell erregend für mich. Außerdem bin ich ein Freund von Sinnesentzug, sprich dem Verbinden der Augen oder dem Einsetzen von Gehörschutz beziehungsweise dicker Gummihandschuhe, um den Tastsinn weitestgehend lahm zu legen. Sich dann von Minute zu Minute zu hangeln und sich ganz auf seine übrigen Sinne und den guten (oder bösen) Willen seiner Herrschaft verlassen zu müssen, also in gewisser Weise psychischen Schmerz durch enorme Konzentration zu erleiden, turnt mich an.

Das Abbinden von Gliedmaßen zähle ich ebenfalls in den weiteren

Kreis von lustvollem Schmerz. Da ich sowieso eine große Affinität zu Fesselungen habe, kann ich mich besonders in Fesseln liegend sehr gut in meine Rolle fallen lassen – unabhängig davon, ob es sich ausschließlich um symbolische Fesseln handelt, wie ein Halsband oder schwere Eisenketten. Wenn mein Körper dann auch noch meiner Herrschaft so weit ausgeliefert ist, dass sich in meinen Gliedern mit der Zeit ein Taubheitsgefühl einstellt, stellt das für mich einen sehr erregenden Moment dar.

All die hier aufgeführten Phantasien und unzählige mehr trage ich in mir. Sie treten bewusst meist hervor, wenn ich eine fetischorientiert gekleidete Frau beobachte und mit ihr darüber Gedanken mache, was sie wohl mit mir beziehungsweise ich mit ihr anstellen könnte. Aber auch wenn ich masturbiere, was meistens zum Einschlafen oder beim Aufwachen geschieht. Unbewusst treten sie meist in Verbindung mit Fotos oder Filmszenen auf, in denen Personen gefesselt und/oder gefoltert werden. Eine andere Vorstellung ist die Benutzung als Sklave durch mehrere dominante Frauen gleichzeitig. In meinen Phantasien tauchen vereinzelt auch Foltermethoden des Mittelalters auf, das Verbrennen mit glühendem Stahl oder das Einsperren in eine Eiserne Jungfrau und ähnliche Grausamkeiten werden aber auf ewig Hirngespinste bleiben, weil mir die potenziellen Gefahren beziehungsweise Folgen einfach zu hoch sind.

(per Mail-Kommunikation)

Carsten (46)

arbeitet als Banker und lebt in NRW auf dem Land, seit 20 Jahren verheiratet

Es sind Szenen, die Carsten schon vor Augen hatte, lange bevor er verheiratet war. Es wäre also falsch, diese «bizarren» Phantasien als Produkt einer festgefahrenen monogamen Beziehung zu betrachten …

Immer wieder habe ich die Phantasie, in der ich mich als wehrloses Opfer einer Frau sehe. Sie fesselt mich, verbindet mir die Augen und dann werde ich geschlagen. Oftmals sind es mehrere Frauen, darunter welche mit denen ich real Sex hatte. Vor allem aber sind auch Frauen dabei, die ich kenne und mit denen ich sehr gerne Sex hätte. Nur gelegentlich befindet sich meine Ehefrau unter ihnen. Durch die verbundenen Augen kann ich nicht erkennen, wer von ihnen mich gerade schlägt. Trotz der Schmerzen genieße ich die Situation. Ich bekomme eine Gänsehaut und möchte unbedingt Sex, aber man lässt mich warten. Wenn ich dann schließlich meinen Penis in einem warmen Mund spüre, bedeutet dies für mich die Erlösung. Bis jetzt ist es nur eine Wichs-Phantasie und findet so zwei bis drei Mal im Monat statt. Aber ich möchte diese Situation unbedingt mal in der Realität erleben.

(per Fragebogen)

Lea (27)

‹Bachelor of Arts›, arbeitet im Bereich Marketing, lebt im Vorort einer saarländischen Großstadt, seit fast 3 Jahren in fester Partnerschaft

Einen Teil ihrer devoten Phantasien konnte Lea bereits mit einem Ex-Partner als auch mit dem aktuellen Partner in die Realität umsetzen. Doch vieles bewegt sich nach wie vor im Bereich der erotischen Träume ...

Es gibt Phantasien, die seit etwa zehn Jahren ein fester Bestandteil meiner erotischen Vorstellungen sind. Ich stelle mir vor, dass mein Partner mich fesselt und mir die Augen verbindet, sodass ich ihm vollkommen ausgeliefert bin. Es liegt also an ihm, ob er mir Zärtlichkeiten zukommen lässt oder Schmerzen zufügt oder mich zum Sex missbraucht. Ich bekomme von ihm Schläge mit der Hand, einer Gerte oder auch mit einer Peitsche. Wir experimentieren auch mit Sexspielzeug wie einem Vibrator, Plugs[58] und Nippelklemmen. Solche Fessel- und Bestrafungsspiele habe ich mit meinem Ex-Freund und auch schon mit

---

58 Wörtlich: *Stecker*. Ein dildoähnliches Sexspielzeug, welches vaginal oder anal zum Einsatz kommt

meinem jetzigen Partner ausprobiert. Dabei spielt Dirty Talk immer eine wesentliche Rolle. Doch meine Phantasien gehen weit darüber hinaus.

Ich stelle mir zum Beispiel ein Rollenspiel vor, in welchem mich mein Partner überfällt und vergewaltigt. Oft denke ich mich in meiner Phantasie dabei an öffentliche Orte. Die Vorstellung von Sex in der Öffentlichkeit, etwa an einem Baggersee, im Auto oder auch auf einer Fetischparty, finde ich sehr erregend. Dabei könnten auch eine weitere Frau und ein anderer Mann dabei sein, und mein Freund würde uns dabei zusehen. In meiner Vorstellungswelt kommt es auch vor, dass mein Partner den passiven Teil einnimmt. In der Realität hat das bisher noch nicht stattgefunden. Mein Partner aber sagt, er sei dazu bereit und so ist es nur eine Frage der Zeit, bis wir auch diese Phantasie real werden lassen. Der Dreier hingegen gestaltet sich etwas schwierig, da keine der Frauen, die uns beiden gefallen, bisher dazu bereit war. Es endete bisher ausschließlich in Küssen und Fummeln zwischen den verschiedenen Frauen und meinem Freund und teilweise sah der Partner der jeweiligen Frau dabei zu. Und auch unter den Männern, die uns beiden zugesagt hätten, konnten wir bisher noch keinen finden, der da mitmachen wollte. Es ist also noch so einiges in meiner Phantasie, das darauf wartet, ausgelebt zu werden.

(per Mail-Kommunikation)

Thomas (56)

Straßenbauarbeiter aus einem Dorf unweit der Nordseeküste

Er lebt seit Jahren in einer Partnerschaft, doch seine Lebensgefährtin ahnt nichts von seinen «bizarren» Sehnsüchten, denen er an geheimen Orten nachgeht …

Ich habe eine Anzeige geschaltet: «Wer hat Interesse an einem Sklaven?», und darauf haben zu 98 Prozent nur Männer geantwortet. Da habe ich aber kein Problem mit, denn ich würde mich auch auf Männer einlassen, auch wenn keine Frau dabei ist. Man kann schon sagen, dass ich quasi geschlechtsneutral bin. Aber beim Wichsen denke ich überwiegend an Frauen. Ich stelle mir dann eine vor, die dominant ist und sich auch so kleidet. Sie trägt hohe Stiefel, Minirock und hält eine Peitsche in der Hand, und sie zwingt mich, dass ich mich ausziehe. Ich mache alles, je nachdem, was sie haben will und wie sie das haben will. Sie legt mir dann Hand- und Fußfesseln an und eventuell auch Halsband und Leine. Dann gibt sie mir Befehle, sagt mir, was ich tun muss und was ich nicht machen darf. Da ist zum Beispiel das Duzen. Also, eine Herrin will in der Regel nicht geduzt werden, und das gefällt mir eigentlich auch ganz gut, dass ich «Sie» sagen muss und «Herrin». Ja, und dann kommt es in meinen Träumen eben vor, dass sie mich gefesselt vorführt vor anderen Leuten – als ihren Sklaven. Das kann sein, dass ich dann ihre Stiefel lecken muss oder was sie sich eben gerade so überlegt. Natürlich werde ich auch von ihr geschlagen, entweder mit der Peitsche oder mit der Hand, je nachdem, worauf sie gerade Lust hat. Sie bindet mir dann auch die Eier und den Schwanz ab und zieht daran. An meinen Brustwarzen werden Klammern angebracht, und so lässt sie mich dann als Hund an der Leine durchs Zimmer laufen. Rundherum stehen die Zuschauer, die sie anfeuern, sie soll mich mehr antreiben und sie soll mich noch mehr schlagen. Manchmal stelle ich mir auch vor, dass einer von denen dann die Peitsche in die Hand nimmt, wenn ich nicht schnell genug laufe, und mir damit eins übern Arsch zieht. Oder manchmal tritt mir auch mal jemand mit dem Fuß in den Arsch, damit es schneller geht. Eine gewisse Rolle spielt auch die Sprache von dem Herrn oder der Herrin, die muss natürlich dominant sein. Also ich brauche einen harten Ton. Man sagt zum Beispiel: «Runter auf die Knie, du Drecksau!» und solche Sachen …

Geil finde ich auch die Vorstellung, dass die Herrin mich im Wald an einen Baum fesselt, mir die Augen verbindet und mich alleine lässt. Das ist dann sehr erregend, weil man ja nicht weiß: Ist da jemand, der das sieht?

Diese Phantasien habe ich so zwei bis drei Mal in der Woche.

Manchmal hole ich mir aus einer Videothek solche Filme, denn ich habe keinen Computer. Also, Internet habe ich nicht. Dann schaue ich mir den Film an, und dabei hole ich mir dann einen runter. Aber meistens habe ich keinen Film und stelle mir das so vor. Das mache ich immer, wenn meine Lebenspartnerin nicht zu Hause ist. Ich lebe seit fünf Jahren mit jemandem zusammen, aber sie weiß davon nichts. Wir haben miteinander ganz normalen Sex, aber auch dabei stelle ich mir meine Sachen so vor. Also ich stelle mir vor, dass sie die Herrin wäre. Ich habe auch mal zaghaft versucht sie dafür zu gewinnen, aber ich habe gleich gemerkt, dass sie gar kein Interesse daran hat. Das ist ja vielleicht auch ganz gut so, dass das irgendwie getrennt ist. Sonst würde das womöglich in den Alltag reinspielen.

Ich habe einige Phantasien auch schon ausleben können. Erst unlängst habe ich durch eine Anzeige ganz bei uns in der Nähe jemanden kennengelernt, die eben dominant ist und das dann mit mir mal gemacht hat. Zunächst haben wir uns erst mal so getroffen und nur geredet. Vor ungefähr acht Wochen ist das gewesen. Dabei haben wir herausgefunden, dass wir beide dasselbe suchen – also eigentlich nicht dasselbe, sondern das Gegensätzliche. Sie liebt es, dominant zu sein, und ich eben den devoten Teil. Diese Frau ist verlobt und macht das nur mal so, wenn mal Zeit ist. Wir treffen uns im Wald, weil es ja bei ihr nicht geht und bei mir auch nicht. Wir haben da einen Platz gefunden, wo man sehr ungestört ist. Also, bis jetzt haben wir uns dreimal getroffen, und noch nie ist jemand vorbeigekommen. Da fesselt sie mich dann, führt mich an der Hundeleine herum … Na all das, was ich vorhin gesagt habe – nur eben ohne andere Leute. Dann werde ich an einen Baum gebunden und bin ihr wehrlos ausgeliefert. Am Schluss berührt sie mich, und ich darf abspritzen. Sie hat mir versprochen, dass wir das nächste Mal ein bisschen weitergehen und ich ihr einen Dildo einführen darf. Den habe ich sofort am nächsten Tag gekauft, da bin ich extra für in die nächstgrößere Stadt gefahren. Geschlechtsverkehr aber wird es nicht geben, weil ich ja ihr Sklave bin, und mit Sklaven, sagt sie, fickt sie nicht.

Es gibt eine Phantasie, die ich bisher noch nicht umgesetzt habe, aber wir haben darüber gesprochen, und das werden wir irgendwann auch machen. Dabei wird es so sein, dass ich gefesselt bin und mit ihr einen Spaziergang durch die Stadt mache. Aber natürlich ist da ein Mantel drüber, sodass die anderen Passanten das nicht sehen können. Ich habe dabei auch das Hundehalsband um, das kann man ja durch einen Schal kaschieren, die Leine läuft durch den Ärmel, und sie hat sie unten in der Hand. Das ist dann unser Geheimnis in aller Öffentlichkeit – das erregt mich. Aber ich muss natürlich noch warten, bis das Wetter ein bisschen herbstlicher wird, denn bei den sommerlichen Temperaturen jetzt trägt man ja keinen Mantel.

(am Telefon)

Ralph (48)

arbeitet im Bankbereich, lebt in Hamburg

Er ist Single, aber seit einiger Zeit trifft er sich gelegentlich mit einer Frau, die (nicht nur) seinen sexuellen Phantasien neuen Schwung verliehen hat ...

Ich habe mehrere Phantasien. Einige begleiten mich schon seit der Jugend, wie die von einer Frau, die über meinem Gesicht hockt und mir direkt in den Mund pinkelt. Ich war so 13 oder 14 Jahre alt, als mich diese Vorstellung zum ersten Mal erregt hat. Später verschwand diese Phantasie wieder, doch sie kehrte zurück, als ich viele Jahre später eine SM-Fotoausstellung besuchte. Und auch heute kommt mir dieses Bild immer wieder in den Sinn, wenn ich sehe, wie eine attraktive Frau zur Toilette geht.

Ich war Anfang Zwanzig, als ich eine Freundin hatte, die mal etwas von einem «gebutterten Brötchen» erzählte. Damit ist gemeint, dass ein Mann Sex mit einer Frau hat, in der unmittelbar zuvor ein anderer Mann ejakuliert hat. Die Phantasie war geboren und tritt auch heute immer mal wieder auf, wenn ich darüber nachdenke, was ich gern mal ausprobieren möchte: Ich habe Sex mit einem Paar. Der Mann ejakuliert in die Frau, sie fordert mich sofort danach auf: «So, und jetzt du!». Ich dringe in sie ein und spüre das Sperma des anderen Mannes.

Seit einigen Monaten habe ich nun eine extrem devote Phantasie: Ich bin nackt, meine Hoden sind mit einem Seil abgebunden, ein langes Ende ist als Leine geblieben. Eine Domina, knapp in Leder gehüllt (Leder-BH, Leder-Panty, Pumps), führt mich an dieser Leine durch Räumlichkeiten, in denen SM-Spiele gespielt werden. Dann fesselt sie mich an ein Andreaskreuz. Ich bin praktisch bewegungsunfähig. Sie fängt an, mir die abgebundenen Hoden hart zu massieren, steigert sich zu Schlägen mit der Hand, später mit einer Art Gerte. Ich schreie und stöhne, kann mich der Behandlung durch die Fixierung in keinster Weise entziehen. Es sind auch andere SM-Paare anwesend, die von der Session Notiz nehmen, doch alle konzentrieren sich eher auf sich. Ich wiederum sehe, wie andere Männer von ihren Dominas behandelt werden. Das erregt mich. Zusätzlich wird der Penis immer wieder von meiner Domina zärtlich mit der Hand stimuliert, so dass er die ganze Zeit hart bleibt. Am Ende zieht sie ihre Pumps aus und tritt mir mit dem nackten Fuß in die Hoden. Die Hoden sind tiefblau angelaufen, geschwollen und zeigen auch schon Blutergüsse von der Gerte. In einem Feuerwerk von Schlägen bringt sie mich mit der Hand zum Höhepunkt. In Varianten dieser Phantasie habe ich der Domina auf den Fuß zu ejakulieren. Oder eine andere Domina kommt hinzu und fragt sie «Darf ich auch mal?», und macht dann weiter – jedoch nicht bis zum Schluss, das übernimmt dann die ursprüngliche Domina. Ausgelöst wurde diese Phantasie durch die Treffen mit jener Frau, mit der ich mich gelegentlich treffe. Sie hat eine ausgesprochene Vorliebe für SM, was ich aber bei unserem Kennenlernen noch nicht wusste. Wir bauen einige Elemente aus meiner Phantasie in unsere Spiele ein. Die Weiterführung dieser Spiele aber erfolgt nur in meinem Kopf, vor allem wenn ich onaniere.

(per Mail-Kommunikation)

Kim (21)

Fremdsprachenkorrespondentin in einer bayerischen Großstadt, Single

Im Haushalt ihrer Eltern gab es keinen Computer, und so blieb sie in der Pubertät von Internet-Pornographie völlig unbeeinflusst. Bis heute spielen pornographische Filme keine Rolle für ihre Phantasien. Kim weiß nicht, auf welche Weise sich jenes masochistische Verlangen bereits im Alter von 12 Jahren in ihre frühpubertären Masturbationsphantasien geschlichen hat. Jedenfalls war diese Neigung eher vorhanden als das Bewusstsein für die sexuelle Orientierung hin zum eigenen Geschlecht. Gern würde sie die Bilder ihrer Lüste endlich auch real erleben ...

Die Frauen, die während des Masturbierens vor meinem geistigen Auge auftauchen, sind meist Phantasiegestalten, jedenfalls keine Personen aus meinem beruflichen oder privaten Umfeld. Höchstens mal eine hübsche Frau, die ich auf der Straße gesehen habe und die meinem Typ entspricht. Das ist dieser blasse Schneewittchen-Typ mit dunklen Haaren und knallroten Lippen. Dita Von Teese ist solch ein Frauentyp, und an sie habe ich schon einige Male gedacht. Auch an Scarlett Johansson, die ich mir dann eben mit dunklen Haaren vorstelle.

Meine Phantasie findet fast immer in meinem Zimmer statt, auf dem großen Bett mit dem Gestänge oben und unten, an das ich mit Händen und Füßen gefesselt werde. Das geht wortlos vonstatten, in einer stillen, zielgerichteten Aktion. Obgleich ich in meinem Alltag eher eine dominante Person bin, finde ich es attraktiv, wenn ich bei einem Sex-Spiel mal die Kontrolle verlieren darf, ja, wenn sie mir genommen wird. Ich werde also gefesselt und auch geknebelt und bin meiner Sexpartnerin völlig wehrlos ausgeliefert. Noch immer wird nicht gesprochen. Sie schlägt mich auf den Hintern und auf die Oberschenkel entweder mit der flachen Hand oder einem Gürtel oder einer Bürste. Allerdings nie ins Gesicht. Und dann werden Schnitte in meinem Rücken vorgenommen. Sie benutzt dazu ihre scharfen Fingernägel oder auch ein Messer. Es ist schmerzhaft und erregend zugleich. Allein die Vorstellung daran bringt mich zum Orgasmus. Bis jetzt ist das noch reine Phantasie, die ich noch nie real ausgelebt habe, denn bisher habe ich noch keine Partnerin gefunden, die dazu bereit gewesen wäre. Ich habe schon Partnerinnen gehabt, mit denen ich darüber gesprochen habe, und die mochten es auch, dass ich ihnen meine Phantasien anvertraut habe, aber für sich selbst fanden sie es nicht attraktiv. Also ist es auch weiterhin nur eine Masturbationsphantasie.

(am Telefon)

Lilith (43)

Bürokauffrau, alleinerziehende Mutter einer 17-jährigen Tochter, lebt in einer hessischen Kleinstadt

Vor einigen Monaten hat sie über ein Internetportal, in welchem sich Gleichgesinnte suchen, einen Mann in Bayern kennengelernt. Seither hat Lilith eine Wochenendbeziehung, in der sie lustvoll jene Phantasie ausleben kann, die sie seit ihrer Jugend begleitet …

Mir war schon mit 18 und vielleicht auch schon früher klar, dass ich eine SM-Beziehung suche. Damals gab es ja noch kein Internet, woher man seine Anregungen bekommen konnte. Bei mir kamen diese devoten Phantasien aus einem ganz inneren Bedürfnis heraus, und sicher habe ich mich deshalb auch immer eher zu richtigen Kerlen hingezogen gefühlt und nicht zu den Softies.

Mein erster Freund fand es anregend, wenn ich so getan habe, als ob ich schlafe. Daraus hätte sich in meinen Vorstellungen eine Menge entwickeln können. Aber bevor das richtig losging, hatte er eine Andere kennengelernt. Der nächste Freund wollte gar nichts davon wissen. Als ich es nur angedeutet habe, hat er mich angeschaut wie ein Insekt. Und beim Vater meiner Tochter lief so ein bisschen was in dieser Richtung. Na ja, der hat mal ein paar Fesselspielchen gemacht, aber das war's dann auch. Das war zwar schon ein bisschen interessanter, aber nicht ganz genau das, was ich mir vorgestellt habe. So war ich in all den Jahren auf meine Phantasie angewiesen. Die hatte ich aber nicht nur, wenn ich masturbiert habe, sondern auch, wenn ich Sex mit dem Mann hatte, mit dem ich gerade zusammen war. Da habe ich mir dann eine große blonde, blauäugige Phantasiefigur vorgestellt, die mir die Klamotten vom Leib reißt und mich fesselt und knebelt. Ein Halsband kommt zum Einsatz, und dann auch die härtere Gangart. Dann geht's los mit Ohrfeigen, und zwischendurch geht er und lässt mich allein. Dann kommt er wieder und fängt an zu peitschen. Ich habe mir auch vorgestellt, ich werde von ihm in einen Keller gesperrt und gefesselt. Nackt natürlich. Und man bekommt dann da von ihm was zu essen, und wenn er will, fängt er wieder an …

Verbale Erniedrigung mag ich übrigens gar nicht. Also schon, dass mir Befehle erteilt werden wie «Zieh dich aus!» oder «Leg dich hin!», aber eben keine Beleidigungen wie «Du kleine Nutte …!» oder so was.

Unter der Woche, wenn ich nicht bei meinem Partner bin, mache ich das, was ich ja auch früher gemacht habe – ich stelle mir eine SM-Szene mit mir als Sub vor und masturbiere dabei. Aber am Wochenende fahre ich dann nach Bayern, und dort werden meine Träume wahr …

Als ich zum ersten Mal runtergefahren bin, passierte erst mal gar nichts, und wir haben nur geredet und uns herangetastet. Ich mag zum Beispiel nicht blasen, und das habe ich gesagt. Es gibt auch andere Praktiken, die für mich nicht in Frage kommen, wie zum Beispiel Petplay[59], KV und NS[60] und auch keine Nadeln oder Cutting[61]. Das war also von vornherein klar, und dann haben wir langsam angefangen. Wie gesagt, ich hatte vorher fast noch keine reale Erfahrung, und deshalb fingen wir nicht gleich so heftig an. Er war sehr vorsichtig, damit ich keinen Schrecken kriege und davonlaufe. Wir gingen ins Schlafzimmer, wo ein Andreaskreuz fest installiert ist und es eine Streckbank gibt und Peitschen und all das. Aber da habe ich keinen Schrecken ge-

---

59 ein erotisches Rollenspiel, bei dem ein Partner die Rolle eines Tieres spielt
60 KV (Kaviar) ist eine Szenebezeichnung für Kot – NS (Natursekt) für Urin
61 Schneidespiele, bei denen mit Messern (z. B. Skalpell) die Haut des/der «Passiven» verletzt wird

kriegt – im Gegenteil. Ich dachte: Ui, toll! *(lacht)* Als ich dann am Andreaskreuz festgemacht wurde, dachte ich nur: Wow, endlich! Es ist für mich ein ungeheurer Reiz, diesem Mann wehrlos ausgeliefert zu sein. Ich hatte über dasselbe Internet-Portal schon mal mit einem anderen Mann Kontakt. Der meinte gleich, ich hätte jetzt überhaupt nichts mehr zu sagen. Da ich aber von meinem Naturell her sehr selbstbewusst bin, war das nichts für mich. Das ist bei meinem jetzigen Partner ganz anders. Auch wenn ich die devote Rolle einnehme, so möchte ich dennoch als Frau wahrgenommen werden, und das heißt erst mal, dass ich auch einen Lustgewinn daraus ziehen möchte. Ich will nicht entpersonalisiert und nur als Ding betrachtet werden.

Wie schon in meinen Phantasien mag ich es, gefesselt zu werden, und auch eine Ohrfeige am Anfang. Es kommen Nippelklammern zum Einsatz und auch Dildos. Zwischendurch möchte ich aber auch gestreichelt und geküsst werden. Wenn der Dom während der Session meine Klitoris berührt, bekomme ich immer einen Orgasmus. Zum Schluss, so nach drei bis vier Stunden, kommt es dann zum Geschlechtsverkehr, und dabei bin ich manchmal immer noch gefesselt und manchmal auch nicht. Reizvoller finde ich es allerdings, wenn ich auch dabei wehrlos bin. Wichtig ist, dass der Dom mich am Ende auffängt und mit mir über das spricht, was stattgefunden hat.

(am Telefon)

Roland (69)

war Schweißer und lebt jetzt als Rentner in einer bayerischen Kleinstadt

Er war mehr als 40 Jahre verheiratet. Mit seiner Ehefrau konnte er zwar 11 Kinder (!) zeugen, nicht aber seine bevorzugte sexuelle Neigung ausleben. Roland flüchtete in die Phantasie und begann zu schreiben. Er veröffentlichte verschiedene SM-Kurzgeschichten auf der Internet-Plattform «Schattenzeilen». Seit einiger Zeit pflegt er eine Wochenendbeziehung zu einer Frau, die in Hessen lebt und seine Vorliebe für die härtere Gangart genießt …

Ich habe diese Neigung schon sehr früh an mir festgestellt – so mit 16. Damals gab es Pornofilme in Super-8 nur unter dem Ladentisch. Und wenn meine Kollegen sich dann die Streifen geholt haben mit diesem Rein-Raus, dann waren die ganz begeistert, aber mir hat's nichts gebracht. Irgendwann hatten sie dann mal einen etwas anderen Film erwischt, der schon ein bisschen SM-angehaucht war, und da konnte ich mir vorstellen, der dominante Part zu sein. Aber das habe ich meinen Kumpels natürlich nicht gesagt. Ich habe mich damals auf eine gewisse Weise nicht für normal gehalten, denn bei mir war ja irgendwas ganz anders als bei denen. Erst sehr viel später kam ja das Internet, und da gab es Plattformen, und plötzlich hatte alles, was mir so im Kopf herumging, einen Namen. Da war das dann alles leichter zuzuordnen, und da habe ich für mich festgestellt, dass ich nicht anormal bin, sondern einfach nur andere sexuelle Neigungen habe als die meisten.

Ich war schon so Mitte 40 oder eher 50, da habe ich mich mal meiner Frau gegenüber geoutet, weil ich was in diese Richtung ausprobieren wollte, aber sie hat das sofort rigoros abgelehnt. Danach hat sie sich nicht mehr von mir anfassen lassen. Das war eine schlimme Zeit für mich. Mir blieb nur das Kopfkino beim Onanieren. Ich habe mir dabei reale Frauen aus meinem beruflichen Bereich vorgestellt, die ich mir zu diesem Zeitpunkt als Spielpartnerinnen gewünscht hätte. Das war oft auch sehr schön, aber Realität ist nun mal Realität.

Heute gehe ich offen mit meiner sexuellen Neigung um. Alle meine Kinder wissen, dass ich SM lebe. Sie sehen schon, ich vermeide das Wort «Spiel» – SM spielt man nicht, SM lebt man! Ich habe in meinem Schlafzimmer eine selbstgebaute Streckbank, ein Andreaskreuz und einen Flaschenzug an der Decke. Ich baue mir auch meine Peitschen selber.

Meine jetzige Partnerin habe ich über eine BDSM-Plattform kennengelernt. Erst haben wir uns eine Weile geschrieben, und als sie dann zum ersten Mal zu mir kam, hat das wie ein Blitz eingeschlagen. Inzwischen stelle ich auch für sie einiges her, wie etwa spezielle Lederbikinis, die man in keinem Shop kriegt. Sie hat mittlerweile auch zwei Lieblingspeitschen herausgefunden, die zum Einsatz kommen. Mit ihr habe ich, worauf ich Jahrzehnte verzichten musste, ein befriedigendes Sexualleben nach meinen Vorstellungen.

Meine Phantasien, also die Neigungen, die dem zugrunde liegen, was jetzt unsere Praxis ist, habe ich ja in Ihrem Fragebogen kurz zusammengefasst: *Eine schöne Frau, gut gebaut, bewegungslos fixiert und dann mit Gerte und Klammern und Wartenbergrad[62] verwöhnt und ihre Titten gepeitscht und ihre Fotze gefistet[63] – alles in diesen bewegungslosen Zustand, anschließend wie befreit und mit ihr einen wunderschönen Koitus.*

Unter «gut gebaut» verstehe ich Frauen in der Konfektionsgröße 46/48, so in diese Richtung. Wenn sie zu dünn sind, da hat man gleich die Knochen, und die vertragen ja in der Regel nichts. Eine Brust so im Grenzgebiet zwischen C und D lässt sich gut binden. Der Reiz liegt für mich und übrigens auch für die Sub darin, dass sie absolut wehrlos ist. Im BDSM läuft nichts ohne gegenseitige Einvernahme. Deshalb gibt es ein Safeword. Bei meiner jetzigen Partnerin lautet es schlicht «Stopp!». Sie war jetzt zwölf Tage bei mir, und benutzt wurde es exakt ein Mal. Das aber hatte einen ganz anderen Grund. Wir waren Outdoor[64] im Wald, und sie war gestolpert und mit dem Hintern auf eine Wurzel gefallen. Die Stelle hatte ich beim Schlagen erwischt, und das tat natürlich verdammt weh. Da muss man dann aufhören, weil der Schmerz soll und muss ja umgesetzt werden in Lust, und das geht nur bis zu einem gewissen Grad. Wird dieser Punkt überschritten, dann ist es nur noch Schmerz, und die Lust bricht ab.

Eine Session endet immer in einem wunderschönen Koitus als krönender Abschluss. Die Frau ist nach wie vor gefesselt und wird von mir benutzt. Eines meiner Grundprinzipien ist dabei, dass nicht nur ich befriedigt sein will, sondern auch die Frau. Meistens hatte sie schon während der Session ein oder zwei Orgasmen, entweder durch Schlagen

---

62 Drei Räder mit je über 20 spitzen Nadeln können über die Haut gefahren werden, um intensive Gefühle auszulösen.
63 mit der Faust penetriert
64 Sex außerhalb des Hauses – vornehmlich in einsamen Waldgegenden oder verdeckt inmitten der Stadt

mit Whips[65] oder durch den Einsatz von verschiedenen Spielsachen. Und dann eben noch mal zum Abschluss mit mir gemeinsam. Das war auch früher, als ich noch diese Onanierphantasien hatte, immer der Punkt, an dem bei mir das Ejakulat kam. Danach werden ganz langsam die Fesseln gelöst, man nimmt sich in den Arm, man streichelt sich und fährt sich gegenseitig so ganz langsam runter. Mit sehr viel Einfühlungsvermögen, um wieder auf den realen Boden zurückzukommen.

(am Telefon)

Manfred (51)

Krankenpfleger in einer mittelgroßen Stadt in Baden-Württemberg, in einer Beziehung

In seiner von ihm als «außergewöhnlich» empfundenen Phantasie spielt gelegentlich seine Freundin eine Rolle, aber eben nicht immer. Dies mag auch der Grund sein, weshalb er sein Kopfkino bisher für sich behalten hat …

Manchmal habe ich eine weibliche Phantasiefigur vor Augen, wenn ich diese Phantasie während des Onanierens habe. Also in meiner Vorstellung ist meine Partnerin oder eben eine andere Frau an das Andreaskreuz gefesselt … nackt, wehrlos und gierig nach Sex. Ich gehe auf sie zu und sie steht dann rechts von mir. Ich streichle erst ihre Brustwarzen, aber nach einer Weile greife ich zu einem Stock, mit dem ich sie auch schlage. Sie hat einen fordernden Blick, wenn ich sie streichle, und einen lüsternen Blick, wenn ich sie schlage oder ihr anders Schmerzen zufüge. Irgendwann schlage ich sie im Schritt, und ihr Blick zeigt mir, dass sie mehr will. Sie steht noch immer am Andreaskreuz, wenn ich hart in sie eindringe. Und das ist dann immer der Punkt, an dem es mir kommt.

(aus dem Fragebogen)

65 Peitschen

Jutta (52)

Diplomierte Sozialpädagogin, Beraterin im Gesundheitsbereich in einer westdeutschen Großstadt

Sie ist in einem norddeutschen Dorf in einer streng katholischen Gast-
wirtsfamilie aufgewachsen. Schon im Kleinkindalter wurde Jutta vom
Vater sexuell missbraucht. Als sie sich der Mutter gegenüber offenbart,
findet sie keine Hilfe. Diese Missbrauchsbiographie findet später Nie-
derschlag in teils exzessiven Phantasien ...

Ich hatte schon sehr früh devote Phantasien, in denen die Lust immer
sehr deutlich an absoluten Gehorsam gekoppelt war. Sie sind seit jeher mit Vorstellungen des «Benutztwerdens» verbunden. Dabei ist es
egal, ob eine Frau oder ein Mann die dominante Figur ist. Das macht
keinen Unterschied. Mal ist es eine Herrin und mal ein Herr, die mich
für niedere, sinnfreie Arbeiten wie Fegen und Putzen benutzen. Eine
straffe Tagesstruktur mit festen Arbeitszeiten ist vorgeschrieben,
die aber jederzeit unterbrochen werden kann, um mich für sexuelle
Dienste heranzuziehen. Die sind von jedermann und auch jederfrau
einforderbar und werden hinterher bewertet. Dabei ist die Grundlage der Bewertung immer die Zufriedenheit des Mannes, dem ich zu
Diensten gewesen bin. Die sexuellen Dienste in dieser Phantasie sind
vielfältig. Also Oralsex spielt eine Rolle, das heißt, dass ich dem Mann
einen blasen muss, und ich werde auch für den Geschlechtsakt benutzt. Was in meiner Phantasie nicht vorkommt, sind verbale Beleidigungen. Aber eigentlich auch keine Schläge, obwohl es das später
beim realen Ausleben schon mal gegeben hat. Aber da spreche ich
nachher darüber. Sehr lange hatte ich diese Phantasie nur beim Masturbieren, und als ich damit anfing – da war ich um die 20 herum –, da
habe ich dann zwischen fünf und acht Mal am Tag masturbiert.

Mit 22 Jahren ging ich ins Kloster und blieb dort vier Jahre. Doch
auch als Novizin habe ich regelmäßig masturbiert, was mir aber keine
Probleme bereitete, weil ich es verdrängt habe. Ich habe es auch nicht
als Sünde empfunden, das tue ich bis heute nicht. Im Jahr vor meinem

Eintritt ins Kloster hatte ich «Die sexuellen Phantasien der Frauen» von Nancy Friday gelesen. In der Rückschau erscheint es mir fast unglaublich, aber bis ich dieses Buch gelesen hatte, hatte ich nie sexuelle Phantasien, Gefühle, geschweige denn Lust – die kam wirklich erst beim Lesen der devoten Phantasien in diesem Buch. Mir ist klar, dass eine Ursache dieser devoten Phantasien einerseits im frühkindlichen sexuellen Missbrauch durch den Vater besteht und andererseits durch den emotionalen Missbrauch einer pedantischen, ungeheuer peniblen Mutter, die mir nicht gerade vorlebte, wie eine leidenschaftliche Frau liebt und empfindet. Das habe ich später in einer Therapie aufgearbeitet.

Nach vier Jahren habe ich den Orden verlassen, und da dachte ich mir: Okay, du darfst jetzt mal was probieren! Ich hatte ja sehr lange nur in der Phantasie Beziehungen zu Männern. Meine Eltern hatten eine Gastwirtschaft, und ich habe gemerkt, ich kann eigentlich mit Männern nur so: Ich steh hinter der Theke und halte sie mir vom Leib. Irgendwann, da wohnte ich dann schon hier, habe ich mit Kontaktanzeigen angefangen. Am Anfang habe ich selbst welche aufgegeben, habe experimentiert: Was schreibe ich denn, wie stelle ich mich vor, wie mache ich Kontakt mit Männern? Ich wollte lernen, mich einfach mal mit einem Mann eine Stunde lange zu unterhalten, ohne dass es einen beruflichen Kontext gibt, sondern einfach mal schnuppern. Am Anfang gab es in meinen Annoncen keinerlei Hinweise auf devote Phantasien. Da ging es erst mal nach dem Motto: Jutta macht Kontakt mit Männern! Dann aber, nachdem Sina Aline Geissler[66] ihr Buch veröffentlicht hatte, ging so ein bisschen was los in den Medien. Da wurden auch die Kontaktanzeigen in der ZEIT ein bisschen frecher und auch im hiesigen Stadtmagazin. Da schrieben Männer, dass sie dominant sind, und ich habe darauf geantwortet.

Einer der ersten Männer, die ich getroffen habe, war ein katholischer Theologieprofessor, der war verheiratet, und ich kannte seine

---

66 *Lust an der Unterwerfung. Frauen bekennen sich zum Masochismus.* Heyne 1992

Fakultätskollegen. *(lacht)* Der hatte ein so beknacktes Konzept, dass ich ihm gesagt habe: «Das kannste machen, aber nicht mit mir!», und habe ihn glatt stehenlassen. Der wollte auf ganz abstruse Weise seine Dominanz ausleben, ich erinnere mich gar nicht mehr im Einzelnen. Jedenfalls musste ich so lachen, dass seine Dominanz dahin war und mein Devotsein auch.

Dann habe ich den Mann getroffen, mit dem ich tatsächlich meine ersten realen Erfahrungen gemacht habe. Das darf man eigentlich gar nicht erzählen. Ich war so naiv, dass ich dafür extra nach München gefahren bin. Nur um einen wildfremden Mann zu treffen, von dem ich nicht mehr wusste, als dass er dominant ist. Bei ihm zu Hause fanden Gehorsamsspiele statt, und er hat mich auch geschlagen. Zum Geschlechtsakt aber ist es nicht gekommen. Das alles war für mich reizvoll, auch erregend, aber danach war ich drei Wochen krank, und zwar richtig mit Fieber und so. Eigentlich war ich völlig überfordert gewesen mit dem, was da ein Wochenende lang in München passiert war. Tja, und dann wollte der Typ zu mir nach Hause kommen, das habe ich aber abgesagt. Irgendwie hatte ich das Gefühl, dass mir das nicht guttun würde, also habe ich es gelassen.

Eine Weile habe ich mit einem Mann über AOL gechattet, und dabei habe ich auch masturbiert. Und dann habe ich mal die SM-Zeitschrift «Schlagzeilen» gelesen, in der es auch Anzeigen gibt. Da suchte eine Frau für ihren Mann eine Zweit-Sklavin. Ich habe mich gemeldet und dann den Mann kennengelernt, der war zehn Jahre älter als ich. Einmal haben wir uns zu dritt getroffen, also mit seiner Frau. Und obgleich ich sehr zurückhaltend war, hatten wir miteinander Sex. Das war ein ganz großartiger Mann, und er hat mich über vier oder fünf Jahre regelmäßig besucht. Er kam immer für eine Nacht, und es liefen Spiele mit Bestrafungen. Wir hatten selbst eine Hängevorrichtung gebaut, in der ich ihm wehrlos ausgeliefert war und von ihm geschlagen werden konnte. Eigentlich stehe ich ja nicht auf Schlagen, aber mit dem ging das irgendwie. Aber irgendwann war es mit der Offenheit bei seiner Frau vorbei, und mir war es dann auch emotional zu unentschieden …

also, es hatte den Anschein, als ob er sich in mich verliebt hatte. Es war mir dann alles zu unklar und zu anstrengend. Ich merkte auch, dass ich mit der strikten Trennung von Sex und Gefühlen nicht zurechtkam, und habe es beendet. Für mich braucht keiner eine Partnerschaft aufzugeben ... Ich habe mir später gesagt, das seien meine verspäteten pubertären Jahre gewesen.

Es gab dann einen Mann, mit dem ich eine Weile ganz viel Sex hatte, und bei dem war es so, vermute ich jedenfalls, dass er eigentlich devot war und mal die dominante Seite ausleben wollte. Es kam mir so vor, als seien wir zwei Kinder, die aneinandergeraten sind und die beide ein bisschen experimentieren wollen.

Alle diese Männerbekanntschaften über Annoncen liefen bis zum Jahr 2007. Bis dahin habe ich, bis auf einen Fall, ganz, ganz schöne Erfahrungen gemacht – mit sehr empfindsamen, klugen Männern. Eine dieser Erfahrungen war, dass ich erkannte, dass eine devote Haltung auch dominierend sein kann. Jedenfalls hat das einer der Männer mal direkt so formuliert. Er sagte: «Eigentlich bist du ja die Dominante!»

Heute existieren all diese devoten Phantasien noch immer, aber ich will sie jetzt nicht mehr ausleben, denn ich habe meinen eigenen Wert entdeckt. Eigentlich habe ich die Masturbation immer nur als Triebabfuhr genutzt, und das brauche ich heute nicht mehr. Ich bin zwar oft in der Versuchung, aber muss ich dieser erliegen? Nein! Viel wichtiger ist mir heute die spirituelle Arbeit, und dabei geht es ja durchaus auch um einen Vereinigungsprozess – dem mit dem Kosmos oder dem kosmischen Christus. Über diese Erfahrungen könnte ich lange erzählen ...

(am Telefon)

GANGBANG

In der Tradition der Gruppenvergewaltigung

Vieles spricht dafür, dass der Jurist Horst Fischer nicht nur ein exzellenter Rechtsexperte, sondern auch ein humanistisch gebildeter Mensch war. Wahrscheinlich kannte er die «unzüchtigen» Darstellungen auf antiken griechischen Vasen oder vergleichbare Motive auf den Fresken von Pompeji, vielleicht gar die bildnerische Darbietung gemeinschaftlicher sexueller Vereinigung auf dem Sonnentempel im indischen Konark oder im Tempelbezirk von Khajuraho. Ganz sicher wusste er, was während der Bacchanalien so abging, auf jenen Orgien, die Auguste Léveque in einem Gemälde eindrucksvoll dargestellt hat. Das alles mag den Juristen Fischer zu der Aussage animiert haben: «Ein sexuelles Gruppenverhalten hat es schon immer gegeben.»

Es ist die zweite Hälfte der 1960er Jahre – Fischer hat für einen Bundestagsausschuss zur Strafrechtsreform des § 181 StGB eine Materialsammlung zusammengetragen und diese kommentiert. Das Gesetz war zuletzt am 14. Juli 1900 novelliert worden und drohte noch immer im Falle von «Unzucht» und «Kuppelei» eine fünfjährige Haftstrafe in einem deutschen «Zuchthaus» an. Wäre es nach klerikalen und konservativen politischen Kreisen gegangen, würde das auch immer so bleiben. Noch im Jahre 1961 hatte der Bundesgerichtshof geurteilt: «Die moralische Ordnung fordert, dass körperliche Beziehungen zwischen den Geschlech-

tern grundsätzlich sich nur in monogamen Ehen vollziehen, da
Zweck und Ergebnis dieser Beziehung das Kind ist.» Nach dieser Logik dürften Frauen jenseits des Klimakteriums keinen ehelichen Sex mehr haben – jedenfalls nicht in «monogamen Ehen»
(in welchen sonst?). Von anderen sexuellen Beziehungen und
Praktiken ganz abgesehen.

Weniger als ein Jahrzehnt nach jenem Spruch des Bundesgerichtshofes hatten sich linke und liberale Leute nicht nur auf
den Straßen, sondern auch im Bonner Plenarsaal zusammenge-
funden. Man war gewillt, auf die sexuelle Aufbruchstimmung im
Lande zu reagieren, wie sie nicht nur Horst Fischer konstatierte.
«Es ist auch in Deutschland eine Realität, dass sich ein gewisser
Prozentsatz von Ehepaaren zu intimem Verkehr mit anderen Ehepaaren trifft», schrieb er in seinem Gutachten.

Flotte Dreier, Partnertausch und Gruppensex wurden längst
nicht mehr nur in linken Kommunen und an den Swimming-
pools großbürgerlicher Kreise praktiziert, sondern dank Oswalt
Kolles Aufklärungsfilmen auch auf Sofas und Sesselgarnituren in
Essen-Kettwig und der Schweinfurter Gartenstadt. Die sexuelle
Welle hatte die verborgenen Winkel kleinbürgerlicher Spießigkeit
erreicht. In seinem Bericht kam der findige Jurist dann auch zu
dem finalen Urteil: «Man mag sexuelle Gemeinschaftspraktiken
vom moralischen Standpunkt aus verwerfen, rechtlich jedoch hat
ein Staat, der sich demokratisch nennen will, im Schlafzimmer
erwachsener Menschen, die ein Intimleben nach eigener An-
schauung führen wollen, nicht das Geringste zu suchen.»

Es hat dann noch bis zum November 1973 gedauert, ehe der
Straftatbestand der «Kuppelei» in der Bundesrepublik (in der
DDR seit 1968) nur mehr Teil der deutschen Rechtsgeschichte
war. Seither stellt der § 181 StGB nur noch Menschenhandel und
Zwangsprostitution unter Strafe. Seit mehr als 40 Jahren also gilt
Gruppensex hierzulande nicht mehr als verbotene Unzucht – es
dürfen nur nicht aus Georgien, der Ukraine oder sonst woher ver-

schleppte Mädchen dazu gezwungen werden. Es gilt das Prinzip der unbedingten Freiwilligkeit.

«Gruppensex ist nicht zwingend Gangbang, aber Gangbang immer Gruppensex», wird eine Frage von ‹Thomas-der-Held› im Internet beantwortet. Ein Hinweis, mit dem der anonyme Fragesteller vermutlich wenig anfangen kann. Dabei wäre die Erklärung so einfach gewesen: Beim Gangbang hat eine Frau mit mehreren Männern gleichzeitig vaginalen, analen und oralen Verkehr. Sind mehr als drei Männer anwesend, wechseln sie sich bei der Penetration ab.

Alice Schwarzer nannte die sexuelle Praxis des Gangbang in einer Talkshow «gemeinschaftliche Vergewaltigung», womit sie – wie so oft – gleichzeitig recht wie unrecht hat: Der Begriff Gangbang setzt sich aus den englischen Begriffen ‹gang› für Bande oder Gruppe und ‹bang› zusammen, was keine besonders vornehme Umschreibung für den Vorgang des Koitierens ist. Tatsächlich bezeichnete «gangbang» ursprünglich eine Gruppenvergewaltigung, wie sie etwa Soldaten während eines Krieges an wehrlosen Frauen vollzogen. Auch die entsetzlichen Übergriffe gegen Frauen in Indien in den letzten Jahren, die Medienberichte darüber erschütterten die gesamte aufgeklärte Welt, wurden in einigen englischsprachigen Medien als «gangbang» bezeichnet. Mit der sexuellen Spielart gleichen Namens hat das nur insofern zu tun, als sich deren Inszenierung optisch an jener unseligen Tradition orientiert. Von einer Vergewaltigung aber kann in einem juristischen Sinne nur gesprochen werden, wenn der Sexualakt nicht einvernehmlich mit der beteiligten Frau stattfindet oder sie nicht die Möglichkeit hat, diesen trotz vorheriger Einwilligung jederzeit abzubrechen. Inzwischen aber liefern sich vielerorts Frauen aus eigenem Entschluss auf «Gangbang-Partys» oder den Spielwiesen von Swinger-Clubs bis zu zehn Männern aus. Manche tun dies aus finanziellen Gründen, doch habe ich während meiner Telefoninterviews auch Frauen kennengelernt, die, ohne pekuniäre Interessen zu verfolgen, geradezu eine Sehnsucht nach einer solchen Gangbang-Situation formulierten. Der Straftatbestand der «sexuellen Nötigung» wäre damit nicht erfüllt, und Horst Fischer würde sicher auf § 177 StGB hinweisen, der einen solchen exakt definiert.

Die Praxis des Gangbang geht fast immer einher mit einer anderen, die Bukkake genannt wird. Mit diesem japanischen Begriff ist die Besamung des weiblichen Körpers inklusive des Gesichts gemeint. In der entsprechenden Literatur wird vielfach behauptet, die Praxis des Bukkake habe ihren Ursprung in einem alten japanischen Brauch, bei dem mehrere Männer öffentlich auf eine ehebrecherische Frau ejakuliert hätten. Die Wahrheit ist viel simpler: Es hat mit Zensurmaßnahmen der japanischen Behörden zu tun, mit denen sich Tokioter Pornoproduzenten in den 1970ern herumschlagen mussten. Da zwar das Zeigen von Geschlechtsteilen untersagt war, nicht aber das von Sperma, rückten die solcherart besamten Gesichter in die Close-ups der japanischen Filme und damit ins Begehr der internationalen Porno-Fans.

Im Gegensatz zu gemischtem Gruppensex ist die spezielle Form des Gangbang im öffentlichen Bewusstsein eine verhältnismäßig junge Erscheinung – zumindest als einvernehmliche Sexualpraktik.

Bisher wurde in wissenschaftlichen Fachkreisen und in Internetforen nur selten darüber diskutiert, was Männer an dieser inszenierten Gruppenvergewaltigung lustvoll finden. Gerade diese Frage aber findet der Sexualpsychologe Dr. Christoph J. Ahlers durchaus interessant und stellt dazu einige plausible Überlegungen an: «Dem Mann, der daran teilnimmt, geht es meines Erachtens um ein Gefühl von Selbstwirksamkeit, das er dadurch gewinnt, dass die Frau als Sexualpartnerin ausgeliefert ist und es von ihm und anderen Männern simultan oder sequenziell ‹besorgt› kriegt. Darin liegt etwas Abschätziges und Objekthaftes im Blick auf die Frau, und das führt beim Porno-Konsumenten dieser Inszenierung offenbar zu einem erregenden Gefühl, was mutmaßlich mit einer Entängstigung zu tun haben könnte: Der Mann ist der Frau nicht allein ausgesetzt. Das Thema des ‹Genügen-Müssens› geht in der Gruppe unter. Alle machen alles mit ein und derselben Frau, und keiner steht allein unter Leistungsdruck. Wenn der Eine nicht mehr kann, macht der Nächste weiter. Der Mann kann das geben, was er geben kann und will, ohne sich 1:1 dabei ‹bewähren› zu müssen. Dadurch ist der Konkurrenzaspekt neutralisiert, der ansonsten durch die Anwesenheit anderer Männer gegeben wäre. Die Fokussierung auf die Frau als Objekt entlastet den Einzelnen von Leistungsdruck und Versagensangst. Stattdessen findet eine Konzentration auf das ‹Es-der-Frau-Besorgen› statt und gleichzeitig eine Kumpanei unter den Akteuren, die zusätzlich eine Selbstwert-bestärkende Gruppendynamik auslösen dürfte. Damit scheinen hier mutmaßlich ähnlich psychologische Hintergründe auf wie bei den meisten Vergewaltigungen: Der Mann agiert nicht aus Sicherheit, Selbstbewusstsein und Überlegenheit, sondern kompensiert seine Selbstunsicherheit, seine Unzulänglichkeits- beziehungsweise Minderwertigkeits-Empfindungen, indem er die Frau zwingt, nötigt und nimmt. Vergewaltigung ist damit nur vordergründig ein Ausdruck von Macht, Dominanz und Unterdrückung. Hintergründig ist Vergewaltigung ein Ausdruck maximaler Unsicherheit, Hilflosigkeit und Überforderung der Täter, auf einvernehmliche Weise mit einer Frau in Beziehung treten zu können. Das heißt: das Motiv von Gruppenvergewaltigungen, wie es sie in der Menschheitsgeschichte bedauerlicherweise immer gegeben hat, taucht auch in der Inszenierung Gangbang mutmaßlich wieder auf. Aus dieser Gemengelage ist wohl am ehesten der motivationale Hintergrund der beteiligten Männer abzuleiten.»

Ausgiebig hingegen wurde von jeher darüber spekuliert, worin für Frauen der Reiz des Gangbang besteht. Eine naheliegende Deutung ist, dass in einer sexualisierten Gesellschaft das Verlangen nach immer obszöneren Formen zunimmt. Durch die zunehmende Akzeptanz einst moralisch verpönter Sexualpraktiken sucht sich der Wunsch nach dem «Schmutzigen» neue amoralische Formen. Tatsächlich taucht (nicht nur) bei Frauen mit Gangbang-Phantasien regelmäßig der Begriff des «versauten Sex» auf. Viele empfinden die Vorstellung des Benutztwerdens als «ultimativen Kick». Streitbare Feministinnen mögen bei einer solchen These nervös die Augenbrauen in die Höhe ziehen. Deren Vertreterinnen, wenn sie sich denn öffentlich äußern, gehen vielmehr davon aus, dass Frauen, die für Gangbangs zur Verfügung stehen oder sie zumindest als festen Bestandteil ihrer Phantasien kennen, sich bereits so sehr mit männlichen Erwartungsmustern identifizieren würden, dass von einer eigenständigen Entscheidung keine Rede mehr sein kann.

«Diese Auffassung teile ich nicht», sagt Dr. Ahlers, «denn das würde ja bedeuten, dass sie es will, weil sie sich mit der eigenen Opferschaft identifiziert hat. Natürlich gibt es vor allem im BDSM-Bereich nicht wenige Frauen, die alles Mögliche ‹mitmachen›, um Männern zu gefallen, ohne dass es ihren eigenen sexuellen Wünschen entspricht, aber darin erschöpft sich das Phänomen meines Erachtens nicht. Auf sexualpräferenzlicher Ebene haben wir eben nicht eine Identifikation mit ‹männlichen Erwartungsmustern›, sondern Erregung, die durch Ausgeliefertheit und Verantwortungsabgabe entsteht. Und zwar durch das Ausgeliefertsein an einen oder mehrere Männer, die mit ihr etwas machen. Ihr widerfährt das, mit ihr geschieht das, es ist ihr Schicksal, nicht ihre Wahl! Die luststeigernde Vorstellung, einem Vorgang ausgeliefert zu sein, ist ein bei Frauen häufig vorzufindendes Muster an Sexualphantasien. Darin sehen Psychoanalytiker ein regressives Moment und würden sagen: eine Tochter-Vater-Beziehung ... Ausgeliefertsein, Abhängigkeit. Lust verbunden mit dem Gefühl von Geborgenheit, Behütetsein, Beschützung, das als Muster in die Erwachsenenwelt transferiert wird. Patriarchalische Erwartungshaltungen alleine bringen jedenfalls in einem Menschen keine Saiten zum Klingen.»

Im Übrigen haben die meisten Frauen, die sich per Fragebogen zu ihren Gangbang-Phantasien bekannten, gar nicht den Wunsch, diese real zu erleben.

Und dann wäre da noch die Sache mit dem Bukkake. Damit die übrigen Männer nicht tatenlos zusehen müssen, wie drei ihrer Geschlechtsgenossen die anwesende Dame «benutzen», kann die dreifach penetrierte Frau unter Zuhilfenahme beider Hände noch zwei weitere Männer manuell befriedigen. Und für das Verlangen der Herren, Körper und Gesicht der Dame zu besamen, hat der Sexualpsychologe eine archaische Hypothese: «Den Männern könnte es bei dem Bukkake-Phänomen darum gehen, die Frau zu markieren und damit symbolisch in Besitz zu nehmen. Quasi eine Marke zu setzen, wie wir das aus der Tierwelt kennen.»

Im Übrigen entspreche Bukkake überwiegend einer Männerphantasie. Das sei auch nachvollziehbar, denn primär habe ja eine Frau davon kaum was. Trotzdem gibt es Frauen, die glaubhaft versichern, das Bespritztwerden zu mögen. Das bestreitet auch der Sexualpsychologe nicht, aber dann sei es «wahrscheinlich mit einem spezifischen Beziehungserleben verknüpft – also mit dem Gefühl: ‹Ich will dich auf mir haben! Ich will mich mit dir einreiben!›»

Nur am Rande sei bemerkt, dass es auch Männer gibt, die in ihrer Phantasie von einer Überzahl an Frauen «benutzt» werden – das aber nennt man eigentlich nicht Gangbang. Vielleicht, weil es nie reale Gruppenvergewaltigungen von Männern durch Frauen gab?

Skizzen aus den Fragebogen

Angestellte im Vertrieb von medizinischer Technik in Berlin
Mehrere Männer benutzen mich als Sex-Maschine.

Maurer, lebt im ländlichen Raum in Nordrhein-Westfalen

Ich stelle mir vor, dass mir mehrere Frauen gleichzeitig zur Verfügung stehen und ich mit ihnen die verschiedensten Sachen anstelle, denn ich glaube, dass ich sexsüchtig bin.

Büroangestellte in einer Kleinstadt in Mecklenburg-Vorpommern

Ich stelle mir vor, dass ich nackt auf einen großen Tisch gelegt und gefesselt werde. Dann kommen sechs fremde Männer in das Zimmer. Alle sind nackt. Zunächst werde ich von allen berührt, im Gesicht, an den Brüsten, meinen Beinen und der Muschi. Plötzlich spüre ich eine Zunge an meiner Möse. Ich werde lange und tief geleckt. Dann schiebt mir einer der Männer seinen Schwanz in den Mund, während ich von einem anderen gefickt werde. Nach und nach muss ich von allen Männern das Sperma schlucken.

Pflegeassistentin in einem Brandenburger Altenheim

Ich stelle mir einen Gangbang vor, bei dem alles erlaubt ist, auch Sado-Maso. Ich würde mich allen Männern unterwerfen.

Gangbang-Szenen

Sabine (39)
Dramaturgin an einem Stadttheater «im Westen der Republik», in einer «ungeklärten Beziehung»

Sie weiß sich durchaus zu behaupten im aufreibenden Betrieb eines Theaters, in denen Eitelkeiten und Egozentrik zu Hause sind. Regisseure, Intendanten und Schauspieler beißen sich an der eloquenten und selbstbewussten Frau die Zähne aus. Aber es gibt eine Gruppe von Mitarbeitern, denen sie sich willenlos hingeben würde. Zwar nur bei wenigen, doch die haben keine Ahnung von ihren wilden Phantasien …

Für mich hat frischer Schweiß etwas höchst Erotisches, und wenn er gepaart ist mit männlicher Kraft, schmelze ich innerlich dahin. Eine Erfahrung, die ich schon früh im Fitness-Studio gemacht habe, wenn ich auf dem Weg zum Pilates-Kurs an den Muckiautomaten (Kraft-Geräten) vorbeikam. Dazu fehlt mir mittlerweile leider die Zeit. Ich bin oft 12 und mehr Stunden im Theater, also dort spielt sich hauptsächlich mein Leben ab, was der eher losen Beziehung zu einem Nicht-Theater-Menschen (Rechtsanwalt) gerade mal nicht guttut. Die Menschen, denen ich auf den Proben, den Teamsitzungen, in der Kantine und den Werkstätten begegne – das sind meine wesentlichen sozialen Kontakte. Darunter kann man leiden, oder man kann es lassen. Bei mir ist Letzteres der Fall. Das Problem sind für mich eher mangelnde *sexuelle* Kontakte. Es ist ja nicht so, dass ich diesbezüglich keine Angebote hätte ... Aber die, die mir Avancen machen, schwitzen nicht, und die, die schwitzen, können sich nicht mal in ihren kühnsten Träumen vorstellen, dass ich mich ihnen bedingungslos hingeben würde. Ich spreche von Bühnenarbeitern, nicht von Tänzern. Nun ist nicht jeder Bühnenarbeiter mein Favorit, aber unter ihnen gibt es gut gebaute junge Männer mit richtig geilen Muckis. Und sie schwitzen, wenn sie die Kulissen auf- oder die Bühne umbauen.

Aktuell gibt es drei Männer bei uns am Theater, die dürften mit mir anstellen, was sie wollen. Am besten gleichzeitig. *(lacht)* Nein, im Ernst. Für einen geilen Fick mit denen ließe ich das ganze «künstlerische Personal» einfach stehen.

Na klar denke ich an diese Typen, wenn ich masturbiere. Ich stelle mir vor, wie ich ihnen die großen Schwänze lutsche, während ihnen noch immer Schweiß über den Bauch läuft. In letzter Zeit findet in meinem Kopfkino manchmal so eine Art Gangbang-Situation mit diesen drei Herren statt. Einer liegt unter mir und wird von mir gefickt, während mich ein anderer von hinten nimmt und ich beim Dritten den Blowjob erledige. Ich weiß nicht mal, ob das physisch funktionieren würde, aber in der Phantasie klappt es ganz gut. Und dann sitzen an manchen Tagen ausgerechnet diese drei in der Kantine zusammen und spielen Karten. Sie haben natürlich keine Ahnung, dass ich in diesem Moment, wenn ich sie in dieser trauten Dreisamkeit antreffe, sofort eine feuchte Möse bekomme. Und dann halte ich es oft gar nicht bis zum Abend aus, sondern gehe sofort in mein Büro, um mir einen Orgasmus zu besorgen. Immer in der Gefahr, dass jemand hereinkommt. Aber genau das gibt der Sache dann noch den nötigen Thrill. Tja, wie wird das weitergehen? Ich denke, ich werde es schon hinkriegen, dass zumindest der eine oder andere von ihnen sich irgendwann veranlasst sieht, mich mal nach Hause zu begleiten. Aber der absolute Wahnsinn wäre die Realisierung der Gangbang-Phantasie, und da muss es auch gar nicht auf drei Herren beschränkt bleiben. So, jetzt ist aber gut ...!

(im persönlichen Gespräch)

Rudi (62)

Handwerksmeister in einer sächsischen Kleinstadt, seit 30 Jahren verheiratet

Völlig ahnungslos sei seine Frau in Bezug auf seine sexuellen Phantasien, und so solle es auch bleiben, schreibt Rudi und schickte zwei Fotos seines Geschlechtsteils mit. Auf der einen Abbildung sind das erigierte Glied, die Hoden und die Eichel mit einer dünnen Schnur umwickelt, was entfernt an eine Kohlroulade erinnert. Auf der anderen ist selbiges Geschlechtsteil zu sehen, an welchem rundum verschiedene Elektroden angebracht sind, die mit einem Kabel verbunden sind. Die Fotos stellen eine bildstarke Ergänzung seiner eigenwilligen Tagträume dar ...

In meinen Phantasien stelle ich mir immer wieder vor, dass ich zu einer Runde von Kaffeekränzchen-Damen eingeladen bin. Es können durchaus auch ältere Frauen darunter sein. Aber ich bin nicht da, um mit ihnen Kaffee zu trinken. Ich lasse mich von ihnen ausziehen, und sie dürfen mit mir machen, was sie wollen. Sie binden mir den Schwanz und die Eier ab. Nackt muss ich sie jetzt bedienen und wehrlos muss ich alles ertragen, was sie mit mir machen. Das ist immer wieder etwas anderes. Das letzte Mal passierte in meiner Phantasie folgendes:

Während ich die Frauen nackt bediente, kamen sie auf den Gedanken, mir die Augen zu verbinden. Als ich fragte, warum sie das machen, und dass ich ja so nicht bedienen kann, hörte ich wie sie untereinander tuschelten. Plötzlich griff eine der Frauen nach meinem Schwanz und zog mich hinter sich her. Es ging in einen anderen Raum, soviel konnte ich feststellen. Nun zogen mich die Frauen auf einen Tisch, die Augenbinde wurde mir aber nicht abgenommen. Dann wurde ich von ihnen an den Tisch gefesselt. Nackt und wehrlos lag ich da vor ihnen. Jede der Frauen stellte etwas anderes mit mir an. Eine zwirbelte mir die Nippel, eine andere nahm meinen Schwanz in die Hand und begann, ihn schön langsam zu wichsen. Die anderen beschäftigten sich mit meinen Eiern und massierten sie kräftig. Sie tauschten dann untereinander ihre Rollen und ich begann zu stöhnen, was den Frauen zu gefallen schien. Sie kicherten und verschärften das Tempo der Schwanzmassage. Als es sich abzeichnete, dass ich kurz vor dem Abspritzen war, unterbrachen sie plötzlich ihre Aktivitäten. Doch nach kurzer Zeit waren sie wieder mit mir beschäftigt. Eine von ihnen fing an meinen Schwanz zu blasen und eine andere leckte mir meine Eier und nahm sie in ihren Mund. Jetzt konnte ich mich nicht mehr bremsen, und ich spritzte alles, was ich zu bieten hatte, ab. Alle kicherten und klatschten Beifall. Die Augenbinde wurde mir abgenommen, mein Bauch und mein Schwanz wurden vom Sperma gesäubert und meine Fixierung beseitigt.

Eigentlich würde ich das, was ich mir da ausdenke, natürlich gern mal erleben, aber bis jetzt hat sich noch keine Gelegenheit ergeben. So bleibt mir nichts anderes übrig, als mir ein bis zwei Mal in der Woche selbst die Eier und den Schwanz abzubinden. Ab und zu nehme ich an ihm auch eine Elektro-Stimulation vor. Das ist eine sehr geile Abwechslung. Denken aber tue ich dann immer an diese Gruppe von Frauen, die sich an mir wehrlosem nackten Mann vergreifen. Das erregt mich sehr!

(per Mail-Kommunikation)

☙

Tamara (38)

Die promovierte Biochemikerin lebt unweit von Düsseldorf, Forschungstätigkeit in der privaten Industrie, seit 9 Jahren verheiratet, hat einen außerehelichen Sohn in der Pubertät

In ihrer ehelichen Beziehung hat sie keinerlei Ambitionen, ihre sexuellen Phantasien in die Realität umzusetzen, doch treibt sie seit einiger Zeit ein «teuflischer Plan» um …

Wenn ich mich an meine Kindheit zurückerinnere, dann war ich fast nur mit Jungs zusammen. Das hatte damit zu tun, dass ich zwei ältere Brüder hatte, und die wiederum hatten eine Menge Freunde. Manchmal wurde ich beim kindlichen Spiel in den Schwitzkasten genommen, und wenn ich mich wehrte, packte ein anderer meine Beine. Ich versuchte zu strampeln, und gleichzeitig habe ich es genossen, den Jungs quasi hilflos ausgeliefert zu sein. Heute weiß ich, dass das bereits eine erotische Komponente hatte. In der frühen Pubertät habe ich dann die Masturbation entdeckt. Ja, ich habe sie entdeckt, denn niemand hatte mir von dieser Möglichkeit des Lustgewinns erzählt. Damals hatte ich auch noch keinen Pornofilm gesehen, wo ich das hätte entdecken können. Übrigens spielt Pornographie bis heute für mich eine eher untergeordnete Rolle, da ich eine ziemlich konkrete Phantasie habe, und die muss ich mir nicht noch mal im Film ansehen.

Aber zurück zur Pubertät. Ich entdeckte sprichwörtlich, dass es Spaß macht, die Klitoris zu streicheln. Soweit ich mich erinnere, war das zunächst nicht mit sexuellen Phantasien verbunden. Ich genoss einfach nur das pure Gefühl und fand es himmlisch, wenn dann der Orgasmus passierte. Erst später kam die Phantasie dazu, und es waren immer mehrere Männer involviert. In der Phantasie jedenfalls hatte ich noch nie nur mit einem einzelnen Mann Sex, und auch nie auf die sogenannte «normale» Weise. Das ist eher die Realität mit meinem Ehemann. Der Wert unserer Partnerschaft besteht in vielem, was mir auch wertvoll ist, aber ganz sicher nicht im Sex. Wir schlafen nicht oft miteinander und wenn, dann ist es auch immer ziemlich schnell vorbei.

Es ist jedenfalls nicht der Rede wert. Es wird auch nicht gesprochen dabei. *(lacht)* Ich merke lediglich am etwas heftigeren Atem, dass er jeden Moment abspritzt. Mit meinen Phantasien aber hat das definitiv nichts zu tun.

Also so mit 14 oder 15 Jahren hatte ich das erste Mal im Kopf Sex mit verschiedenen Freunden meiner Brüder. Ich lag auf einer Wiese und wurde von einem an den Armen festgehalten und von einem anderen an den Beinen, während ein Dritter in mich eindrang. Es dauerte nicht lange, bis mir ein weiterer Junge, in den ich auch immer ein bisschen verliebt war, seinen Schwanz in den Mund steckte und ich daran saugte. In dieser Zeit habe ich mir dann doch mal mit Mitschülerinnen den einen oder anderen Pornofilm angesehen. Erstaunlicherweise war ich mit meinen Phantasien nicht allein. Auch zwei andere Mädchen schwärmten davon, von mehreren Jungens wehrlos gehalten und benutzt zu werden. Andere fanden das natürlich nicht so toll ...

Jedenfalls haben sich die Bilder meines Kopfkinos immer weiter konkretisiert, aber die Muster sind dieselben geblieben. Eben, eine halbe Stunde bevor wir miteinander mit diesem Telefonat begonnen haben, habe ich masturbiert, und ich will Ihnen diese aktuelle Phantasie erzählen, auch wenn sie sich nicht sehr von der gestrigen unterscheidet oder der vor einem Monat. Also: Ich lag nackt auf einem gynäkologischen Stuhl und wurde von einem muskulösen und tätowierten Mann festgeschnallt. Ich habe das Bild dieses Mannes auf der Website eines Berliner Clubs gesehen, und seither sind er und seine Kumpels fester Bestandteil meiner Phantasie. Ich lag also wehrlos und mit gespreizten Beinen da vor wildfremden Männern ... Es waren so acht bis zehn Phantasiegestalten, die meine Titten anfassten und meine Möse begutachteten. Ich wusste, dass sie mich für ihre geilen Triebe benutzen werden, und wie immer fand ich diese Vorstellung sehr erregend. Dann wurden mir von dem Tätowierten die Augen verbunden, und einer seiner Kumpels (ich konnte nun nicht mehr sehen, wer von denen) führte seinen Schwanz in meine Möse ein. Immer wieder stieß er hart zu. Ich habe das mit einem großen Hartgummidildo simuliert.

Ein anderer steckte mir seinen Schwanz in den Mund, und ich fing an, ihn langsam und intensiv zu blasen. Gelegentlich leckte ich langsam an seinem Schaft entlang, bis er mir sein heißes Sperma ins Gesicht spritzte, während mich der andere brutal rammelte. Nach und nach wurde ich nun von den verschiedenen Männern herangenommen, und ich bekam drei Orgasmen hintereinander. Ich muss sagen: Es war ein lustvoller Nachmittag! *(lacht wieder)*

Das ist eine Standardphantasie, wie ich sie regelmäßig habe. Aber ich habe mir fest vorgenommen, dass es keine Phantasie bleiben soll. Ich habe in den Vereinigten Staaten studiert, und alle zwei Jahre nehme ich an meiner alten Uni an einer Veranstaltung unserer Alumni-Organisation teil. Beim nächsten Mal (das wird in knapp vier Monaten sein) werde ich über New York fliegen und dort zwei oder drei Tage bleiben. Im Internet habe ich einen Club gefunden, der auf Gangbang spezialisiert ist. Frauen melden sich dort an und können Specials anklicken – bei mir waren das «interracial»[67] und «all ages»[68]. Bis zu zehn Männer teilen sich eine Frau. Endlich werde ich meine Phantasien, in denen ich einer Horde wildfremder Männer wehrlos ausgeliefert sein werde, real ausleben. Und niemand dort kennt mich. Danach werde ich entweder nie wieder solche Phantasien haben, oder ich werde mir zwischen Hamburg und München auch hierzulande solche Clubs suchen müssen. Das wäre dann ein Pakt mit dem Teufel ...

(am Telefon)

67 Interracial = gemischtrassig (ein Begriff, der noch aus der Sklavenhalterzeit stammt und hierzulande als rassistisch eingestuft wird)
68 jedes Alter

Stefan (44)

ist Projektmanager in der Medizinbranche, lebt in Köln, seit 7 Jahren liiert

Er weiß, wie es sich anfühlt, wenn diese Phantasie real praktiziert wird. Bevor Stefan seine jetzige Partnerin traf, hatte er über Swingerplattformen im Internet Paare kennengelernt, mit denen er all das praktizieren konnte, was in den letzten sieben Jahren nur noch als Kopfkino existiert ...

Vor etwas mehr als zehn Jahren tauchten Phantasien mit Herrenüberschuss, also verschiedene Gangbang-Szenen bei mir auf. Das habe ich damals dann auch ein paar Mal mitgemacht. Heute beschränkt sich das auf meine Vorstellung, wenn ich mit meiner Partnerin Sex habe. Wenn sie vor mir kniet und mich oral befriedigt, stelle ich mir vor, dass ein anderer Mann sie gleichzeitig a tergo poppt. Das Ganze sollte sich abwechselnd gestalten, so dass beide Männer in den jeweils anderen Genuss kommen. Es kann auch mehr als nur ein anderer Mann daran beteiligt sein. Meine Partnerin weiß auch, weil ich es schon mehrfach geäußert habe, wie geil ich es fände, wenn sie auch noch einen oder mehrere andere Schwänze spüren würde. Sie mag es aber zur Zeit nicht, da sie meint, dass sich unser Verhältnis dadurch verschlechtern würde, wenn ich sehen würde, wie sie von einem anderen Mann gepoppt wird. Also bleibt mir vorerst nur die Phantasie – nicht nur, aber auch, wenn wir zusammen Sex haben.

(per Fragebogen)

Annabelle (47)

ist vor einigen Jahren nach Stuttgart gezogen, arbeitet in einem Sozialberuf

Vor knapp einem Jahr hat sie nach vielen Beziehungen endlich einen geeigneten Lebenspartner in ihrem Alter gefunden. Obgleich sie an seiner Seite guten und erfüllten Sex erlebt, weichen ihre geheimen Phantasien deutlich davon ab. Und Annabelle ist fest entschlossen, sie gelegentlich

mit Männern jenseits des 70. oder gar des 80. Lebensjahres real auszu-
leben, und zwar in der Gruppe …

Ich kann nicht sagen, woher meine Faszination für ältere Männer stammt, aber es ist sicher kein Vaterkomplex. Sie reizen mich einfach. Jetzt nicht als Lebenspartner, sondern einfach nur fürs Bett. Ich habe das mit einzelnen Herren auch schon ausprobiert, und es hat Spaß gemacht, aber jetzt hätte ich gern mal mehrere ältere Männer gleichzeitig. Ein paarmal hatte ich Annoncen geschaltet und war in verschiedenen Foren im Internet, und da findet man sie schon, die alten Herren. Sie wollen aber alle nicht im Rudel, sondern immer nur alleine. Haben sie Angst zu versagen? Das ist doch Quatsch. Man muss ja nicht unbedingt poppen, da gibt's ja auch andere Möglichkeiten.

Einmal – das liegt schon fast drei Jahre zurück – hatte ich eine Gruppe von fünf Herren beisammen, die waren aber alle nur so Anfang bis Mitte 60. Das Ganze fand bei einem Herrn privat statt. Ich lag da auf einer Massageliege, und dann haben die Herren erst mal an mir rumgefummelt, gefingert und geleckt, und ich hab sie geblasen. Sie waren alle sehr aufgeregt, und nur einer ist dabei gewesen, der wirklich ziemlich gut war. Es war für mich okay, aber richtig prickelnd war es noch nicht. Also suche ich jetzt weiter, aber bisher ist es nicht so toll, was da kommt. Wie gesagt, es sind überwiegend Herren mit fertigem Kopfkino, und einige geben sich auch älter aus, als sie sind.

Nun aber zu meiner Phantasie, wie ich sie zum Beispiel habe, wenn ich masturbiere. Da nehme ich mir einen Dildo und stelle mir erst mal vor, dass die Herren zuschauen. Ich liege auf dem Bett oder der Couch und fange an, mit mir zu spielen. Sie schauen zunächst zu, und nach einer Weile kommen sie näher, fassen mich an, lecken und fingern mich. Dann fange ich an, die Herren nacheinander oral zu verwöhnen. Und wer möchte, darf auch mit mir Verkehr haben. In der Realität läuft da natürlich nichts ohne Gummi, aber mit Gummi ist alles möglich. Man kann mich gleichzeitig vaginal und von hinten nehmen, und manchen gefällt es ja auch, einfach erst mal nur zuzuschauen. Na ja, und einige entladen sich auch auf mir. Wobei ich sagen muss, dass ich es nicht im Gesicht haben möchte. Das finde ich ekelig. Aber auf der Brust oder dem Bauch ist es okay. Das ist also eine regelmäßige Phantasie, wie sie mir durch den Kopf geht, wenn ich alleine bin und ein bisschen Zeit habe.

Es gibt noch eine andere Phantasie. Da werde ich von Männern gepoppt, und hinterher werfen sie mir Geld aufs Bett. Woher diese Phantasie kommt, weiß ich nicht, aber ich glaube, es fasziniert mich, dass sich das dreckig anfühlt. Die Männer, die mich in meiner Vorstellung so behandeln, sind teils jünger, aber keinesfalls jünger als 40. Ich mag keine jungen Männer im Bett. Sie poppen mich einzeln oder zu mehreren, das ist mir egal, weil der Reiz ja im Bezahlen liegt. Also es geht auch gar nicht um eine hohe Summe – es könnten auch nur 20 Euro sein. Es geht einfach um den Kick, mal zu sehen, wie man sich fühlt, wenn man als Nutte behandelt wird. Beim Masturbieren habe ich übrigens noch nie daran gedacht, da gehört meine Phantasie allein der Gangbang-Seniorentruppe ... *(lacht)*

(am Telefon)

Johanna (52)

lebt in einem Dorf in Baden-Württemberg, arbeitet «im sozialen Umfeld», getrennt lebend

Fast 30 Jahre währte die Beziehung zu einem Mann, die meiste Zeit davon war Johanna mit ihm verheiratet. Dann, vor einem Jahr, die Trennung. Seither blühen für Johanna die erotischen Phantasien auf. Alte Phantasien werden farbiger, und neue kommen hinzu ...

Ich habe im Wesentlichen zwei Phantasien, die immer wieder auftauchen. Standardfantasien sozusagen. Die erste Phantasie zeigt mich in einem Raum, den ich nicht näher beschreiben kann, da er keine Rolle spielt und ich ihn in der Phantasie nicht wirklich wahrnehme. Das Wichtigste in diesem Raum ist ein jadefarbener Marmorblock, ganz glatt geschliffen, zart und fast seidig glatt, oben abgerundet, angewärmt und so hoch, dass ich nur meinen Oberkörper vorbeugen muss, um mich bequem darauf legen zu können. Der Block ist ganz genau nach meinen Maßen geformt (wie ein Gipsabdruck) und hat Aussparungen / Löcher für meine Brüste. In dieser Lage möchte ich von hinten genommen werden. Aber nicht nur «normal» (vaginal), sondern auch anal. Da ich noch keinen Analverkehr hatte, werde ich in vielen Treffen darauf vorbereitet. Zuerst mit einem Finger, dann durch den Schwanz eines Jugendlichen (noch nicht ausgewachsen) oder durch einen Mann, der einen relativ dünnen, schlanken Schwanz hat. Manchmal werden meine Brüste dabei von unten gesaugt oder zart oder auch etwas fester gezupft. Und an manchen Tagen liebe ich es auch, wenn ich gleichzeitig zum Verkehr (anal oder vaginal) auch noch einen Schwanz im Mund habe und einem Mann einen blasen darf.

Die zweite Phantasie ist ähnlich, nur bin ich dieses Mal in einer Bar und liege nackt mit dem Bauch auf einem Barhocker. Ich kann nicht sehen, ob die Bar gut besucht ist. In dieser Lage werde ich von hinten genommen – nacheinander von mehreren Männern – und habe gleichzeitig immer einen Schwanz im Mund. Es gefällt mir sehr, und ich mag erst nach vielen Malen aufhören. Ich liebe es, wenn der Samen des Einen die flutschige Vorlage für den Nächsten ist, denn die Männer MÜSSEN in mir abspritzen. Ich fühle mich danach «ausgefüllt» und wohlig und gut.

Die erste Phantasie habe ich schon länger – einige Jahre –, und ich habe sie meist am Abend vor dem Einschlafen … oft muss ich mich dann selbst befriedigen. Die zweite Variante tritt ebenfalls meist vor dem Einschlafen auf, manchmal aber auch am Tag, wenn ich erregt bin. Ich habe sie in der Zeit nach der Trennung von meinem Mann bekommen, also seit ca. einem Jahr. Real ausgelebt habe ich beides noch nicht, aber wenn sich die Gelegenheit ergibt, werde ich sehen, ob ich das oder etwas Ähnliches ausleben möchte.

(per Fragebogen)

EROTISCHE DEMÜTIGUNG
Zwischen Fake und Phantasie

Es ist eine der anrührendsten Szenen der frühen Tonfilmgeschichte, in der sich ein einstmals angesehener Studienrat einer Nachtclubkünstlerin zuliebe zum Deppen macht, sich auf offener Bühne im Clownskostüm Eier auf dem Kopf aufschlagen lässt und dazu «Kikeriki» ruft. Emil Jannings, der erste deutsche Oscar-Preisträger, spielt die Rolle des «Professor Unrat» (wie die Romanvorlage von Heinrich Mann heißt) in dem Film «Der blaue Engel» an der Seite der jungen Marlene Dietrich. Ein erotisierter Bildungsbürger, der einer halbnackten Tingeltangel-Sängerin verfällt und sich öffentlich erniedrigen lässt – das wollten damals im Jahre 1930 zwar viele sehen, moralisierende Amts- und Würdenträger aber spritzten Gift und Galle. Nicht nur wegen der nackten Beine der damals noch etwas pummeligen Marlene, sondern auch wegen dieser unwürdigen Zurschaustellung des vormaligen Studienrats. Wahrscheinlich hielt das niemand für unrealistisch, nur öffentlich vorgeführt sollte es eben nicht werden. Mehr als 80 Jahre später ruft ein Video, das im Internet zu besichtigen ist (und solche gibt es viele), kaum Protest hervor. Was ist da zu sehen? Einer jungen Frau werden die Beine zusammengebunden, ein Mundknebel verpasst, die Hände auf den Rücken gefesselt und die Brüste entblößt. In dieser unwürdigen Situation präsentiert sie sich auf dem Berliner Wittenbergplatz der Öffentlichkeit.

Die Menschen, die den Weg vom Luxuskaufhaus KaDeWe hinüber zur U-Bahn-Station gehen, sind auffallend darum bemüht, die ungeheuerlichen Vorgänge zu ignorieren. Und die wenigen Passanten, denen anzumerken ist, dass sie ein Eingreifen zumindest erwägen, lassen den Plan aber angesichts zweier Kameramänner, die das Ganze aufnehmen, wieder fallen.

Es gibt noch eine andere Szene mit derselben Person. In einem mäßig frequentierten Linienbus lässt sich die junge Frau nacheinander vaginal, oral und anal penetrieren. Schließlich kriecht sie halbnackt auf allen vieren durch den Mittelgang und bezeichnet sich den vermeintlich unbeteiligten Fahrgästen gegenüber als «verfickte Schlampe». Die solcherart gedemütigte Protagonistin des Streifens nennt sich Uma Masome und versteht sich als pornographische Aktionskünstlerin.

Nun könnte man annehmen, solche Filmchen werden für ein ausschließlich männliches Zielpublikum aufgenommen. Ja, man glaubt ihn schon vor sich zu sehen, den mickrigen Herrn, der gern ein Gladiator des Eros wäre, eine dominante Lichtgestalt, den die gepeinigten Frauen anflehen, mit den Demütigungen fortzufahren. Und weil ihm die Natur eine solch Aura bedauerlicherweise nicht geschenkt hat – wie er in einem Anflug von Realitätssinn konstatiert –, träumt er sich in diese Rolle hinein, während er Uma Masome bei deren inszeniertem Martyrium zusieht und dabei sein Geschlechtsteil massiert. Solche Figuren wie jenen anonymen Onanisten wird es sicher geben, aber es gibt eben auch die 38-jährige Pharmazeutin Susanne, die sich mit Uma Masome identifiziert. Dazu hat sie sich am Telefon ausdrücklich bekannt. Für den Sexualpsychologen Christoph J. Ahlers ist dies keine Überraschung, sind ihm doch solche Phantasien bei Frauen nicht fremd.

Und für die «Professor Unrats» unserer Tage bieten junge und auch nicht mehr ganz junge Frauen auf Online-Portalen ihre Dienste an. Sie zeigen nur wenig von ihren physischen Reizen, haben es ohnehin eher auf die psychische Erniedrigung ihrer Kundschaft abgesehen und natürlich auf deren Brieftaschen. Das sagen sie auch ganz unverhohlen, nennen sich selbst «Geldherrin» oder so ähnlich. Nach Eingang von Geldbeträgen beschimpfen sie ihr Gegenüber als «lächerlichen Wicht» oder «Loser» oder «kleines versautes Arschloch», den eine Frau wie sie nur auslachen könne, angesichts seiner Erbärmlichkeit ... Und ihre Klienten bedanken sich beglückt und befriedigt, wie die Einträge im Online-Gästebuch einer solch dominanten Dame beweisen:

Wer Sie nicht anbetet, ist Atheist!

Geil, heute kam meine Telefonrechnung vom letzten Monat. 180,– € :D Ich würde sagen, die Melknacht war erfolgreich :) Ich freue mich auf die nächste :)))) Vielen Dank noch mal :)

Das Einzige, was ich Loser-Sau gut kann, ist onanieren und Dir dabei zusehen und zuhören. Es muss ein Traum sein, als Wichser-schwein von Dir angerotzt zu werden.

Nun darf ich Ihnen schon 1,5 Jahre insbesondere als «Bankautomat» dienen, eine Zeit voller nie gekannter emotionaler Highlights. Geld, das ich durch Überstunden verdiene, geht zu 100 Prozent an meine Herrin ... Ich habe noch nie sooo gern Überstunden gemacht ...

Im Englischen gibt es den Begriff «erotic humiliation», den man zwar mit «erotischer Demütigung» übersetzen kann, aber damit ist nichts gewonnen. Zu vielfältig nämlich sind – wie schon diese ersten Beispiele zeigen – die Phantasien und heimlichen Sehnsüchte von Männern und Frauen nach Erniedrigung, als dass sie mit «erotic humiliation» ausreichend eingegrenzt würden. Man kann lediglich für den solcherart charakterisierten Personenkreis weitgehend ausschließen, dass er am romantischen Girlfriend-Sex seine Freude hätte. Dem Sexualpsychologen Ahlers geht der Begriff «erotische Demütigung» ohnehin nicht über die Lippen, und er hat dafür gute Gründe: «‹Erotik› ist ein schöngeistiger Begriff und zählt nicht zur klinischen Terminologie. Es gibt andere Begriffe, die eher beschreibenden Charakter haben, wie etwa Erniedrigung oder Entwertung bis hin zur Missachtung, ja selbst Verstümmelung. Ob man das als Erotik bezeichnen will, ist eine andere Frage. In der klinischen Sexualpsychologie würde man eher von ‹masochistischen Erlebnismustern› sprechen.»

Tja, und manche Menschen haben irgendwann ein Problem mit ihren «masochistischen Erlebnismustern» und suchen eine «Praxis für Paarberatung und Sexualtherapie» wie die des Dr. Ahlers auf. Andere wiederum genießen diese «masochistischen Erlebnismuster», empfinden sie geradezu als erregend, und um sie sich leisten zu können, sind sie sogar bereit, Überstunden zu machen. Und nur solche Leute waren bereit, sich an der Umfrage für dieses Buch zu beteiligen.

Skizzen aus den Fragebogen

Versicherungsmakler in Schleswig-Holstein, geschieden

Letztes Jahr am Strand auf Amrum. Ich beobachtete ein junges, sehr hübsches Mädchen, das mit ihren Freundinnen Federball spielte. Sie schaute ein paar Mal zu mir. Schließlich kam sie her und fragte: «Was glotzt du denn so doof?» Im Weggehen rief sie noch: «Arschloch!» Ihre Freundinnen kreischten laut auf. Natürlich war es mir auf der einen Seite peinlich, aber gleichzeitig hat mich das auch erregt. In den nächsten Tagen habe ich dieses Mädchen leider nicht mehr gesehen, aber ich habe andere auffallend gemustert, immer in der Hoffnung, dass eine von ihnen genauso reagieren wird. Leider ist es nicht wieder passiert – außer in meiner Phantasie …

Krankenschwester in München, getrennt lebend

Ich stelle mir vor, von einem Mann durch den gut besuchten Englischen Garten geführt zu werden, also an der Hundeleine und so. Ich bin dabei untenherum nackt. Oben am Monopteros werde ich fremden Männern präsentiert und ich muss jedem zu Willen sein, der es verlangt und so, wie er's verlangt.

User-Betreuer für ein IT-Unternehmen, lebt in einer bayerischen Großstadt, (mal wieder) Single

Es kann mir am Abend in der Kneipe passieren oder tagsüber beim Einkaufen oder während der Arbeit, wenn ich mit einer Kollegin zusammen bin oder bei einer Kundin … Dann taucht immer eine Phantasie auf, in der ich in dieser oder jener Form von dieser Frau oder einer Gruppe von Frauen dominiert werde.

Eine Phantasie ist die, in der ich auf einem Mädelsabend die anwesenden Damen nackt bediene. Ich sehe mich auf den Knien und küsse der Gastgeberin und ihren Freundinnen die Füße. Sie machen sich über mich lustig, ich bekomme auch Ohrfeigen und muss mir so einiges gefallen lassen. Dann führt mich eine der Damen ins Schlafzimmer, wo ich sie mit der Zunge zum Orgasmus bringen muss. Aber es kommt in diesen Vorstellungen nie zum Geschlechtsverkehr.

Szenen der erotischen Demütigung

Anton (49)

Freier Mitarbeiter einer Wirtschaftsberatung, lebt in einer Großstadt in Sachsen

Er ist seit mehr als einem Vierteljahrhundert mit seiner Partnerin zusammen, mit der er auch zwei Kinder hat. Niemand aus seinem Umfeld ahnt, welch ungewöhnliche sexuelle Vorliebe Anton mit seiner Partnerin praktiziert …

Im Alter von 8 Jahren war ich in meine Grundschullehrerin verliebt und das, so scheint es mir heute, war auch die Geburtsstunde meiner devoten Phantasien. Im Laufe der Jahre fanden alle Formen der Erniedrigung, der Demütigungen und des sexuell Benutzwerdens Eingang in meine Phantasiewelt. Damals hatte ich beim Onanieren oft das dringende Gefühl, meinen Penis verletzen zu müssen.

In der vielleicht extremsten Phantasie sehe ich mich als Lecksklaven mit dirty rimming[69]. Das passiert mehrmals am Tag ohne bestimmten Anlass. Meine Partnerin ruft mich nach ihrem Toilettengang zu sich und fordert mich auf, ihren Po mit meiner Zunge zu reinigen. Wenn alles schön sauber ist, werde ich weiter als Lecksklave benutzt. Ich muss mich auf den Boden legen und ihren Sekt[70] aufnehmen. Und das ist auch nicht nur Phantasie geblieben, sondern meine Partnerin ruft mich schon mal zu sich und sagt: «Komm, du kleiner Lecksklave, mach vorne alles schön nass und hinten alles schön sauber!» Das ist natürlich ein zeitlich begrenztes Rollenspiel, schon allein wegen der Kinder. Wenn wir auf sie keine Rücksicht nehmen müssten, hätte ich auch Interesse an einer dauerhaften Unterwerfung.

(Eintrag im Fragebogen)

Friedrich (46)

lebt als selbständiger Versicherungsagent in einer mittelgroßen Stadt in NRW, nach 17-jähriger Ehe geschieden, allein lebend

Die Phantasie, die Friedrich während des täglichen Onanierens durch den Kopf geht, wird im Normalfall nur von Prostituierten angeboten. Vor der käuflichen Liebe aber hat er eine Scheu. So sind ihm die Damen vom Straßenstrich zwar als optischer Anreiz willkommen – mit seiner Phantasie aber bleibt er (bislang) lieber allein …

---

69 stellt eine orale Sexualpraktik dar, bei welcher der Anus, meist inklusive Dammregion, mit Lippen und Zunge stimuliert wird
70 Urin

Schon in meiner Jugend hatte ich einen Hang zu primitiven, so genannten «billigen Mädchen». Damals suchte ich noch ihre Nähe und habe sogar mal eine auf der Toilette einer Diskothek gefickt. Aber als Lebenspartnerin wollte ich damals keine davon haben. Inzwischen könnte ich mir das aber vorstellen. Jedenfalls kommt mir nie wieder ein braves Weib ins Haus, wie meine Frau eine war. Brav und langweilig!

Die Frau, die ich mir beim Sex vorstelle, wird im Milieu als «Stiefelschlampe» bezeichnet. Also eine Frau, die billig wirkt, weil sie ein bisschen zu grell geschminkt ist und diese Overknee-Lackstiefel trägt, die auch Hurenstiefel genannt werden. Und sie hat lange Fingernägel, die wie kleine Zangen eingesetzt werden können. Es sind manchmal blonde Frauen mit schwarzen Stiefeln, die ich mir vorstelle, und manchmal Schwarzhaarige mit schwarzen Strumpfhosen und weißen Stiefeln. Auch dunkelhäutige Frauen mit knallroten Stiefeln waren mal darunter, wie ich eine an der Münsterstraße in Gelsenkirchen gesehen habe. Das ist aber eher selten. Alle haben sie große Brüste, die sie in einem üppigen Dekolleté präsentieren und die gern auch tätowiert sein können. Man sieht solche Frauen auf den Straßenstrichen der Republik wie zum Beispiel auf der Kurfürstenstraße in Berlin oder in der Hamburger Herbertstraße. Wenn ich in die Nähe eines solchen Straßenstrichs komme, fahre ich ihn langsam mit dem Auto ab, und dann werde ich geil wie Nachbars Lumpi. Ich habe auch schon ein paar Mal in einiger Entfernung zu einer Stiefelschlampe geparkt und dann in meinem Auto gewichst – das Objekt der Begierde direkt vor meinen Augen.

Die Phantasie, die ich mit diesen Frauen verbinde, ist immer dieselbe. Wir gehen irgendwo hin, zum Beispiel in einen Park oder eine Tiefgarage. Irgendwo in der Öffentlichkeit, wo jederzeit jemand vorbeikommen kann. Dann muss ich mich nackt ausziehen. Sie aber bleibt bekleidet, so wie sie ist. Sie kaut gelangweilt auf einem Kaugummi herum, während sie mich beim Ausziehen beobachtet. Dann ruft sie mich zu sich und im nächsten Moment kneift sie mit ihren zangenartigen Fingernägeln in meine Brustnippel. Ein geiler stechender Schmerz breitet sich in meinem Körper aus, und mein Schwanz steht sofort wie eine Eins. Dann setzt sie sich auf eine Parkbank oder die Kühlerhaube eines Autos und schlägt die Beine übereinander. Ich gehe umgehend auf die Knie und beginne ihren Lackstiefel von unten bis oben zu lecken. Sie zündet sich eine Zigarette an und bläst langsam den Rauch in die Luft. Sie sagt: «Vergiss den Absatz nicht. Los, blase ihn!» Also nehme ich den hohen Absatz in den Mund und sauge daran wie an einem Schwanz. Dann wechselt sie die Beine und ich mache das Ganze mit dem anderen Stiefel. Während ich an ihm entlang lecke, sehe ich zu ihr hoch. Ich sehe die großen Brüste und das gelangweilte Gesicht dieser billigen Schlampe, deren Stiefel ich ablecken muss. Ja, ich genieße es, von ihr zu einem Stiefelsklaven erniedrigt zu werden! Schließlich hat sie mit mir Erbarmen. Sie steht auf und holt aus ihrer Tasche eine Gleitcreme, mit der sie meinen harten Schwanz eincremt. Nun darf ich ihn oberhalb ihrer Knie zwischen ihren Lacklederstiefeln reiben. Also ich ficke die Stiefel! Gleichzeitig kneift sie mir fest in meine Brustwarzen. Wenn ich mir das beim Onanieren vorstelle, lege ich mir selbst Nippelklammern an, um den Schmerz real zu fühlen. Dann ziehe ich mir einen Lackhandschuh über, mit dem ich an meinen Schwanz rauf- und runterfahre. In der Phantasie sind es natürlich die Lackstiefel. Kurz vor dem Höhepunkt sagt die Frau zu mir: «Mach's Maul auf!» Dann spuckt sie mir ihren ausgelaugten Kaugummi in den Mund, den ich weiterkauen muss. Ich sehe ihr hämisches Grinsen, während sie meine Nippel nun noch mehr quält, und im nächsten Moment spritze ich ab.

(per Mail-Kommunikation)

Susanne (38)

arbeitet als Pharmazeutin an der Universitätsklinik einer «westdeutschen Großstadt», hat eine rein sexuelle Beziehung mit einem verheirateten Mann

Ihre Sehnsucht nach öffentlich demonstrierter sexueller Demütigung bezeichnet sie als lustvoll, aber auch als Hirngespinst, da sie es nie würde real ausleben können. Oft verbringt sie Stunden damit, Videos anzu-

sehen, in denen Pornodarstellerinnen sich Situationen aussetzen, die
Susanne als «wahnsinnig erregend» empfindet ...

Seit fast drei Jahren habe ich eine sexuelle Beziehung mit einem Oberarzt an unserer Klinik. Er ist verheiratet und ruft mich oft spontan an, um mir mitzuteilen, dass er gleich vorbeikommen wird. Für mich bedeutet das dann, ich habe ihm zu Willen zu sein. Das ist es, was mich erregt, nicht der Sex selbst. Er ist kein aufregender Liebhaber und von meinen Phantasien, zu denen ich gleich kommen werde, meilenweit entfernt. Aber diese ständige Verfügbarkeit meiner Muschi, die er wie selbstverständlich in Anspruch nimmt, finde ich aufregend.

Nun zu meinen Masturbationsphantasien. Schon als Jugendliche fand ich den Gedanken aufregend, von Mitschülern in aller Öffentlichkeit körperlich benutzt zu werden. Ich war 17 Jahre alt, als ich einem Mitschüler auf dem Männerklo einer Diskothek (wie die Clubs damals noch hießen) einen geblasen habe. In einer der Kabinen saß ich auf der Brille, und er stand vor mir. Draußen an den Pinkelbecken war ein Kommen und Gehen, während ich ihm drinnen den Schwanz gelutscht und mich gleichzeitig selbst stimuliert habe. Ich habe gehofft, dass mindestens zwei bis drei Jungens dann beim Pinkeln sein und uns sehen würden, wenn wir aus der Kabine kommen. Den Gedanken fand ich wahnsinnig geil. Es war dann zwar nur einer, aber seinen Blick, wie er mich musterte, die kleine Schlampe, die Sex auf dem Männerklo hat, fand ich auch schon ziemlich aufregend. In meinen Phantasien aber ging es weit darüber hinaus. Da wurde ich von jenem Jungen, dem ich einen geblasen hatte, nackt an einem Hundehalsband über die Tanzfläche geführt. Ein Tisch wurde herangeschoben, auf den ich mich legen musste. Wer immer wollte, durfte mich fingern, ficken oder mich zu einem Deep Throat[71] zwingen. Drum herum standen meine Mitschülerinnen – vor allem alle die, die ich nicht leiden konnte und die mich nicht leiden konnten – und grinsten breit und feixten. Ich ge-

---

71 Deep Throat (englisch: «tiefer Hals, tiefe Kehle») ist eine Variante des Oralsex

noss den Gedanken solcher extremen Erniedrigung, und bis heute ist dies meine bevorzugte Phantasie während der Masturbation. Inzwischen sind andere Situationen und Locations hinzugekommen, aber das Muster ist immer dasselbe.

Ein Pfleger an unserer Klinik, der oft zu uns in die Apotheke kommt und vielen wegen seines machomäßigen Auftretens unangenehm ist, führt mich in meinen Vorstellungen an einer Hundeleine nackt und mit auf den Rücken gefesselten Händen durch die Fußgängerzone. Oder ich muss in der Ecke eines Parkhauses wildfremden Kerlen zu Willen sein, die mich von hinten penetrieren, während ich einem anderen einen blasen muss. Und immer wieder ist es Deep Throat, was ich ersehne und während des Masturbierens mit einem großen Gummipenis simuliere.

Mehrfach in der Woche schaue ich mir auf entsprechenden Internetportalen Filme an, in denen Frauen meine Phantasien vor der Kamera ausleben. Meine Lieblingsszenen sind die, in denen eine Pornodarstellerin namens Uma Masome in einem öffentlichen Berliner Linienbus nackt von einer Frau gequält wird, einem Mann zu Willen sein muss und von zufällig anwesenden Fahrgästen dabei fotografiert wird. Schließlich ruft sie, nein, sie schreit regelrecht: «Ich bin eine verfickte Schlampe!» Ich kann mich so sehr mit dieser Uma Masome identifizieren, dass ich das Geschehen auf dem Monitor als Masturbationsvorlage verwenden kann. Sie sehen also, diese Phantasien müsste ich Ihnen gar nicht erzählen, die könnten Sie im Internet als Film abrufen. Aber ich will Ihnen sagen, warum ich mit Ihnen telefoniere: weil ich es in höchstem Maße erregend finde, einem fremden Mann unter dem schützenden Mantel der Anonymität meine geheimsten Phantasien zu erzählen. Tja, so bin ich nun mal … *(lacht)*

(am Telefon)

౿

Wilhelm (62)

lehrt als ordentlicher Professor «an einer Universität in den alten Bundesländern»

Seit seiner Scheidung vor 15 Jahren lebt er allein. Lange hatte Wilhelm die Standardphantasie vieler Männer in fortgeschrittenem Alter. Ein überraschendes Ereignis aber löste bei ihm eine folgenreiche Entwicklung aus ...

Ich bin nun in einem Alter, in dem es nahezu ausgeschlossen ist, junge Frauen unter 30 für sexuelle Aktivitäten zu gewinnen. Das aber ist die von mir bevorzugte Altersgruppe, die aus genanntem Umstand leider ausschließlich in meiner Phantasie stattfindet. In meiner Studentenschaft bin ich während des Semesters fast täglich mit jungen attraktiven Frauen konfrontiert. Lange Zeit kreiste meine Phantasie um wilden Sex, in denen ich und konkrete weibliche Wesen aus meinem universitären Umfeld uns gegenseitig zunächst oral befriedigen, ehe sich die Sexualpartnerinnen dann auf mein erigiertes Glied setzen und mich reiten, während ich genussvoll an ihren Brüsten mit harten hervorstehenden Nippeln sauge.

Vor ein paar Jahren kam eine besonders reizvolle Studentin nach einem Seminar zu mir und sagte mir unter vier Augen: «Meinst du, ich merke nicht, dass du alter notgeiler Bock mir dauernd auf die Titten starrst. So, nun lass ich dich mal einen Blick darauf werfen, und dann kannst du in dein Büro gehen, deinen Schwanz in die Hand nehmen und dir einen runterrubbeln. Aber glaub nur nicht, dass du mich irgendwann mal ficken darfst, ich habe nämlich keine geriatrischen Gelüste.» Sie hob ihr T-Shirt hoch und entblößte zwei wunderschöne Brüste. Natürlich hätte ich sie auffordern müssen, das zu unterlassen, und wenn überraschend jemand in den Raum gekommen wäre, hätte ich das auch getan. So aber starrte ich auf ihre Brüste. Nur für ein paar Sekunden, dann verhüllte sie die Brüste wieder und lief zum Ausgang. Bevor sie hinausging, drehte sie sich noch einmal um, machte mit der Hand Onanierbewegungen, rief «Viel Spaß!» und verließ höhnisch lachend den Raum. Und ich machte genau das, was sie mir vorgeschlagen, ja, eigentlich befohlen hatte. Aber ich hatte keine der üblichen Phantasien, sondern exakt jene Situation vor Augen, die sich kurz zuvor real abgespielt hatte. Und genau in dem Moment, als sie mich höhnisch verlachte, kam es mir.

Seither sehe ich in meinen Onanierphantasien dieses oder andere junge Mädchen vor mir, die mir ihre Brüste zeigen und mich beim Onanieren beobachten. Sie grinsen hämisch oder verhöhnen mich mit Sätzen wie: «Nun spritz endlich ab, du notgeiler Bock, ich habe nicht ewig Zeit!» Oder: «Du stellst dir wohl vor, du könntest mich ficken? Aber du darfst mich noch nicht mal anfassen, du Greis!» Solche Erniedrigungen sind mittlerweile fester Bestandteil meiner Phantasien. Oft geht es sogar darüber hinaus. Ich stelle mir vor, dass diese jungen Frauen mich ohrfeigen oder mir ins Gesicht spucken. Dabei ejakuliere ich dann mit einem höchst lustvollen Gefühl.

Ausgelebt habe ich diese Onanierphantasie nur bedingt. Insofern, als ich gelegentlich nackt auf meinem Bett liegend eine 0900-Nummer anrufe und mich mit Frauen verbinden lasse, die sehr junge Stimmen haben. Zunächst erzähle ich ihnen von meinen Phantasien, und meist gibt sich dann eines dieser Telefon-Mädchen als eine meiner Studentinnen aus. Sie macht sich in der beschriebenen Weise über mich lustig, sagt, sie würde mir ins Gesicht spucken, und ahmt das Geräusch nach. Dabei komme ich dann regelmäßig.

Seit einiger Zeit sehe ich mir die Websites von Bordellen in größeren Städten an und spiele mit dem Gedanken, meine Phantasien mit sehr jungen Huren in die Realität umzusetzen. Der Reiz läge darin, dass deren Ekel vor einem alten Mann wie mir (ich dürfte älter sein als deren Väter) ja durchaus echt wäre. Für mich wäre das quasi eine doppelte Erniedrigung. Einerseits, dass eine junge Frau mich den realen Ekel spüren lässt, und andererseits, dass ich diese Phantasie nur bei einer Hure realisieren kann. Ich muss also noch dafür bezahlen. Allein dieser Gedanke erregt mich schon. Bisher habe ich noch nicht den Mut gefunden, ein Bordell aufzusuchen. In meiner Phantasie aber hat das schon einige Male stattgefunden, und zum Orgasmus komme ich

zum Beispiel, wenn die Hure sagt: «Ohne die Kohle, die du mir rüber-
schiebst, würde ich dich mit dem Arsch nicht anschauen.» Möglicherweise ergäben sich daraus auch noch ganz andere, dann real ausgelebte Erniedrigungen. Ich muss mich nur irgendwann mal trauen.

(am Telefon)

Karin (41)

**nach einem «Sportstudium auf Lehramt» lebt und arbeitet sie als Yoga-
lehrerin in einer «mittelgroßen ostdeutschen Stadt», Single**

*Nach zwei gescheiterten Beziehungen lässt Karin sich nur noch auf
kurzfristige sexuelle Affären ein. Sobald eine «festere Bindung zu entstehen droht», zieht sie «die Reißleine». In ihrer Phantasie dominiert
eine ziemlich eindeutige Vorliebe, die ihr wohl kaum einer ihrer Kurs-
teilnehmer zutrauen würde …*

Ich lege definitiv keinen Wert mehr auf eine Nähe, die sich in den kleinen Widrigkeiten des Alltags erschöpft. Das Zusammenleben tötet auf
Dauer jede erotische Empfindung, und diese Erfahrung habe ja wohl
weiß Gott nicht nur ich gemacht. Ich höre das überall um mich herum,
von meinen Kursteilnehmern, bei Gesprächen in Kneipen oder auf irgendwelchen Festen. Ich habe hin und wieder einen Lover für ein paar
erotische Stunden, aber an meine Phantasie reicht nichts heran, was
dabei passiert. Das ließe sich vielleicht realisieren, wenn ich meinen
Liebhabern gestehen würde, worauf ich stehe. Aber dann würden sie
wie Schauspieler agieren, und das wäre ja wohl das Gegenteil von Au-
thentizität. Und so warte ich mit einer gewissen Sehnsucht darauf,
dass es irgendwann so passiert, wie ich es mir in meinen Masturba-
tionsträumen vorstelle.

Meine erotischen Phantasien haben wenig mit Zärtlichkeiten
zu tun, allerdings auch nichts mit dem Gegenteil. Also ich will nicht
gefesselt werden oder geschlagen oder bespuckt oder, Gott behüte,
Schlimmeres. Ich will herumkommandiert werden. Ich will klare Ansa-

gen bekommen, was ich zu tun habe. Die Männer in meiner Phantasie sind meist irgendwelche Typen, die ich kenne und die mich im realen Leben kaum beachten. In der Phantasie befehlen sie mir, dass ich vor ihnen kriechen und ihnen die Füße ablecken muss oder sonst was, auch mal die Arschspalte. Ich muss mich vor ihnen nackt auf den Tisch legen, die Beine spreizen und ihnen meine primären Geschlechtsteile präsentieren. Natürlich sagen sie nicht, ich soll ihnen «die primären Geschlechtsteile präsentieren» – bei ihnen heißt das: «Leg dich da hin, du kleines Arschloch, und zeig mir deine Fotze!» Und dann werde ich aufgefordert: «Los, steck' deine Finger ins Loch! Und jetzt die ganze Hand. Fick dich mit der Hand, du blöde Sau!» Das mache ich dann auch während der Masturbation, und im Geiste steht der Typ lachend vor mir und onaniert mir ins Gesicht.

In einer anderen Phantasie muss ich mich tief vor ihm verbeugen und ihm erklären, was ich an ihm bewundere. Seinen athletischen Körper, sein männliches Auftreten … Ich nenne ihn «meinen Herrn und Gebieter», der mir alles befehlen kann, was er will. Und dann befiehlt er mir, mich über einen Stuhl zu beugen, und er dringt mit seinem harten Geschlechtsteil in meinen Anus ein. Ich glaube zwar nicht, dass ich das in der Realität aushalten würde, aber in der Phantasie macht mich das total an. Vor allem wenn er dazu sagt: «Nun ficke ich dir kleinen Schlampe voll in den Arsch und spritze dir meinen Saft in den Darm!» Das sind dann die Momente, bei denen ich während der Onanie selbst ejakuliere. Übrigens nur bei der Masturbation. Ich habe natürlich auch beim realen Sex Orgasmen, aber Squirting[72] habe ich immer nur erlebt, wenn ich Sex mit mir allein habe. Bleibt abzuwarten, ob mir jemals ein Pascha über den Weg läuft, aber bei meiner eher selbstbewussten Außenwirkung ist die Chance dafür ziemlich gering. Das ist vielleicht auch besser so, denn ein bisschen habe ich davor Angst, wie ich mich hinterher fühlen würde. Bei meinen Phantasien aber habe ich da kein Problem.

(per Mail-Kommunikation)

72 weibliche Ejakulation

BLACK AND WHITE

Sehnsucht nach dem Fremden oder
erotischer Rassismus?

Wem hat die Welt nur die Vorstellung zu verdanken, dass
schwarze Männer grundsätzlich ein großes Genital besitzen
würden? Okay, in den Pornofilmen sind schwarze Penisse immer
groß. Weiße aber auch. Ein großes Glied ist nämlich die Voraussetzung, um als Pornodarsteller überhaupt gecastet zu werden. Es
soll ja niemand enttäuscht werden, aber allen Frauen und Schwulen, deren Vorliebe für schwarze Männer sich auf die Erwartung
eines großen Schwanzes gründet, sei geraten, es bei der Phantasie
zu belassen. In der Realität haben nur 21 Prozent der afrikanischen
Männer megagroße Genitalien von 17,6 bis 20 Zentimetern Länge.
Das aber ist auch bei 15 Prozent der Weißen der Fall. Die Weltge-
sundheitsorganisation WHO will das herausgefunden haben, und
der FOCUS hat es im Juli 2014 seiner Leserschaft verkündet. Ach
ja, es wird auch von schwarzen Menschen beiderlei Geschlechts
erwartet, dass sie einen besonders «archaischen Sex» praktizieren.
Was darunter zu verstehen ist? Irgendwie animalisch soll das sein,
auf jeden Fall wild und unberechenbar. In den Vorstellungen vieler
sind die Schwarzen noch die Wilden mit dem Dschungel-Gen. Ist
das Rassismus? Na, was denn sonst? Selbst dann, wenn man diese
vermeintliche Wildheit als positive Eigenschaft definiert.

Nach Meinung des Sexualpsychologen Dr. Ahlers entspricht
die Vorliebe für schwarze Haut innerhalb der sexuellen Neigung

schlicht einem bevorzugten Phänotypus: «Die meisten Menschen erleben eine besondere Ansprechbarkeit für bestimmte Typen potenzieller Sexualpartner ...»

Warum soll jemand also nicht auf Menschen mit schwarzer Haut stehen, so wie andere Blonde oder Rothaarige attraktiv finden oder sich zu asiatischen Frauen oder südländischen Männern hingezogen fühlen? Vielfach ist das sicher so. Aber man darf es dann nicht als «interracial» kategorisieren, wie es in den USA die Pornoindustrie und die Partnervermittlungen tun und deren deutsche Mitbewerber, die mit der Kategorie «gemischtrassiger Sex» nachzogen. «Interracial» ist ein Begriff aus der Sklavenzeit, als die aus Afrika entführten Schwarzen als eine Rasse bezeichnet wurden. Heute sollte man es diesseits und jenseits des Atlantiks besser wissen. Der deutschamerikanische Evolutionsbiologe Ernst Mayr[73] hat schon vor einem halben Jahrhundert betont, dass alle rassistischen Theorien darauf basieren, Rassen nicht als Abstraktion, sondern als Realität aufzufassen. Es soll hier kein wissenschaftlicher Exkurs in den Bereich der Biologie stattfinden, deshalb nur so viel: Eine Rasse ist das Ergebnis von Züchtung, weshalb man bei Haustieren und Kulturpflanzen von Rassen sprechen kann, nicht aber bei Menschen. Dies wird zwar vielfach bestritten, aber es kann ja auch niemand behaupten, dass die Welt frei von rassistischen Ressentiments sei.

Darf man Menschen mit schwarzer Haut schön und vielleicht sogar sexy finden, ohne sich gleich den Vorwurf des Rassismus einzuhandeln? Na klar darf man das. Die Liebe von Shakespeares Desdemona zu Othello hat es sogar auf die Bühnen dieser Welt geschafft (auch wenn es für sie nicht so gut ausging, was wiederum nicht an der Hautfarbe des Gatten lag). «Black is beautiful!» – diese selbstbewusste Aussage aus den 1960er Jahren

---

73 Ernst Walter Mayr (* 5. Juli 1904 in Kempten [Allgäu]; † 3. Februar 2005 in Bedford/Massachusetts) war ein Hauptvertreter der modernen synthetischen Evolutionstheorie.

stammt immerhin von Afroamerikanern. Es war ein weiter Weg dorthin, wie man aus den unterschiedlichen Übersetzungen einer Stelle im «Hohen Lied des Salomon» ablesen kann. Im fünften Vers des ersten Kapitels hieß es ursprünglich noch: «Ich bin dunkel, aber schön ...» Das einschränkende «aber» verschwand dann in der Septuaginta[74], in der vor 2000 Jahren jener Vers so übersetzt wurde: «Ich bin dunkel und schön ...» Und in der großartigen deutschsprachigen Version Klaus Reicherts von 1998 steht: «Schwarz bin ich und schön ...»

Gönnen wir also jedem, der mag, die Vorliebe für schwarze Haut – es sollten nur weder Riesenschwänze noch «archaisches» Sexualverhalten vorausgesetzt werden. Jedenfalls nicht im realen Erleben. In der Traumwelt der Phantasie aber ist – wie immer – alles erlaubt.

Skizzen aus den Fragebogen

Verkäuferin (Kaufhaus) in Hannover
Schwarze Männer, schwarze Schwänze ... (Bisher leider nur als Porno!)

Gymnasiallehrer in Niedersachsen
In Kenia habe ich die Vorliebe für die schwarze Haut entdeckt. Mein Sexualleben spielt sich mit meiner (weißen) Frau ab, aber im Kopf habe ich Sex mit einer schwarzen Frau.

---

74 Septuaginta – die älteste durchgehende Übersetzung der hebräischen Bibel in die damalige altgriechische Alltagssprache (etwa 250 vor bis 100 nach unserer Zeitrechnung)

Szenen schwarz-weißer Leidenschaften

Birgit (48)

gelernte Steuergehilfin, lebt in Franken, verheiratet

Nach der Heirat und der Geburt einer Tochter war Birgit für einige Jahre Hausfrau und Mutter und arbeitet inzwischen wieder halbtags als Sachbearbeiterin bei einer Krankenkasse. Den Beginn ihrer Phantasie kann sie auf den Tag genau datieren …

Ich hatte früher nie sexuelle Phantasien. Mir haben Jungs gefallen oder nicht, und wenn sie mir gefallen haben, konnte ich mir vorstellen, sie zu küssen oder von ihnen in den Arm genommen zu werden. Na ja, es gehörte auch irgendwie dazu, dass man mit seinem Freund und später auch mit dem Ehemann irgendwann schlief. Aber das war bei mir mit keiner speziellen sexuellen Phantasie verbunden. Ich hatte also solche Phantasien nicht, und ich hatte auch nie einen Orgasmus. Mit meinem Mann, den ich vor fast 25 Jahren geheiratet habe, schlafe ich noch immer hin und wieder. Aber Orgasmen bekomme ich erst, seit ich an einem ganz bestimmten Tag ein Erlebnis hatte. Ich habe noch nie darüber gesprochen, nicht mal mit meiner Freundin, die mir dauernd von ihren wechselnden Phantasien erzählt. Warum nicht? Na ja, weil es wie ein Klischee klingt, wie irgendein billiger Pornofilm, und da weiß ich mittlerweile, wovon ich spreche. *(Lacht)*

Okay, also ich muss vorausschicken, dass ich in einer süddeutschen Kleinstadt wohne, in der noch bis vor kurzem amerikanische Soldaten stationiert waren. Die Soldaten sind nicht sehr präsent im Straßenbild gewesen, aber es gab Orte, wo sie eben vorhanden waren. Zum Beispiel im Freibad, wo sie im Sommer schwimmen gingen. Und im Freibad ist es vor etlichen Jahren auch passiert. Ich war dort mit meiner Tochter, die mit Schulfreundinnen herumtollte, während ich auf der Liegewiese auf einer Decke lag und ein Buch las. Irgendwann legte ich das Buch zur Seite und sah mich um. Ein Stück entfernt von mir lagen drei GIs auf einer Decke, zwei Weiße und ein unglaublich muskulöser Schwarzer. Ich sah ihn fasziniert an, und weil ich eine Sonnenbrille trug, konnte er nicht sehen, dass ich ihn ganz genau musterte. Ich betrachtete seinen wahnsinnigen trainierten Körper, und in der Badehose zeichnete sich ein gewaltiger Schwanz ab. Immer wieder griff er hin und zupfte seine Badehose zurecht. Ich wünschte mir, sein Schwanz würde ein Stück zu sehen sein, wenigstens die Eichel. Ich war überrascht, dass ich mir das wünschte, und gleichzeitig wurde mir ganz heiß bei dem Gedanken. Nicht nur vom Hinschauen, denn zwischendurch drehte ich mich auf den Rücken und schloss die Augen. Plötzlich steht er in meiner Phantasie vor mir, splitternackt mit einem großen erigierten Schwanz. Ich versuchte an etwas anderes zu denken, aber es gelang mir nicht. Immer wieder musste ich zu ihm hinsehen. Nach einer Weile erhoben sich alle drei und machten Anstalten zu gehen. Der Schwarze drehte sich um, und nun sah ich seinen knackigen Arsch und diesen wunderschönen dunklen Körper in Gänze. Dann war ich allein. Also, ich war nicht allein, denn inzwischen war meine Tochter mit ihren Freundinnen gekommen, und sie fingen an, Karten zu spielen. Aber der Mann meiner Träume war nicht mehr da.

Nach einer Weile ging ich in Richtung des Kiosks, um für die Mädchen Eis zu kaufen. Kurz vor dem Kiosk bog ich, wie von Geisterhand gezogen, in Richtung der Toilette ab. Ich ging in eine der Kabinen und zog meinen Badeanzug aus. Splitternackt gegen die Wand gelehnt, begann ich meinen Körper zu streicheln und dabei an ihn zu denken. Er war es, der meine Brüste berührte und meinen Bauch. Ich spreizte die Beine, und als meine Hand die Klitoris erreichte und sanft darüberstrich, was in meiner Phantasie die Zunge dieses schwarzen Mannes war, durchströmte ein wahnsinniges Gefühl meinen Körper – der erste Orgasmus meines Lebens. Aber weiß Gott nicht der letzte. Seither schlafe ich mit meinem Mann nur noch mit geschlossenen Augen oder lasse mich von hinten nehmen. In meiner Phantasie aber werde ich von einem Schwarzen gerammelt.

Vor einiger Zeit habe ich im Internet ein Portal gefunden, wo schwarze Männer ihre Körper präsentieren. Darunter gibt es auch richtige Hardcore-Pornos, in denen sie meist mit weißen Frauen ficken. Ich finde es geil, wenn sie in die Muschis dieser Frauen eindringen. Aber ich habe mir einige Filme heruntergeladen, in denen Afroamerikaner oder Afrikaner ihre schwarzen Schwänze präsentieren und onanieren. Speziell ein Video finde ich besonders geil. Er fordert mich auf Englisch auf, mit ihm zusammen zu masturbieren. Das tue ich an so manchem Nachmittag, und wenn er dann eine gewaltige Ladung Sperma in Richtung der Kamera schleudert, habe auch ich einen Orgasmus. Diese Phantasien werden wohl für immer Phantasien bleiben, da ich meinen Mann nicht betrügen will. Aber der Gedanke, von einem schwarzen Schwanz durchbohrt zu werden, während er gierig an meinen Brüsten saugt, macht mich auch jetzt schon wieder fast wahnsinnig, wenn ich es Ihnen erzähle. Okay, das war's – mehr gibt es nicht zu berichten … *(Sie legt grußlos auf.)*

(Telefoninterview)

Fred (50)

Volljurist, tätig im öffentlichen Dienst in einer Kleinstadt in Sachsen-Anhalt, seit 20 Jahren verheiratet

Seine Vorliebe gilt «blonden vollbusigen Frauen». Regelmäßig durchsucht er die Pornoportale nach ihnen. Seit einiger Zeit, so bekennt er im Fragebogen, gilt seine Aufmerksamkeit «Blondinen mit großen Titten, die von schwarzen Männern in Gruppen durchgevögelt werden», und das bis zu 30 Mal im Monat. Gebeten, eine konkrete Szene zu schildern, schrieb er einen kurzen Text …

Eine junge Frau spielt in einer einsamen Kneipe Poolbillard vor sich hin. Der Barkeeper putzt Gläser, während er sich an ihrem Anblick aufgeilt, der mit einer engen Bluse, Minirock und High Heels auch sehr geil ist. Plötzlich kommen drei schwarze Muskelmänner rein und bestellen sich Drinks. Sofort erregt vom Anblick der einsamen Billardspielerin fragen sie den Keeper, was es kosten würde, sie zu vögeln. Er nennt einen Preis und geht dann zu ihr und bespricht es mit ihr: «Die haben für dich bezahlt. Du musst es mit ihnen machen.» Sie sieht wenig begeistert aus, lässt sich aber schließlich darauf ein. Schon kommen die schwarzen geilen Hengste an und fangen an, sie schamlos zu betatschen. Fassen ihr unter den Rock, holen die großen schweren Titten aus der Bluse usw. Sie muss auf den Knien allen dreien einen lutschen. Dann wird sie langsam ausgezogen und von den dreien in alle drei Ficklöcher gleichzeitig gevögelt. Immer abwechselnd.

Erst jammert sie ein bisschen, da ihre Schwänze lang und groß sind, aber schließlich wird sie auch immer geiler und kommt mehrmals hintereinander. Ganz am Ende spritzt ihr jeder seine Sahne in den Mund und sie leckt die Schwänze sauber und schluckt das Sperma hinunter.

Selbst praktizierte ich oft Sex im Freien oder an Orten, wo man überrascht werden kann und auch leichten SM wie Erziehungsspiele und Arsch versohlen vor dem «normalen» Sex – früher auch mit meiner Frau. Ich würde gerne mehr in dieser Richtung tun, sehe mich aber da extrem durch die Familie eingeschränkt.

(per Mail-Kommunikation)

Marlene (61)

Außendienstmitarbeiterin in der Lebensmittelbranche, zweimal «glücklich geschieden», lebt in Köln

Vor etwa 20 Jahren erzählte Marlene einer Freundin von einem erotischen Traum, in welchem sie Sex mit einem Schwarzen hatte. Sie war noch ganz erfüllt davon und entsprechend erregt. Ihre Freundin aber meinte, «die Schwarzen machen es auch nicht anders». Das konnte und wollte Marlene als Antwort auf ihr Verlangen nicht akzeptieren. Seither zieht sich «diese eine Phantasie wie ein roter Faden» durch ihre Gedanken und tritt mit zunehmendem Alter immer häufiger auf ...

Als ich so zwischen 30 und 40 war, glaubte ich wohl, dass ich alle meine Phantasien schon mal ausprobiert hätte. Das heißt, eigentlich dachte ich konkret noch nicht mal intensiv darüber nach. Bis ich dann diesen Traum hatte, in dem schon vieles von dem vorkam, was mich bis heute an vielen schwarzen Männern fasziniert und bei mir den Wunsch entstehen ließ, die samtige schwarze Haut an allen Stellen zu berühren, daran zu riechen, sie überall zu lecken und zu schmecken. Die glänzenden tiefbraunen Augen meines Geliebten verfolgen mich mit einem liebevollen Blick, bis er zum Höhepunkt kommt. Nun erst widmet er sich mir, leckt mich ausgiebig, ehe er endlich tief in mich eindringt.

Natürlich dient mir diese Phantasie gelegentlich bei der Masturbation. Ich fühle mich hinterher dann aber nur «körperlich» etwas entspannter, aber nicht unbedingt sehr wohl, geschweige denn glücklich. Im Gegenteil – im Kopf entsteht nun erst recht der Wunsch, der sich bis zur Sehnsucht steigert, all dies mit «ihm» erleben zu können. Immer dann, wenn ich mit mir selbst zufrieden und glücklich bin, fehlt mir dieses «Sahnehäubchen» des realen Erlebens. Bei beruflichen Anlässen oder auch im privaten Umfeld halte ich immer Ausschau nach Dunkelhäutigen, ihrem athletischen Körper und den verdammt braunen Augen.

Es gibt ja in Deutschland (wo ich beruflich unterwegs bin) viele Orte, wo man schwarzen Männern begegnen kann: Clubs, in denen afrikanische Studenten, aber auch schwarze Professoren, Ärzte, Mitarbeiter von afrikanischen Botschaften etc. verkehren und afrikanische oder afroamerikanische Musik genießen und sich dazu bewegen. Es gibt Jazzclubs, in denen afroamerikanische Musiker gastieren. Und in einem solchen Club habe ich vor einigen Jahren einen schwarzen Musiker kennengelernt, der nicht nur für ein Gastspiel nach Deutschland gekommen war, sondern hier auch lebt. Ich besuche seine Konzerte, und gelegentlich haben wir uns auch schon privat getroffen, ohne dass es bisher «dazu» gekommen wäre. Doch ich sehne mich nach seinen Berührungen, seinen kräftigen Händen auf meinem Körper, besonders am Hals, den Ohren und im Nacken. Ich möchte seine nackte Haut spüren, durch festes Anschmiegen an meinen Körper, will von ihm festgehalten werden. Es ist ein Umschlingen und ein Sich-nicht-lösen-Können aus seiner Umarmung. Ich will mich auch gar nicht lösen, er vermittelt mir so das Gefühl, beschützt zu sein. Sein Anschmiegen ist mehr, als nur zart gestreichelt zu werden wie von einer Feder. Ich sehne mich nach dem leichten Druck seiner Hände und seines Körpers. Dabei habe ich aber absolut keine sadomasochistischen Phantasien. Ich hätte im Gegenteil sogar große Angst davor.

Wenn ich bei unseren gelegentlichen Treffen auch nur einen leichten Körperkontakt mit ihm habe, wirkt das schon elektrisierend – selbst dann, wenn ich dicke Winterklamotten trage. Mein Kopfkino läuft los, wenn ich neben ihm im Restaurant sitze, auf einer Parkbank, im Auto oder in seinem Konzert. In meinem Alltagstrott begleitet mich dieser Mann gedanklich auf Schritt und Tritt; seine Hände und diese braunen Augen, sein athletischer Körper und seine samtene dunkle Haut. Bei unseren Begegnungen liegen Phantasie und Realität dann ganz dicht beieinander und gleichzeitig auch so fern. Dennoch bleibt es für mich Wunsch und Ziel, meine erotischen Phantasien mit jenem Mann auszuleben, der doch so perfekt in mein Phantasiebild passt.

(der Mail-Kommunikation ging ein persönliches Gespräch voraus)

Uwe (39)

Diplomingenieur, bekennender Homosexueller, Single, lebt und arbeitet derzeit in Essen

Während des Studiums an der TU Berlin hatte er die einzige langjährige Beziehung seines Lebens – mit einem Nigerianer. Doch als Uwes Partner das Studium beendet hatte, ging er in seine Heimat zurück, in ein Land, in dem Homosexuelle noch immer verfolgt werden. Ihr gemeinsames Glück hatte keine Zukunft, doch Uwes Vorliebe zu dunkelhäutigen Männern ist geblieben.

Ich liebe schwarze Schwänze, lassen Sie es mich so direkt sagen. Natürlich reduziere ich einen Mann nicht auf das, was er zwischen den Beinen hat. Ich mag dunkle Haut, und wenn er ein schönes Gesicht hat, sieht es dunkelhäutig für mich besser aus. Und wenn ein Schwarzer lacht, mag ich sehr den Kontrast zu seinen weißen Zähnen. Aber richtig geil macht mich ein erigierter schwarzer Schwanz. Das hatte ich als Student ja jeden Tag neben mir im Bett und später auch die Schwänze anderer dunkelhäutiger Männer. Meine Wichsfantasien drehen sich jedenfalls um nichts anderes. Die Realisierung meiner Phantasien aber scheitert am Thema AIDS. Ich möchte nämlich nicht an einem Gummi herumlecken, sondern den Schwanz so lange blasen, bis das Sperma in meinen Mund spritzt. Fast fünf Jahre habe ich in Ghana gearbeitet und in Accra habe ich Safer Sex mit vielen Männern gehabt. Denn obwohl Homosexualität verfolgt wird, gibt es in Accra eine lebhafte Schwulenszene in diversen Clubs und am Lambadi-Beach. Aber in Afrika ist das Kondom natürlich das absolute Muss. Das Sperma meiner Lover landete regelmäßig im Gummi. Umso mehr haben sich meine geilen Phantasien entwickelt, in denen es anders ist.

Die aktuellste Phantasie geht so: Ein großer, sehr muskulöser Mann mit sehr dunkler Haut fickt mich vor einem großen Spiegel. Er ist weiß Gott kein zärtlicher Mensch. Ich sehe ihm im Spiegel dabei zu, wie er hinter mir schwitzt und stöhnt und mich mit harten Stößen fickt. Er greift mir von hinten an meine Nippel und zwirbelt sie. Der Schmerz verbreitet sich im ganzen Körper, und verbunden mit den harten Stößen in meinen Arsch empfinde ich das als höchste Lust. Dann greift er mir an die Eier und quetscht sie brutal zusammen, während er mich mit der anderen Hand wichst. Nachdem ich abgespritzt habe, werde ich gezwungen, mich vor ihm hinzuknien, damit er mich in den Mund ficken kann. Brutaler Deep Throat. Ich bekomme fast keine Luft! Schließlich zieht er meinen Kopf an den Haaren zurück und entlädt eine riesige Portion Sperma in mein Gesicht.

Es gibt auch noch andere Phantasien, aber das ist die aktuelle. Und immer sind es schwarze Schwänze, die mir Lust bereiten und sei es auch nur im Kopfkino.

(per Mail-Kommunikation)

Katharina (48)

Ärztin in einer bayerischen Kleinstadt, seit 15 Jahren verheiratet

Es liegt schon einige Jahre zurück, als Katharina während einer Gambia-Reise bezahlten Sex mit Schwarzen hatte – d. h., sie bezahlte für den Sex. Damals erlebte sie eine Faszination, die ihre Phantasien bis heute beeinflusst. Vor allem in den langen Bereitschaftsnächten in der Klinik tauchen aber auch Phantasien mit Männern auf, die weit über das hinausgehen, was sie einst in Gambia erleben durfte …

Bedingt durch einen Solourlaub in Gambia träume ich auch heute noch von den tollen Nächten mit den dort zur Verfügung stehenden Schwarzen. Es hat mich damals nicht gestört, für dieses Vergnügen zu bezahlen. Ich habe es genossen im wahrsten Sinne des Wortes, die langen Penisse vor allem oral zu genießen. Lediglich mein Wunsch, mich auch mit dem Koffergurt zu fesseln, wurde von allen Schwarzen eindeutig abgelehnt. Sie wollten erleben, wie ich mich bewege, wenn sie mich zu multiplen Orgasmen brachten.

Zurück in Deutschland tauchte eines Tages ein junger schwarzer PJler[75] auf meiner Station in der Klinik auf. Seine maskuline Figur ließ alte Erinnerungen wieder wach werden … Gelegentlich habe ich mich nach dem Nachtdienst unter der Dusche mit dem Duschkopf befriedigt. Das tue ich auch heute noch, denn hin und wieder tauchen neue, sehr gut ausgebaute Kollegen auf. Ich plane demnächst wieder einen Urlaub in Gambia zu verbringen, um diese Phantasie erneut Realität werden zu lassen. Inzwischen geht meine Phantasie über das hinaus, was ich damals in Gambia erlebte. Immer wieder stelle ich mir vor, wie

---

75 Arzt im Praktischen Jahr (PJ) nach Ende des Studiums

ich gleichzeitig von mehreren schwarzen Männern benutzt werde. Da ich mir dabei vorstelle, machtlos zu sein, werde ich mich nicht dagegen wehren und mich in allen Körperöffnungen zur Verfügung stellen. Wenn die mich penetrierenden Männer ihren Erguss haben, möchte ich das Ejakulat in mein Gesicht bekommen. Die klassische Gangbang-Konstellation, und dazu gehört nun mal, das Gefühl zu erspüren, wenn alle Männer Sperma auf und in mir abladen und mich dann zwingen, es abzulecken, damit ihr Penis wieder sauber ist. Das ist doch verrückt, oder? Dabei liege ich sowohl auf dem Rücken und werde gleichzeitig penetriert, aber in einer anderen Phantasievorstellung sitze ich auf einem Partner und werde dennoch rektal und oral zum Verkehr gebracht. Auch hier wieder mit Ejakulat auf Gesicht und Mammae.

(per Mail-Kommunikation)

CUCKOLD UND WIFESHARING

Wenn Eifersucht zur Lust wird

Im Sommer 1994 dreht der österreichische Regisseur Niki List in Wien und Umgebung das surreal anmutende Film-Epos «Der Schatten des Schreibers». Darin gibt es die Figur eines Kriminalkommissars, der eine merkwürdige sexuelle Neigung hat. Ausgestattet mit einer Fernglasbrille, beobachtet er von einem Hotelzimmer aus, wie seine Frau sich in einer Wohnung gegenüber einem Schriftsteller hingibt. Und während die beiden dort im wilden Liebesspiel vereint sind, steht der Kommissar am Hotelfenster und onaniert. Zehn Jahre nach diesen Dreharbeiten erscheint in deutscher Übersetzung «Krishnas Schatten» des indischen Bestsellerautors Kiran Nagarkar. Im Mittelpunkt dieses Historienromans steht die schöne Mirabai, die mittels ekstatischer Tänze in aller Öffentlichkeit und vor den Augen ihres Gatten den Gott Krishna verführt. In beiden Kunstwerken wird eine sexuelle Spielart als dramatisches Element verwendet, das seinerzeit kaum jemand «Cuckolding» nannte – jedenfalls nicht im deutschen Sprachraum.

In England hingegen existiert dieser Begriff bereits seit dem 16. Jahrhundert. Die erste Silbe leitet sich vom englischen Wort Cuckoo (im Französischen Coucou) – also vom Kuckuck – ab. Auf den ausschweifenden Maifeiern jener Zeit ist der Kuckuck traditionell der heilige Vogel gewesen, den das mittelalterliche

Europa einst aus dem Heidentum übernommen hatte. Sein Ruf leitete die Jahreszeit ein, in der zu Ehren der wiedererwachten Vegetation grüne Kleidung getragen wurde. Wenn überhaupt etwas getragen wurde, denn auf den englischen Maifeiern herrschte rituelle Promiskuität[76]. Alle ehelichen Bande waren außer Kraft gesetzt, die Männer sahen ihren Frauen beim sexuellen Vergnügen mit anderen Männern zu und wurden so zu «Cuckolds» – und machten andere zu solchen. Um dem «unmoralischen Tun» eine Legitimität zu verleihen, wurde die Orgie zum Fruchtbarkeitszauber erklärt. Die bei diesem Anlass gezeugten Kinder wurden im Februar darauf von den Ehemännern als eigene legitime Söhne und Töchter anerkannt. Gleichwohl aber waren es meist «Kuckuckskinder» – ein Begriff, der auch Eingang in die deutsche Sprache gefunden hat. Und dort ist in den letzten Jahren auch der Begriff «Cuckold» angekommen, bei dem der betrogene Mann – im Gegensatz zur Praxis des «Wifesharing», bei der er sich die Partnerin mit einem oder mehreren Männern teilt – lediglich passiver Beobachter ist. Der übliche Reflex der Eifersucht wird zur schmerzvollen Erregung, und der lustvolle Höhepunkt wird vom Cuckold in der Regel auf die gleiche Weise herbeigeführt, wie es auch der Kommissar in Niki Lists Film betrieb.

Auf der Suche nach neuen «schmutzigen und versauten» Formen der Lustbefriedigung sind inzwischen Cuckold-Phantasien in den Köpfen und auf den Spielwiesen der Swingerclubs ebenso angekommen wie zwischen Buchdeckeln und auf Zelluloid. Noch aber blieb das Thema «Cuckold» von den meisten großen Verlagen oder den Major Companies Hollywoods weitgehend unbeachtet. Buchtitel wie «Acht Episoden aus dem Eheleben eines Cuckolds» oder «Vom Ehemann zum Hahnrei: Wie ich zum

---

76 Unter Promiskuität sind sexuelle Kontakte mit häufig wechselnden Partnern oder mit mehreren Partnern parallel zu verstehen.

Cuckold meiner Frau wurde» erscheinen derzeit noch als ‹Books on Demand›. Und der im Sommer 2007 mit einem Mini-Budget von 275 000 US-Dollar produzierte Spielfilm «Cuckold» des Independent-Regisseurs Jonathan Butler hat gar nicht erst den Weg auf die Leinwand geschafft und wird stattdessen als Download angeboten oder als DVD auf Grabbeltischen vermarktet.

In Internetforen berichten bekennende Cuckolds von ihren Neigungen (die wenigen Frauen, die so drauf sind, werden übrigens Cuckquean genannt). Das reicht von heimlichen Masturbationsphantasien bis hin zur offenen Lebensweise, in denen Männer sich von ihren Frauen im alltäglichen Leben willentlich als Leibeigene behandeln lassen. Gelegentlich servieren Cuckolds der Gattin und deren Liebhaber nach der Liebesnacht sogar das Frühstück oder massieren ihnen Rücken und Füße.

Wer wissen möchte, woher die Leidenschaft für solch paradoxe Situationen kommt, wird vom Experten enttäuscht. Auf diese Frage hat nämlich die Sexualwissenschaft keine allumfassende Antwort. Viel wichtiger seien ohnehin andere Fragen, meint Dr. Ahlers. Nämlich: Wofür steht Cuckold? Was wirkt da? Worin liegen die motivationalen Hintergründe für eine solche sexuelle Interaktion? Bei der Beantwortung dieser Fragen kann der Sexualpsychologe auch auf klinische Erfahrungen zurückgreifen: «Zum einen kann eine Cuckold-Inszenierung Bestandteil der sexuellen Präferenz eines Menschen sein. Das bedeutet, er fühlt sich genau von einer solchen Konfiguration sexuell angesprochen und erlebt die Beobachtung der eigenen Partnerin beziehungsweise des eigenen Partners beim Sex mit einem Anderen als sexuell erregend. Findet die Beobachtung heimlich statt, ohne dass die Akteure davon wissen, so deutet das auf eine (gegebenenfalls zusätzliche) voyeuristische Neigung hin. Wissen hingegen alle Beteiligten Bescheid, spricht dies tendenziell für die Beteiligung einer masochistischen Erlebnisqualität beim Cuckold, weil dann die Situation für ihn potenziell zusätzlich entwertend und entwürdigend ist. Wir gehen aber auch von einer Reihe von Sekundärmotivationen aus. Das bedeutet, dass nicht der Schluss gezogen werden kann, dass eine Cuckold-Inszenierung automatisch Bestandteil einer Sexualpräferenz des Beobachters ist. Solche Reizmuster sind häufig vergesellschaftet mit einem Unsicherheitserleben des Mannes und nicht selten mit sexuellen Funktionsstörungen. Also mit dem subjektiven Gefühl, es in sexueller Hinsicht gar nicht so ‹bringen› zu können, wie die Frau es ‹braucht›. Indem der sexuell selbstunsichere Mann beobachtet, wie seine Frau mit einem anderen Mann Sex hat, ist er von subjektiv empfundenem sexuellem Leistungsdruck und von Versagensangst entlastet und wird gerade dadurch sexuell erlebnisfähig. Dann kommt es zu einer Identifikation mit dem handelnden Mann, analog dem Pornographiekonsum. Der Cuckold stellt sich vor, wie er es in der Rolle des anderen Mannes der eigenen Frau ‹besorgt›, ohne sich selbst ‹bewähren› zu müssen. Aufseiten der Frau hat Cuckold nur selten mit der eigenen Sexualpräferenz zu tun, sondern vielmehr mit dem Bewusstsein, dass ihr Partner das erregend findet, weshalb sie es ihm zuliebe mitmacht.»

Kurzum: Die Frau kriegt ihre Gratifikation auf der Beziehungsebene, die ihr Mann auf der Lustebene bekommt.

Skizzen aus den Fragebogen

Krankenpfleger in einer hessischen Kleinstadt

BDSM, sowohl passiv als auch aktiv. Bigroup, also mit Mann und Frau gleichzeitig. Dazu eventuell Cuckold sein.

LKW-Fahrer in Rheinland-Pfalz

Ich will, dass meine Freundin vor mir Sex mit einem anderen Kerl hat. Das würde ich gern mal erleben, aber meine Freundin will das nicht.

Briefzusteller, Sachsen-Anhalt

Meine Frau sagt mir, welche Männer von denen, die wir beide kennen, sie geil findet. Arbeitskollegen, Sportkumpels, auch mal jemand aus der Verwandtschaft, wie zum Beispiel meinen Cousin. Beim Sex schildert sie mir in aller Ausführlichkeit, auf welche Weise sie es mit einem von denen treiben würde. Sie macht das ziemlich gut, und mich macht das wahnsinnig geil.

Kosmetikerin, München

Mein langjähriger Lebenspartner ist im Kopf ein Cuckold. Vor ein paar Jahren hat er mir gestanden, dass er sich beim Sex manchmal vorstellt, dass ich mit einem anderen Mann schlafe. Was spricht eigentlich dagegen, dass ich ihm dieses Vergnügen tatsächlich mal beschere? Schließlich ist er ja nicht der Einzige, den ich sexuell attraktiv finde. Aber noch traue ich mich nicht, ihm diese Frage zu stellen ...

IT-Experte (derzeit Hausmann) in einer brandenburgischen Kleinstadt

Ein anderer Mann hat Sex mit meiner Frau, und ich schau dabei zu. Dabei empfinde ich eine Mischung aus Lust und Eifersucht. Wobei die Lust im Vordergrund und mächtig ist, während die Eifersucht kaum eine Rolle spielt – sie ist mehr Kick oder Sahnehäubchen. Ich bin dann stolz auf meine Partnerin, weil sie so begehrt wird, und sehr, sehr verliebt ... obwohl wir uns schon viele Jahre kennen.

Jurastudentin in einer nordrhein-westfälischen Großstadt

Sowohl beim Masturbieren als auch während des Verkehrs mit meinem Freund taucht immer wieder dieselbe Phantasie auf. Mein Partner betrügt mich mit einer Frau, die äußerlich genau das Gegenteil von mir ist, also sehr dick oder zumindest dicker als ich (was nicht schwer ist). Diese Phantasie tauchte zum ersten Mal auf, nachdem mich mein Ex-Freund betrogen hatte. Aber es soll eine Phantasie bleiben, denn natürlich möchte ich auf gar keinen Fall, dass mein Freund mich betrügt.

Szenen lustvoller Eifersucht

Paul (33)

lebt und arbeitet in einer Großstadt in Baden-Württemberg, Architekt, seit 13 Jahren liiert

Nach einer kurzen Beziehungspause vor fünf Jahren haben sich Paul und seine Partnerin gegenseitig von den sexuellen Erlebnissen erzählt, die sie unabhängig voneinander hatten. Bei beiden hat das die Phantasie beflügelt – das reale Ausleben scheint nur noch eine Frage der Zeit zu sein ...

Seit wir uns nach dieser Beziehungspause gegenseitig von unseren sexuellen Erlebnissen erzählt hatten, setzten bei mir Phantasien ein, in denen fremde Männer involviert sind. Immer wenn ich mit ihr Sex habe, treten sie auf. Eine solche Phantasie sieht zum Beispiel so aus: Wir verbringen eine Nacht in einem Hotelzimmer in einer anderen Stadt. Abends sitzen wir zusammen an der Bar. Ich habe dort mit einem Unbekannten ein Date vereinbart, der sich schließlich zu uns setzt. Ich gebe meiner Freundin die Anweisung seinen Schwanz zu massieren, selbst auf die Gefahr hin, dass es andere Gäste sehen könnten. Nach einiger Zeit gehen wir aufs Zimmer. Zunächst zu zweit, unser Besucher kommt kurze Zeit später nach.

Als er das Zimmer betritt, sitzt meine Partnerin leicht bekleidet und mit Augenbinde auf dem Bett. Er stellt sich nun vor sie und wird von ihr oral verwöhnt. Er darf ihre Brüste massieren und ihre Nippel küssen. Ich beobachte die beiden am Anfang nur – bis sie es vor Verlangen kaum noch aushalten kann. Dann schließe ich mich den beiden an. Sie hat nun zwei Schwänze oral zu verwöhnen ... Ihre Lust wird erst befriedigt, wenn unser Gast sein Sperma auf ihr abgespritzt hat. Nun darf sie die Augenbinde abnehmen. Während ich sie von hinten nehme, soll sie unseren Gast beobachten, wie er sich langsam erholt und sein Schwanz (hoffentlich) wieder hart wird. Den bekommt sie dann wieder in den Mund, während ich sie ficke. Diese Phantasie gibt es in verschiedenen Variationen. In einer werde ich zusätzlich von einer Frau mit Umschnalldildo anal penetriert.

Wenn es nach mir ginge, würden wir diese Phantasie lieber heute als morgen in die Realität umsetzen. Meine Partnerin ist nicht grundsätzlich abgeneigt, jedoch sehr unsicher, wenn es sich um fremde Männer handelt. Sie braucht eher eine Person, zu der sie Vertrauen hat beziehungsweise eine Zuneigung verspürt. Einmal habe ich ihr erlaubt, mit einem Bekannten Sex zu haben, und als sie heimgekommen ist, hat sie erzählt, was alles passiert ist. Das war durchaus erregend für mich, ersetzt aber nicht die Phantasie, die ich mir beim Sex mit ihr ausmale – noch ausmale …

(per Mail-Kommunikation)

Torben (54)
arbeitet «im Medienbereich», lebt in Köln

Er ist in zweiter Ehe verheiratet, und die sexuelle Phantasie, in der seine junge Frau eine Rolle spielt, bringt ihn regelmäßig in einen emotionellen Zwiespalt …

Ich habe vor einigen Jahren meine Familie verlassen, wegen einer Frau, die 22 Jahren jünger ist. Der Klassiker, ich weiß. Meine junge Frau ist wunderschön und sie wird angehimmelt, auch von Männern in ihrem Alter. Ja, ich bin eifersüchtig und das weiß sie auch. Ich glaube nicht, dass sie mich betrügen würde, aber den Flirts, die ihr begegnen, ist sie nicht abgeneigt. Was sie nicht weiß: Genau das schmerzt mich und macht mich zugleich geil. Wenn ich mit ihr schlafe und auch wenn ich onaniere, stelle ich mir vor, dass sie einem dieser jungen Männer hingebungsvoll den Schwanz bläst, von ihm hart gefickt wird und ich dabei zusehe. Sie schaut dabei immer wieder zu mir, um sich im nächsten Moment wieder diesem oder jenem jungen Mann hinzugeben. Wenn sie gefickt wird, erwacht ihre ganze Leidenschaft, sie verlangt tief gestoßen zu werden. Und wenn sie dann laut schreiend zum Orgasmus kommt, spritze auch ich ab.

(Eintrag im Fragebogen)

Achim (41)

Speditionskaufmann in einer mittelgroßen Stadt in Hessen, verheiratet, ein Sohn

Seine Cuckold-Phantasie hat ihre Ursache in der Angst, dass seine Frau irgendwann den Vergleich mit einem Liebhaber suchen würde. Als er die 13 Jahre jüngere Katharina kennenlernte, war er 30 und sie 17 und noch Jungfrau. Bis heute hat sie mit keinem anderen Mann Sex gehabt. Jedenfalls nicht real – zu phantastischen Höhenflügen aber lässt sie sich ihrem Mann zuliebe hinreißen. Das jedenfalls sagt Achim. Katharina aber will das Interview von ihm getrennt führen, und das hat Gründe ...

Als ich Katharina zum ersten Mal sah, habe ich mich Hals über Kopf in das schöne, etwas scheue Mädchen verliebt. Ich bin mir heute nicht sicher, ob ich eigentlich ihr Typ bin, obwohl wir seit fast sieben Jahren verheiratet sind. Wir passen charakterlich ganz gut zusammen, aber ich bezweifle, dass sie mich körperlich sehr anziehend findet. Sicher wird sie sich irgendwann die Frage stellen, wie der Sex mit einem anderen Mann ist. Ich meine, niemand hat ein ganzes Leben nur Sex mit einem Partner. Auch ich hatte schließlich andere Frauen im Bett, bevor ich Katharina kennenlernte. Aber das will ich bei ihr nicht dem Zufall überlassen. Ich bin bereit, ihr Seitensprünge zu gestatten, wenn ich dabei zusehen darf. Sie sagt aber, dass sie das nicht will – also, sie will mit keinem anderen Mann Sex haben. Doch der Gedanke, dass es irgendwann so kommen wird, macht mich zwar einerseits eifersüchtig, aber andererseits macht er mich auch tierisch an. Deshalb spielen wir das im Bett seit einiger Zeit durch. Also es läuft so ab, dass ich sie auffordere, mir jemanden aus unserem Freundes- und Bekanntenkreis zu nennen, auf den sie geil ist. Sie hat sich lange geziert, aber eines Tages nannte sie jemanden aus meinem Hockeyverein. Nicht aus meiner Altherrenmannschaft, sondern einen von den Jungen, deren Spiele wir besuchen. Ein Typ, der Sven heißt, in ihrem Alter ist und gut aussieht. Obgleich ich wusste, dass sie das Ganze nur mir zuliebe mitmacht, hat es mich wahnsinnig erregt, als sie mir in allen Einzelheiten geschildert hat, was sie mit ihm machen würde. Sie würde mit ihrer Zunge ganz langsam seinen harten Schaft entlanglecken, ihm gleichzeitig zärtlich die Eier kraulen und dann mit ihren Lippen seine Eichel umschließen. Er würde sie nach einer Weile zu sich hochziehen, sie küssen, an ihren Nippeln saugen, und dann würde sie sich auf seinen Schwanz setzen und ihn reiten. Während sie mir das mit einer hingebungsvollen Stimme detaillierter schilderte, als ich das hier kann, habe ich onaniert. Und als sie schließlich lüstern seinen Namen aussprach, bin ich gekommen.

Als alles vorbei war, hat meine Frau gelacht und gesagt, dass sie gar nicht auf Sven stehen würde. Aber als wir das nächste Mal miteinander Sex hatten, schloss sie die Augen und nannte mich zärtlich Sven. Es versetzte mir einen Stich ins Herz, und doch machte es mich wahnsinnig geil. Kurz bevor wir zeitgleich gekommen sind, schrie sie: «Los, gib's mir! Fick mich, Sven!» Für mich war das der Wahnsinn. Inzwischen haben wir die Sache theoretisch auch mit anderen Typen durchgespielt, aber immer wieder kommen wir auf Sven zurück. Ich überlege schon länger, wie man das live hinkriegen kann. Sven wäre sicher nicht abgeneigt, er hat nie eine längere Beziehung, ist also quasi frei … Doch meine Frau behauptet weiterhin, ihn gar nicht geil zu finden. Angeblich mache sie das Spiel nur mir zuliebe mit. Tja, das sind eben so meine Phantasien. Mal sehen, wie es weitergeht …

(in einem Telefongespräch)

Katharina (28)

Abitur, lebt mit Achim in jener hessischen Kleinstadt, Hausfrau und Mutter

Sie liebt ihren Mann – er sei «ein guter Typ», sagt sie, und vor allem ein liebevoller Vater. Lange hat Sex keine so wichtige Rolle in ihrem Leben gespielt – bis Achim mit seinen Cuckold-Phantasien herausrückte und sie sich dem irgendwie stellen musste. Und das ging in eine Richtung, die er so nicht vorhersehen konnte ...

Okay, ich weiß selbst, dass das, was man in Pornofilmen sieht, nicht unbedingt der Realität entspricht. Aber andererseits ist es ja nicht ganz unmöglich, weil man es ja sonst nicht darstellen könnte. Oder? Ist doch so! Hätte Achim nicht mit seiner komischen Eifersuchtsnummer angefangen, an der er sich so richtig aufgeilt, hätte ich nie einen Porno angeschaut. Aber ich sollte ja unbedingt jemanden benennen, mit dem ich es gern treiben würde, und dann wollte er auch noch wissen, auf welche Weise ich es mit ihm treiben würde. Da musste ich mich erst mal schlaumachen. Also habe ich mich auf meinem Laptop internetmäßig umgesehen und wurde fündig. In verschiedenen Pornos wurde mir gezeigt, wie es Männer gerne haben, und ich habe mir vorgenommen, ihm das zu erzählen. Aber mit wem würde ich das tun – also in der Phantasie?

Bei einem Hockeyturnier unseres Vereins fiel mir Sven auf. Das heißt, ich kenne Sven schon eine Weile, und nie hatte ich ihn als sexy Typen auf dem Schirm, obwohl er echt gut aussieht. Jetzt aber war ich angefixt durch diese Pornos, und in diesem Sinne fiel er mir auf. Seitdem läuft auch, immer wenn ich ihn sehe, ein Augenflirt zwischen uns. Er muss also irgendwas geschnallt haben. Na ja, und als Achim wieder mal mit der Nummer anfing, mit wem ich gern vögeln würde, habe ich Sven gesagt. Und dann habe ich ihm alles das erzählt, was ich inzwischen auch wirklich gern mit dem coolen Hockeystürmer machen würde. Es ist auch nur noch eine Frage der Zeit, bis das zwischen uns läuft. Nur wird Achim nicht dabei sein! Jedenfalls nicht beim ersten

Mal – da will ich Sven für mich allein. Und ich werde ihn nach allen Regeln der Kunst verwöhnen – langsamer, intensiver und mit größerer Hingabe, als ich es Achim jemals geschildert habe. Auf diese Idee hat er mich durch seine schrägen Phantasien überhaupt erst gebracht. Auch mit anderen werde ich Sex haben. Jetzt will ich es wissen. Und *ich* entscheide, wann Achim als Zuschauer dabei sein darf und wann nicht. Es kann sogar sein, dass ich mit Achim nie wieder Sex haben werde. Denn wenn Sven oder andere auch nur einigermaßen das draufhaben, was in den Pornos gezeigt wird, kann Achim sowieso einpacken – also als Sexpartner, nicht als Gatte! Ich habe nichts dagegen, dass er sich einen runterholt … *(lacht)* Nun bin ich nur gespannt, auf welche Weise er erfahren wird, was er bei mir ausgelöst hat – durch die Realitäten des Alltags oder durch Ihre Buchveröffentlichung.

(in einem separaten Telefongespräch)

Charly (73)
Rentner, lebt in Hamburg

In seinem aktiven Berufsleben war Charly im Außendienst tätig, was zwei Ehen nicht guttat. Vor zehn Jahren hat er einen Swingerclub in Hamburg aufgesucht und dort eine 17 Jahre jüngere, «sehr aktive Frau» kennengelernt. Inzwischen setzen sie ihre sexuellen Aktivitäten mit wechselnden Partnern im privaten Rahmen fort – eine klassische Wifesharing-Situation …

Ich habe «Wa(h)re Liebe» mit Lilo Wanders im Fernsehen gesehen, da haben sie Swingerclubs besucht. Ich habe mir gedacht: ‹Da musst du doch mal hin!› Und dann habe ich das ein paarmal getestet, aber das war nichts für mich. Als so viele Leute zuschauten, da kriegte ich nicht richtig einen hoch. Das Problem hatte ich sonst gar nicht, wenn ich mir zu Hause mal einen runterholte oder so. Aber dieses dauernde Auf-den-Schwanz-Gucken da im Swingerclub … Also, wenn ich Frauen oral befriedigt habe, da haben sie sich immer gefreut, aber wenn es dann zur Sache gehen sollte, da ging einfach nichts weiter. Na ja, und da hat einer zu mir gesagt: «Du musst nächste Woche mal wiederkommen, da ist dann 'ne Frau hier, die ist jetzt im Urlaub. Die ist 'ne Granate!» Tja, und das war sie dann auch. Von da an habe ich sie jeden Sonnabend abgeholt, und dann ging's auf die Spielwiese des Swingerclubs. Und wenn wir erst mal da lagen, da kamen dann sowohl Männer als auch Pärchen … Ich habe dann eine Weile zugeschaut, wie sie sich massieren ließ und wie sie geleckt wurde und auch mit jemanden gefickt hat … Das hat mich schon heißgemacht. Diese Liegewiese, auf der bis zu fünf Pärchen Platz haben, war ja rundherum verspiegelt, und ich konnte alles gut beobachten. Da sah ich dann, dass sie auch immer geguckt hat, was die anderen machen und wer bei ihr zuschaut und so. Sie hat sich dann voyeuristisch aufgebrezelt – das war dann richtig geil.

Also, schön ist es, wenn einer sie gut leckt, weil ich merke, wie sie dann reagiert. Dann kommt sie in Gang, und wenn sie dann richtig heiß ist, schaue ich mir das an, wie die so rummachen. Sehr schön ist es auch, wenn sie danach auf die Knie geht, wenn sie von ihm schon einmal beglückt wurde, und er nähert sich dann von hinten in die Muschi. Und danach legt er sich daneben und kann mit der Hand ihren Kitzler streicheln, und das ist für so 'ne Frau unglaublich. Na, und dann ließ sie mich ran, und ich hatte keine Probleme mehr. Sie hat mir irgendwie die Hemmung genommen, weil sie so unbekümmert loslegte. Also, ich kann sagen, dass ich meine Bedürfnisse völlig denen von dieser Frau unterordne, denn wenn sie Spaß hat, habe ich auch Spaß. Ich habe im Swingerclub auch mit anderen Frauen Sex gehabt, aber immer nur in ihrem Beisein und aufgrund ihres eindeutigen Wunsches.

Mittlerweile treffen wir uns mit Männern und auch Pärchen entweder bei denen oder bei mir zu Hause. Dafür inserieren wir, und da kommen auch interessante Sachen zustande. Wir haben zum Beispiel schon mal einen Doppeldecker in die Muschi gemacht. Das ist geil! Also ich liege unten und der andere nähert sich von hinten. Da dürfen natürlich die beiden Schwänze nicht so riesig dick sein. Man muss sich im gleichen Rhythmus bewegen. Wenn einer dann rausflutscht, kommt er nicht wieder rein ...

(am Telefon)

Joachim (76)

Rentner (ehemals Schiffsingenieur), verwitwet – lebt mit neuer Partnerin in Mecklenburg-Vorpommern

Als seine Ehefrau vor fast zehn Jahren starb, lag hinter den beiden ein ausschweifendes Sexleben, bei dem er oft Zeuge war, wenn sie mit anderen Männern und gelegentlich auch Frauen Sex hatte. Für seine neue Partnerin aber ist er ein Mann ohne Vergangenheit. «Sie hat keine Kenntnisse über unser damaliges Leben und soll es auch nie wissen», schreibt er in ausführlichen Mails, in denen er aus seiner individuellen Sicht das verborgene Sexleben in der DDR schildert. In seinen höchst gegenwärtigen Phantasien taucht das einstige Geschehen immer wieder in all seinen Details auf ...

Ich fand es immer wunderschön, wenn ein anderer Mann auf meiner Frau lag und sie ihre kräftigen Schenkel weit ausgestellt hat, so dass ich sehen konnte, wie er in sie eindrang. Das fing an, als wir 36 Jahre alt und begeisterte FKK-Anhänger waren. Am Strand neben uns lag ein Urlauber. Wir lagen hinter einem Windschutz, er hatte keinen und es wehte ein steifer Wind. Sein Schwanz war schon hängend größer als meiner stehend. Wir machten uns miteinander bekannt, und meine Frau holte ihn zu uns hinter den Windschutz. Ich entdeckte einen Bekannten und war für circa zehn Minuten weg. Als ich zurückkam, lag meine Frau mit weit gespreizten Beinen an seiner Seite und hatte seinen Penis in der Hand. Der war riesig – 18 × 4,5 cm, wie sich später herausstellte. Er hauchte immer nur: «Was für eine schöne Frau!»

Wir luden ihn zu uns nach Hause ein, da er auf dem Zeltplatz kampierte. Wir duschten den feinen Seesand ab, waren alle nackt, und meine Frau gab sich ihm hin. Schon zuvor hatten wir öfters am Strand über die einen oder anderen Männer gesprochen, bei denen sie meinte, dass sie was fürs Bett wären. Wir hatten wohl beide die gleiche Idee, wobei ich die treibende Kraft war, um meiner Frau mehr Genuss zu bieten. Also, so ging das los.

In der DDR war es sehr schwer, da man keine entsprechenden Kontaktanzeigen aufgeben konnte. Die «Wochenpost» war da etwas großzügiger, so dass wir dort sinngemäß annonciert haben: «Sie sucht intensive Kontakte zu Fotofreunden beziehungsweise zu gut gebauten Männern.» Über die Zeitschrift «Foto-Kino-Magazin» wurden unsere Kontakte dann noch erweitert. Auf diesen Wegen kam es von 1973 bis 1989 zu sexuellen Begegnungen mit elf Männern und vier Ehepaaren in der ganzen DDR. Von diesen Begegnungen und was sich dabei abspielte, zehre ich in meinen Phantasien während des Onanierens bis heute.

Wir lernten zum Beispiel ein Berliner Paar kennen. Er war Musiker und wollte gern mit meiner Frau ins Bett steigen – seine Frau aber auch. Sie war eine füllige Frau (Konfektionsgröße 48/50) mit großem Busen. Außer mit ihrem Mann verkehrte sie nur mit Frauen. Er musste von 14 bis 17 Uhr zum Tanztee aufspielen, so dass wir mit seiner Gattin allein waren. Meine Frau war nach einer halben Flasche Wein schon ganz hibbelig. Die beiden zogen sich ins Schlafzimmer zurück, ich durfte nicht mit. Ich hörte nur das Stöhnen meiner Frau von Zeit zu Zeit. Nach gut einer Stunde ging die Tür auf und meine Frau sagte, ich solle herein kommen. Bärbel, so hieß die andere Frau, lag nackt auf dem Bett, die Brüste schwer zur Seite und die Schenkel weit gespreizt.

«Komm, zieh dich aus, ich will dein Schwänzchen sehen!», sagte sie. Ich hatte schon einen Steifen und dachte, ich könne sie jetzt besteigen. Aber nein, sie sagte: «Knie dich zwischen meine Schenkel und wichs dir einen ab!»

Sie war unten rasiert. Ich tat also wie von ihr befohlen und spritzte auch ab. Abends nach dem Essen und einigen alkoholischen Getränken sagte sie zu mir: «Ficken darfst du mich nie, aber immer als Wichsvorlage nehmen.» Dann sagte sie noch lachend: «Kein Wunder, dass deine Frau sich von anderen ficken lässt, bei deinem kleinen Pimmelchen.»

Dann küssten die Frauen sich und ihr Mann fummelte an meiner herum. Sie zogen sich gegenseitig aus und dann bestieg er sie. Seine Frau assistierte und ich durfte mir das ganz genau betrachten. Auch heute werde ich noch geil, wenn ich an diese Szene denke.

Es gab einen anderen Mann, bei dem durfte ich nicht zusehen, da bekam ich meinen Lohn hinterher. Es war ein Bauingenieur aus Erfurt, der ein Mal monatlich dienstlich in unserer Gegend zu tun hatte. Beim Tanzabend in seinem Hotel zeigte er Interesse an meiner Frau und wir kamen überein, dass sie ihm nach Dienstschluss etwas die Langeweile nimmt. Sie fuhr dann immer gleich von der Arbeit aus in sein Hotel, wo sie ihm zur Verfügung stand. Er war der Einzige damals, der es nie in meiner Anwesenheit mit ihr trieb. Wenn meine Frau dann gegen 24 Uhr nach Hause kam, war ich sexuell so erregt, dass ich sie sofort bestieg. Da sie den Verkehr mit dem anderen ohne Schutz ausübte, bat ich sie, ihre Rose nicht zu waschen. Ich wollte in das schlüpfrige Loch hinein, und sie tat mir den Gefallen.

Meine Frau hatte nicht jeden Tag Sex mit anderen, in der Regel aber am Wochenende, da wir ja auch noch Einheimische kennen lernten, darunter auch Ehepaare. Hier kam auch ich bei den Frauen zum Schuss, obwohl ich es lieber französisch machte und hatte. Bei meiner Frau war es so, wenn sie einen Schwanz sah, öffnete sich gleich ihre Rose und sie wurde feucht. Wenn wir keinen Besuch hatten, machte sie es sich selbst mit den Fingern und ich nahm sie als Wichsvorlage. Ihre schweren Brüste, ihre weite Rose, ihre fleischige Figur waren stets Anreiz für mich. Tja und eben auch für andere Männer, wovon meine Phantasie bis heute voll ist.

P.S. Nach der Wende hatte meine Frau noch bis zu ihrer Krebserkrankung im Jahr 2003 mit 63 anderen Männern Sex.

(per Mail-Kommunikation)

Rainer (58)

Architekt, lebt in einer hessischen Kleinstadt

Seit vier Jahren ist er nun mit seiner Partnerin zusammen – allerdings leben sie in zwei getrennten Wohnungen. Sie ist die Protagonistin seiner voyeuristischen Cuckold-Phantasie ...

Die meisten meiner Phantasien entwickle ich mit meiner Partnerin gemeinsam, wir ergänzen uns geradezu mit individuellen Ideen. Denn sie lässt das Kopfkino ebenso oft laufen wie ich und entwickelt dabei ihre sexuelle Gier weiter. Ja, ich wurde überhaupt erst dazu angeregt, nachdem ich sie vor vier Jahren kennengelernt habe. Es folgte die schrittweise Feststellung, dass sie ungeheure sexuelle Energien hat, die locker für weit mehr als nur einen Sexpartner reichen. Womit wir schon direkt bei meinen, nein, *unseren* Phantasien wären. Ich stelle mir vor, wie meine Partnerin eine Gruppe von drei bis vier, vielleicht auch mehr Männern verführt und sich von ihnen benutzen lässt. Dabei handelt es sich in meiner/unserer Phantasie nicht um Menschen aus unserem Freundes- und Bekanntenkreis, sondern um wildfremde Männer. Eingehend widmet sie sich jedem einzelnen Kerl und geilt ihn richtig auf. Sie lässt sich von jedem überall abgreifen, während sie ihnen die harten Schwänze bläst und wichst. Es erregt mich zuzusehen, wie sie in alle drei Löcher gefickt wird und es in vollen Zügen auskostet. Ich genieße ihre Schamlosigkeit und ihre Gier nach Schwänzen und Sperma. Nach ausgiebigen Ficks mit den Kerlen, die sich der Reihe nach abwechseln, landen deren Sahneladungen in ihrem Gesicht und ihrem Mund. Dann erst komme auch ich an die Reihe.

Ich bin auf keinen Fall bisexuell. Im Gegenteil würde ich mich als ausgesprochen hetero bezeichnen. Aber der Anblick schöner Männerkörper kann mich ebenso erregen, wie die schöner Frauen. Und die Phantasie, einen Schwanz zu blasen, habe ich schon lange, weil ich wissen möchte, wie sich das anfühlt. Übrigens: Ich würde es durchaus auch einmal versuchen wollen, einen Schwanz bis zum Abspritzen zu blasen und mir in den Mund spritzen zu lassen. Aber alle darüber hinaus gehenden sexuellen Handlungen mit Männern sind definitiv nichts für mich.

Eine andere Phantasie ist, mit meiner Partnerin im Auto Sex zu haben und fremde Männer dabei zusehen zu lassen. Dafür böten sich «halb-öffentliche» Plätze an wie Parkplätze an Landstraßen und Autobahnen, aber auch ein Parkdeck ist gut geeignet. Wie läuft das ab? Also, ich fände es geil, meine Partnerin im Auto abzugreifen, ihre Titten zu kneten, ihre Fotze zu fingern und die Kerle durch die Autoscheiben zuschauen zu lassen. Es könnte gerne eine ganze Gruppe von Männern sein, durchaus zehn bis 12 (das wäre realistisch vielleicht noch umsetzbar), aber in der «Vorstellung» sind es durchaus auch mehr. Meine Partnerin präsentiert ihnen den nackten Arsch, während sie mich bläst. Dann fordert sie die aufgegeilten Männer unmissverständlich auf, ihre Schwänze dabei zu wichsen und sieht dabei zu, wie einer nach dem anderen gegen die Scheibe spritzt. Möglich wäre aber auch die klassische dogging-Situation, bei der wir die Kerle zunächst aufgeilen, dann meine Partnerin die Scheibe öffnet und nacheinander jeden Schwanz bläst, wichst und sich vollspritzen lässt.

Das meiste davon ist bis jetzt noch reine Phantasie. Wir hatten aber schon Sex mit bis zu zwei anderen Kerlen, sowohl zu Hause bei mir, als auch auf Parkplätzen. Ein echter Gangbang oder die Phantasie mit der Männergruppe am Auto haben wir bisher leider noch nicht erlebt. Das scheiterte bisher an geeigneten Kandidaten oder an Terminfragen. Wir sind aber beide entschlossen, das alles irgendwann Realität werden zu lassen.

(per Mail-Kommunikation)

᭶

Manfred (57)

gelernter Galvaniseur, seit vielen Jahren arbeitslos (Hartz IV), lebt in Hessen, Single

Ein Cuckold zu sein, ohne jemals eine feste Partnerin gehabt zu haben, das zeugt von wirklich reichhaltiger Phantasie. Und aus seinen Zeilen spricht ein gewisser Stolz, darüber, dass er dabei ohne Pornokonsum auskommt. Als er auf Facebook den Link zum Fragebogen zu diesem Buch entdeckte, hat er sich entschlossen, zum ersten Mal im Leben über seine heimliche Leidenschaft zu berichten …

Also, ich mag es zuzusehen, wie eine schöne junge Frau mit einem Mann schmust und ihn küsst und was die halt sonst so in der Öffentlichkeit machen. Obwohl ich ja schon ein bisschen zu alt dafür bin, gehe ich in unserem Nachbarort in die Diskothek, weil ich es da besonders oft und aus nächster Nähe beobachten kann. Dann stelle ich mir vor, dass diese oder jene junge Frau, die da in nächster Nähe … also manchmal direkt neben mir an der Bar … ihren Freund oder wer das ist, umarmt, ihm Zungenküsse gibt und sie sich von ihm anfassen lässt … Also ich stelle mir vor, dass sie meine Freundin ist und es sie anmacht, von mir dabei beobachtet zu werden. Als ich noch jünger war, da waren ja bei uns in Hessen noch die Amerikaner und in der Nähe von ihren Standorten die entsprechenden Clubs. Dort gingen auch deutsche Mädchen hin, und am meisten hat es mich angemacht, wenn sie mit Schwarzen knutschten oder sich mit ihnen ganz sexy auf der Tanzfläche tummelten. Oft haben sie ihnen beim Tanzen den Rücken zugekehrt und die Schwarzen sind dann von hinten an sie ran, haben ihnen an die Brüste gegriffen und an ihrem Hinterteil solche Fickbewegungen gemacht. Und wenn ich dann eines dieser Mädchen in meinem Kopf zu meiner Freundin gemacht habe, da ging bei mir was ab in der Hose. Ich hab's eine Weile beobachtet, und wenn ich es kaum noch ausgehalten habe, bin ich aufs Klo und habe dort an Ort und Stelle abgewichst. Einmal, das war für mich der geilste Tag in meinem Leben, wurde eines der Mädchen in der Klokabine nebenan gefickt, und ich konnte alles hören. Ich habe natürlich gewichst und bin im gleichen Moment gekommen wie der Typ. Das war Wahnsinn, und davon habe ich lange gezehrt.

Das mache ich heute kaum noch, also abwichsen auf dem Klo. Ich präge mir aber das Bild ein, und dann gehe ich nach Hause und stelle mir vor, dass meine «Freundin» mit dem Typen aus der Diskothek im Zimmer nebenan ist und es dort mit ihm treibt. Sie sehen schon, ich brauche keinen Porno, obwohl das ja auch eine Möglichkeit wäre. Aber ich mag es lieber live, und in dieser Diskothek wird mir das ja geboten.

(nach kurzer Mail-Kommunikation am Telefon)

KOPFKINO IM HURENHAUS
Die Phantasien der Freier

Wer immer die These vom «ältesten Gewerbe der Welt» aufgebracht hat – sie ist ziemlich sicher falsch. Als früheste Form dieses Gewerbes wird von Historikern die der Tempelprostitution angesehen, die in vielen antiken Kulturen zwischen dem indischen Khajuraho und Griechenland, der Wiege Europas, zu finden war. Diese wird von vielen Historikern und Ethnologen als eine Form des kultischen Geschlechtsverkehrs beschrieben, mittels derer sich Tempeldienerinnen und Priesterinnen einer «Gottheit der sexuellen Liebe» opferten. Im Gilgamesch-Epos, der ältesten überlieferten schriftlich fixierten Dichtung, heißt es auf der 6. Tafel: «Es scharte Ištar[77] die Dirnen um sich, die Huren und Priesterinnen …»

Nun gibt es allerdings auch durchaus seriöse Wissenschaftler, die zwar nicht die Existenz der Tempelprostitution, wohl aber deren kultischen Zweck bezweifeln. Doch welchem Zweck sie auch immer diente – Prostitution fand statt, und die Zeugnisse aus dem antiken Babylon gelten als deren früheste überhaupt. Das Ganze liegt nun etwas mehr als 3000 Jahre zurück. Das ist zweifellos lange her und doch nicht lange genug, um vom «ältes-

---

77 Ištar galt in Babylon und Assyrien gleichermaßen als «Göttin des Krieges und des sexuellen Begehrens»

ten Gewerbe der Welt» sprechen zu können. Händlerinnen gab es jedenfalls auch davor schon, die seit den Zeiten des Tauschhandels alles Mögliche feilboten, nicht aber den eigenen Körper. Zumindest gibt es dafür keinen historischen Beweis.

Es ist eine Mär, dass die Israeliten erst während der babylonischen Gefangenschaft (ca. 597 bis 539 v.d.Z.) bezüglich der Prostitution auf den Geschmack kamen. Schriftliche Zeugnisse für den Gegenbeweis finden sich in fast jedem Bücherschrank. Wer eine Bibel zu Hause hat, kann darüber im ersten und zweiten «Buch der Könige» an zahlreichen Stellen nachlesen. Und im Deuteronomium, auch bekannt als das 5. Buch Mose, werden dem Volk Israel, lange vor dem Exil, solche Freuden explizit verboten: «Unter den Töchtern Israels soll keine Hure und unter den Söhnen Israels kein Hurer sein. Du sollst keinen Hurenlohn noch Hundegeld in das Haus des Herrn, deines Gottes, bringen für irgendein Gelübde; denn beides ist dem Herrn, deinem Gott, ein Greuel.»

So manche Feministin der heutigen Tage dürfte an dieser Thora-Stelle[78] ihre Freude haben. Nur dass auch damals kaum ein notgeiler Mann auf die Moralisten hörte, wie eine Stelle in den biblischen «Sprüchen Salomons»[79] beweist: *«Einer Dirne zahlt man bis zu einem Laib Brot…»*

Mit dem Zeitalter des Hellenismus, dessen Beginn nicht zufällig mit dem Regierungsantritt von Alexander dem Großen zusammentrifft, wird erstmalig Prostitution ohne sakralen Hintergrund bezeugt – abgesehen von dem kurzen Hinweis in den «Sprüchen Salomons». Die Griechen unterschieden dabei zwischen Porna und Hetäre, was man salopp mit Hure und Gespielin (oder auch Mätresse) übersetzen kann. Die käufliche Liebe wurde gesell-

---

78 Thora – die fünf Bücher Mose: Die zitierte Stelle findet sich im fünften Buch in Kapitel 23, Vers 18+19

79 Die «Sprichwörter Salomons» befinden sich in den *Ketuvim* («Schriften») – einem Teil der Thora (Altes Testament). Die zitierte Stelle steht in Kapitel 6 Vers 26.

schaftsfähig, und Alexander führte zahlreiche Huren in seinem Gefolge mit, um die Soldaten während seiner Feldzüge bei Laune zu halten. Bekanntlich brach das Alexanderreich nach dessen Tod am 10. Juni 323 vor unserer Zeitrechnung und infolge der dadurch ausgelösten Diadochenkriege zusammen. Die hellenistische Kultur aber wirkte noch einige Jahrhunderte in Rom und Byzanz fort und damit auch die gesellschaftlich etablierte Prostitution. Für die Männer in Pompeji, so scheint es zumindest aus heutiger Sicht, schienen Puffbesuche fast so selbstverständlich zu sein wie der Gang zum Barbier. Bei Grabungen im 19. Jahrhundert wurden nicht weniger als 25 antike Bordellhäuser gefunden, und Archäologen vermuten unter der Erde noch deutlich mehr.

Ab dem 4. Jahrhundert etablierte die römisch-katholische Amtskirche ihre diesseitige Macht, und mit ihr kam die klerikale Moral in die Welt, die die Prostitution mit Schuld, Scham und Sünde in Verbindung brachte. Damit orientierte sich die Kirche eher an Paulus als an Jesus von Nazareth, auf dessen Lehre sich die Päpste doch seit jeher berufen. Paulus, der Apostel, verwarf die Prostitution im 1. Korintherbrief[80], wohingegen sein Herr und Heiland – wenn man dem Evangelisten Lukas[81] glauben darf – mit Prostituierten und anderen gesellschaftlichen Außenseitern einen durchaus respektvollen Umgang gepflegt haben soll. Vielleicht sah der spätantike Kirchenlehrer Augustinus die Prostitution auch deshalb nicht so dramatisch und bezeichnete sie lediglich als «kleineres Übel». Und dieses «kleinere Übel» erreichte im Spätmittelalter eine legale Verbreitung, als in deutschen Landen die Prostitution vielerorts nicht nur geduldet, sondern geradezu institutionalisiert wurde. Sie galt als Ventilfunktion für die sexuellen Bedürfnisse jener, die durch das ständespezifische Hei-

---

80 1. Korintherbrief, Kapitel 6 Vers 15 f.: – «... wisst ihr nicht, dass, wer einer Hure anhängt, *ein* Leib mit ihr ist? Denn es werden die zwei *ein* Fleisch sein. Wer aber dem Herrn anhängt, ist *ein* Geist mit ihm.»

81 Lukas, Kapitel 7 Vers 36–50

ratsrecht keine Möglichkeit hatten, eine Familie zu gründen, weshalb es in vielen deutschen Städten kommunale Gemeinde-Puffs gab. Im Italien der Renaissance blühte neben Kunst und Wissenschaft auch das Kurtisanenwesen, und in Rom wurde (nicht nur) außerhalb der Vatikanmauern das Stadtbild von Prostituierten geprägt.

Die Gegenbewegung kam aus Frankreich. Dort ließ ausgerechnet der sinnenfreudige Sonnenkönig Ludwig XIV. die käufliche Liebe 1658 unter Strafe stellen, was der Straßenprostitution aber nur wenig Abbruch tat. Mehr als hundert Jahre später, im Jahr 1794, als es in Frankreich noch immer Huren, aber keine Könige mehr gab, wurde in Preußen in § 999 des «Preußischen Allgemeinen Landrechts» festgelegt, dass es von Staats wegen geduldete Hurenhäuser geben solle. Unter deren Aufsicht hätten sich «liederliche Weibspersonen» zu begeben, worunter man Frauen verstand, «welche mit ihrem Körper ein Gewerbe betreiben». Ein Gewerbe? Im Bremer Reglement von 1852 wurde der Prostitution gerade abgesprochen, «ein Gewerbe im eigentlichen Sinne» zu sein. Bei dieser Gelegenheit wurde jenem Nicht-Gewerbe auch gleich noch das Stigma der «Sittenwidrigkeit» verpasst, und das sollte 149 Jahre nicht nur in Bremen so bleiben. Erst am 20. November 2001 erklärte der Europäische Gerichtshof, dass Prostitution zu den Erwerbstätigkeiten gehört, die «Teil des gemeinschaftlichen Wirtschaftslebens» sind. In Deutschland war bereits am 1. Januar 2001 ein «Gesetz zur Regelung der Rechtsverhältnisse der Prostituierten» in Kraft getreten, das die rechtliche Stellung von Prostitution als Dienstleistung regelt. Die in diesem Gewerbe tätigen Damen sind seither in den gesetzlichen Kranken- und Rentenversicherungen willkommen, und damit auch der Staat etwas davon hat, müssen sie Steuern bezahlen.

In der Zeit der industriellen Revolution, also an der Schwelle vom 18. zum 19. Jahrhundert, hatte die Armut unter der Stadtbevölkerung enorm zugenommen und damit auch die Zahl jener gering gebildeten Frauen, die keinen anderen Ausweg sahen, ihrer desaströsen sozialen Lage zu entfliehen, als ihren Körper feilzubieten. Drei Jahrtausende nach den babylonischen Tempelprostituierten versuchten Wäscherinnen und Dienstmädchen, ihren kläglichen Lohn als Gelegenheitshuren aufzubessern. Bis heute ist der finanzielle Aspekt nicht nur der Hauptgrund, sondern weitgehend das alleinige Motiv von Frauen, die sich in Deutschland (und sicher nicht nur da) prostituieren. Sarah, die diesem Gewerbe in Berlin nachgeht, brachte es im Gespräch mit dem Autor dieses Buches auf den Punkt: «Generell kann man sagen, dass keine Hure diesen Job machen würde, wenn sie mit vergleichbar ‹leichter› Arbeit in so kurzer Zeit dasselbe Geld verdienen würde.»

Damit sind freilich weder die unterdrückte, geschlagene und ausgebeutete Zwangsprostituierte noch die Überzeugungs- und Identitätsdirne gemeint. Zwischen diesen beiden extremen Polen bewegen sich hierzulande die meisten Prostituierten, die mehr oder minder freiwillig diesen Job machen. Solche wie Sarah eben, und nur diese und deren Freier kommen in diesem Buch zu Wort. Es soll aber nicht verschwiegen werden, dass eine kaum zu ermittelnde Zahl von Frauen und Mädchen ihre Dienste keineswegs freiwillig anbieten, sondern mittels Androhung oder Ausübung von körperlicher Gewalt und Erpressung dazu gezwungen werden. Nach Einschätzung von Frauenrechtsorganisationen nimmt deren Zahl kontinuierlich zu.

Was treibt Männer in die Arme von Huren?
In den 1970er Jahren gab es unter den Protagonisten der sexuellen Revolution zwei große Fraktionen, von denen die eine den gekauften Sex als «gelebte Machtphantasie» wertete und die andere die Freier für «verhinderte Romantiker» hielt. In den ideologischen Denkschemen jener Jahre hielt man das offenbar für einen zwingenden Gegensatz, und nur wenige ließen den Gedan-

ken zu, dass in den Bordellen beide Motive und womöglich noch einige mehr anzutreffen sein könnten. Inzwischen machen Schätzungen die Runde, wonach jeder fünfte deutsche Mann schon einmal Kunde beim «horizontalen Gewerbe» gewesen sei, von 1,2 Millionen Freiern täglich zwischen Flensburg und Passau ist die Rede. Selbst wenn diese Schätzungen um 50 Prozent danebenliegen sollten, bliebe noch immer eine enorme Zahl übrig, die beweist, dass eine Aufteilung in «Männer mit Machtphantasien» und «verhinderte Romantiker» zu kurz greift. Da gibt es tatsächlich das Klischee des kleinbürgerlichen Herrn, der es im Puff möglichst nuttig und richtig versaut, in der heimischen Doppelhaushälfte aber damit nichts zu tun haben will. Für ihn liegt der Reiz der Prostitution gerade darin, dass sich der erkaufte Sex nicht mit der bürgerlichen Fassadenidentität verbindet. Ältere Männer geben sich ihrer Sehnsucht nach jungen Körpern hin, andere agieren bizarre Phantasien aus, mit denen sie die Partnerin zu Hause niemals behelligen würden. Es gibt die Gelegenheitsfreier, die ohne vorherigen Plan das Angebot in Hotellobbys und an Rastplätzen in Anspruch nehmen, es gibt schwule Männer, die sich auf dem Klappenstrich den schnellen Kick verschaffen … Kurz: Auch hier gilt, dass es nichts gibt, was es nicht gibt. Und doch haben fast alle Männer (und weitaus weniger Frauen), die die verschiedenen Formen der bezahlten «Liebesdienste» in Anspruch nehmen, bei aller Unterschiedlichkeit ihrer sexuellen Präferenzen auch Gemeinsamkeiten.

Sexualpsychologe Dr. Ahlers blickt im archäologischen Sinne eine Lage tiefer und findet dort die gleichen Grundbedürfnisse vor wie bei jedem anderen sexuellen Kontakt auch: «Die Prostituierte erwartet – obwohl sie eine sexuelle Dienstleistung unter Inanspruchnahme ihrer eigenen Körperlichkeit anbietet – Respekt, Anerkennung, Wertschätzung, Höflichkeit und Regeltreue. Und der Freier, als Kunde, erwartet auch Respekt, Anerkennung,

Wertschätzung, Höflichkeit, Regeltreue. Häufig berichten Prostituierte, dass zwar klar ist, dass sich der Vertrag ausschließlich auf die Orgasmus-Produktion mittels spezifischer sexueller Praktiken bezieht, die da einzeln vergolten werden. Gleichwohl wird sehr häufig dabei der Wunsch nach körperlicher Nähe geäußert, nach Annahme, nach Gespräch, nach menschlicher Begegnung. Daran kann man erkennen, auch wenn es auf eine geschäftsmäßige Beziehung reduziert ist, dass die Menschen doch als Menschen dabei sind und es nicht selten zu einem Mischgeschehen aus gewerblicher Sexdienstleistung und zwischenmenschlicher Begegnung kommt.»

Was macht die Tätigkeit als Prostituierte mit den Frauen?
An der Umfrage für dieses Buch haben sich nur Prostituierte beteiligt, die diese Tätigkeit nach wie vor ausüben. Das lag nahe, denn sie sind ja einer Anfrage gefolgt, die ausgewählten Bordellen zugingen. Die Damen, die sich entweder zu einem Treffen bereit erklärten oder einem Telefoninterview zustimmten, machten allesamt einen stabilen psychischen Eindruck, durchaus distanziert zu dem, was im Job von ihnen verlangt wird, alles in allem abgeklärt. Dr. Ahlers kann aus seiner praktischen Tätigkeit allerdings von möglichen unangenehmen Langzeitfolgen berichten: «Ich kenne aus meiner Praxis ehemalige Prostituierte, die den Beruf aufgaben, weil sie durch diesen psychotraumatisiert wurden. Weniger, weil sie geschlagen oder misshandelt worden sind, sondern weil sie sich menschlich gedemütigt und gesellschaftlich stigmatisiert fühlten. Sie hatten Scham- und Schuldgefühle und konnten es nicht mit ihrem Ich, mit dem eigenen Selbstkonzept, in Deckung bringen. Einige haben auch Jahre später noch Ekelgefühle und verspürten Fassungslosigkeit, sich auf irgendwelche Dinge eingelassen zu haben. Es beinhaltet ja oft auch widerliche Konstellationen, wenn etwa gegen Geld bestimmte sexuelle Praktiken quasi erzwungen werden oder sogar Druck ausgeübt wird, diese

anzubieten. Das gibt es ja alles, und es ist kritikwürdig und revisionsbedürftig. Aber all dessen kann man nicht durch ein generelles Verbot der Prostitution Herr werden. Diese Vorstellung ist vielfach geschichtlich ad absurdum geführt und insofern reaktionär. Es ist hinlänglich bekannt, dass Verschärfungen von Rechtsnormen solche Probleme nicht aus der Welt schaffen können. Sie drängen die Prostituierten nur erneut in die Illegalität und damit in die totale Schutzlosigkeit und machen Prostitution dadurch für alle gefährlicher. Ich finde die Gegenposition sehr überzeugend, die von einem Flügel der Feministinnen-Szene formuliert wird, nämlich, dass es ein Teil der freiheitlichen sexuellen Selbstbestimmung von Frauen ist, sich prostituieren zu dürfen.»

Und der engagierte Sexualpsychologe macht hierfür auch gleich praktische Vorschläge: «Statt scheinheilige und kontraproduktive Verbotsforderungen aufzustellen, sollte es eine anonyme Annahmestelle für Anzeigen von Menschenrechtsverletzungen im Rahmen der Prostitution geben, die dann zu sofortigen, gezielten Überprüfungen durch die Polizei führen könnten. Darüber hinaus bräuchte es eine Zertifizierung für Bordelle, wie sie etwa der TÜV auch für andere Dienstleistungsbranchen anbietet, und/oder auch regelmäßige Prüfungen der Dienstleistungsqualität durch die Stiftung Warentest. So könnte jeder Freier eine bewusste Kaufentscheidung treffen und nur dort einkehren, wo der Betreiber regelmäßig faire, humane und sozial verantwortliche Arbeitsbedingungen nachweist und sich dafür zertifizieren lässt. Missständen, Abhängigkeiten und Menschenrechtsverletzungen im Rahmen der Prostitution könnte so etwas Sinnvolles und Wirksames entgegengesetzt werden.»

Es bliebe abzuwarten, wie solche Vorschläge bei den traditionell bürokratieskeptischen Prostituierten ankommen würden.

Skizzen aus den Fragebogen

Hausmeister an einer Gesamtschule in Norddeutschland

Jeden Tag habe ich Teenager vor Augen. Junge Mädchen so von 16 aufwärts (manche sind auch jünger), die in Leggins oder kurzen Röcken und bauchfrei auf dem Schulhof herumstehen. Ich weiß manchmal gar nicht, wo ich zuerst hinschauen soll. Wenn ich dann allein bin, stelle ich mir vor, mit ihnen Sex zu haben. Aber es macht ja auf Dauer keinen Spaß, immer nur selbst Hand anzulegen. Also fahre ich ab und zu nach Hamburg. Und auf St. Pauli stehen sie dann, nuttiger gekleidet als bei uns auf dem Schulhof, und für ein paar Scheine kriege ich, was ich haben will.

Mitarbeiter eines Autohauses im Ruhrgebiet

Mich erregt es, Sex zu haben mit Frauen, mit denen ich nicht mal ein Café aufsuchen würde. Billige, etwas dümmliche, aber vom lieben Gott mit weiblichen Attributen ausgestattete Wesen. Na, und wo finde ich diese «Amore-girls», wenn ich wieder mal so richtig geil bin? Im Puff! Und davon gibt es im Ruhrpott wirklich genug. Ich gehe fast nie zwei Mal zur selben Frau. Auf den Webseiten der Bordelle stöbere ich in den Abbildungen, was meine Geilheit noch steigert. Aber ich wähle keine aus, die auf den Fotos ihr Gesicht nicht zeigt. Was nutzt mir ein geiler Körper, wenn sie womöglich hässlich ist. Und wenn ich mich dann entschieden habe, mache ich telefonisch einen Termin.

Pharmareferentin, lebt «in Deutschlands Westen»

Ich liebe es, von jungen knackigen Kerlen ausgiebig geleckt und danach gefickt zu werden. Da ich selbst nicht mehr jung und knackig bin, kann ich nicht darauf warten, bis jemand um die Ecke kommt, der auf 50+ steht. Dafür rufe ich dann gelegentlich die Nummer eines Callboys an, und ich wurde (bis auf ein Mal) noch nie enttäuscht.

Angestellter im öffentlichen Dienst, Berlin

Manchmal, wenn ich zufällig am Straßenstrich vorbeikomme und da steht eine, die mir gefällt, halte ich an. Und wenn sie mir sympathisch ist und einen geilen Mund hat, fahre ich mit ihr zu irgendeinem Stellplatz und lasse mir im Auto einen blasen.

Koch in einer bayerischen Großstadt (nicht in München)

Schneller anonymer Sex mit jungen Strichern. Nachts im Stadtpark oder auf einer der unter Schwulen stadtbekannten Klappen ...

«Phantastische» Bordell-Erfahrungen

Sarah (25)

Studentin und «Nebenerwerbshure» in einem Berliner Wohnungsbordell, Single

Schon als Abiturientin in Berlin hatte sie von Frauen gehört, die sich ihr Studium durch Prostitution finanzieren. In einer Edel-Disco ließ sie sich – wie andere Mädchen auch – meist von Touristen und Messebesuchern ansprechen und verwies ziemlich schnell auf ihre «finanziellen Interessen». War der Preis geregelt, mussten sich die Herren etwas einfallen lassen, wo der vereinbarte Sex stattfinden sollte. Oft waren Hotelzimmer schon angemietet, oder man holte das nach, aber es war auch schon mal ein schneller Blowjob in der Tiefgarage dabei. Sarah legte von Anfang an absoluten Wert auf Safer Sex. Ohne Gummi läuft bei ihr gar nichts, und Zungenküsse sind tabu. Seit einiger Zeit geht sie an den Wochenenden dem Gewerbe im geschützten Raum eines Wohnungsbordells nach ...

Meine Tage als Nebenerwerbshure sind gezählt. In einem Jahr gehen bei mir die Examina los, und da habe ich dann weder Zeit noch Lust dazu. Ich habe mir was auf die hohe Kante gelegt – das reicht auch noch für die Promotion. Wenn man das so pragmatisch sieht, kommt man hoffentlich ohne seelische Blessuren davon. Dafür würde ich bei den Mädels, die keine andere Perspektive haben, meine Hand nicht ins Feuer legen. Ich verstehe zwar jede, die den Job macht, weil sie an der Supermarkt-Kasse nicht annähernd so viel Geld verdienen würde, aber ich habe auch Sympathie für jede Aldi-Kassiererin, die für kein Geld der Welt bereit ist, sich von wildfremden Männern besteigen zu lassen.

Generell kann man sagen, dass keine Hure diesen Job machen würde, wenn sie mit vergleichbar «leichter» Arbeit in so kurzer Zeit dasselbe Geld verdienen würde. Leider ist es inzwischen so, dass vielerorts die Preise in den Keller gehen, seit die osteuropäische Konkurrenz die Nummer für 30 Euro anbietet und für einen Zehner mehr den Blowjob ohne Gummi macht. Bei denen ist wirklich immer Zwang und Erpressung im Spiel. Aber ich bin der Meinung, dass sich Alice Schwarzer für diese armen Frauen nicht einsetzen müsste, wenn Polizei und Staatsanwälte ihren Job richtig machen würden. Für meine Interessen muss sich Frau Schwarzer schon gar nicht ins Zeug legen, das mache ich schon selbst.

Ich arbeite an den Wochenenden in einem Wohnungsbordell, wohin Gentlemen kommen, die nicht jeden Euro drei Mal umdrehen müssen, bevor sie ihn ausgeben. Escort biete ich nicht an, weil ich nicht mit fremden Herren in der Öffentlichkeit gesehen werden will. Ich bin gebürtige Berlinerin, und die Gefahr ist viel zu groß, dass ich Bekannten und Verwandten begegne, denen ich dann irgendeine Geschichte auftischen müsste. Ich bin zwar auch schon mal in unserem Etablissement einem früheren Nachbarn – braver Familienvater natürlich – über den Weg gelaufen, aber wir hatten ja nun beide ein Geheimnis. Ich habe dem Mann sogar eine Kollegin empfohlen. Selbst wäre ich ihm nicht zu Willen gewesen, denn schließlich kannte er mich schon als Kind. Aber er hat's auch nicht verlangt. So weit zur Vorgeschichte und den Umständen meiner zweiten Existenz, neben der der strebsamen Studentin. *(lacht)*

Gut, es geht also um die sexuellen Phantasien der Freier, denn Huren haben keine sexuellen Phantasien oder höchstens als Privatperson. Aber die wird im Bordell nicht befriedigt. In meinem Fall ist es so, dass ich schon allein durch mein Auftreten klarmache, wer die Hosen anhaben würde, falls man mich bucht – allein durch meine Größe. (Sarah ist 1,82 groß.) Für mich entscheidet sich keiner, der Machtphantasien zu realisieren wünscht. Allerdings bin ich auch keine Domina. Ich gehe nie in das entsprechende Zimmer mit Andreaskreuz, Peitschen und so weiter. Die Männer, die zu mir kommen, sagen, was sie «schön» finden, und ich entscheide, ob ich dazu Lust habe. Und ich baue immer Elemente ein, die sie als Demütigung empfinden müssen. Ich setze mich zum Beispiel auf das Gesicht eines Gastes, und die meisten fangen sofort an zu lecken – je nachdem wie ich sitze, entweder die Muschi oder die Rosette. Ich mache auch schon mal jemanden mit Handschellen am Bett fest und rauche erst mal genüsslich eine Zigarette. Für manche meiner Gäste kommt das überraschend, aber es hat sich noch nie jemand beschwert. Die meisten Puffgänger mögen starke Huren, bei denen sie sich fallenlassen können. Manche entdecken es zwar erst bei mir, aber die werden dann anhänglich wie ein Schoßhündchen. Wenn ich zum Dienst komme, sehe ich schon deren Namen im Terminbuch. Und ich weiß längst um die Vorlieben der einzelnen Gäste. Der eine mag es, wenn ich ihm in die Nippel kneife oder beiße, und der andere, wenn ich ihm während des Verkehrs einen Finger in den Anus stecke. Tja, das also ist meine Spezialität, die distanzierte und bestimmende Hure. Nichts da mit Girlfriend-Sex und vorgespielten Höhepunkten …

(während eines Gesprächs in einem Café)

PS: Zwei Monate nach unserem Treffen schickt Sarah per Post ein Schreiben, das ein Stammfreier ihr vor der Begegnung im Bordellzimmer über die Hausdame hat zukommen lassen. Ein ungewöhnlicher Vorgang sei das, schreibt sie. Noch ungewöhnlicher sei dessen darin formulierter Wunsch gewesen, denn bis dahin stand dieser Freier immer nur auf zärtlichen Kuschelsex – den Sarah entgegen ihrer eigenen Aussage offenbar doch anbot.

Liebe Sarah,

ich bin sehr froh, dass ich heute bei dir einen Termin habe. Dein Honorar habe ich dir hiermit über die Hausdame zukommen lassen, damit wir, wenn du ins Zimmer kommst, gleich loslegen können. Ich habe heute einen kleinen Sonderwunsch – eine besondere Form des Dirty Talk. Ich habe dir dafür 20 Euro extra beigelegt.

Mein Wunsch wäre: Zunächst sollte es zwischen uns so laufen wie immer, also freundlicher Girlfriend-Sex mit Schmusen, Knutschen, Lecken und Blasen. In dem Moment aber, wenn wir miteinander vögeln, wäre es schön, wenn du dein Verhalten ändern könntest. Sätze könnten fallen wie: «Das hat mir heute gerade noch gefehlt, dass du alter, notgeiler Fettsack hier auftauchst!» oder «Wenn du mir keine Kohle geben würdest, würde ich dich Arschloch überhaupt nicht anschauen …» usw. Du darfst mich auslachen und verbal erniedrigen in jeder Form (!!!) die dir einfällt. Ich möchte mich von dir abgelehnt fühlen. Ich bin sicher, das fällt dir nicht schwer. :-) Wenn ich dich dann küssen möchte, lehnst du das natürlich angewidert ab … usw. Ich freue mich auf dieses Rollenspiel.

Bis gleich!!!
(Name geschwärzt)

Thomas (49)
lebt in einer mittelgroßen Stadt in Bayern, freiberuflicher Software-Berater, geschieden

Schon sehr früh hat er festgestellt, dass seine sexuelle Leidenschaft mit gepflegten Füßen verbunden ist, die er gern nach allen Regeln der Kunst verwöhnt. Eine Leidenschaft, die festen Beziehungen eher abträglich ist, da es die Partnerinnen nicht schätzen, auf die Füße reduziert zu werden. Längst sind derlei Phantasien ständige Begleiter während des Onanierens. Gelegentlich aber lebt der Fußfetischist seine Vorliebe bei Prostituierten aus …

Es sind eher kleine, sehr feminine Frauen, an die ich denke, wenn meine Phantasie anläuft. Dabei finde ich elegante Kleidung mehr sexy, als wenn sie super aufreizend gekleidet wäre. Wichtig sind die Schuhe, wobei ich offene Schuhe bevorzuge, wie etwa Sandaletten. Aber es können auch elegante Stiefeletten sein, die nicht zu hoch und nicht zu flach sein dürfen. Gepflegte Füße regen meine Phantasie besonders an, gern auch mit lackierten Nägeln. Die Umgebung, in der ich mir die Begegnung vorstelle, kann sowohl in einem Raum sein als auch im Freien.

Im realen Leben schaut ja ein jeder Mann bei einer schönen Frau auf etwas anderes, und bei mir sind es eben in erster Line die Füße. Entsprechend sind es in meiner Phantasie auch nicht so sehr Szenen mit einem Geschlechtakt, die ich mir vorstelle, sondern, dass ich der Frau die Sandaletten ausziehe, ihre Füße berühre, sie streichle und an ihnen lecke. Die Frau ist dabei relativ passiv. Sie genießt die Liebkosungen ihrer Füße, berührt mich vielleicht auch mal, aber ansonsten hält sie sich eher zurück. Das ist in der Regel meine Masturbationsphantasie, und ich komme dabei relativ problemlos zur Ejakulation. Ich sage das, weil ich im realen Sexualleben, also wenn ich mit einer Frau schlafen will, häufig Erektionsstörungen habe. Nicht immer, aber oft hatte ich Schwierigkeiten bei der Penetration. Das aber ist, wie gesagt, nicht der Fall, wenn ich mich mit den Füßen beschäftige. Deshalb ist der sexuelle Vollzug, auch in der Phantasie, eher nebensächlich.

Ich muss echt überlegen, wann diese Fußphantasien angefangen haben. Ich würde sagen, wahrscheinlich so mit 17. Das ist ja so ein Alter, in dem man sich über seine sexuellen Vorlieben klar werden will, und ich kann mich erinnern, dass mich gepflegte kleine Frauenfüße auch damals schon erregt haben. Speziell im Sommer habe ich darauf besonders geachtet, weil es dann dafür einfach mehr Gelegenheiten gibt. Seit dem 20. Lebensjahr, als ich dann im Studium war, waren die Füße schon sehr zentral im Fokus meines erotischen Interesses. Jedenfalls hatten sie einen wesentlich größeren Anteil als der Rest der Frau.

Ich hatte eine Beziehung, die hat etwas länger als drei Jahre gedauert, und ich war auch mal einige Jahre verheiratet. Natürlich habe ich von meiner Leidenschaft für Füße erzählt, und da wurde es dann irgendwann immer schwierig. Die eine Partnerin sagte: «Du liebst nur die Füße und nicht mich!» Meine Ehefrau ist zunächst cool damit umgegangen, aber irgendwann war es ihr auch zu einseitig. Nun bin ich beruflich immer viel unterwegs, und da hat sie sich dann einen anderen Mann genommen. Ich wollte die Scheidung eigentlich nicht, und ich knabbere heute noch dran, obgleich es schon ein paar Jahre her ist.

Oft habe ich mich gefragt, warum ich Fußfetischist bin und woher diese Neigung kommt. Ich vermute, dass es etwas mit einer schwierigen Mutterbeziehung zu tun hat. Meine Mutter war nämlich eher distanziert, und das könnte ein Auslöser gewesen sein. Es muss da irgendein frühkindliches Erlebnis gewesen sein, irgendwas mit offenen Schuhen, das wie bei den Pawlow'schen Hunden nun bei mir funktioniert. Ich habe das auch mal bei einem Therapeuten angesprochen, den ich wegen Problemen in meinen Beziehungen aufgesucht hatte. Aber so richtig dahintergestiegen bin ich noch nicht. Füße bedeuten ja so etwas wie Macht. Das ist in gewisser Weise auch wie bei einer Domina, aber nicht so mit Ketten und Schlägen oder sonst was, sondern dass ich nur die Füße berühren darf …

Um meine Phantasie auch mal real ausleben zu können, gehe ich inzwischen zu Prostituierten, denn ich wäre zu schüchtern, eine Frau auf ihre Füße anzusprechen. Da tauchen dann bei mir solche Fragen auf wie «Kann ich ihr das zumuten? Was denkt sie von mir?». Ich bin einfach nicht souverän genug. Aber bei einer Prostituierten habe ich diese Souveränität. Beim Escort-Service sowieso – da sage ich mir: «Ich habe einen Haufen Kohle bezahlt, da will ich auch bestimmen, was sie anzieht und was sie für Schuhe trägt.» Das kann ich also bestellen, während ich zu einer Partnerin nicht einfach sagen könnte: «Mach das doch so, ziehe dies oder jenes an …!» Da würde ich womöglich in eine Situation geraten, in der ich mich rechtfertigen muss. Also gehe ich zu Prostituierten, um meinem Fußfetischismus zu frönen. Hin und wieder ist zwar dann auch mal ein Akt dabei, aber im Wesentlichen gehe ich wegen der Füße hin.

Ich bin oft wochenlang nur am Wochenende zu Hause, weil ich beruflich projektbezogen an einem anderen Ort bin; z. B. in Stuttgart, Frankfurt oder sonst wo. Dort gehe ich manchmal in ein Laufhaus, und es kommt dann vor, dass ich zu einer bestimmten Prostituierten mehrfach gehe. Denn es ist ja nicht so, dass alle auch Fußerotik anbieten. Deshalb frage ich zu Beginn immer gleich, ob ich ihre Füße verwöhnen kann. Manchmal habe ich zuvor in einem Bordell angerufen und telefonisch geklärt, ob die Frau, deren Füße ich auf einem Bild auf der Website gesehen habe, auch Fußerotik macht. Manche schreiben es aber schon in ihr Profil rein. Ich habe da ganz unterschiedliche Erfahrungen gemacht. Manchmal läuft das gut, weil die Prostituierte gleich genau weiß, was ich will. Bei anderen ist es nicht so prickelnd, weil sie einfach nur völlig teilnahmslos die Füße hinhalten. Sie sitzen dann da und lassen es über sich ergehen. Optimal ist es immer dann, wenn ich das Gefühl habe, dass sie es nicht nur abhakt, sondern auch irgendwie genießt und sich auf mich einlässt. Derzeit gibt es eine Prostituierte, zu der ich gerne gehe, weil sie Einfühlungsvermögen hat und mir das Gefühl vermittelt, dass es ihr auch gefällt. Man muss sich das dann so vorstellen, dass sie zwar Dessous trägt, aber sie muss sich nicht komplett ausziehen. Es reicht vollkommen, dass sie mir ihre Füße gibt, die in Sandaletten stecken, und ich dabei onaniere.

Einen Höhepunkt habe ich mir mal geleistet – einen Escort-Service. Das war schweineteuer, aber es hat sich gelohnt. Ich habe die Frau in der Agentur abgeholt, und sie war in ein leichtes Sommerkleid gekleidet, wie ich es bestellt hatte. Es ist im Mai oder Juni gewesen, und ich habe einen Tag herausgesucht, an dem schönes Wetter war – das war ganz wichtig. Nachdem ich ihr diskret das Geld überreicht hatte, sind wir zusammen essen gegangen und haben uns nett unterhalten. Ich habe sie gefragt, was sie sonst so für Männer hat, und sie wollte wissen, was ich beruflich mache. Und dann nahm sie mich in ein Appartement mit, wo ich ihr die eleganten Riemchensandaletten ausziehen und ihr ausgiebig die Füße verwöhnen durfte. Schließlich hatte ich nach einem längeren Vorspiel sogar noch Sex mit ihr, was ich diesmal sehr erregend fand. Sie hat sich richtig auf mich eingelassen, und ich hatte nicht, wie sonst oft, das Gefühl, dass in ihrem Kopf die Uhr tickt.

Ich habe ja schon gesagt, dass ich zu schüchtern wäre, andere Frauen auf die Füße anzusprechen. Bei Prostituierten habe ich das Problem nicht, denn schließlich gehört es ja zu ihrem Job, dass ihnen die Männer ihre jeweilige Phantasie oder sexuelle Vorliebe gestehen. Außerdem habe ich mittlerweile eine gewisse Angst vor Bindungen. Bei der Prostituierten weiß ich, dass ich sie bezahle, und die Sache ist dann durch. Da gibt's keine weiteren Ansprüche, da ist keine weitere Bindung zu erwarten. Das ganze Erlebnis steht isoliert für sich, und außerdem spielt auch ein bisschen der Reiz des Verbotenen mit. Und natürlich auch, dass ich eine solche Frau ja sonst gar nicht kriegen würde.

(am Telefon)

Deborah *(25)*

lebt als Single in Hamburg, studierte auf Lehramt und ist derzeit im Referendariat

Wo immer sie erscheint, wird die Männerwelt nervös. Mit 1,83 Körpergröße wäre Deborah ohnehin nicht zu übersehen, aber durch ihre sportliche Figur und die langen Locken sei sie – wie ihr immer wieder gesagt wird – ein klassischer Modeltyp. Während andere ihrer Generation sich heimlich Pornos reinzogen, hatte sie solche Szenen immer live vor Augen und bekam auch noch Geld dafür. Prägend für ihre sexuelle Phantasie war das auch ...

Ein Jahr nach dem Abitur freundete ich mich hier in Hamburg mit einer Kommilitonin an, die gern gut und teuer shoppen ging. Okay, das taten andere auch, denn nicht jeder kommt aus einem eher weniger vermögenden Elternhaus wie ich. Ich musste zwar kein staatliches Stipendium beantragen, aber mit 800 Euro auskommen, die mir mein

Vater überwies, und das ist in Hamburg nicht viel Geld. Es war also Jobben angesagt, und schon bald war ich am Wochenende in einem Café als Kellnerin am Start, und weil ich mich mit PCs gut auskenne, habe ich im Kleinanzeigenteil vom oxmox[82] meine Dienste als Supporterin angeboten und wurde auch gebucht. Ich kam über die Runden, aber ausgiebige Shopping-Touren, wie meine Freundin sie unternahm, waren für mich nicht drin.

Dann kam der Tag, als sie mir in unserem Lieblingsladen beim dritten Gin Tonic beichtete, wie sie zu ihrer Kohle kam. Kannst du dir denken, oder? Genau, sie ging anschaffen. Nicht auf der Herbertstraße oder in einem der schmuddeligen Laufhäuser auf der Reeperbahn, sondern in einem echten Edelpuff. Mir war schon klar, dass ich für so ein Etablissement eine Einserkandidatin wäre. Ich bin zwar nicht übertrieben eitel, aber auch nicht blind. Die meisten Typen stehen nun mal auf mich, was in «the past» aber nur selten auf Gegenseitigkeit beruhte. Da hat sich was geändert, aber darauf komme ich noch zu sprechen. Jedenfalls, als meine Freundin mich so provokativ ansah, habe ich gleich klare Kante gezogen: Für einen Hurenjob eigne ich mich nicht! Ich kann nun mal nicht auf Zuruf die Beine breit machen oder einen Blowjob abliefern, nur weil da ein paar Scheine winken. No way! Niemand würde das von mir erwarten, sagte sie. Das hat mich erst mal verwirrt, und ich fragte nach. Sie erklärte mir, dass einer ihrer Kunden uns beide kennt. Sie etwas intimer aus dem Puff und mich vom Sehen mit ihr gemeinsam. Jemand aus der Uni-Verwaltung, mit dem zumindest ich nicht viel zu tun habe. Und dieser Gentleman habe einen Wunsch. Er wolle, dass ich nur stumm dabeisitze, wenn er sie besteigt. Das wäre ihm 100 Euro extra wert. Ich müsste wirklich nichts machen, er würde mich auch nicht ansprechen, schon gar nicht anfassen … Nach 'ner knappen Stunde sei alles vorbei. Wild schossen mir Gedanken durch den Kopf. Ich soll eine Stunde neben einem Paar sitzen und

82 Hamburger Stadtmagazin, in dem Deborah auch die Annonce zur Teilnahme an diesem Buch las.

denen beim Vögeln zuschauen? Meine Jungfräulichkeit, wenn sie denn noch bestanden hätte, würde nicht angetastet werden, und ich wäre danach um 100 Euro Schwarzgeld reicher? Super Stundenlohn! Ich fragte zwei Mal nach, und als mir meine Freundin das jedes Mal bestätigte, habe ich zugesagt. Schon im nächsten Moment dachte ich: Was hast du denn jetzt wieder gemacht? Aber ich stand zu meinem Wort.

Der große Tag kam, und ich fuhr zu diesem Bordell, wo sich meine Freundin schon aufhielt. Eine ältere Dame öffnete mir die Türe und wusste gleich, wer ich war. Sie bat mich, ihr zu folgen, und ich lief ihr durch einen plüschigen Flur hinterher zu einem Zimmer, wo auf mehreren Sofas junge Mädchen fläzten. Na ja, I'll make the long story short … Meine Freundin war, wie mir die Hausdame sagte, im Moment noch bei einem Gast. Mit anderen Worten, sie wurde gerade noch irgendwo hier gefickt. Eine Dreiviertelstunde später, noch bevor ich zum Einsatz kam, drückte diese Freundin mir dann einen Hunderter in die Hand. So erfuhr ich ein ehernes Puffgesetz: Bezahlt wird vorher. Sie hatte bei unserem «Freund» abkassiert, bevor es losging. Und dann wurde ich in das Zimmer geschickt. Allein! Neben einem breiten Himmelbett stand für mich ein Stuhl bereit. Wenige Zentimeter neben der Spielwiese. Auf der lag ein nackter Mann, den ich tatsächlich aus dem Universitätsbetrieb vom Sehen her kannte. Nun also lag er im Edelpuff, wartete auf eine geile Studentin, und eine andere saß schon ganz nah bei ihm, und als die ihn interessiert betrachtete, verwandelte sich sein halberigierter Schwanz in einen steifen Mast. Ich fand das eher lustig als erregend.

Meine Freundin kam, und sie bestimmte von der ersten Sekunde an, wie die Sache zu laufen hat. Nicht, dass er dabei zu kurz gekommen wäre – nein, aber sie bestimmte die Spielregeln. Sie sagte ihm, wann er ihre Möse zu lecken hatte oder ihre – übrigens wunderschönen echten (!) – Brüste (ich habe einen eher kleinen Busen) küssen durfte. Sie blies seinen Schwanz, wann sie wollte, und auch die Stellung, in der er sie ficken durfte, wurde von ihr festgelegt. In seiner Phantasie aber, das wurde mir erst bei späteren Besuchen klar, fickte er mich. Ich saß zwar neben dem Bett auf dem Stuhl und sah dem Treiben stumm zu, aber er sah immer zu mir und musterte mein Gesicht und meinen Körper. Irgendwann wusste ich, er fickt meine Freundin und meint die für ihn Unerreichbare daneben. Das war dann der Moment, als es anfing, mich zu erregen. Der Mann sah ja nicht schlecht aus. Bei anderen ging es mir nicht so, womit auch schon raus ist, dass es nicht bei diesem einen Gast geblieben war. Es blieb auch nicht nur bei meiner Freundin. Irgendwann verbrachte ich die späten Nachmittage der Wochenenden bis in die Nacht und manchmal auch unter der Woche in jenem Edelpuff als Fantasy Lady diverser Herren. Besonders gern sah ich einer schönen schwarzen Hure zu, die zumindest immer vorgab, Spaß bei jeder Nummer zu haben. Ihre «Orgasmen» wirkten wahnsinnig echt, und wenn ich sie hinterher gefragt habe, hat sie immer laut gelacht und fröhlich gerufen: «Na klar, sind die echt. Was glaubst du denn?» Aber natürlich waren sie Fake.

Vor ein paar Monaten habe ich nun beschlossen, diesen Job zu kippen. Ich fange ja jetzt das Referendariat an, und das an einem Gymnasium in einer Gegend, wo womöglich potenzielle Gäste meines alten «Arbeitgebers» wohnen. Da kann man jemanden in eine peinliche Situation bringen, wenn er als Schülervater zum Elternabend kommt. Nun, ich mache ja als Referendarin wahrscheinlich erst mal dasselbe wie im Puff – ich sitze dabei und schaue zu … *(lacht)* Trotzdem ist es mir schwergefallen aufzuhören, nicht nur, weil ich gut dabei verdient habe, sondern auch, weil ich es interessant und manchmal auch echt erregend fand. Es kam sogar vor, dass ich nachts zu Hause noch masturbiert und mir dabei vorgestellt habe, der eine oder andere Gast würde es mit mir treiben. Also, ich war nun die Hure. Der Mann aus der Uni war sowieso eine ständige Masturbationsphantasie, und er – der zweieinhalb Jahre zuvor der erste Gast war – war dann auch der letzte in meiner Puff-Karriere. Allerdings hatte er mittlerweile zwei Mal die Damen gewechselt, aber ich war bei ihm häufig die Beobachterin. Diesmal wusste ich, dass danach Schluss sein würde. Ich hatte an dem Tag ein superkurzes Minikleid an, und bevor ich ins Zimmer ging, habe ich meinen Slip ausgezogen. Als er dann in der Missionarsstellung mit der Hure poppte, nur einen Meter von mir entfernt, machte ich die Beine auseinander und gewährte ihm einen Blick auf meine Muschi. So ein bisschen Sharon-Stone-mäßig, nur eben länger. Die Wirkung war cool, er ging ab wie Goofy in der Tonne. Der gute Mann, der traditionell immer am Schluss beim Handjob auf die Titten der Damen abspritzte, riss die Augen auf wie beim Entdecken eines neuen Weltwunders und schrie dauernd «Oh, mein Gott! Oh, mein Gott!». Zum ersten Mal kam er in einer Möse. Hinterher hat mich die Hure gefragt: «Was war denn mit dem los?» Ich sagte: «Zum finalen Rettungsschuss habe ich ihm heute mal die Möse gezeigt!» Sie brach vor Lachen fast zusammen und konnte sich gar nicht mehr einkriegen.

So, das war die etwas ausführliche Vorgeschichte meiner aktuellen Phantasien erotischer Art. Schon während ich im Puff als Beisitzerin engagiert war, wandelten sich meine Vorlieben bei meinen realen Liebhabern. Zunächst mal der Geschmack. Ich habe nämlich gesehen, dass diese Beauty-Boys à la Baptiste Giabiconi, wie sie bis dahin meinem Beuteschema entsprachen, mit dem selbstbewussten Auftreten der Huren große Schwierigkeiten bis hin zu Erektionsproblemen haben. Viele solcher Beauty-Boys kamen ohnehin nicht vorbei. Der selbstbewusste, aber vielleicht ein wenig unscheinbare Gentleman stellt sich bereitwillig in den Dienst der Sache. Er begibt sich sogar außerordentlich gern in die Hände einer Art Soft-Domina, die ihm klare Anweisungen gibt. Meine wechselnden realen Liebhaber wissen seither nicht, dass sie Teil einer Prostitutionsphantasie sind. Ich sehe mich als die Hure, die sie gebucht haben, und so verhalte ich mich auch. Schließlich habe ich – learning by watching – mitgekriegt, wie es läuft. Genau deshalb bin ich im Moment an keiner festen Beziehung interessiert, weil keine Hure der Welt immer nur denselben Mann abfrühstückt. So, das war meine Geschichte …

(am Telefon)

⟪

Klaus-Peter (46)

ist evangelischer Gefängnispfarrer und Single

Vielleicht ist es seinem geistlichen Amt geschuldet oder seiner christlichen Erziehung, dass ihm weniger seine erotische Phantasie Gewissensbisse bereitet als vielmehr deren gelegentliche Realisierung. Vor vielen Jahren hatte er das «Pascha» – ein Bordellhochhaus in Köln – besucht und dort ein für sein gesamtes Sexualleben prägendes Erlebnis gehabt ...

Einige in der Kirchenbehörde halten mich für homosexuell, weil ich keine Frau habe. Allerdings habe ich auch keinen männlichen Partner, denn ich bin ja nicht homosexuell. Für das Führen einer Kirchengemeinde sollte man aber nicht Single sein, was mit vielen Aufgaben zusammenhängt, die traditionell der Pastorengattin zufallen. Seit Jahren bin ich deshalb nun in der Gefängnisseelsorge eingesetzt. Über meine sexuellen Phantasien, die eine «normale» Partnerschaft unmöglich machen, kann ich aber mit niemanden sprechen, da sie – vor allem, wenn sie gelegentlich auch ausgelebt werden – mit der Tätigkeit eines Seelsorgers nicht kompatibel sind. Dabei habe ich durchaus versucht, eine Partnerin zu finden, aber der Sex war jedes Mal eine Katastrophe. Das heißt, ich bekomme keinen hoch, wenn es nicht so läuft, wie ich es mir vorstelle, aber genau so kann es in einer privaten Partnerschaft gar nicht laufen.

Praktisch angefangen hat es, als ich als Student mit einigen Kommilitonen das Bordellhochhaus Pascha in Köln besuchte. Es war reine Neugier von uns. Bei mir war es sogar etwas mehr, weil ich mich von dem Gedanken der Prostitution innerlich immer schon angesprochen fühlte. Nun aber sah ich das auf vielen Etagen vor mir, all die Frauen und Mädchen, die da vor ihren Zimmern standen und ihre Körper feilboten. Allerdings fand ich die meisten von ihnen nicht besonders attraktiv. Eine aber stand da, und sie war das personifizierte Klischee einer Hure. Sie trug zu einer schwarzen Strumpfhose weiße Overknee-Lackstiefel, und ihr großer Busen war nur durch einen knappen BH verdeckt, der Teil einer Korsage war. Ihre Nippel drückten sich durch das weiche Satingewebe. Wäre ich allein gewesen, wäre ich sofort mit dieser Frau in ihr Zimmer gegangen. Aber keiner von uns hatte ja vor, hier tatsächlich Sex zu haben. Wir waren Theologiestudenten – das verbot sich einfach. Diese Hure aber ging mir nicht mehr aus dem Sinn. Als ich allein war, stellte ich mir vor, was sie mit mir tun und wie sie mit mir sprechen würde. Dabei entdeckte ich an mir einen fatalen Hang zum Ordinären, ja, man kann sagen, ich wurde umso erregter, umso versauter meine Phantasie war. Fast jeden Tag onanierte ich, und diese Hure wurde für mich zu einem idealisierten Phantom. Bald war mir klar, dass es nicht beim Onanieren bleiben konnte, ich musste zu ihr. Doch mein Gewissen peinigte mich. Ich bin nicht besonders satangläubig, aber dass irgendeine dunkle Macht im Spiel ist, die mich herausfordert, das habe ich damals so gesehen und so sehe ich es auch heute. Das macht die Sache einerseits schwierig, andererseits liegt in dieser sündigen Verlockung auch etwas sehr erregendes.

Eines Tages machte ich mich allein auf den Weg ins «Pascha». Ich hatte etwas Geld gespart, und das trug ich nun bei mir. Aber die Frau war nicht da. Keine andere reizte mich – es musste jene sein, die mich in meiner Phantasie schon mehrfach zum Orgasmus gebracht hatte. Auch zwei weitere Besuche verliefen erfolglos. Dann aber, als ich ein weiteres Mal ins «Pascha» ging, saß sie da in diesem supergeilen Outfit auf einem Barhocker vor ihrem Zimmer (hinterher erfuhr ich, dass sie im Urlaub gewesen war). Mein Herz schlug bis zum Hals, ich fürchtete sogar ohnmächtig zu werden. Ich stand da und starrte sie aus einiger Entfernung nur an. Das fiel nicht nur ihr, sondern auch den anderen Frauen auf. Eine sagte: «Na, nun geh schon hin, die frisst dich nicht!» und die anderen lachten. Dann stand meine Angebetete auf und machte eine energische Kopfbewegung in Richtung ihres Zimmers. Ich gehorchte. Drinnen fragte ich, wie viel ich zu bezahlen hätte, und sie sagte: «Gib mir alles, was du hast!» Das tat ich. Heute weiß ich, dass ich auch mit weniger schon eine geile Nummer bekommen hätte. So war sie zufrieden und befahl: «Zieh dich aus!» Schließlich stand ich nackt mit einer gewaltigen Erektion vor ihr, was sie mit einem anerkennenden Grinsen bemerkte. Sie ging hinter einen Paravent und als sie zurückkam, trug sie nur noch diese weißen Hurenstiefel. Ich starrte auf diesen wunderbaren Körper mit den großen Brüsten und mir war es völlig egal, ob sie echt waren oder nicht.

Es war für mich eine Schicksalsstunde, und das ahnte ich auch in diesem Moment schon. Sie wusste sofort, dass sie mich mit «Dirty Talk» dem Wahnsinn nahe bringen konnte. Sätze wie «Komm her und lecke mir meine Fotze!» trafen mich ins Mark. Sie setzte sich auf die Bettkante, spreizte die Beine und zog ihre Schamlippen auseinander. Ich ging vor ihr auf die Knie wie beim Gebet und begann sie zu lecken. Sie sagte: «Ja, lecke schön die Fotze, in der heute schon fünf geile Schwänze waren.» Nie hätte ich gedacht, dass mich das nicht etwa abschrecken, sondern geradezu erregen würde. Ich fand die Vorstellung sogar außerordentlich erregend und sie wusste das. Das war das Versauteste, was ich mir vorstellen konnte. In meinen Phantasien stellte ich mir später sogar vor, dass noch das Sperma der fremden Männer da drin sein würde und ich das ausschlecken musste – obwohl sie es ja nur mit Gummi machte, aber das habe ich ausgeblendet. Bis heute habe ich diese Phantasie. Der Sex mit dieser Hure war für mich so sensationell, dass ich mir damals nicht vorstellen konnte, dass meine Geilheit bei späteren Besuchen noch steigerungsfähig sein würde.

Nach meinem Studium aber, also mit Beginn meiner seelsorgerischen Tätigkeit – weit weg von Köln – versuchte ich, die Leidenschaft für versaute Huren mit Overknee-Stiefeln los zu werden. Tatsächlich habe ich dann fast zwei Jahre kein Bordell aufgesucht. Aber ich konnte nicht onanieren, ohne eine solche Vorstellung zu haben. Mittlerweile habe ich Fotos von Hunderten von Stiefelhuren auf dem Rechner und auch Links zu entsprechenden Pornoseiten im Internet. Eine andere Form von Sex macht mich einfach nicht an. Selbst wenn mir eine Freundin das vorspielen würde, wäre es nicht dasselbe. Ich wüsste ja, dass sie nicht fremde Schwänze in ihrer Fotze gehabt haben würde.

Mittlerweile fahre ich drei bis vier Mal im Jahr nach Köln. Die Frau von damals ist nicht mehr da, aber es gibt andere, deren Handynummern ich habe und bei denen ich vorher einen Termin mache. Die Gewissensbisse sind geblieben, aber sie tragen zu meiner Erregung eben auch bei. Und so leiste ich mir diese versauten Sex-Phantasien regelmäßig, und ab und zu brauche ich es eben auch real.

(per längerer Mail-Kommunikation)

Manfred (52)
Rechtsanwalt in einer fränkischen Kleinstadt, seit mehr als 20 Jahren verheiratet

Im Alter von 14 Jahren hat er in einem Sexshop die ersten Pornos geklaut und zum ersten Mal Fotos von Frauen und Mädchen gesehen, die ausgepeitscht werden – Fotos, die sein Lustzentrum trafen. Nach wie vor ist seine sexuelle Phantasienwelt davon geprägt, und immer wieder sucht er entsprechende Bordelle auf, wo ihm dieser «Service» geboten wird ...

Meine momentane Lieblings-Phantasie ist, dass ich in einer einsamen Hütte in Polen oder Tschechien einen vollbusigen blonden Teenager vorfinde, dem ich nach Herzenslust den Arsch versohlen kann und das Mädchen dann abwechselnd in allen drei Löchern benutze. Das fände ich endgeil. Regelmäßig hole ich mir darauf einen runter. In der Realität habe ich das mit Prostituierten ausgelebt, und da hatte ich das Glück, dass die «Puffmutter» (Domina) ein «Händchen» hatte. Sie wies mir immer sehr gute «Sklavias» zu, die zu mir passten. Es gab dort alles an Gerätschaften, was man so brauchen konnte bis hin zu Kostümen, Gynostuhl, Peitschen, Gerten, Masken, Dildos usw. Auch Fesselungen waren möglich, an Flaschenzügen etc. Dazu rotes, schummriges Licht ... und mit schwarzer Glanzlackfolie bespannte Wände ... Es war immer alles sehr entspannt und sicher. Niemals Hektik, blöde Anmache, Abzocken oder Ähnliches ... Die letzte Sklaper dort entsprach genau meinen Vorstellungen: blond, extrem vollbusig, hemmungslos, intelligent, echt masochistisch, verständig bei Rollenspielen und danach aber auch lustig und sehr sympathisch. Mit ihr konnte ich die schönsten und schärfsten Phantasien umsetzen.

Alles in allem habe ich mir die Verwirklichung meiner Phantasien erkauft. Ich habe mir fast alles, was ich mir vorgestellt oder gewünscht habe, auch geleistet. Daher auch meine nicht nur altersbedingte nicht mehr sehr große Erregbarkeit. Ich kenne alles schon. Aber die oben beschriebene Lieblings-Phantasie – das wäre schon noch mal der Wahnsinnskick: der blonde willige Teenager in der Blockhütte mit mir allein ...

(per Mail-Kommunikation)

ॐ

Jenny (23)
Prostituierte in einem Wohnungsbordell, Single

Vor fast fünf Jahren kam Jenny aus der Provinz in die Großstadt. Ohne Berufsausbildung machte sie die üblichen Jobs als Kellnerin, PR-Aktivistin für eine Zigarettenmarke und an einer Autowaschanlage. Immer war das Geld knapp. Das änderte sich schlagartig, als sie durch eine Freundin zur Prostitution in einem der edleren Wohnungsbordelle kam, wo sie mittlerweile an fünf Tagen in der Woche jenem Gewerbe nachgeht. Gegen entsprechende Vergütung ist sie auch zu Dienstleistungen bereit, die andere Prostituierte ablehnen, wie etwa Zungenküsse und «Französisch total»[83]*. Die sehr jung wirkende Frau hat sich schnell einen Kreis von Stammkunden aufgebaut, die von dem lolitahaften Wesen angetan sind. Jenny hatte kein Problem damit, einem Mädchenklischee entsprechen zu müssen – bis einer ihrer Kunden sie an die Grenze des psychisch Erträglichen brachte ...*

Die Männer die mich buchen, stehen, möchte ich wetten, auch alle auf Avril Lavigne[84], zumindest auf die Avril Lavigne von vor zehn oder zwölf Jahren. Ich bin nämlich der gleiche Mädchen-Typ, und ich

---

83 ungeschützter Oralverkehr
84 Avril Lavigne – kanadisch-französische Rock- und Pop-Sängerin (*1984), 155 cm großer Lolita-Typ

schminke mich auch in ihrem Stil. Damit ist meine Beschreibung auch schon abgeschlossen: Avril à la 2004. Okay? Wer keine Lolita mag, der wird mich nicht buchen. Wer aber drauf steht, kommt an mir nicht vorbei. Zumindest nicht in unserem Laden. Wenn ich mich in einem unserer Zimmer einem neuen Kunden vorstelle, weiß ich schon in den ersten Sekunden, ob er auf mich steht oder nicht. Irgendwas passiert in den Gesichtern der Männer, was mir verrät, wie sie ticken. Die meisten, die mich buchen, kommen immer wieder, und keiner, der sich beim ersten Mal für ein anderes Mädchen entschieden hat, kommt irgendwann später zu mir. Die «Kinderficker», wie meine Kunden bei uns genannt werden, sind nie attraktiv – das sind sowieso die wenigsten Puffgänger, kommt aber vor, aber nicht bei den Kinderfickern. Sie sind aber fast alle nett und höflich. Viele bringen mir was mit, meist Süßigkeiten, über die sich dann meine Kolleginnen hermachen. Und eines Tages war da der Typ, dem fast die Augen rausgefallen sind, als ich mich vorstellte, und der meine Hand gar nicht mehr loslassen wollte. Er sagte dauernd: «Du bist es! Du bist es!» Ich dachte: Hallo, was geht denn hier ab? Ist er verrückt oder was ist mit dem los? Ich sagte: «Okay, ich bin es! Ich schicke dir die Hausdame, die erklärt dir alles … Preis-Leistungs-Verhältnis und so.» Unsere Hausdame ging also zu dem hin, und nach einer Minute kam sie zurück und fragte mich nach meiner Schuhgröße. Ich sagte «38» und wusste gar nicht, was das soll. Will er mir Schuhe kaufen, dachte ich, oder vielleicht Hurenstiefel, was geil wäre, weil die ziemlich teuer sind? Das war irgendwann am Nachmittag, und als die Hausdame nach 'ner Weile wieder nach hinten kam, sagte sie, dass er für mich einen Termin am Abend gemacht hat – eine ganze Stunde. Und sie sagte mir auch, was der Herr sich so vorstellt. Normalerweise ist es ja nicht ihre Aufgabe, die Wünsche der Herrn in Erfahrung zu bringen, aber unsere Wally ist eben ein Seelchen und hat sich seiner Bitte nicht verweigert, es ihr vorzutragen. Sie sagte mir also, der Typ gehe jetzt Klamotten für mich einkaufen, die solle ich dann anziehen. Ich würde bei ihm Svenja heißen und 15 Jahre alt sein. Oops! Da musste ich erst mal schlucken … Es wurde von mir irgendwie eine krasse schauspielerische Aufgabe erwartet. Okay, das ist es ja immer, aber ich habe die andern Mädels gefragt, wie man das macht – eine 15-Jährige beim Sex. Aber viel mehr, als Kaugummiblasen zu produzieren und ab und zu mal albernes Kichern einzulegen, ist denen auch nicht eingefallen. Ich habe zwar mit 15 auch schon gevögelt, aber die Typen waren nicht 30 Jahre älter. Der aber war mindestens Mitte 40, und ich hatte null Ahnung, wie der sich 'ne Fünfzehnjährige vorstellt. Ich habe also abgewartet, was da auf mich zukommen würde, und obwohl ich zwischendurch noch zwei andere Kunden abgefertigt habe, ging mir dauernd durch den Kopf, was der Typ sich da wohl mit einem krass jungen Teenie zusammenphantasiert, und vor allem, was ich dafür verlangen kann. Die Antwort kam in einer rosafarbenen und einer braunen Tragetasche. Dadrin befanden sich ein superkurzer Minirock mit Schottenmuster und ein blaues T-Shirt, auf dem mit Glitzersteinchen das Wort «LOVE» aufgestickt war. Außerdem weiße Kniestrümpfe und knallrote echte «Converse All Stars», und dann war da noch ein Kuvert mit 300 Euro. Schon für einen Fuffi weniger stand ihm das volle Programm zu: eine Stunde mit sämtlichen Extras. Ich dachte: Wow! Wenn ich die Schuhe auch noch behalten darf, ist das heute mein Glückstag. Wir Mädels untereinander wünschen uns zum Schichtwechsel immer «wenig Kunden und viel Geld», und das war jetzt so ein Fall. Selbst wenn ich die 75 Euro abziehe, die der Bordellbetreiber für eine Stunde Zimmermiete kassiert, war es ein echt cooler Stundenlohn. Ich habe mich also mit den Sachen kostümiert, die er besorgt hat. Die Schminke hatte ich vorher schon entfernt, weil mir Wally sagte, er will mich ungeschminkt. Ich schob mir noch schnell einen Chewing Gum in den Mund, und dann ging's ab in das Zimmer, wo der Typ auf mich wartete. Die meisten Gäste sind schon nackt, wenn ich reinkomme. Der nicht! Er saß da in Anzug und Krawatte auf dem Bettrand, und als ich ihn fragen wollte, was jetzt das Programm sein würde, legte er den Zeigefinger auf seine Lippen. Also hielt ich den Mund und stand ein bisschen blöd in der Gegend rum. Ich machte mit dem Kaugummi eine Blase und ließ sie platzen. Der Typ strahlte.

Schien ihm zu gefallen. Jetzt musste ich wirklich kichern. Er sagt leise: «Komm zu mir, Svenja!» Ich ging also hin, und er begann mir die Beine zu streicheln. Dabei machte er die Augen zu und rieb sein Gesicht auf der Höhe meiner Brust auf dem T-Shirt. Ich dachte, er muss aufpassen, dass er sich nicht am Glitzerstein-LOVE das Gesicht zerkratzt. Also schob ich das T-Shirt hoch und legte so die Brüste frei, an denen er ja wohl ohnehin interessiert war. Er schaute mich mit glasigen Augen an, und dann begann er an, meinen Nippeln zu saugen. Erst zärtlich und dann immer gieriger. Nach einer Weile holte er seinen Schwanz raus und begann sich zu wichsen. Dabei stöhnte er dauernd: «Svenja, oh mein Gott!» Zwei, höchstens drei Minuten, und er spritzte mir auf die Beine. Irgendwie erschöpft rollte er sich auf dem Bett zusammen und begann mit so 'ner Art Wimmern. Es hörte sich erbärmlich an. Ich machte meine Beine sauber und setzte mich auf den Sessel. Keine Ahnung, wie es weitergehen sollte. Er hatte ja eine Stunde gebucht, und ich war gerade mal zehn Minuten da. Außerdem hatte er 300 Euro bezahlt, dafür durfte er zwei Mal kommen. Nach einer Weile stand ich auf, legte mich neben ihm aufs Bett und fing an, ihm den Kopf zu streicheln. Er drehte sich zu mir und presste sich ganz dicht an mich. Er sagte: «Es tut so mir leid, Svenja. Aber du bist ein so schönes Mädchen geworden. Ich konnte einfach nicht an mich halten.» Ich dachte: Wer immer diese Svenja ist, von der ich offenbar die perfekte Kopie bin – diesen Typen sehe ich nie wieder. Na, wenn der schon gleich nach dem ersten Abspritzen zur Heulsuse wird!? Der kann bestimmt vor Gewissensbissen in keinen Spiegel mehr schauen. Aber damit lag ich ziemlich falsch. Schon eine Woche später war er wieder da und ein paar Tage darauf wieder ... Es war immer dieselbe Nummer, nur dass ich irgendwann anfing, den Handjob zu übernehmen und er mir sein Sperma nicht mehr auf die Beine, sondern auf den Arm spritzte.

Eines Tages buchte er mich für Escort – das heißt mit Ausgehen und so und dann die ganze Nacht irgendwohin für 1000 Euro. Ich habe schon zwei Mal vorher Escort gemacht, weil manche Typen in der Öffentlichkeit mit ihrer superjungen «Freundin» angeben wollen. Es ist immer schwierig, aber es wird ja auch nicht schlecht entlohnt. Diesmal aber war ich echt gespannt, wie das mit dem ablaufen würde.

Er holte mich mit einem dunkelblauen 3er BMW ab und war unglaublich freundlich. Es war, als ob ich zu einem alten Bekannten in den Wagen steige. Es ging nur so: «Hallo Svenja, wie war dein Tag? Hast du Hunger? Was hältst du davon, mit Papa chic essen zu gehen!» Papa? Hallo? Ich hoffte, das wär nur so 'ne Art Spitzname … Und dann ging's in ein supergeiles Restaurant. Draußen war es ein heißer Sommertag, und drinnen machte die Klimaanlage einen guten Job. Bei der Gelegenheit erfuhr ich seinen Namen, denn er wurde von einem der Kellner mit Namen begrüßt, und er stellte mich tatsächlich als seine Tochter Svenja vor. Trotzdem war ich noch nicht so geschockt wie später. Ich dachte nur: Okay, jetzt ist es raus, wer ihm in seiner fantasy einen runterholt. Mehr war ja nicht passiert. Wenn ich also wirklich diese Svenja wäre, wär ich noch immer Jungfrau. Durch seine Spermaspritzerei hätte ich meine Unschuld jedenfalls nicht verloren. Also, was soll's?

Beim Essen ging's dann schon los. Während er die Suppe löffelte, streichelte er mir unter dem Tisch die Beine. Das konnte sonst keiner sehen, weil es bodenlange Tischdecken gab. Aber ich saß ja neben ihm, er hatte also leichtes Spiel. Bevor der Hauptgang serviert wurde, fing er an, mich zu fingern. Er schob seine Hand unter meinen Rock und suchte mit dem Finger unter dem Slip den Weg zu meiner Muschi. Er hörte damit auch nicht auf, als die Kellner den Hauptgang servierten. Die müssen das bemerkt haben, denn sie beugten sich ja über den Tisch. Nach dem Essen ging's in ein Hotel, einen der noblen Übernachtungsbetriebe hier. Auf dem Zimmer wurde dann aus dem freundlichen Herrn ein ziemlich strenger Mann. Bevor er ins Bad ging, sagte er: «Wenn ich zurückkomme, liegst du splitternackt auf dem Bett, verstanden?» Wie ein kleines Mädchen antwortete ich artig: «Ja, Papa, mach ich!» Ich legte mich also nackt auf das Bett, und mir war klar, welche Nummer gleich ablaufen würde. Der Mann, dessen Namen ich nun kannte, würde jetzt gleich seine eigene Tochter ficken. Ekel kam in mir hoch, denn ich wusste nur zu gut, wie sich das anfühlt, wenn man vor der Zeit zum Sexualobjekt wird. Wenngleich ich deutlich jünger als 15 war, als der Freund meiner Mutter mich geil fand. Aber gefickt hat der mich nicht – gefickt nicht! Und dann dachte ich, dass ich der Original-Svenja einen Riesengefallen tun würde, wenn ich jetzt die Beine breit mache. Für mich war's der Job. Aber Beine breit machen war erst mal gar nicht angesagt, denn der Typ stand vor dem Bett mit 'ner riesigen Latte und sagte: «Svenja, komm her!» Mir war schon klar, was jetzt laufen würde. Also ging ich hin, und wie in jedem zweiten Porno packte er mich an den Haaren, drückte mich runter auf die Knie, und ich begann mit dem Blowjob. Er dirigierte das Tempo, mal schneller und mal langsamer. Ich konzentrierte mich auf sein Stöhnen, um herauszufinden, wann es so weit sein würde. Dann würde ich die Zunge nach oben schieben, um zu verhindern, dass mir sein Saft bis in den Hals schießt. Aber dazu kam es nicht, denn er zog diese kitschige Pornonummer bis zum üblichen Finale durch, und das heißt, er spritzte mir seinen Saft ins Gesicht. Dann sagte er: «Los, wasch dich!» Für diesen einen Satz war ich ihm echt dankbar. Nichts ist schlimmer, als wenn die Typen ihr Kunstwerk auch noch stundenlang betrachten wollen.

Als ich zurückkam, lag er auf dem Bett und rauchte. Kein Wimmern, so wie sonst. Er beachtete mich gar nicht. Ich setzte mich auf einen der Stühle und wartete. Es dauerte eine ganze Weile, bis er befahl: «Komm her!» Ich hatte schon den Gummi in der Hand, und er – als ob er darauf gewartet hatte – ließ ihn sich überstreifen. Dann setzte ich mich auf seinen Schwanz und begann ihn zu reiten. Das mögen die meisten Männer. Er auch. Aber er machte nicht die Augen zu, sondern sah mich an und sagte: «Das wolltest du doch schon lange, Svenja, oder?» Ich sagte brav: «Na klar, Papa, das hast du doch wohl gemerkt.» Aber das hat ihm nicht genügt, er befahl mir: «Sag's mir, du Flittchen, dass du schon lange deinen Vater ficken wolltest.» Und ich schrie: «Ja, Papa! Ich wollte dich ins Bett kriegen, ich hatte Bock, deinen Schwanz zu reiten, dich in mir zu spüren und abzumelken. Na los, gib mir deinen Saft», und so weiter. Na und da ging er dann richtig ab. Aber nachdem er abgespritzt hatte, durfte ich mich nicht mal mehr neben ihn legen. Er sagte: «Zieh dich an und verschwinde!» In diesem Moment war mir klar, dass ich ihn nun tatsächlich nie wieder sehen werde. Als ich das Hotel verließ, hatte ich zwar 1000 Euro in der Tasche, aber es ging mir trotzdem richtig scheiße. Das war die krasseste Nummer meiner Karriere! Ich hoffe ja nur, dass er danach keinen Bock mehr hatte, sich an seiner Tochter zu vergreifen, oder es nicht so ist, dass ich da überhaupt erst seine Begehrlichkeit geweckt habe. Aber das werde ich wohl nie erfahren.

(per Telefon)

Norbert (57)

ehemaliger Bundeswehr-Offizier, Frühpensionär, lebt in Hessen, geschieden

Lange hatte er seine Leidenschaft für Bordell-Besuche verschwiegen, denn «es wäre auch nicht gut angekommen» als Führungskraft in der Truppe. Nachdem er auf Facebook den speziellen Aufruf an Bordellgänger gelesen hatte, die für dieses Buch um Auskunft über jene Phantasien gebeten wurden, die sie in die Arme von Prostituierten treiben, hat er sich gemeldet. Inzwischen nämlich, nach dem Scheitern seiner Ehe nach mehr als 20 Jahren, bekennt er sich zu seiner Sex-Sucht, in der vor allem sehr junge Mädchen eine Rolle spielen …

Das mit der erotischen Phantasie ist so eine Sache. Wenn damit gemeint ist, was man sich vorstellt, wenn man sich einen runterrubbelt, so ist es bei mir der Traum vom hemmungslosen Sex mit sehr jungen Mädchen. So von 18 oder 19 Jahren bis etwa Mitte 20. Da finde ich jetzt auch nicht alle schön, aber sehr viel mehr als bei Frauen, die dieses Alter überschritten haben. In dem Alter können sie auch noch ein bisschen drall sein, da ist das trotzdem noch sexy. Ob sie kleine Brüste haben oder einen großen Busen, ob sie klein von Statur sind oder groß wie Topmodels, ist egal. Es ist diese süße Anmut, die mich total anmacht. Wenn ich sie auf der Straße sehe, vor allem im Sommer, wenn sie knappe Kleidung tragen, da ist fast jede Zweite von denen für mich eine Wichsvorlage. Und das an fast jedem Tag in der Woche. Nun möchte man aber auch nicht permanent nur wichsen. Beim Bund haben wir uns ja auch gefreut, wenn ab und zu mal ein Manöver stattfand und man das taktisch anwenden konnte, was man sonst theoretisch vermittelt hat. Nun bin ich inzwischen, da hilft ja nichts, in einem Alter, bei dem die Teenies nicht gerade Schlange stehen. Ich bin auch früher gelegentlich im Puff gewesen, in einem etwas besseren Bordell, sprich teurer. So teuer jedenfalls, dass einem dort niemand aus den Mannschaftsdienstgraden übern Weg lief. Die konnten das nicht bezahlen. Heute sind verschiedene Puffs in diesem Lande meine regelmäßige Spielwiese. Und mit Phantasie hat das wenig zu tun. Phantasie spielt sich ja bekanntlich im Kopf ab. Wenn ich ein Bordell betrete, ist mein Kopf absolut leer. Man weiß dort schon, dass man mir die älteren Kaliber gar nicht erst zur Vorstellung schicken muss. Wenn die Mädchen sich vorstellen – und da sehe ich ja jede höchstens 20 Sekunden –, entscheide ich blitzschnell aus dem Bauch heraus, mit wem ich heute Sex haben will. Und beim Honorar, dem Hurengeld, bin ich großzügig. Ich nenne das den «Ekelzuschlag» angesichts des Altersunterschieds. Wenn ich dann nackt auf dem Bett liege und warte auf den unbekannten Teenie, dann bin ich erregt, aber im Kopf passiert da gar nichts. Es ist diese verruchte Atmosphäre, die einen da aufheizt. Da überlegt man nicht, was man gleich mit dem Mädchen anfangen will, sondern begibt sich voll in deren Hände. Wenn sie einem dann ihre zarten Fötzchen zum Lecken entgegenstrecken, dann ist das für mich der Himmel auf Erden. Da stört es mich nicht, dass am selben Tag vielleicht schon vier oder fünf andere Männer ihre Schwänze da rein gesteckt haben. Im Gegenteil, das macht mich eher an. Ich liebkose ihre Körper, streichle sie, küsse ihre Brüste, und weil ich mich großzügig gezeigt habe, sind viele sogar bereit, mir Zungenküsse zu geben, während ich in sie eindringe. Ich mag es auch, sie von hinten zu nehmen und sie dabei im Spiegel zu beobachten. Es macht mich wahnsinnig, wenn sie mich reiten und ihre langen Haare wirbeln wild durch die Luft und geben ihnen ein verwegenes Aussehen. Das ist für mich hemmungsloser, versauter Sex, und ich bin trotz meines Alters immer noch in der Lage, zwei Mal hintereinander zu kommen.

Mit einigen Bordellbetreibern habe ich seit einiger Zeit einen Deal. Immer wenn junge Mädchen in das Gewerbe einsteigen, wenn sie also mit 18 oder 19 Jahren ihren allerersten Tag in einem Puff haben, bin ich zur Stelle. Deren Chef hat mich nämlich vorab verständigt, und da fahre ich auch mal 400 oder 500 Kilometer, um das Vergnügen des ersten Schusses zu haben. Diese Mädchen sind noch nicht so routiniert wie die, die den Job schon länger machen. Obwohl ich deren Routine natürlich auch zu schätzen weiß. Den Junghuren aber merkt man das Lampenfieber an, und das ist geil. Ich bin in diesem Fall besonders großzügig und besonders charmant, um ihnen die Scheu zu nehmen. Eine jede Hure erinnert sich an ihren ersten Freier, und ich bin bemüht, einen positiven Eindruck zu hinterlassen. Und wenn ich dann in sie eindringe, dann ist es wie eine Entjungferung. Jedenfalls etwas ganz Besonderes für beide Seiten, und es macht mich fast wahnsinnig. Aber all das ist pure Geilheit, reines Gefühl und hat mit Phantasie nichts zu tun, denn wer nachdenkt, bekommt womöglich Zweifel oder was weiß ich was. Nein, Sex ist Sex und Gedanken sind Gedanken. Ich entscheide mich, solange es noch geht, für Sex und in meinem Fall mit jungen sexy Girls.

(per Mail-Kommunikation)

Mario (52)

Software-Entwickler, lebt in einer westdeutschen Großstadt, Single

Es ist lange her, seit Mario «normalen» Sex mit Frauen hatte. Schon immer hatte er eine Schwäche für starke, selbstbewusste Frauen. Seine sexuellen Phantasien während des Onanierens nahmen immer konkretere Formen der Unterwerfung an, die er bei Zufallsbekanntschaften nicht realisieren konnte. Er schreibt mittlerweile diese Phantasien auf und lässt die Texte dominanten Prostituierten vor dem Besuch zukom-

men, die dann seine Szenarien einem Drehbuch gleich umsetzen. Einen dieser Texte stellt er für dieses Buch zur Verfügung – die darin beschriebene Phantasie ist auch umgesetzt worden …

Schon im Alter von 12 oder 13 Jahren sehnte ich mich, wenn ich an Sex dachte, nach Unterwerfung. In den letzten Jahren entwickelte ich ganz detaillierte Szenen. Das ist mit einer Frau, die ich irgendwo kennenlerne, natürlich gar nicht zu realisieren. Ich denke mir beim Onanieren ganz unterschiedliche Situationen aus, aber irgendwann will ich das auch erleben. Beruflich bin ich viel unterwegs, und in den meisten Städten kenne ich Orte und Etablissements, wo ich das kriegen kann, was ich suche, und die prominenteste Adresse für dominanten Sex ist nun mal die Hamburger Herbertstraße. Ich überlasse nichts dem Zufall, weshalb ich jedes Mal, bevor ich eine dieser Frauen aufsuche, ziemlich exakt aufschreibe, wie die Session ablaufen soll, wenngleich natürlich immer auch noch Spielraum für deren dominante Phantasien bleibt. Diesen Text lasse ich den Damen vorher zukommen. Beim Besuch einer Domina übergebe ich ihn zusammen mit dem Honorar der Hausdame oder auf der Hamburger Herbertstraße der Frau selbst, die in einer Art Schaufenster sitzt und auf Kunden wartet. Nach der Übergabe gehe ich noch mal weg, mache den Kopf frei und wenn ich sie kurz darauf aufsuche, wird die Szene von ihr umgesetzt. Die Minuten, nachdem ich den Text abgegeben habe und die Begegnung ersehne, sind jedes Mal der reine Wahnsinn, und mein Puls schlägt bis zum Hals. Den folgenden Text habe ich einer Domina auf der Hamburger Herbertstraße gegeben, nachdem die darin geschilderten Szenen einige Male zuvor Grundlage meiner Wichsfantasien waren. Aber die Realität in ihrem Studio hat dann alles übertroffen!

Liebe Herrin,
ich werde in wenigen Minuten von der anderen Seite wieder in die Herbertstraße kommen. Wenn ich in die Nähe Ihres Fensters komme, würde ich mich freuen, wenn Sie mir zurufen: «He du Arschloch, komm sofort hierher!» Na-

türlich werde ich Ihrer Aufforderung umgehend Folge leisten. Wenn ich dann vor Ihrem Fenster stehe, befehlen Sie mir bitte: «Gib mir die ganze Kohle, die du bei dir hast!» Ich werde die Brieftasche herausholen, in der sich derzeit 500,– Euro befinden – ein Teil davon, die Höhe legen Sie natürlich selbst fest, ist für drei oder vier Ihrer Kolleginnen bestimmt, die meiner Erniedrigung beiwohnen werden. Vor der Tür zu Ihrem Haus befehlen Sie mir bitte, in aller Öffentlichkeit vor Ihnen auf die Knie zu gehen und Ihre Stiefel zu lecken. Ich werde es tun, und jeder der sich in der Herbertstraße aufhält – Huren wie Besucher – kann mir dabei zusehen. In Ihrem Etablissement muss ich mich dann entkleiden, und Sie werden danach meine Hände sicher gern an den Seilzug in der Mitte des Zimmers fesseln und so weit nach oben ziehen, dass ich nur noch auf Zehenspitzen stehen kann. Wenn Sie das Zimmer dann verlassen, werde ich hilflos darauf warten müssen, was weiter geschieht. Denn natürlich bestimmen Sie, wie lange das Warten dauern wird.

Danach könnte es eine Einstimmung in die Session sein, indem Sie mit drei oder vier Ihrer Kolleginnen zurückkommen, die sich über mich lustig machen, mich ohrfeigen und lachend ins Gesicht spucken. Auch Schläge und Tritte gegen den Körper würde ich devot ertragen. Ich sehne mich danach, das Gespött von allen zu sein. Sie könnten zu einer Peitsche greifen und mich auspeitschen, wie Sie überhaupt alles mit mir machen können, was Sie wollen, und Ihre Kolleginnen stehen feixend dabei. Ich bin gespannt, was Sie mir befehlen werden, nachdem Sie mich aus der Fessel befreit haben werden. So könnte ich zu jeder Ihrer Kolleginnen kriechen und die Stiefel und Schuhe ablecken. Auf Ihre Frage, wovon ich eigentlich träume, werde ich bekennen, dass ich gern ficken möchte, und Sie könnten mir verächtlich eine Gummipuppe zuwerfen, mit der ich vor Ihnen allen kopulieren muss. Doch bevor ich in ihr kommen kann, wird mir die Puppe wieder weggenommen.

Meine Brustwarzen lechzen danach, gequält zu werden. Natürlich habe ich Verständnis, dass Sie sich nicht die Finger schmutzig machen wollen. Deshalb bin ich bereit, mir selbst Nippelklammern anzulegen. Auch solche, die Stromstöße verursachen und Sie haben es in der Hand zu entscheiden, wie stark diese Stromstöße sein werden.

In der linken Tasche meines Jacketts finden Sie ein kleines Fläschchen Poppers[85], das Sie oder eine Ihrer Kolleginnen mir zu schnüffeln geben könnten. Ich muss mir das Poppers tief reinziehen, und wenn ich dann so richtig bis unter die Haarwurzeln vollgepoppt bin, liege ich auf dem Boden und unter den Fußtritten der umherstehenden Damen wichse ich mir das Sperma aus den Hoden. Bitte gestatten Sie mir, dass ich meine devote Lust in diesem Moment laut herausschreie, auch wenn Sie und Ihre Kolleginnen das zu Lachsalven veranlassen wird. Das wäre für mich die größte Erfüllung!!!

(per Mail-Kommunikation)

Monique (27)

hat seit dem 19. Lebensjahr in Bordellen in der Schweiz, in Wien, Köln und Berlin gearbeitet, Single

Wenn sie alle schrägen Phantasien ihrer Kunden ausplaudern würde, sagt sie, «hätten wir tagelang damit zu tun». Das allein wäre schon ein Buch, das sie dann aber lieber selber schreiben würde. Mit einer sehr ausgefallenen – ja, der schrägsten – Phantasie ihrer Huren-Karriere will sie aber gerne ihren «Beitrag leisten»...

Es gibt einen Gast, der ist schätzungsweise um die 50, der kommt regelmäßig, wählt aber jedes Mal ein anderes Mädchen aus. Ich weiß, dass er auch in anderen Läden auftaucht. Das spricht sich herum in der Branche, weil es so einen wie den nur einmal gibt. Bei mir war er schon zwei Mal. Das kam aber nur, weil eine andere die Session abgebrochen hat. Ihr war die Nummer einfach zu krass, und ich bin eingesprungen, weil ich ja schon wusste, wie er drauf ist. Alle in unserem Laden nennen ihn den «Koch». Ich weiß nicht, ob er Koch von Beruf ist oder ob sie ihn so genannt haben, weil seine Phantasie was mit Essen zu tun

---

85 Poppers ist die Slangbezeichnung für eine Gruppe flüssiger und kurzzeitig wirksamer Schnüffeldrogen mit aphrodisierender Wirkung.

hat. Als ich in diesem Laden angefangen habe, war er schon Stammgast und hieß auch schon bei den Mädchen so.

Also, der Koch hat so 'n Ding mit Kannibalismus zu laufen. Aber nicht er will jemanden verspeisen, sondern er will aufgegessen werden, und gleichzeitig hat er Angst vor den Schmerzen. Das läuft dann immer so ab, dass sich das Mädchen so neben ihn legen muss, dass ihre Füße neben seinem Gesicht sind. Die will er immer sehen, wenn er die Augen öffnet. Dann also fangen wir an mit Französisch pur[86], und er fragt ängstlich: «Wirst du mich essen!» Ich antworte: «Na klar fresse ich dich auf, aber ganz langsam!» Dann blase ich weiter, und er schreit: «Ich bin ja schon in deinem Mund ... du wirst mir den Schwanz abbeißen. Das wirst du doch? Du fängst ja schon damit an ...» Ich antworte wieder: «Ich werde dich ganz auffressen, jedes Teil von dir ...!» Wieder nehme ich seinen Schwanz in den Mund. Zwischendurch öffnet er die Augen, und wenn er meine Füße sieht, ruft er: «Aber ich lebe ja noch, ich kann doch deine Füße sehen ...!» Ich lege beim Blasen einen Zahn zu, und das ist wörtlich zu nehmen, denn ich knabbere leicht an seiner Eichel. Er wird immer lauter, schreit, dass er Angst vor dem Sterben hat, aber dass er weiß, dass ich ihn verspeisen muss. Am Schluss brüllt er den ganzen Laden zusammen, panische Schreie wie aus Todesangst. Und ich glaube, die fühlt er in diesem Moment auch ganz echt. Dann spritzt er mir seine Ladung in den Mund, und in der nächsten Sekunde ist er der relaxteste Mensch auf der Welt. Beim nächsten Mal geht's mit einem anderen Mädchen wieder von vorn los. Irgendwann kommt wohl jede von uns mal dran – zumindest jede, die bereit, ist Französisch total[87] zu machen, denn ein Gummi würde natürlich seine Illusion zerstören.

(im persönlichen Gespräch)

86 Französisch pur = am Mann ausgeübter Oralverkehr ohne Schutz
87 Französisch total = Französisch pur mit Samenerguss im Mund

Mario (47)

arbeitet «im Finanzsektor» in einer Großstadt in NRW, lebt nach mehreren Beziehungen als Single

*Zunächst hat sich eine Kölner Prostituierte gemeldet, wollte sich aber
weder schriftlich noch am Telefon äußern. Sie war lediglich neugierig,
etwas über dieses Buchprojekt zu erfahren. Schließlich versprach die
junge Frau, meine Kontaktdaten an einige Stammkunden weiterzu-
geben. Wer sich von denen melde, sei «deren Sache». Einer von ihnen
ist Mario, der mit den Bordellbesuchen eine eigenwillige Phantasie verfolgt ...*

Ich bin schon mit 19 Jahren das erste Mal in den Puff gegangen, aber
nicht, weil ich es nötig gehabt hätte. Es gab genug Mädchen, die mit
mir in die Kiste steigen wollten, und viele haben es auch getan. Außerdem hatte ich zwei langjährige Beziehungen, wo so etwas wie
Girlfriend-Sex stattfand. Das war okay, war auch geil und alles, aber in
den Puff zu gehen, war schon immer etwas anderes. Was war anders?
Das ist vielleicht ein bisschen so wie ein Formel-1-Fahrer, der privat
eine schöne Limousine fährt. Das tut er gern, aber es ist eine völlig andere Nummer, als in ein Rennauto zu steigen. Im Puff konnte ich schon
immer die Sau rauslassen, mein Kopfkino abspulen ... Schließlich bezahle ich dafür, und ich muss mir gar nicht erst einen Kopf machen, ob
die Frau dabei auf ihre Kosten kommt. Das passiert eh nicht. Nicht,
dass es mir nicht gefallen hätte, in den privaten Beziehungen meine
Partnerin erst mal zum Orgasmus zu lecken oder sie sonst wie zum
Höhepunkt zu bringen. Bei der Hure ist der Sex etwas ganz anderes.
Das ist wie Kür und Pflicht beim Eiskunstlauf – zwei völlig verschiedene Formen derselben sportlichen Disziplin. Komisch, dass mir immer Sportbeispiele einfallen ...

Okay, ich will Ihnen von meiner neuesten Leidenschaft erzählen.
Das heißt, so neu ist sie ja gar nicht mehr ... Vielleicht drei oder vier
Jahre. Mir ist natürlich schon lange klar, dass Huren nicht aus Geilheit
oder irgendeiner Leidenschaft mit mir poppen. Es ist ein Job. Ich kann

die schönsten romantischen Träume haben und ihre Schönheit anregend finden (ich suche mir immer sehr schöne Mädchen aus), aber für sie bleibt es immer ein Job. Es kann ja sein, als ich so 19 oder 20 war und die Huren irgendwas zwischen 25 und 30, dass da mal auch eine darunter war, die das geil mit so einem jungen Kerl fand. Aber inzwischen bin ich im Alter ihrer Väter, und das findet bestimmt keine von denen besonders aufregend. Und genau diese innere Ablehnung ist inzwischen mein Thema und macht mich echt an. Mittlerweile gehe ich immer zur selben, also die Frau, mit denen Sie Kontakt hatten. Wenn ich zu der komme, weiß sie genau, was ich will, und sie spielt es mir. Nein, sie muss es gar nicht spielen, denn es entspricht ja der Realität – also ihrer Realität, ihrer Gefühlslage.

Das, was dann abläuft zwischen uns, so ein bis zwei Mal im Monat, ist fast an jedem der anderen Tage auch meine Phantasie beim Onanieren. Also, ich beschreibe das mal, und Sie werden sehen, dass das, was mich anmacht, fast jeden anderen Typen total abtörnen würde.

Ich warte im Zimmer auf die Hure, und sie lässt mich eine ganze Weile warten. Dann kommt sie sichtlich schlecht gelaunt rein und sagt: «Ach, du schon wieder. Hast du die Kohle?» Ich gebe ihr also das Geld. Sie sagt: «Dann mach dich mal nackig!», und geht wieder. Wieder muss ich lange warten, während ich nackt auf dem Bett liege. Allein die Warterei erregt mich schon so, dass ich 'ne Latte kriege. Dann kommt sie rein und zieht sich, immer noch schlecht gelaunt, aus. Ich setze mich auf die Bettkante. Sie kommt an mich ran, und sofort beginne ich, an ihren großen Brüsten zu saugen. Nach einer Weile sagt sie: «He, hör auf zu schlabbern, das ist ja eklig!» Als ich gierig weitermache, schiebt sie mich von sich und wirft mir einen Gummi zu mit den Worten: «Bringen wir es hinter uns. Zieh dir den über!»

Sie legt sich breitbeinig hin und zündet sich eine Zigarette an – den Aschenbecher neben sich. Ich weiß, mehr als die Missionarsstellung ist mit ihr nicht drin. Also steige ich auf sie auf und beginne zu ficken. Da greift sie zu einer Illustrierten, die sie mitgebracht hat, und beginnt darin zu blättern. Während ich sie poppe, raucht sie und betrachtet sich gelangweilt die Bilder in der Illustrierten. Sie ist überhaupt nicht bei der Sache, was mich wahnsinnig erregt. Sie interessiert sich überhaupt nicht für mich. Im Gegenteil, sie lässt mich ihre Ablehnung richtig spüren. Irgendwann sagt sie: «Brauchst du noch lange? Ich kriege ja schon einen Krampf in den Beinen …» Ich ficke weiter, und sie sagt: «Jetzt spritz endlich ab, ich habe keinen Bock mehr auf deine Bumserei.» In diesem Moment bekomme ich dann einen Megaorgasmus.

Tja, so bin ich drauf, wenn ich in den Puff gehe. Ablehnung pur, auf die primitivste Weise. Ich hätte Ihnen diese Geschichte bestimmt nicht erzählt, wenn sie mir nicht gesagt hätte: «Du rufst dort an und erzählst, was du für ein schräger Vogel bist. Okay?» Das ist nun also geschehen …

(am Telefon)

Manuela (27)

arbeitet in einem Wohnungsbordell in ihrer Heimatstadt im Ruhrgebiet, Single

Nach acht Jahren im Gewerbe, davon «über fünf Jahre im selben Laden», hat Manuela fast nur Stammfreier. Neue Kunden kommen auf Empfehlung zu ihr, und die meisten bleiben auch. Einige haben «sehr ausgefallene Wünsche», wie jener Gast, der bis vor anderthalb Jahren regelmäßig zu ihr kam …

Keine Ahnung, wo er abgeblieben ist, aber er war mindestens zwei Jahre mein Stammgast, und es lief immer nach dem gleichen Muster ab. Es war ein Rollenspiel der besonderen Art, und der größte Teil davon lief Outdoor. In der S-Bahn, um genau zu sein. Dazu muss man sagen, dass unser Laden gleich neben einem S-Bahnhof liegt, und von da aus ist es eine ziemlich lange Strecke. Es besteht nicht die Gefahr, dass man vor der Zeit am Endbahnhof ist. Wir haben also richtig Zeit. Er kommt nicht zu uns in den Laden, sondern wir verabreden uns auf dem Bahnhof, und nachdem das Geschäftliche erledigt ist, geht es los.

Entweder schon auf dem Bahnhof oder wenn gerade ein Zug einfährt, dann eben da.

Ich weiß, was der Mann, der ist so um die 50, würde ich denken, beruflich macht, aber das tut hier nichts zur Sache. Nur so viel: Es ist durchaus möglich, dass unter den Passanten jemand ist, der den Mann von seiner beruflichen Tätigkeit her kennt. Das scheint ihm einen zusätzlichen Thrill zu bedeuten.

Also, wie läuft das ab? Er trägt eine Windel, und der Bund von dieser Windel schaut oben aus der Hose raus. Also jeder kann sehen, dass er eine Windel trägt. Und wer es nicht gleich sieht, der kriegt es von mir zu hören, denn ich sage: «Mein Gott, hast du dir wieder deine Windel umgebunden. Das ist ja lächerlich! Bist du ein Baby oder was? Schau dich mal an, Mann, wie das aussieht. Ekelerregend ...», usw. Da steht der drauf. Umso mehr Leute in der S-Bahn sind, umso besser. Natürlich setzt sich niemand zu uns, manche in der Nähe wechseln sogar die Plätze, also sie stehen auf und gehen woandershin. Manchmal mischt sich auch jemand ein, meistens Frauen, die mir den Mund verbieten wollen. Aber dann sagt mein Kunde, sie sollen sich nicht einmischen und dass ich seine Freundin sei. Die gehen dann kopfschüttelnd weg. Manche tuscheln, während sie uns aus einiger Entfernung beobachten. Das macht den Mann ziemlich wild, und ich sage: «Jetzt piss dir aber nicht wieder in die Hose. He, du bist ein erwachsener Mann!» Na, und irgendwann lässt er es tatsächlich laufen, also er pisst sich in die Windel. Ich erkenne das daran, dass er kurz vorher eine Hand in die Hosentasche steckt und einen entspannten Gesichtsausdruck kriegt, was ziemlich dämlich aussieht. Ich dann: «Oh nee, oder? Jetzt pisst der sich doch tatsächlich ein. Mann, das stinkt! Du alte Sau, kannst du nicht auf Toilette gehen wie alle andern auch? Die Windel wirst du dir aber zu Hause selbst ausziehen, ich fass das vollgepisste Stück bestimmt nicht an.» Währenddessen kommt seine Hand ins Spiel, aber das weiß nur ich. In der Hosentasche ist nämlich gar keine Tasche, und er kann sich in der S-Bahn heimlich direkt abwichsen. Und wenn es ihm dann kommt, macht er die Augen zu und lässt so ein leises Röcheln los.

Wenn er die Augen nach einer Weile wieder aufmacht, bin ich weg. An der nächsten Station habe ich die S-Bahn verlassen und fahre zurück. Irgendwann ruft er wieder an. Wir verabreden uns wieder, und es geht von vorne los. Das heißt, inzwischen ruft er ja nicht mehr an. Keine Ahnung, wo er abgeblieben ist ...

(am Telefon)

Lady N. (47)
arbeitet als Domina auf der Hamburger Herbertstraße

Die strenge Dame hat viele Kunden mit außergewöhnlichen Wünschen. Der aber, den sie einem mecklenburgischen Bauern regelmäßig erfüllt, sei «so was von schräg» ...

Ich habe ja schon viel erlebt in meinem Domina-Leben, darüber könnte ich zehn Bücher schreiben. Aber das, was mein kleines Bäuerlein aus dem Osten umtreibt, kann nur noch von Woody Allen getoppt werden. An den muss ich jedes Mal denken, wenn der Landmann mit dem Bild seiner Lieblingskuh vorbeikommt. Silvia heißt sie, die Kuh. Beim ersten Mal dachte ich wirklich, der Kerl will mich verarschen, als er mir sagte, er sei in seine Kuh verliebt, aber sie beachte ihn gar nicht. Doch als er im Studio brav seine 200 Euro abgedrückt hat, dachte ich noch einen Moment an versteckte Kamera oder so ...

Na ja, es läuft mit ihm immer so ab. Er gibt mir ein oder zwei Fotos von Silvia, jedes Mal neue. Dann zieht er sich aus und legt sich nackt zu meinen Füßen. An den Requisiten aus meiner Folterkammer ist er nicht interessiert, nur an meiner Dominanz. Ich habe das Gefühl, meine Stiefel bedeuten ihm was und auch das, was ich sage. Also: Er gesteht mir seine Liebe zu dem Tier, der Silvia. Er beschreibt ihre schönen Augen und ihr strammes Hinterteil und so weiter. Aber sie nimmt ihn nicht wahr, jedenfalls nicht als potenziellen Liebhaber. Schräg, wie? Zwei Mal hat er sich dem Tier von hinten genähert, aber sie schlägt mit dem Schwanz um sich oder läuft hin und her. Kurzum: Silvia will nicht.

Und da komme ich ins Spiel. Ich sage ihm: «Deine Silvia will von einem starken Bullen gefickt werden. Deinen kleinen Pimmel merkt die doch gar nicht ...» Er schwärmt weiter von ihren Schönheiten, und ich sage ihm, dass es wirklich ein ausgesprochen schönes Tier sei, aber von ihm könne man das nicht gerade behaupten. Ich frage ihn: «Hast du schon mal in den Spiegel geschaut? Ich meine, deine Silvia ist doch nicht blind!» Er wieder: «Aber ich liebe sie!» Und ich: «Das ist ja schön und gut, aber leider beruht das nicht auf Gegenseitigkeit ...» usw. Dann preise ich wieder die Schönheiten der Kuh, mache ihn wieder ein bisschen fertig – also verbal –, und irgendwann spritzt er dann ab. Also, ich habe mein Geld auch schon schwerer verdient ...

(im persönlichen Gespräch)

Epilog

Sexualität ist Teil unseres Verhaltens. Sie ist Teil unserer Freiheit. Sexualität ist etwas, was wir selbst schaffen – sie ist unsere eigene Kreation und viel mehr als das Aufdecken einer geheimen Seite unseres Begehrens. Wir müssen verstehen, dass in und durch unsere Begehren hindurch neue Formen von Beziehungen verlaufen, neue Formen der Gestaltung. Sex ist kein Schicksal; es ist eine Möglichkeit, das Leben zu gestalten.

Michel Foucault

französischer Philosoph und Psychologe

Dank

Zunächst bedanke ich mich bei all jenen, die sich mit großer Offenheit an der Umfrage beteiligt und so dieses Buch überhaupt erst möglich gemacht haben.

Mein Dank gilt meiner Literaturagentin Karin Graf und ihrer Mitarbeiterin Susanne Bader von der Agentur «Graf & Graf» in Berlin.

Ein ganz besonderer Dank gilt dem gesamten Team des Rowohlt Verlags – namentlich Barbara Laugwitz, Julia Vorrath, Regina Steinicke, Dana Funck, Tessa Martin sowie den Damen und Herren vom Vertrieb – sie haben alle an dieses Projekt geglaubt. Und natürlich meiner Lektorin Susanne Frank für die gemeinsame kreative Arbeit am Manuskript.

Der Sexualpsychologe Dr. Christoph J. Ahlers stand mir mit kompetenter Sachkenntnis als Berater zur Seite. Der Umstand, dass dies auch mit Humor geschah, hob die Zusammenarbeit über eine reine Arbeitsbeziehung hinaus. Vielen Dank dafür!

Für das Design und die Pflege der Website danke ich Angelina Kostadinova von der Firma DESIGNWEg Berlin. Mit Bewunderung danke ich gern auch meiner Lebensgefährtin Birgit Harwardt, die über Monate meine monothematischen Monologe ertragen hat, wenn ich über meine Arbeit sprach.